DER TEXT IST MEINE PARTY

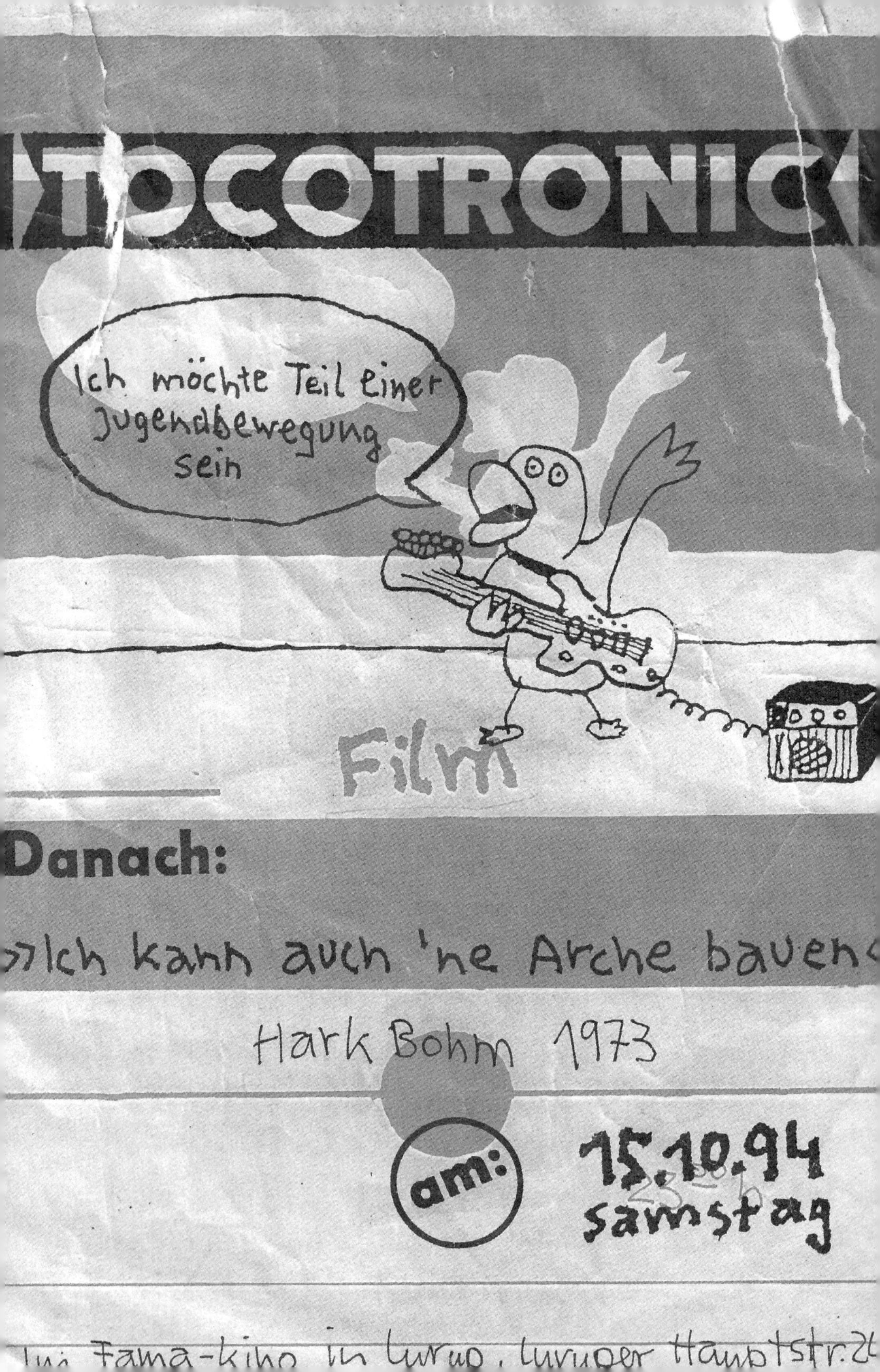

TOCOTRONIC

Ich möchte Teil einer Jugendbewegung sein

Film

Danach:

»Ich kann auch 'ne Arche bauen«

Hark Bohm 1973

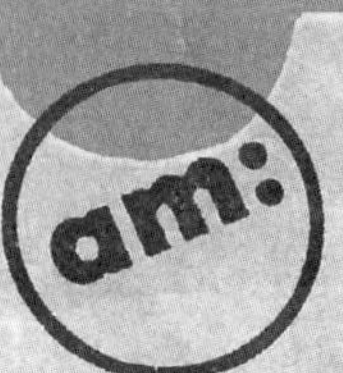

am: 15.10.94 23

samstag

Fama-kino in Lurup, Luruper Hauptstr. 2

Jonas Engelmann

DER TEXT IST MEINE PARTY

Eine Geschichte der Hamburger Schule

Unter Mitarbeit von Kevin Goonewardena (Recherche & Interviews)

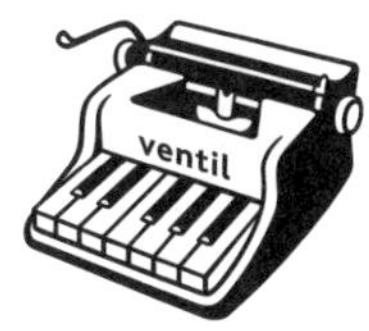

JONAS ENGELMANN ist studierter Literaturwissenschaftler, ungelernter Lektor und freier Journalist. Er hat über Gesellschaftsbilder im Comic promoviert, schreibt über Filme, Musik, Literatur, Feminismus, jüdische Identität und Luftmenschen für »Jungle World«, »Neues Deutschland«, »konkret«, »Zonic«, »Missy Magazine« und andere, lektoriert Bücher für den Ventil Verlag und gibt die »testcard« mit heraus.

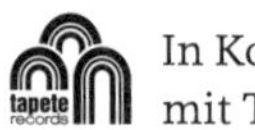

In Kooperation
mit Tapete Records

1. Auflage 2024
ISBN 978-3-95575-211-8

Gestaltung und Satz: Oliver Schmitt
Druck und Bindung: Buchdruck Zentrum

Ventil Verlag, Boppstr. 25, 55118 Mainz
www.ventil-verlag.de

Inhalt

Für

Kristof Schreuf (1963–2022)

und

DJ Patex (1973–2023)

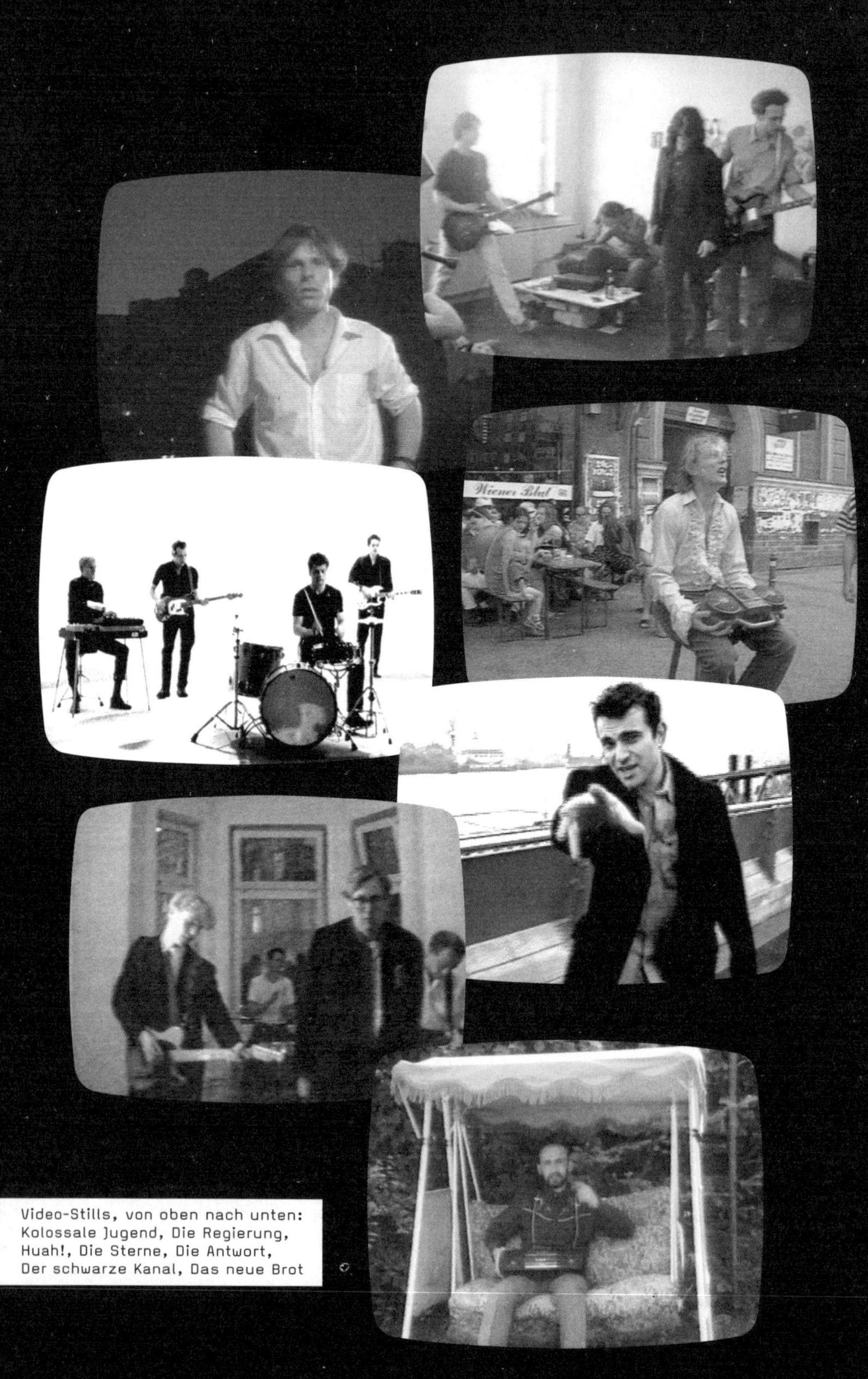

Video-Stills, von oben nach unten:
Kolossale Jugend, Die Regierung,
Huah!, Die Sterne, Die Antwort,
Der schwarze Kanal, Das neue Brot

»Diese Menschen sind halbwegs ehrlich«
Vorwort

Der Text ist meine Party
und mein Bild ist kein Messer
KOLOSSALE JUGEND: »PARTY«

Die Hamburger Schule war zu ihrer Zeit nicht wirklich meine Party. 1978 geboren und daher bei Erscheinen der ersten Alben von Kolossale Jugend oder Cpt. Kirk &. noch zu jung und Anfang der Neunziger ohnehin eher von Punk und Hardcore musikalisch erzogen, haben die mittelrheinische Provinz in der Peripherie des Hunsrücks weder »Leopard II« noch »Ich-Maschine«, auch keine »Reformhölle« und noch nicht einmal »Wichtig« erreicht. Spex gab's nicht und die großen Schwestern und Brüder hörten AC/DC, Guns'n'Roses und Dimple Minds. Auf Schleichwegen kam Hamburg 1994 dann doch in das kleine, dunkle Mittelrhein-Seitental, in Gestalt von »Das bisschen Totschlag« der Goldenen Zitronen. Die Band kannte ich aus ihrer Fun-Punk-Zeit, aber das hier war anders und hat tatsächlich neue Welten eröffnet: Wut, klare Ansagen und Aussagen, Kontexte (von EZLN über »Asylkompromiss« bis RAF) und Zitate (Huah!, Kinks). Von dort war es nur ein kleiner Schritt zu den Wohlfahrtausschüssen, über die hatte ich anderswo gelesen, und so habe ich die Hamburger Diskurspop-Schule zuerst über ihre politischen Facetten kennengelernt. Das war ergiebig genug, um ein Jahr später auch Tocotronic trotz weniger klarer politischer Ansagen in den Songtexten automatisch in ein musikpolitisches Koordinatensystem von Hamburg einordnen zu können. Und im Laufe der Zeit kam nach und nach auch der ganze Rest, von »Leopard II« und »Ich-Maschine« über »Reformhölle« bis zu »Wichtig«. 1996 – als die Szene in Hamburg je nach Lesart schon wieder vorbei oder auf dem Höhepunkt war – folgte dann die persönlichste Involviertheit in die Hamburger Schule beim Auftritt als siebzehnjähriger Bassist einer Tocotronic-Coverband auf dem Schulsommerfest, betrunken absolviert und von wohlwollendem Nicken der Deutsch- und Musiklehrerin begleitet. Näher an Hamburg bin ich in meiner Jugend wohl nicht herangekommen ...

Ich war also nicht dabei, in den Clubs, auf den Demos, den Konzerten, ich war nie im W3, weder habe ich im Sorgenbrecher gesoffen noch im Heinz Karmers Tanzcafé auf dem Tresen getanzt, ich kenne alles nur aus zweiter und dritter Hand, aus Texten, von Tonträgern und aus Gesprächen. Womöglich ist dieser Blick aus der Distanz aber gar nicht so schlecht bei einer musikalischen Bewegung, zu der ohnehin niemand gehören wollte, wovon auch dieses Buch zeugt sowie die Liste derer, die nicht für ein Gespräch zur Verfügung stehen wollten oder nur unter Protest und Distanzierung. »Dieser Stempel ›Hamburger Schule‹ ... Da frage ich mich: Was soll das? Wer soll denn dazugehören? Und warum soll das von HipHop und Techno-beeinflusstem Minimal-Rock bis zu Indie-Gitarrenpop gehen? Wo sind da die Merkmale?«, fragt zum Beispiel Knarf Rellöm. Diese Frage nach den musikalischen Merkmalen zieht sich auch durch dieses Buch, ohne dabei eine eindeutige Antwort liefern zu wollen, und auch mit dem Stempel »Hamburger Schule« gehe ich großzügig um, da dürfen Die Goldenen Zitronen dann ebenso darunter fallen wie Die fünf Freunde oder Egoexpress – »von HipHop und Techno-beeinflusstem Minimal-Rock bis zu Indie-Gitarrenpop« – oder eben gar niemand. Denn die Begriffskritiker und Gesprächsverweigerer haben ja Recht: Der Hamburger Diskurspop dieser Jahre ist kaum auf einen Nenner zu bringen. Diese musikalische Vielfalt spiegelt sich daher im Konzept des Buches: Es finden sich Songtexte, Kneipengespräche, Fotos, Plakate, Manifeste, Adorno- und Foucault-Zitate sowie Quatsch. Ein Gewirr aus Stimmen und Gegenstimmen, kritischen Einwürfen und Einwänden, in der Hoffnung, mich so der Vielstimmigkeit des Hamburger Popdiskurses zwischen Mauerfall und Jahrtausendwechsel – der zeitliche Fokus in diesem Buch – annähern zu können.

»Das klingt vielleicht ein bisschen abgeschmackt, aber damals hatte ich so einen Verdacht, der mittlerweile zur Gewissheit geworden ist: dass Hamburg für ein paar Jahre die wichtigste Musikstadt der Welt war, so von 1959 bis 1961. Wenn man die Auswirkungen betrachtet, war Hamburg die Stadt, in der die Fünfziger wirklich zu den Sechzigern wurden. Hier kam zusammen, was die Sechziger Pop-Explosion ausmachte: Musik, Kino, Haarschnitte, Philosophie – das war so ein Kraftpool, der mich, als Teenager noch unbewusst, angezogen hat«, betont Bernd Begemann. Mit dieser Anziehungskraft der Hansestadt beginnt das Buch und beschreibt das dortige musikalische und politische Umfeld, das nicht nur Begemann in der Stadt gesucht und gefunden hat. Im Laufe der Achtziger kamen die meisten Musiker der späteren Hamburger Schule in die Stadt, Strukturen bildeten und Labels gründeten sich, Menschen lernten sich kennen und erste Alben erschienen. Und obwohl sich bis heute fast niemand das Etikett Hamburger Schule aufdrücken lassen möchte, sind sich doch die meisten Menschen, die für dieses Buch interviewt wurden, sicher, dass Ende der Achtziger bis Mitte der Neunziger in Hamburg ein Umfeld und eine Struktur entstanden sind, die sie als Musiker wie auch die Stadt bis heute prägen. »Mit welcher Leidenschaft und gleichzeitig aber auch Kollegialität, und dass eben schon ein linkes Programm über dem Ganzen stand, das ist sicherlich sehr, sehr einzigartig in Deutschland«, meint etwa Dirk von Lowtzow. Ein Schwerpunkt dieses Buches liegt daher auf diesem linken Programm, das sich in Positionen gegen eine Radioquote für deutschsprachige Musik ebenso wiederfand wie in den Wohlfahrtsausschuss-Veranstaltungen oder politischen Verortungen von Bands und Musikern in Interviews. Aber im Mittelpunkt steht selbstverständlich die Musik, die unter dem Label Hamburger Schule vermarktet wurde, deren Vorgeschichte, Entstehung, Erfolg und Erbe in ausführlichen Gesprächen mit zahlreichen Musikern, Journalisten, Label- und Kneipenbetreibern nachgezeichnet werden. Ihnen allen sei für ihre Offenheit gedankt. Ebenso sei Kevin Goonewardena für seine Vorarbeit und Benjamin Moldenhauer für seine Zuarbeit gedankt.

Gewidmet ist das Buch Kristof Schreuf und DJ Patex, deren Stimmen in diesem Buch, vor allem aber in der echten Welt da draußen fehlen, zu deren Zustand sie sich zeit ihres Lebens zu Wort gemeldet haben. Um ihre Perspektiven auf die Hamburger Schule trotz ihres viel zu frühen Todes im Buch abzubilden, habe ich auf vorhandene Interviews und Texte der beiden zurückgegriffen.

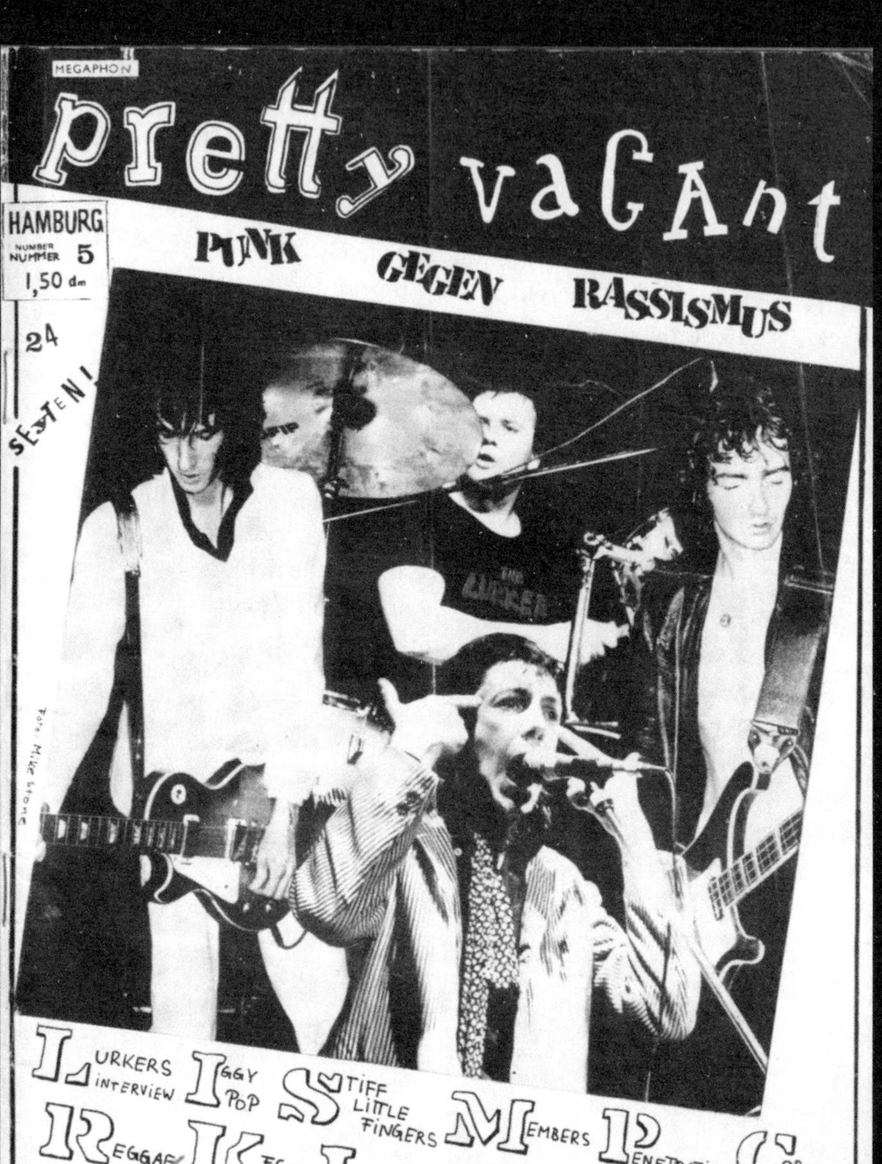

Hamburger Punk-Fanzine »Pretty Vacant«, #5, 1982

Paranoia in der Straßenbahn
Punk in Hamburg

Blaue, rote, grüne Haare.
Schau sie dir in der Disco an.
Sassoon macht dir einen Bürstenschnitt,
Bondagehose bei Neckermann.
Wir sitzen hier rum
und knallen uns voll.
Und labern alle ziemlich dumm daher.
Ich hab kein Bock mehr!
Langweilig!

TORPEDO MOSKAU: »LANGWEILIG«, 1984

»We're just bored teenagers / Looking for love« haben The Adverts 1978 auf ihrem Debüt-Album »Crossing The Red Sea With The Adverts« gesungen, und damit eine zentrale Voraussetzung von Punk in wenigen Zeilen gebündelt: Langeweile. »Brennende Langeweile« hieß dann auch der 1978 für das ZDF entstandene erste Spielfilm über Punk in Deutschland. Regisseur Wolfgang Büld lässt darin ein junges Paar aus dem Sauerland nach Düsseldorf aufbrechen, um ein Konzert ebenjener Adverts zu besuchen. Nachdem der politische Aufbruch der 68er sich verflüchtigt hatte und in den zähen Siebzigern popkulturell Stagnation herrschte, transformierte Punk all den Frust und die Langeweile der Vorstädte in einen Bruch mit dem Vorherigen, einen Bruch mit der Musik, Kultur, Politik, Gesellschaft. »Wir wurden nicht Punker, weil wir mutiger oder radikaler waren, sondern weil wir überzeugt waren: Was ihr uns bietet, ist keine Perspektive. ›Schule, Ausbildung, Karriere‹, als Begleitung zu ›Kalter Krieg, Atomkraft, kaputte Ökologie‹ – wir fanden es leicht, all das abzulehnen«, fasst Schorsch Kamerun das »No Future«-Lebensgefühl der Punks in den Kleinstädten und Vororten zusammen. »Dazu bekamen wir die letzten Wehen der fleißverkrampften Wirtschaftswunder-Gesellschaft mit, erlebten noch die Alt-Nazi-Lehrertypen.« Selbst die Großstadt Hamburg besaß solche Vororte, die sich wie Dörfer voller »Alt-Nazi-Lehrertypen« anfühlten und in denen sich im Laufe der Siebziger die brennende Langeweile breitgemacht hatte.

Umgeben von Wald und Moor liegt ganz im Westen Hamburgs der gutbürgerliche Stadtteil Rissen. Als einer der wohlhabenderen Vororte ist er geprägt von Einfamilienhäusern und Parkidylle und doch haben sich vor dieser Kulisse wichtige Ereignisse der Subkulturgeschichte der Hansestadt abgespielt. »Ich bin mit zehn Jahren nach Hamburg gekommen, das war Ende der Siebziger«, erzählt Alexander Dumbsky, später unter dem Namen Ale Sexfeind Gründungsmitglied der Goldenen Zitronen. Punk war bereits von England aufs Festland geschwappt und strahlte bis an die Ränder der Stadt aus. Dort entdeckte Ale »dieses als Avantgarde im besten Sinne der Neuen Deutschen Welle bezeichnete Zeug« und brachte sich, inspiriert vom Do-it-yourself-Gedanken der Bewegung, bei der Gründung eines Jugendzentrums in Rissen ein – sowohl Die fünf Freunde als auch Ostzonensuppenwürfelmachenkrebs sollten ein Jahrzehnt später hier ihre Proberäume haben. »Das ist die Spannbreite gewesen, in der ich mich so ab 14 bewegt habe«, erinnert er sich im Gespräch. »Das Ding hat sich immer selber organisiert und es hat gut funktioniert. Dann ist ein zweiter Teil dazugekommen, eine Bewegung, die Open-Air-Festivals, umsonst und draußen, organisiert hat. In der Nähe vom Jugendzentrum gibt es eine Kiesgrube, die sehr groß ist und dort haben wir zweimal Festivals veranstaltet. Als Teil dieser antikommerziellen Do-it-yourself-Musikbewegung. Das waren im Prinzip die ersten Sachen, bei denen ich Teil einer Musikgeschichte war, was das Organisatorische angeht.« Im bis heute existierenden JZ Rissen lernte er nicht nur Schlagzeug, sondern auch das organisatorische Grundwerkzeug, das ihm später bei der Gründung des Buback-Labels nützlich werden sollte. »Vorort heißt immer Paralleluniversum«, so Dumbsky weiter. »Wenn wir aus unserem Universum in die Stadt gefahren sind, dann sind wir zu Rip Off gegangen. Platten, Fanzines, Badges – dort gab es alles, was es sonst nirgends gab.«

Rip Off, der erste Punk-Plattenladen in Hamburg, hatte im April 1979 in der Feldstraße eröffnet. Der Betreiber Klaus Maeck erinnert sich an die Entstehung des Ladens aus einem Impuls heraus, der in Zusammenhang mit der von Alfred Hilsberg initiierten Ausstellung »Das Bild macht die Musik. 25 Jahre Rock'n'Roll – Die Geschichte der Pop- und Rockmusik« stand: »Im Rahmen dieser Rock'n'Roll-Ausstellung von Alfred hat sich das eben ergeben, dass ich die Reste von meinem Büchertisch in dem Laden verkauft habe, hinter dem ich gewohnt habe. Dabei entstand die Idee, einen richtigen Laden aufzumachen, obwohl man noch nicht so viele Produkte anzubieten hatte. Aber dann kamen ja auch bald die ersten selbstproduzierten Singles aus Deutschland, beim Zensor, dann eben auch bei

ZickZack. So wurde das Angebot relativ schnell immer größer. Das passierte fast alles in einem Jahr, 79/80.« In der ganzen Stadt rumorte es jenseits der bürgerlichen Kultur, ausgelöst durch Punk. Es entstanden Bands, Fanzines und Konzertorte, eine rasante Entwicklung, verglichen mit der Ödnis, die Detlef Diederichsen für die Jahre zuvor beschrieben hat: »Absolut tote Hose, ganz furchtbar. Ausgerechnet Hamburg, mit dem Ruf als Amüsiermetropole. Aber es gab nichts, wirklich nichts. Das muss man sich mal vorstellen: Um sich Nachtleben-mäßig zu amüsieren, gingen die Leute Mitte der Siebziger in Läden wie Logo oder Onkel Pö. Und man ging auch relativ früh wieder nach Hause, weil der Laden höchstens bis drei Uhr nachts geöffnet blieb. Es gab überhaupt keine Ausgehkultur, man ging einfach nicht weg.« »Tote Hose« in Hamburg also, und in diese Eintönigkeit früher Sperrstunden und fehlender Läden platzte Punk.

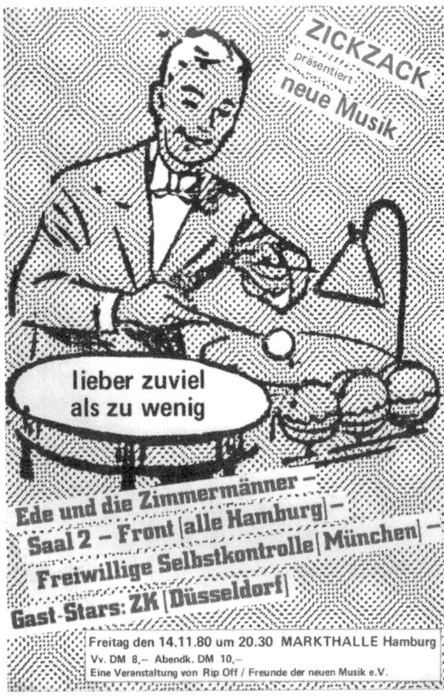

Flyer für einen ZickZack-Konzertabend in der Hamburger Markthalle, 1980

Christof Meueler schreibt in seinem Buch »Das ZickZack-Prinzip« über die Anfänge von Punk in Hamburg: »Im Herbst 1976 waren Moishe Moser und Hilsberg nach London gefahren, weil sie wissen wollten, was Punk nun eigentlich sein sollte. Sie hatten wochenlang darüber in der englischen Musikpresse gelesen und rätselten ahnungsvoll herum.« Moishe Moser war bildender Künstler und Musiker – unter anderem bei Islo Mob, deren einziges Album »Wir sind das Abendland« 1985 unter Mithilfe des Stranglers- und Vibrators-Gitarristen John Ellis entstand –, außerdem ist er Vater von Bonez MC von 187 Straßenbande, der nach Mosers Tod 2017 das Andenken an seinen Vater unter anderem mit Ausstellungen pflegte. Der 1947 in Wolfsburg in eine Arbeiterfamilie geborene Hilsberg war 1968 nach Hamburg gekommen und wurde zunächst Geschäftsführer des Zusammenschlusses »Filmemacher Cooperative«, die eine neue Sprache und andere Bilder ins deutsche Kino bringen wollte. Hilsberg wurde Teil der radikalen Linken in Hamburg und arbeitete ab Mitte der Siebziger für die alternative Stadtteilzeitung »Große Freiheit«, wo auch erste Texte von ihm über Punk erschienen sind.

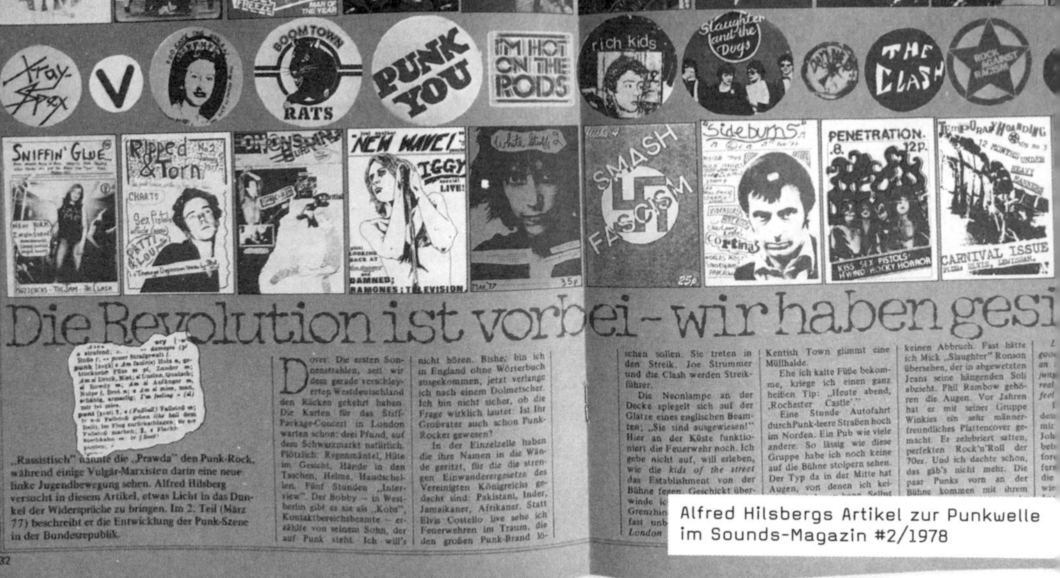

Die Revolution ist vorbei – wir haben gesi

„Rassistisch" nannte die „Prawda" den Punk-Rock, während einige Vulgär-Marxisten darin eine neue linke Jugendbewegung sehen. Alfred Hilsberg versucht in diesem Artikel, etwas Licht in das Dunkel der Widersprüche zu bringen. Im 2. Teil (März 77) beschreibt er die Entwicklung der Punk-Szene in der Bundesrepublik.

Dover. Die ersten Sonnenstrahlen, seit wir dem gerade verschleyerten Westdeutschland den Rücken gekehrt haben. Die Karten für das Stiff-Package-Concert in London warten schon: drei Pfund, auf dem Schwarzmarkt natürlich. Plötzlich: Regenmäntel, Hüte im Gesicht, Hände in den Taschen, Helme, Handschellen. Fünf Stunden „Interview". Der Bobby – in Westberlin gibt es sie als „Kobs", Kontaktbereichsbeamte – erzählte von seinem Sohn, der auf Punk steht. Ich will's nicht hören. Bisher bin ich in England ohne Wörterbuch ausgekommen, jetzt verlange ich nach einem Dolmetscher. Ich bin nicht sicher, ob die Frage wirklich lautet: Ist Ihr Großvater auch schon Punk-Rocker gewesen?

In der Einzelzelle haben die ihre Namen in die Wände geritzt, für die die strengen Einwanderergesetze des Vereinigten Königreichs gedacht sind: Pakistani, Inder, Jamaikaner, Afrikaner. Statt Elvis Costello live sehe ich Feuerwehren im Traum, die den großen Punk-Brand lö-

schen sollen. Sie treten in den Streik. Joe Strummer und die Clash werden Streikführer.

Die Neonlampe an der Decke spiegelt sich auf der Glatze eines englischen Beamten: „Sie sind ausgewiesen!" Hier an der Küste funktioniert die Feuerwehr noch. Ich gebe nicht auf, will erleben, wie die *kids of the street* das Establishment von der Bühne fegen. Geschickt überwinde ic… Grenzhin… fast unb… *London*…

Kentish Town glimmt eine Müllhalde.

Ehe ich kalte Füße bekomme, kriege ich einen ganz heißen Tip: „Heute abend, ‚Rochester Castle'."

Eine Stunde Autofahrt durch Punk-leere Straßen hoch im Norden. Ein Pub wie viele andere. So lässig wie diese Gruppe habe ich noch keine auf die Bühne stolpern sehen. Der Typ da in der Mitte hat Augen, von denen ich kei-

keinen Abbruch. Fast hätte ich Mick „Slaughter" Ronson übersehen, der in abgewetzten Jeans seine hängenden Soli abzieht. Phil Rambow gehören die Augen. Vor Jahren hat er mit seiner Gruppe Winkies ein sehr männerfreundliches Plattencover gemacht. Er zelebriert satten, perfekten Rock'n'Roll der 70er. Und ich dachte schon, das gäb's nicht mehr. Die paar Punks vorn an der Bühne kommen mit ihrem

Alfred Hilsbergs Artikel zur Punkwelle im Sounds-Magazin #2/1978

Zur Zeit seiner gemeinsamen Fahrten mit Moser schrieb er auch für das Magazin Sounds, bevor er kurz darauf, inspiriert vom britischen Punk, vom Musikjournalisten zum Labelbetreiber wurde. »Damals fiel der Name Hilsberg ständig, wenn man Spex las oder ›Musik für junge Leute‹ im NDR-Radio hörte«, fasst Rocko Schamoni die Wirkung der Person Alfred Hilsberg zusammen. »Er war kein Künstler, sondern ein Verleger. Wir als Land-Undergroundler spürten, dass er da eine Bastion für freie Kunst geschaffen hatte und die verteidigte. Ich dachte: Wenn man mit diesem Alfred in Berührung käme, dann würde etwas Gutes passieren, was man sonst nicht erzeugen könnte.«

In London waren Moser und Hilsberg 1976 auf die ersten Punk-Fanzines gestoßen, durchstöberten Plattenläden, gingen auf Konzerte – und kamen ab sofort alle zwei Wochen, um mit einem Kofferraum voller Schallplatten wieder nach Deutschland zu fahren. »Meine Antriebskraft war, dass das meine erste kulturelle Erfahrung war, an der ich aktiv teilnehmen konnte. Zwar nicht, indem ich selbst Musik machte, aber doch indem ich versuchte, Einfluss darauf zu nehmen«, fasst Hilsberg sein Selbstverständnis zusammen. »Wir, die wir organisatorisch tätig waren und auch theoretisch diskutierten, wurden ernst genommen als Leute, die dem Ganzen einen Unterbau verschafften. Wir haben es in Formen von Agitation und Propaganda gepackt. Eine Platte war für mich eine Art von Propaganda, die über das hinausging, was vorher bekannt war.

Die Leute haben sich jeden Tag ihre eigenen Zeichen geschaffen, und jeder war seine eigene Ikone.« Im Februar 1977 organsierten Moser und Hilsberg eine Deutschland-Tour der britischen Vibrators, in einem Interview erzählte Moser von der Dringlichkeit, die die beiden dabei verspürten: »Ich hatte so etwas noch nie gemacht. Aber Punk musste nun mal in die BRD geholt werden.«

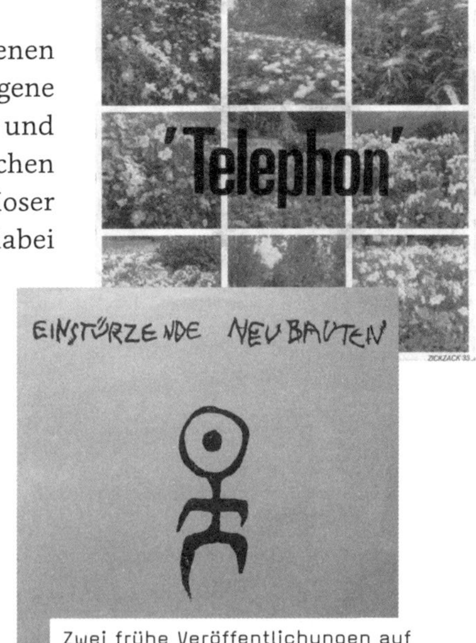

Zwei frühe Veröffentlichungen auf ZickZack: Palais Schaumburg: »Telephon«, Single 1981, und Einstürzende Neubauten: »Kollaps«, LP 1981

»Die Revolution ist vorbei – wir haben gesiegt« betitelte Hilsberg 1978 einen Artikel zur Punkwelle und beschrieb, wie Punk die bisher praktizierten Produktionsbedingungen der Musikindustrie außer Kraft setzen werde. Ab 1979 machte Hilsberg ernst und veröffentlichte auf ZickZack erste Tonträger von Palais Schaumburg, The Wirtschaftswunder, Einstürzende Neubauten oder Freiwillige Selbstkontrolle, die eher zur Artschool-Fraktion des deutschen New Wave gehören. »Mir blieb gar nichts anderes übrig, als schließlich ZickZack zu gründen. Veröffentlicht werden sollte, was Veränderung ausdrückt und Veränderungen nach sich zieht«, so Hilsberg rückblickend. Veränderungen allerdings, die nicht alle anzunehmen bereit waren. »Ich wollte Bands, die nicht nach Punk klangen, zeigen, wo es hingehen sollte«, erklärt er das Konzept seiner Festivals und Veröffentlichungen, »aber das hat nicht funktioniert. Die Punks wollten nichts anderes hören.«

Spätestens 1977 war Punk also dank der Initiative von Moser, Hilsberg und anderen auch in Deutschland gelandet und in der Hansestadt entstand schnell eine Szenestruktur, wenn auch noch die eigenen, konkreten Räume für die Vernetzung fehlten. Stéphane Larsson, Schlagzeuger bei den Targets und Slime, erinnert sich: »Ende der Siebzigerjahre gab es noch keine ›eigenen‹ Clubs oder Locations, wo man auftreten konnte. Ausnahme: das Krawall 2000 für circa ein Dreivierteljahr 1979. Punkrock-Konzerte fanden meistens in der Hamburger Markthalle statt, aber auch im alten Winterhuder Fährhaus, im Grünspan, Audimax, Musikhalle.« The Clash spielten schon 1977 zusammen mit den Strassenjungs aus Frankfurt im Winterhuder Fährhaus, ein Konzert, bei dem auch Detlef Diederichsen anwesend war: »Ich habe die Stranglers im Fährhaus gesehen und einen

Monat später The Clash. Was da auch stattgefunden hat, war meine erste Begegnung mit Dub.« Insbesondere vom Auftritt von The Clash in der Markthalle im Mai 1980, während dem Strummer verhaftet wurde, nachdem er einem Fan seine Gitarre über den Schädel gezogen hatte, wird bis heute ehrfürchtig gesprochen. »Das war nicht schön: aufgebrachte Altpunker, die sich über ›London Calling‹ aufgeregt haben«, erinnert sich Fiona Sangster von X-Mal Deutschland. »Es war sehr aggressiv. Die Markthalle war supervoll. Aber ein musikalischer Höhepunkt war es nicht. Es war halt eindrucksvoll. Weil das Konzert gestürmt wurde und weil Joe Strummer dann festgenommen worden ist, weil er so einem bekloppten Typen aus Bergedorf berechtigterweise mit der Gitarre auf den Kopf gehauen hat.«

»Die Gigs haben wir ausschließlich selbst organisiert, indem wir die Kontakte, die wir hatten, angerufen oder angeschrieben haben. Die ›eigenen‹ Clubs waren rar. Um 1983 öffnete in den besetzten Häusern in der Hafenstraße die Volxküche, wo ich viele super Konzerte gesehen habe. Später kam dort das Störtebeker hinzu«, so Stéphane Larsson. Schorsch Kamerun beschreibt Punk in jenen Jahren als »Abholer für alle Gegenwilligen. Es funktionierte über unzweifelhafte Signale, anders als alles danach, bis heute. Man konnte noch mit Äußerlichkeiten attackieren. Das ging in einem kurzen kreativen Moment.«

Punk habe allerdings in seiner Anfangszeit die Hamburger Linke gespalten, erinnert sich Thomas Harms, damals Schlagzeuger bei Avanti Dilettanti, der Vorläuferband von Der Schwarze Kanal, aus denen wie-

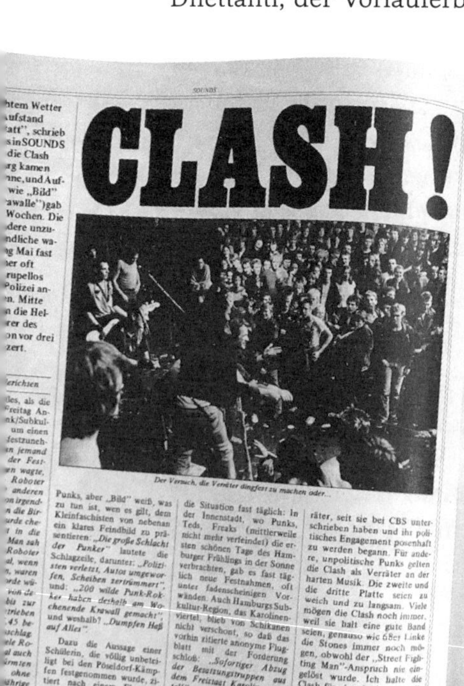

SOUNDS

CLASH!

Der Versuch, die Verräter dingfest zu machen oder...

Punks, aber „Bild" weiß, was zu tun ist, wen es gilt, dem Kleinfaschisten von nebenan ein klares Feindbild zu präsentieren: *„Die große Schlacht der Punker"* lautete die Schlagzeile, darunter: *„Polizisten verletzt, Autos umgeworfen, Scheiben zertrümmert"*, und: *„200 wilde Punk-Rokker haben deshalb am Wochenende Krawall gemacht"*, und weshalb? *„Dumpfen Haß auf Alles"*.

Dazu die Aussage einer Schülerin, die völlig unbeteiligt bei den Pöseldorf-Kämpfen festgenommen wurde, zitiert nach einem Flugblatt von „Schüler gegen Rechts" *„Da nahm mich der Bulle und schlug mit seinem Knüppel auf mich ein. Er zog mich am Halstuch, so daß ich Angst bekam, er wolle mich ...*

die Situation fast täglich: In der Innenstadt, wo Punks, Teds, Freaks (mittlerweile nicht mehr verfeindet) die ersten schönen Tage des Hamburger Frühlings in der Sonne verbrachten, gab es fast täglich neue Festnahmen, oft unter fadenscheinigen Vorwänden. Auch Hamburgs Subkultur-Region, das Karolinenviertel, blieb von Schikanen nicht verschont, so daß das vorhin zitierte anonyme Flugblatt mit der Forderung schloß: *„Sofortiger Abzug der Besatzungstruppen aus dem Freistaat Karolinenviertel!"*

Aber auch „Bild" blieb am Ball. Ein gewisser Thomas Wieczorek hatte vor Ort „recherchiert". Er war in einem Punk-Lokal: *„Da lümmeln ... [...] Sie ...*

räter, seit sie bei CBS unterschrieben haben und ihr politisches Engagement posenhaft zu werden begann. Für andere, unpolitische Punks gelten die Clash als Verräter an der harten Musik. Die zweite und die dritte Platte seien zu weich und zu langsam. Viele mögen die Clash noch immer, weil sie halt eine gute Band seien, genauso wie 68er Linke die Stones immer noch mögen, obwohl der „Street Fighting Man"-Anspruch nie eingelöst wurde. Ich halte die Clash für eine der besten politischen Bands, aber mit dem Verfall ihrer Glaubwürdigkeit als Politicos glitten auch Text und Musik ins Phrasenhafte ab. „London Calling" ist ein tolles Stück, aber ...

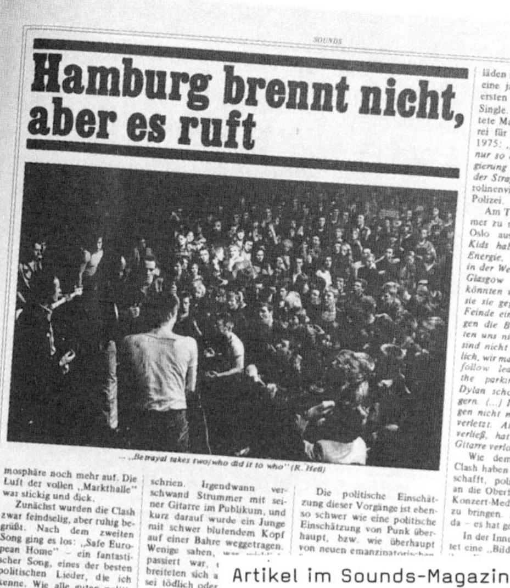

SOUNDS

Hamburg brennt nicht, aber es ruft

– „Betrayal takes two/who did it to who" (R. Hell)

mosphäre noch mehr auf. Die Luft der vollen „Markthalle" war stickig und dick.

Zunächst wurden die Clash zwar feindselig, aber ruhig begrüßt. Nach dem zweiten Song ging es los: „Safe European Home" – ein fantastischer Song, eines der besten politischen Lieder, die ich kenne. Wie alle guten politischen Lieder ein aufwiegelndes Lied. Es zeigte Wirkung. Die Clash bekamen ihren „White Riot". Nur daß sie unversehens auf der anderen Seite der Barrikaden gelandet waren. Kleine und große Kämpfe, Schlagabtausch, Versuche, die Bühne zu stürmen; kurze Statements und/oder Beschimpfungen, wenn kurz das Mikro ...

schrien. Irgendwann verschwand Strummer mit seiner Gitarre im Publikum, und kurz darauf wurde ein Junge mit schwer blutendem Kopf auf einer Bahre weggetragen. Wenige sahen, ...

Das Hin und Her zwischen Clash-Musik, die besser und härter war als je, und den kollektiven Wutentladungen derer, für die die Songs bestimmt waren, verschärfte sich: „Wenn ihr kämpfen wollt, kämpft doch ...

Die politische Einschätzung dieser Vorgänge ist ebenso schwer wie eine politische Einschätzung von Punk überhaupt, bzw. wie überhaupt von neuen emanzipatorischen ...

... gendlichen zu schaffen, Gruppen wegen ihres Äußeren zu isolieren: Hier soll abweichendes Verhalten kriminalisiert, jede Rebellion im Keim erstickt werden. Welche Funktion die Wortkombination ...

läden rissen sich die Leute um eine japanische Pressung der ersten Clash-LP mit Bonus-Single. Am Abend veranstaltete Madness harmlose Tanzerei für alle (John Cale sagte 1975: *„Rock'n Roll ist auch nur so ein Trick, der der Regierung hilft, den Mob von der Straße zu holen".*) Im Karolinenviertel patroullierte die Polizei.

Am Tag drauf sagte Strummer zu mir am Telefon, von Oslo aus: *„Die Hamburger Kids haben eine Kraft und Energie, wie niemand sonst in der Welt außer vielleicht in Glasgow und London. Sie könnten viel erreichen, wenn sie sie gegen ihre wirklichen Feinde einsetzen würden, gegen die Bullen. Wir betrachten uns nicht als Führer, wir sind nicht für sie verantwortlich, wir machen Musik. ‚Don't follow leaders, just watch the parking meters', sang Dylan schon in den Sechzigern. (...) Ich habe den Jungen nicht mit meiner Gitarre verletzt. Als ich die Bühne verließ, hatte ich sofort die Gitarre verloren."*

Wie dem auch sei: Die Clash haben es mal wieder geschafft, politische Konflikte an die Oberfläche der glatten Konzert-Medien-Maschinerie zu bringen. Die Clash waren da – es hat gekracht.

In der Innenstadt beobachtete eine „Bild"-Verhetzte mit ...

... anonymen Hamburger Polizisten: *„Früher hab' ich, streng nach Vorschrift, auf die Beine gezielt, wenn ich von der Schußwaffe Gebrauch machen mußte. Heute würde ich das nicht mehr tun. Wer nach meinem ...*

Artikel im Sounds-Magazin #7/1980 über das legendäre Clash-Konzert in der Hamburger Markthalle 1980 derum Blumfeld hervorgingen. »Endlose Debatten über Punk: Ist das ein reaktionäres Krisenphänomen, eine lumpenproletarische Reaktion auf soziale Deklassierung? Muss man das bekämpfen? Das wurde heftig diskutiert. Die These von einigen war: Es gibt eine Brutalisierung der Gesellschaft und diese Bands spiegeln das nicht nur wider, sondern transportieren das auch, und damit wollen wir überhaupt nichts zu tun haben. Insofern musste man sich auch ein bisschen entscheiden.« Solche Debatten um die Rolle, Funktion und die Grenzen von Pop wurden ein Jahrzehnt später im Kontext der Wohlfahrtsausschüsse wieder hochgespült.

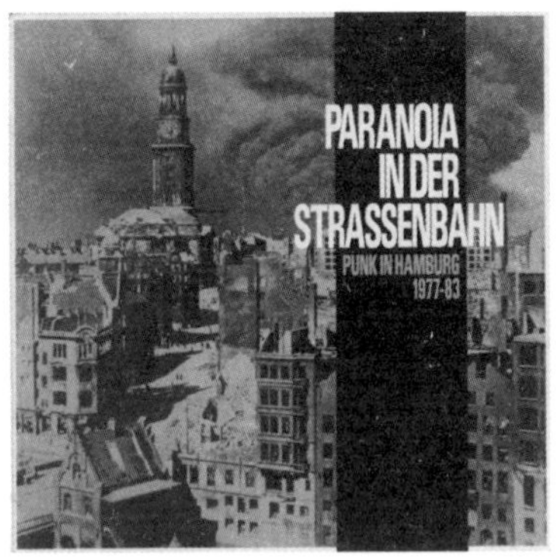

Der Sampler »Paranoia in der Straßenbahn. Punk in Hamburg 1977–83«, erschienen 1990

Anfang der Achtziger entstanden in Hamburg Punk-Clubs und -Kneipen »wie etwa Graffiti, Versuchsfeld, Kir und Fabrik«, so Larsson. Auch für Schorsch Kamerun wurden diese Orte zunehmend wichtig: »Wir sind dann ständig nach Hamburg gefahren, in die Kneipen der Gleichgesinnten.« Der 1990 erschienene Sampler »Paranoia in der Straßenbahn« dokumentiert die frühe Punkphase der Hansestadt um Bands wie The Buttocks, Slime, SS Ultrabrutal, Big Balls & The Great White Idiot, Abwärts oder Razzia. In den Liner Notes heißt es über die Punkgeschichte Hamburgs um das Jahr 1979: »In der Feldstraße eröffnet das Rip Off, neben dem Unterm Durchschnitt der zweite Laden für unabhängige Schallplatten. ZickZack und Konnekschen sind die Indie-Label dieser frühen Stunde. Am Hafen startet in einer ex-Polit-Kneipe das Krawall 2000 mit regelmäßigen Gigs junger Punkbands bei bester Atmosphäre. Die Szene findet wichtige Anlaufstellen.« »Das war ein Horrorladen«, erinnert sich Alfred Hilsberg an das Krawall 2000. »Da ein Konzert zu erleben, war die reine Qual. Ich habe mich immer draußen hingestellt und mir das von da angekuckt. Drinnen war es nicht aushalten. Da gingen nur 50 Leute rein. Aber 200 waren drin. Da ist einer auf dem anderen rumgetrampelt. Die Bands wurden berotzt. Die Bands rotzten zurück. Das fanden die alles toll.«

»Die Punk-Szene hier war proletarischer geprägt als anderswo, und so gaben sich auch viele Bands ziemlich rau«, hebt Schorsch Kamerun die Spezifik von Punk aus der Hansestadt hervor: »Hamburg stand ja für Straße und Pogopunk innerhalb der Szene. Das Prinzip ›Schneller, härter, lauter‹ kommt von hier.« Schon für das Jahr 1981 konstatieren die Liner Notes von »Paranoia in der Straßenbahn« »negative Tendenzen« durch die Popularität und Verwässerung von Punk und über das Jahr 1983 heißt es: »Das Jahr muss gelten als Abschluss der ersten Hochphase von Punk in Deutschland. Fanzines, Platten, Konzerte bringen, von wenigen Ausnahmen abgesehen, nichts Neues mehr.« Eine Beschreibung, die auch Kolossale-Jugend-Gitarrist Pascal Fuhlbrügge teilt, der in diesen Jahren im Hamburger Umland aufgewachsen ist: »Ich hatte schon so um 1980 herum, als ich 15 war und Punk für mich entdeckte hatte, das Gefühl, dass ich ein bisschen zu spät komme. Die Innovation war da schon gelaufen. Es war einerseits ein ganz großes Ding, weil sich eine neue Welt auftat, die so ganz abseits von dieser normalen Welt war, die ich kannte. Andererseits hatte man das Gefühl, man kann das nicht so mitgestalten, weil das ja irgendwie schon alt ist, da es drei Jahre vorher in Deutschland angekommen war.« Musikalisch schien Punk auserzählt, mit der Kommerzialisierung von Punk und vor allem der Neuen Deutschen Welle veränderten sich die Strukturen, wie Alfred Hilsberg ausführt: »Die Industrie hat Hunderte lustiger, nichtssagender Partyprojekte auf den Markt geworfen und ihnen teilweise irrsinnige Vorschusszahlungen gegeben. Das boomte zwei Jahre lang und brach dann in sich zusammen. Kein Schwein wollte diesen Mist mehr hören. Das war dann auch unser Debakel.« »Uns« meint in diesem Fall sein Label ZickZack, das in finanzielle Schieflage geriet. »Der Bruch war schon 1982 da«, so Hilsberg im Interview. »Viele Bands sind in Richtung Schlager gegangen, träumten von viel Geld für Studioaufnahmen und hofften, so kommerziell erfolgreich zu sein. Schluss für ZickZack war dann der Sampler ›Wunder gibt es immer wieder‹, bei dem Festival dazu kamen nur noch 300 Leute.« Der »ZickZack-Sampler zum Heiligen Jahr 83/84«, wie es auf dem Innencover heißt, beinhaltete Songs von Freiwillige Selbstkontrolle, Die Radierer, Kosmonautentraum und anderen, die wenige Jahre zuvor noch ein größeres Publikum angezogen hatten.

»Der Neuen Deutschen Welle folgte eine Distanzierungswelle, während der sich sowohl der Under- als auch der Overground und alle, die noch etwas künstlerische Selbstachtung aufbringen konnten, vollständig von der NDW lossagten«, so Frank Apunkt Schneider. »Dass die NDW sich zum Update des in die Jahre gekommenen deutschen Schlagers gemausert hatte, stachelte den Underground ganz besonders zur Distanzierung an.« Auf Deutsch zu singen erschien Mitte der Achtziger – sofern das Deutsche nicht wie bei F.S.K. oder SYPH in sich gebrochen war – als Anbiederung an den Mainstream. Alfred Hilsberg rief als Konsequenz das Label What's So Funny About ins Leben, auch um sich von ZickZack zu emanzipieren:

»›What's So Funny About‹ gründete ich Ende 1983 nach einer halbjährigen Pause mit einem bewusst englischen Labelnamen und dem Anspruch, Vergangenheit hinter mir zu lassen, möglichst nichts daran erinnern zu lassen. Wenn irgendwas an NDW erinnert hätte, wäre es von vornherein erledigt gewesen.« Frank Apunkt Schneider fasst zusammen: »Der Strukturrückbau ab Ende 1982 ließ fast nichts übrig, mit dem sich in den alten Zusammenhängen neu hätte beginnen lassen können. Natürlich stellten sich neue, andere Zusammenhänge her, und es entstand die vergleichsweise schlappe und ängstliche, ja farblose deutsche Independentmusik der 1980er-Jahre, in der es darum ging, bestimmte Star-Gruppen wie Gun Club oder Sisters of Mercy und später die C'86-Riege mehr oder weniger verzagt zu covern.« Deutsche Texte waren – zumindest jenseits der Deutschpunk-Nische – verpönt, Alfred Hilsberg erklärt: »Aufgrund des NDW-Stigmas wagte kaum jemand, sich in deutscher Sprache auszudrücken. Zaghafte Versuche wurden erst in der zweiten Hälfte der 80er gemacht.«

Trotz des Zusammenbruchs von Strukturen wie etwa dem ZickZack-Label, Plattenläden und Konzertorten blieben doch andere bestehen, veränderten sich und überdauerten die Achtziger. »Eine ganze Zeit lang gab es keinen richtig festen Laden«, erinnert sich Nixe (Rebecca Walsh) von Huah! und den Mobylettes an diese Übergangszeit Mitte der Achtziger. »Das fing erst wieder an, als das Krawall neu aufgemacht wurde. Da hieß es dann Totenschiff, aber wir haben trotzdem immer Krawall gesagt. Das war 84.« Schorch Kamerum lebte damals zusammen mit Ted Gaier in unmittelbarer Nähe dieses Krawall-2000-Nachfolgers Totenschiff, wie Rocko Schamoni in seinem Roman »Dorfpunks« schreibt: »Die meisten aus unserer Gang waren zu Hause ausgezogen und direkt nach St. Pauli geflattert, wohnten irgendwo auf dem Kiez. Ich beneidete sie. Wenn ich nach Hamburg kam, übernachtete ich entweder in der Seilerstraße bei Flo und Piekmeier oder in der Buttstraße bei Schorsch und Ted, die bereits länger in Hamburg wohnten. Neben der Wohnung der beiden war das Krawall/Totenschiff, die seinerzeit legendärste Punkkneipe von Hamburg, wir brauchten nur zwanzig Meter zu gehen, schon waren wir im Herzen der Ereignisse.«

»Als pubertär werdendes Kind begann ich mich für Punkmusik zu interessieren«, erinnert sich Tocotronic-Bassist Jan Müller an diese Zeit. »Das muss so 84, 85 gewesen sein. Und das war eigentlich so eine Zeit, wo die Punkwelle vorbei war und ich fühlte mich eigentlich immer zu spät gekommen. Und hab mich trotzdem innerhalb dieses Genres bewegt, bis bestimmt Ende der Achtziger, ich war auch viel auf Konzerten.« Deutschpunk differenzierte sich in diesen Jahren aus, Bands wie Torpedo Moskau oder Angeschissen brachten ab Mitte des Jahrzehnts neue musikalische Formen und Themen in die Hamburger Szene ein. In den Liner Notes zur Neuauflage des ursprünglich 1984 erschienenen Torpedo-Moskau-Albums »Malenkaja Rabota« schreibt Jan Müller: »In ›Malenkaja Rabota‹ entdeckten wir das Ergebnis der rasanten Entwicklung, die die Hamburger Punk-Szene bis 1984 in etwa fünf Jahren durchlebte. Genau betrachtet ist dieses Album sogar das letzte Album des originären Hamburg-Punk; ein musikalisches Denkmal für die Hamburger Punkmusik.« Angeschissen, von Slime- und Torpedo-Moskau-Schlagzeuger Stephan Mahler gemeinsam mit Jens Rachut 1984 gegründet, erschien auf dem von Ale Dumbsky ins Leben gerufenen Label Buback: »Angeschissen. Ganz blöder Name. Echt gute Punkplatte. Musikalisch eine wirklich gute Punkplatte. Und mit Rachut ein guter Texteschreiber, eine ganz außergewöhnliche Punkband.« Aber Deutschsprachiges hatte es damals schwer, selbst Texte von der Komplexität und Klischeefreiheit eines Jens Rachut: »Das wollte niemand machen. Diese Platte wollte niemand rausbringen. Gutes altes DIY wieder«, so Dumbsky im Gespräch über seine Entscheidung, Angeschissen auf Buback zu veröffentlichen.

Torpedo Moskau: »Malenkaja Rabota«, erschienen 1984 und das Debüt von Angeschissen aus dem Jahr 1988

Die Orte veränderten sich wieder, 1987 schloss das Totenschiff, laut Nixe ein großer Einschnitt für die Punkszene: »Nachdem das Totenschiff geschlossen hatte, kam erst mal die große Leere: Wo geht man jetzt hin?« Für Carsten Hellberg von Ostzonensuppenwürfelmachenkrebs war gerade das Unentschlossene dieser Übergangsphase, in der die Kneipenszene sich ebenso wie die Punkszene veränderte, entscheidend, um etwas Neues zu beginnen: »Das Interessante war, dass man merkte, diese Phase der Eindeutigkeit geht vorbei. Es gab zu einem wahrscheinlich historischen Zufallszeitpunkt einen Moment, wo wir festgestellt haben: Wenn das keine Option mehr ist, dann lass uns doch dieses Uneindeutige, was wir jetzt haben, formulieren und es rausbringen. Es gab ein Nicht-Einverstanden-Sein mit der Welt, was erst mal offen und brüchig dargestellt worden ist.«

Dieses offen und brüchig dargestellte »Nicht-Einverstanden-Sein mit der Welt« übte ebenso wie die neuen Veranstaltungsorte, alten Plattenläden und Kneipen und nicht zu vergessen die Straßenkämpfe rund um die Hafenstraße bis weit über die Stadtgrenzen eine Strahlkraft aus. Hamburg wurde als Stadt mit einer reichen Musikgeschichte wahrgenommen, wie Bernadette La Hengst sich erinnert: »Die Musiker von Fast Weltweit sind aus den Gründen nach Hamburg gekommen, die auch meine waren und warum sich hier überhaupt Anfang der 90er eine deutschsprachige Popmusik-Szene bilden konnte: weil die Stadt eine Geschichte hat. Weil Alfred Hilsberg mit seinem ZickZack-Label schon lange hier agiert hat, weil es schon immer ein gewisses Interesse gab an etwas anderem als reinem Punkrock oder reiner Popmusik. Es war so ein diskursives Flirren in der Luft, auch schon in den 1980er-Jahren. Das hat natürliche viele Musiker angezogen, die dann die sogenannte Hamburger Schule gegründet haben.«

Für Frank Spilker, der 1990 nach Hamburg kam, war die Stadt vor allem ein Möglichkeitsraum, in dem man sich ausprobieren konnte: »Was ich dann in Hamburg vorgefunden habe, das war so eine Wahnsinnserleichterung, so ein ›Wow‹. Es gab ganz viele Leute wie mich. Es gab eine ganze Generation von Leuten, die alle irgendwas gemacht haben. Ganz unterschiedliche Musik. Atonale Musik, Sixties-Musik, Fun-Punk, extrem unterschiedliche Genres. Und die allermeisten haben nicht auf Deutsch gesungen, sondern auf Englisch. NDW war da schon lange tot, das war spätestens 83/84 mit Hubert Kah tot, sodass man davon die Finger ließ.« Tobias Levin spricht von einer »Aftershow-Depression« nach der Neuen Deutschen Welle, die gleichzeitig ein Nährboden für eine neue Auseinandersetzung mit deutschsprachigen Texten gewesen sei. Und dieser Nährboden erschien in Hamburg besonders fruchtbar, auch wenn zunächst nicht klar war, wohin genau sich die »Aftershow-Depression« entwickeln würde. »Das Interessante ist, Dinge zu machen, die aussehen, als könnte man sie nicht gebrauchen, die sich aber hinstellen und sagen: Damit kann man durchaus was anfangen«, so Levin. »Das Ganze ist ja auch immer ein Unterwegssein und natürlich der Versuch, auch eine andere Form zu schaffen, weil die vorherige Form nicht funktioniert hat, und das spiegelt sich immer aus dem eigenen Körper, aus dem Gelingen des eigenen Ichs heraus.« Eine Suche, ein Unterwegssein, das für viele der späteren Musiker der Hamburger Schule schon lange vor dem Umzug in die Stadt begonnen hatte.

»Wo ist hier?«
Startpunkte und Herkünfte

Ich bin hier groß geworden, in diesem Dorf am Ende der Welt
Manchmal denke ich, ich bin noch gar nicht geboren
In diesem Dorf am Ende der Welt
Ich wache auf und gehe verloren
In diesem Dorf am Ende der Welt

JETZT!: »DAS DORF AM ENDE DER WELT«, 1988

»Ich hatte meine Single ›Ein verregneter Sommer‹ mit im Übungsraum, um sie dort anzuhören, als der Gitarrist der Tanzband hereinkam«, erinnert sich Frank Spilker an seine Jugend in Ostwestfalen und die ersten Aufnahmen der Sterne. »Ich erklärte ihm, dass dieses nun meine erste Platte sei. Er hörte eine Weile zu und man konnte seiner Mimik ansehen, dass er mit dem Produkt nicht so richtig etwas anzufangen wusste. Seine Antwort spiegelt das Dilemma all jener, die wie ich in einem kulturellen Vakuum erwachsen werden mussten: ›Und? – Kann man damit Geld verdienen?‹ Zwei Monate später war ich in Hamburg.« Viele der späteren Protagonisten der Hamburger Schule sind in einem solchen »kulturellen Vakuum« aufgewachsen, aus dem sie sich befreit haben und in die Großstadt geflohen sind. Einige hatten wie Spilker bereits Aufnahmen im Gepäck, andere haben erst in Hamburg begonnen, Musik zu machen. Aus welchem kulturellen Vakuum die Musiker stammen und wie die geografische Herkunft sie geprägt und beeinflusst hat, soll eine Spurensuche in der damaligen BRD zutage fördern.

»Spurensuche ist natürlich gut«, wendet Ostzonensuppenwürfelmachenkrebs-Sänger Carsten Hellberg ein. »Das Bad-Salzuflen-Narrativ ist schon häufig erzählt worden, und da ist natürlich einiges dran, eine Spur ist das auf alle Fälle. Aber eben nur eine. Es gibt auch noch andere Spuren. Zum Beispiel Die Regierung, wie Tilman Rossmy in den Achtzigern aus dem Nichts heraus in Essen ohne Szene eine Platte gemacht hat. Und auch die deutschsprachigen Punks aus Hamburg sind natürlich eine Spur.« Dies sind nur einige Ausgangspunkte der Hamburger Schule, Orte,

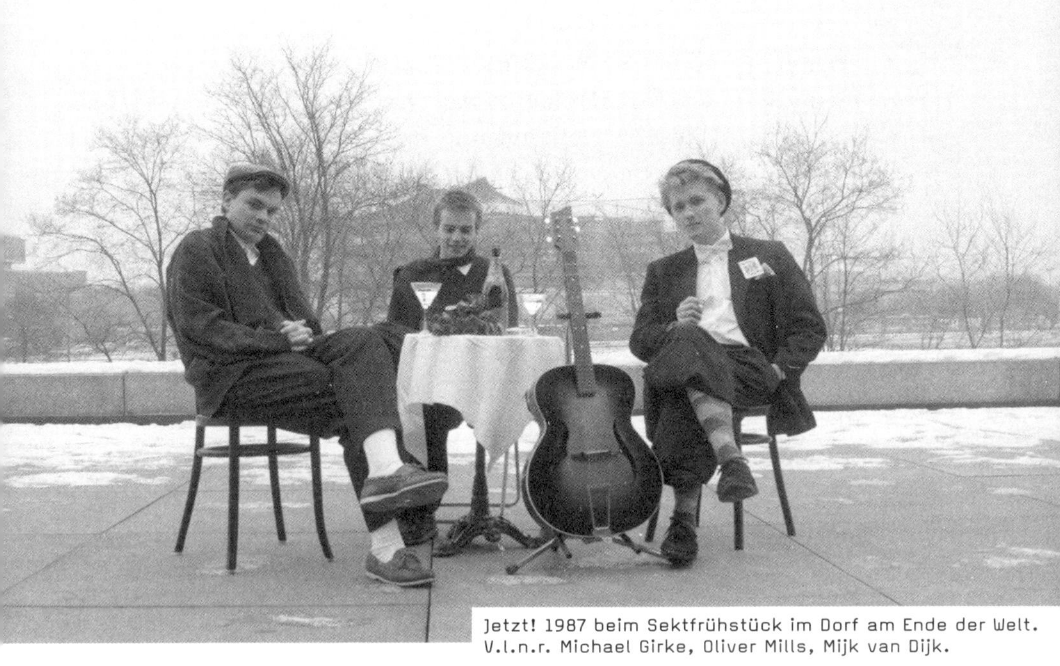

Jetzt! 1987 beim Sektfrühstück im Dorf am Ende der Welt. V.l.n.r. Michael Girke, Oliver Mills, Mijk van Dijk.

von denen aus die Protagonisten in den späten Achtzigern und frühen Neunzigern gestartet sind, magnetisch angezogen von der Hansestadt mit ihren Labels, Plattenläden, Konzertorten und Kneipen.

Hamburg habe damals offener gewirkt als etwa Berlin, frischer, erzählen die Zugezogenen. »Ich habe in Berlin keinen richtigen Zugang zur Musikszene gefunden«, erzählt Bernadette La Hengst. »Es gab die Einstürzenden Neubauten und Nick Cave und auf der anderen Seite Die Ärzte, aber das war Funpunk und nicht mein Style. Und Einstürzende Neubauten hatten eine komplett andere musikalische Sprache und diese Endzeitstimmung, das war nicht mein Lebensgefühl. Deswegen habe ich dann 1989, nicht so lange vor dem Mauerfall, wo aber noch niemand ahnte, dass die Mauer fallen würde, Berlin verlassen und bin nach Hamburg gezogen.« Mense Reents von Egoexpress, den Goldenen Zitronen und diversen anderen Bands hat die Mauerstadt ähnlich wahrgenommen: »In Berlin hingen noch die Überreste der Achtzigerjahre, die Stahlskulpturen standen überall rum, und man hatte noch die Einstürzenden Neubauten, die ich jetzt auch sehr verehre. Aber damals war so ein bisschen die Luft raus.« Ganz ähnlich klingt auch Jan Müller, der in Hamburg aufgewachsen ist: »München hat einen ganz fröhlichen Geist, sage ich mal. Und Berlin damals so was Kaputtes. Und 'ne tolle Band wie Mutter klingt ja schon kaputt und die Einstürzenden Neubauten klangen kaputt.«

»Der Berlin-Habitus setzte sehr auf dieses Abgefuckte, Fertige, Kaputte – was auf eine Art glamourös war, was ich auch toll fand, aber das entsprach nicht unserer Herkunft und dem, was wir bisher im Leben kannten«, so Carsten Hellberg über Hamburger Kneipen, die versuchten, das kaputte Berlin in die Hansestadt zu importieren, »das war einfach zu hart.« Die Mauerstadt Berlin war damals weder Hauptstadt noch kulturelles Zentrum der BRD, sie war Sammelpunkt für »sogenannte Faulenzer, Ausgeflippte, Taugenichtse, Freaks, Arbeitsscheue, Verrückte, Gescheiterte, Tagediebe und Armeedienstverweigerer«, wie Wolfgang Müller, Gründungsmitglied von Die Tödliche Doris, in seinem Erinnerungsbuch »Subkultur Westberlin 1979–1989« schreibt. Zwar entstand auch in der späteren Hauptstadt eine aktive Punkszene um Läden wie das SO36 und mit Bands wie Ideal kamen auch Stars der Neuen Deutschen Welle aus der Stadt, doch existierten Szenen hier eher nebeneinander her. »Berlin wies die vielleicht größte Vielzahl an Einzelszenen auf und war doch groß genug, dass sich diese nicht mehr zu begegnen brauchten, was gleichermaßen produktive wie unproduktive Konsequenzen hatte«, schreibt Frank Apunkt Schneider über die Achtzigerjahre in Berlin. Hamburg dagegen war Großstadt und Dorf zugleich, wie Brüllen-Bassistin Luka Rothmann sich erinnert, die 1987 von Berlin in die Hansestadt zog: »Mich hat Berlin total angekotzt. Ich hatte da nichts mehr zu tun, ich hatte da kein Business mehr, und ich musste irgendwie ziemlich schnell weg, und so bin ich nach Hamburg gekommen. Ich hatte eigentlich überhaupt nichts mit Hamburg zu tun, aber als ich das erste Mal nach Hamburg gekommen bin, um mir da ein Zimmer zu suchen, habe ich mich sofort in die Stadt verliebt, weil sie im Gegensatz zu Berlin viel kleiner und übersichtlicher war. Und dann dieser Hafen und all das, was alle Leute sagen, wenn sie Hamburg das erste Mal sehen. Das fand ich super toll. Es war keine Kleinstadt, sondern schon eine Großstadt, aber es hatte diese dörflichen Qualitäten in den verschiedenen Stadtteilen. Es gab Altona und St. Pauli und Eimsbüttel, und alles funktionierte irgendwie so wie im Dorf.« In »Heiligengeistfeld« von 1997 beschreibt Knarf Rellöm sehr eindrücklich die urbane Landschaft der Hansestadt: »Von der Paul-Roosen-Straße kommend / am Haus vorbei, wo die Beatles 1960 wohnten / schau ich immer mal wieder in den dritten Stock hoch / Hat nichts zu bedeuten, tut nicht weh / Jetzt schon Clemens-Schultz-Straße, ein Pfaffe / Weiter an Erwin Ross vorbei / Wir fertigen nach ihren Vorstellungen / Ganz wichtig: Handwerker, kein Künstler! / & jetzt nur noch die Straße hoch / an Hemingway und Miller – mir egal, mag beide nicht – vorbei / & da ist er: Moby Dick! Da bläst er! Heiligengeistfeld, da schwebt was!«

Doch dieses Hamburg war für die meisten Musiker der Hamburger Schule in den Achtzigern noch Ziel- und Sehnsuchtsort, der im Gegensatz zur Provinz, in die man hineingeboren war, das ganz andere versprach. »Maggie Thatcher und Helmut Kohl waren keine Popstars, sondern natürliche Feinde der Popkultur«, hat Joe Strummer einmal in einem Interview seine Sicht auf die Achtziger Jahre zusammengefasst. Ein Jahrzehnt, in dem Gerhard Schröder noch keinen Popbeauftragten einberufen hatte, Deutschland nicht wiedervereinigt und kein Weltmeister war, und deutschsprachiger Gefühlspop von Tomte bis Zweiraumwohnung noch nicht die Charts beherrschte. Stattdessen gab es stumpfen Deutschpunk, Tschernobyl, die Hochphase des »Gleichgewicht des Schreckens« im Kalten Krieg, Punk und Hardcore waren noch lange nicht durch die Riot-Grrrl-Szene für überkommene Männerbilder sensibilisiert. In diesen Achtzigern mussten sich die Protagonisten orientieren, die Spurensuche, von der Hellberg gesprochen hat, führt einmal quer durch die BRD, durch den Schwarzwald, das Ruhrgebiet, Niedersachsen und das Umland Hamburgs. Mit dem Gefühl der Enge, Provinzialität und Piefigkeit des eigenen Herkunftsortes und dem Drang, dem zu entfliehen, standen die späteren Musiker der Hamburger Schule natürlich nicht alleine da – die Empfindung, nicht hierher zu gehören, kennen wohl die meisten Jugendlichen: »Ich weiß nicht, wieso ich euch so hasse / Fahrradfahrer dieser Stadt / Ich bin alleine und ich weiß es / Und ich find es sogar cool / Und ihr demonstriert Verbrüderung«, hat Dirk von Lowtzow diese Wahrnehmung in einem der ersten Tocotronic-Songs zum Ausdruck gebracht. Musik war die verbindende Sprache der späteren Musiker der Hamburger Schule, der Antrieb, über Musik dieser Enge entfliehen zu können, »weil Musik Treibstoff für unsere Raumschiffe ist und weil wir, wenn wir weite Reisen im Weltall unternehmen wollen, sehr viel davon herstellen müssen«, wie Knarf Rellöm einen Gedanken von Sun Ra aufgreift. Und so landeten sie irgendwann in Hamburg – nicht vom Neptun oder Saturn, sondern aus Timmendorfer Strand, Nordhorn oder Friedrichshafen am Bodensee.

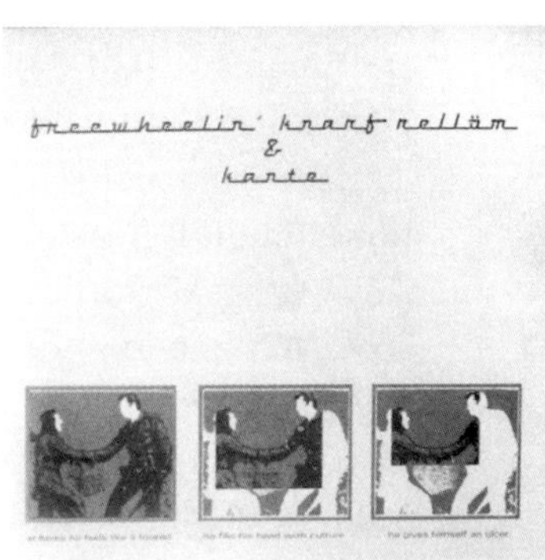

Freewheelin' Knarf Rellöm & Kante: »Heiligengeistfeld«, Single 1997

»Vom Fenster in der Einliegerwohnung im Souterrain des Reihenhauses meiner Eltern in Offenburg konnte ich durch vergitterte Fenster in unseren Garten blicken, während ich auf meiner ersten elektrischen Gitarre selbsterdachte Lieder schrummelte und in Fantasie-Englisch inbrünstig vor mich hinsang, wobei ich von Zeit zu Zeit die einstudierten Posen im Badezimmerspiegel überprüfte« – so hat Dirk von Lowtzow seine Jugend zwischen Reihenhaus und vergittertem Fenster beschrieben. Der Ausweg hier, wie auch bei anderen: Musik. Auch Bernadette La Hengst hat ihre Heimatstadt Bad Salzuflen vor allem als Enge wahrgenommen: »Mein Vater war Orthopädie-Mechaniker, er hatte ein Sanitätshaus, da waren immer viele Kurgäste und ältere Leute. Ich habe da auch manchmal gearbeitet und musste dann Maß nehmen für Einlagen und habe sehr viele unterschiedliche Fußformen und Deformationen gesehen in meinem Leben. Wir haben in der Innenstadt gewohnt und ich fühlte mich da so ein bisschen unter Beschuss, unter Kontrolle. Da wussten immer alle genau, was die Kinder von den Geschäftsleuten da gemacht haben und ob man nachts wieder betrunken von der Disco nach Hause gekommen ist oder ob man nicht gegrüßt hat und wie man in der Schule ist, ob man sitzengeblieben ist oder nicht. Diese soziale Überwachung war schon extrem und anders zu sein war doch ein großes Statement.«

Wenn es nicht viel an Kultur gibt, macht man sie eben selbst, nimmt Songs auf Tapedecks oder Vierspurgeräten von Freunden auf, gründet erste Bands, klebt Fanzines zusammen, sucht nach Gleichgesinnten. Wem das irgendwann nicht mehr ausreicht, der sucht nach Impulsen, die eine Großstadt wie Hamburg bieten kann. Die individuellen Gründe nach Hamburg zu gehen mögen sich unterschieden haben, eine Anziehungskraft hatte die Stadt jedoch bis weit in die Provinz auf unsichere, unglückliche Jugendliche. »Die Goldenen Zitronen kannte ich natürlich, die kannte ich schon als Teenager, die habe ich schon mit 14 gehört, und ich weiß das, dass ich auch mal mit Interrail mit meinem damaligen besten Freund nach Hamburg gefahren bin und wir versucht haben, die Zitronen zu besuchen. Da werden wir so 16 gewesen sein, da waren wir Fun-Punk-Fans«, erinnert sich Dirk von Lowtzow an die Anziehungskraft, die die Musikszene der Stadt schon früh auf ihn ausgeübt hat. »Allein das Cover vom ersten Zitronen-Album ›Porsche, Genscher, Hallo HSV‹ ist ja ein kollektives Versprechen«, befindet auch das spätere Zitronen-Bandmitglied Mense Reents, »die sind viele, machen Punk, sind aber keine stumpfen Deutschpunker, sondern es gibt diesen speziellen Humor.«

Für manche waren es einzelne Bands, die Hamburg interessant machte, für andere die Hausbesetzer-Szene um die Hafenstraße, der Pogo-Punk und die Club- und Label-Strukturen, von denen man auch im Prä-Internetzeitalter über Fanzines und Musikmagazine wie Spex in der Provinz gehört hatte.

»Was du möglicherweise nicht weißt, ist, dass ich auch mal in Hamburg gelebt habe. Ich bin Anfang 1985 von Friedrichshafen am Bodensee, da habe ich Abitur gemacht, nach Hamburg zum Studieren gezogen«, führt Hans Nieswandt, Jahrgang 1964, im Gespräch aus. »Und ich hatte einen relativ guten Einstieg, am Bodensee hatte ich so Post-Punk-Bands und ich habe auch ein Fanzine gemacht. Im Jahr vor meinem Umzug hatte sich ergeben, dass ich mit meiner Band Klub der Söhne am Bodensee als Vorprogramm von den Zimmermännern spielen konnte. So habe ich Detlef Diederichsen, Timo Blunck und Christian Kellersmann kennengelernt. Und die fanden meine Band cool und mein Fanzine fanden sie auch cool. Und als ich dann nach Hamburg kam, kannte ich die und habe dadurch einen relativ guten Einstieg gehabt. Die Zimmermänner waren damals auf Eis gelegt, vermutlich vor allem weil Timo Blunck mit Grace Kairos eine internationale Karriere angestrebt hat. Und ich konnte dann direkt in eine Nachfolge-Band der Zimmermänner einsteigen als Gitarrist. Die Band hieß Medien, Märkte, Meinungen und hat leider nie eine Platte veröffentlicht. Jahre später sind dann aber einige MMM-Songs auf Zimmermänner-Alben erschienen, nachdem die sich wiedervereinigt hatten. Die Songs waren sowieso alle von Detlef Diederichsen geschrieben, einen habe ich dann irgendwann sogar geremixed: ›Mama Baby Joe‹.« Ein unkomplizierter Einstieg in die Hamburger Musikwelt, durch den Nieswandt unter anderem auch Bernd Begemann kennengelernt hat, der schon 1982 in die Hansestadt gekommen war: »Das war 1986 oder so. Wir sind uns ständig über den Weg gelaufen und einmal habe ich mit Bernd einen sehr langen Spaziergang rund um die Außenalster gemacht. An einem grauen Tag und wir haben Perspektiven auf unser Leben entworfen. Vor allem er, was seine musikalische Zukunft betrifft.« Hans Nieswandts Zukunft allerdings lag nicht in Hamburg, obwohl er die Stadt geliebt hat. Schon bevor es richtig losging mit der Hamburger

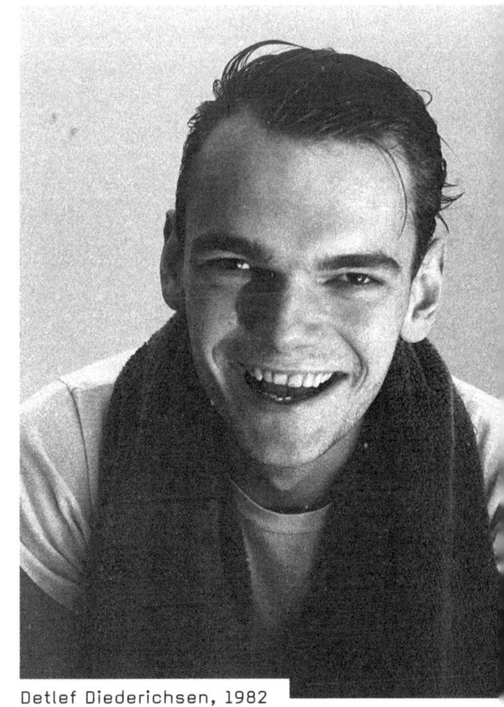

Detlef Diederichsen, 1982

Schule, zog er weiter nach Köln: »Ich wollte unbedingt nach Hamburg. Hamburg habe ich als ganz klar die führende Musikstadt in Deutschland gesehen. Und ist ja auch sonst eine Supercity, finde ich bis heute. Aber ich bin dann ja nach Köln, weil ich ein Angebot von der Spex bekommen hatte als Redakteur. Da sagt man natürlich nicht Nein, allerdings habe ich dann schon ein bisschen dumm gekuckt, als ich in Köln war. Dort ist es ja verglichen mit Hamburg nicht so schön, im Sinne von ästhetisch ansprechend. Hamburg ist dagegen objektiv wunderschön und auch sehr vielfältig und einfach großartig.«

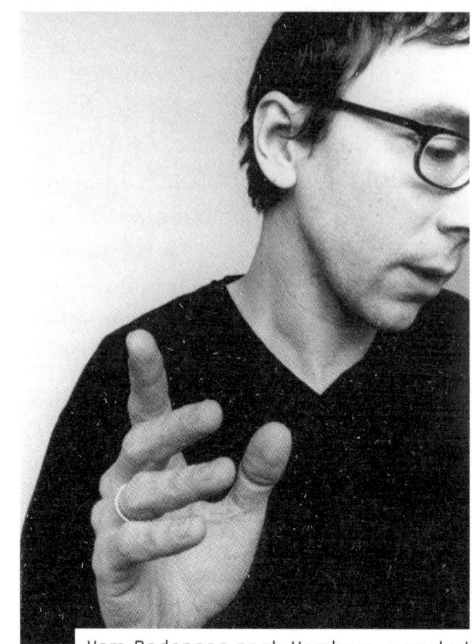

Vom Bodensee nach Hamburg, von dort nach Köln und schließlich als DJ weltweit unterwegs: Hans Nieswandt

Der 1971 geborene Zitronen- und Fun-Punk-Fan Dirk von Lowtzow hat einige Jahre später in Offenburg, im Westen von Baden-Württemberg unweit der französischen Grenze, begonnen, sich für Musik zu begeistern: »Wir haben Konzerte organisiert und da bin ich schon mit diesen Labels aus Hamburg und mit dem, was man als Hamburger Schule bezeichnen kann, in Kontakt gekommen«, erinnert sich von Lowtzow an die Jahre um 1990. »Ich fand das interessant, war aber damals noch sehr stark auf die englische Sprache fixiert. Aber ich fand wahnsinnig interessant, dass sich da in Hamburg eine Labellandschaft etabliert hat, die man vergleichen konnte mit den Labels, die man damals aus Amerika kannte, die so ein ganz stark kuratiertes Profil hatten, Homestead und so etwas.«

Auch für die etwas weiter östlich, im unterfränkischen Würzburg lebende DJ Patex war die Hansestadt ein Bezugspunkt. Die 1973 geborene Musikerin ist 2023 verstorben, Christoph Twickel schrieb in einem Nachruf, sie habe »die Popkultur dieser Stadt in den letzten zwei Jahrzehnten entscheidend mitgestaltet«. In einem 2011 veröffentlichten Gespräch erinnert sie sich: »Ich habe die Hamburger Schule aus der Provinz verfolgt und das war für uns natürlich auch ein Label, mit dem wir gearbeitet haben. Ich war damals in Würzburg und habe dort im Kulturzentrum gearbeitet, wo wir auch immer mal wieder Konzerte mit Hamburger Bands veranstaltet haben. Die Hamburger Schule ist quasi zu uns gekommen und nicht wir zur Hamburger Schule.« Irgendwann aber haben sich Dirk von Lowtzow und ein paar Jahre später DJ Patex auf den Weg zur Hamburger Schule gemacht. Dirk von Lowtzow: »Dann habe ich Zivildienst gemacht und ein bisschen studiert in Freiburg, der nächst größeren Stadt von Offenburg, und auch immer Musik gemacht, und da habe ich irgendwann gemerkt, das zahlt sich für mich alles nicht so richtig aus. Und dann bin ich eben Ende 92, Anfang 93 nach Hamburg gekommen und dachte so, dass, wenn man in die Stadt geht und man im Hinterkopf hat, auch Musik zu machen, dann müsste es Hamburg sein, weil es da einfach viel Gitarrenmusik, Indierock gab, wo ich das Gefühl hatte, das könnte irgendwie korrespondieren. Viele Leute, die ich kannte, sind natürlich nach Berlin gegangen, und die waren dann auch stärker interessiert an elektronischer Musik und Techno, das war ich zu dem Zeitpunkt nicht, und daher dachte ich, Hamburg ist die Stadt, wo am ehesten was abgeht in der Richtung, was mich interessiert.« Zwar gab es in Berlin auch Bands wie die Lassie Singers oder Mutter, die immer wieder als Geistesverwandte der Hamburger Schule genannt werden, doch so geballt wie in Hamburg war die Dichte an Bands mit einer vergleichbaren Ästhetik und Herangehensweise an Musik nicht. »Hamburg war für uns ein wichtiger Bezugspunkt, ich glaube wichtiger als Berlin«, so Patex. »Und gleichzeitig habe ich auch die Erfahrung gemacht – Ende der 90er bin ich dann für zwei Monate nach Hamburg –, wie kompakt und vernetzt das alles ist: Wenn man nachmittags in den Plattenladen gegangen ist, hat man die gleichen Leute abends beim Konzert oder auch später in der Kneipe gesehen. Das war schon eine eigentümliche Szenerie, wie ein musikalisches Dorf.« Vom provinziellen Dorf ins großstädtische Dorf.

Ted Gaier, 1964 in Stuttgart geboren, lebte seit Kindergartentagen in München. »Ich erinnere mich an endlose sonnige Tage im Englischen Garten. Baden am Kiesstrand der Isar. Schlittenfahren auf dem Trümmerberg. Unversöhnliche ideologische Streite zwischen meinen Eltern. Große Jugendstilwohnungen mit Fischgrätenparkettböden. Kommunenchaos. Hausdurchsuchungen. Baustellen für die neue U-Bahn, die zur Olympiade fertig werden sollte, und finster dreinblickend debattierende Langhaarige«, so Gaier in einem autobiografischen Text. »Es scheint, als sei alles gestattet, was Spaß macht, solange es nicht die Interessen der Autoritäten und die Erscheinungsform des Bestehenden antastet.« 1983 ist er nach Hamburg gegangen, um dort mit den Goldenen Zitronen die Autoritäten des Punk anzutasten.

Auch in Essen entstand beim 1958 geborenen Tilman Rossmy der Drang, sich musikalisch aus dem »krisengeschüttelten Ruhrgebiet« zu befreien, wie Ralph Christoph 1994 in der Spex anlässlich des Die-Regierung-Albums »Unten« schrieb: »Rossmy und seine beiden alten Mitstreiter aus Essen (Robert Lipinksi am Bass und Thomas Geier am Schlagzeug) kommen aus dieser verhinderten größten Großstadt Deutschlands. Tilman Rossmy ist inzwischen fortgegangen, musste da raus, von dort, wo man im Zweifelsfall wirklich so allein ist mit sich und dem Leben.« In einem Gespräch hat Rossmy ebenfalls den Fluchtcharakter des Umzugs aus dem Ruhrgebiet in Richtung Hamburg betont: »In Hamburg waren 1.000 Leute, die sich dafür interessiert haben, was ich mache. Du musst dir das vorstellen, in Essen hat niemand verstanden, warum es so eine Band wie uns überhaupt gibt, die können ja nicht mal richtig spielen.« Schon 1984 hatte Rossmy mit Die Regierung das Album »Supermüll« vorgelegt, er kam also bereits mit einem schweren Rucksack in die Hansestadt, schließlich hatte Michael Ruff das Album einige Jahre nach der Veröffentlichung in der Spex als »beste deutsche Platte der 80er« bezeichnet. »Schule ist aus / Willkommen an der Regierung / Es ist deine Entscheidung / Du bestimmst die Richtung / Willkommen an der Regierung« heißt es auf dem Album programmatisch. Zu seinen Inspirationen hat Rossmy in den Neunzigern im Fanzine Headspin Auskunft gegeben: »Ich hab halt nur immer wie die ganzen anderen Idioten Neil Young gesungen, ›Heart of Gold‹ und sowas. Und dann kam NDW, ich weiß noch, ›Tanz den Mussolini‹ hab ich gehört und gedacht: Das ist so einfach und hört sich so gut an. Das waren glaube ich drei Sätze und drei Sätze, habe ich mir gedacht, krieg ich auch hin und die Musik auch. Das war der Impuls und den brauchte ich auch. Und im Prinzip ist das immer noch so.« So entstand »Supermüll« fast im Alleingang, selbst finanziert und produziert, mit Songs, die die eigene Herkunft vom Rande der popkulturellen Aufmerksamkeit nicht verhehlen: »In Hamburg, in Berlin, in Düsseldorf / Da denken sie, sie wäre die Hotshots / HipHop Hippediehop / Funky Langeweile Nonstop / Wir wollen eine neue Szene / Eine neue Szene« heißt es im Opener »Neue Szene«.

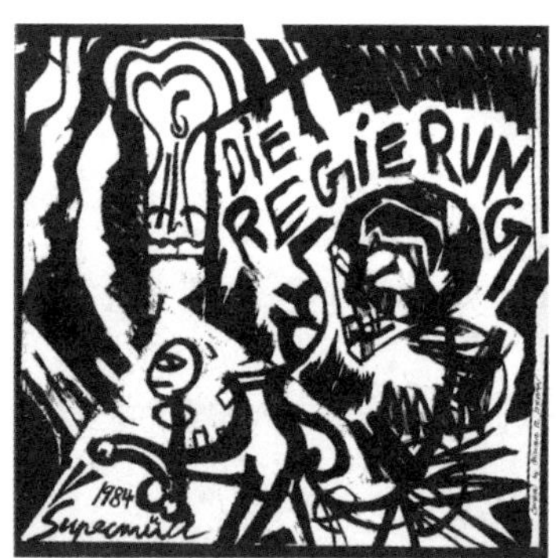

Das selbstproduzierte Debütalbum »Supermüll« von Die Regierung erschien 1984

»Ich musste dann aber feststellen, dass es gar nicht so einfach war, die Musik dann auch zu verkaufen«, sagt Rossmy im Gespräch. »Auch die Besetzung der Band, die ich mir zusammengesucht hatte, verlief sich. Michael Ruff, von Ruff Trade Records, bekam die Platte in die Hand und sagte in der Spex, dass es die beste Platte der Achtziger sei. Ich hatte das gar nicht mitbekommen, bis dann Freunde auf mich zukamen und sagten ›Hey, lass uns doch mal wieder Musik machen.‹ Wir haben dann neue Songs geschrieben, aufgenommen und an Labels geschickt. Alfred Hilsberg hat dann gesagt: ›Ich mach das.‹« Der Weg nach Hamburg war durch Hilsberg vorgezeichnet, auch wenn die Erwartungen von Hilsberg und Rossmy sich zunächst nicht erfüllen sollten: »Hilsberg hatte dann, total absurd, 7.000 Platten gemacht, die hat alle Nikel Pallat bezahlt. Die Platte hat sich dann aber so schlecht verkauft, dass, als wir das nächste Album fertig hatten, Hilsberg sagte: ›Ist nicht‹. Wir waren die Band, die am zweitschlechtesten bei Hilsberg verkauft hat – und das will was heißen.« Nur 250 Exemplare des Albums gingen über die Plattenladentheke. Noch im Ruhrgebiet war eine spätere zentrale Figur der Hamburger Musikszene zur Band gestoßen, der 1968 in Bamberg geborene Thies Mynther, der 1990 im Ruhrgebiet Die Allwissende Billardkugel gegründet hatte: »Thies Mynther stieß dann in Bochum zu der Regierung. Der hatte ein paar Wochen dort studiert, wir haben bis dahin ja noch in Essen gewohnt, und dort hat er unseren Schlagzeuger kennengelernt. Ich bin dann mit ihm nach Hamburg gezogen. Thies war damals so ein Socializer, der auch mit jedem gut auskam. Der hat mich dann in die Hamburger Szene eingeführt.« Auch wenn Rossmy mit der Hamburger Szene zunehmend fremdelte, war er doch durch seine musikalische Zusammenarbeit mit Thies Mynther und Mense Reents, der ab 1992 zeitweise Mitglied bei Die Regierung war, sowie seine Labels L'Age d'Or und Scratch 'n' Sniff, ein ZickZack-Sublabel, fester Bestandteil dessen, was man heute als Hamburger Schule kennt.

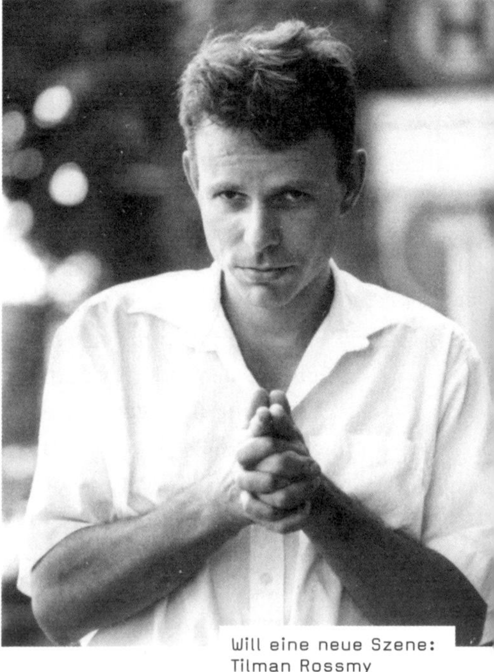
Will eine neue Szene: Tilman Rossmy

Auch das »Bad-Salzuflen-Narrativ« ist – trotz Carsten Hellbergs Kritik, dieser Ort sei als Ursuppe der Hamburger Schule überstrapaziert – einer der Startpunkte, insbesondere da es mit dem Label Fast Weltweit zumindest für einen kurzen Moment gelang, eine Struktur zu etablieren. Doch davon, vom Label Fast Weltweit, seiner Entstehung, seinem Anspruch und seinem Ende, erzählen im folgenden Kapitel die Menschen aus Bad Salzuflen und Bielefeld selbst.

»Ich heiße Bernd und bin der Sohn von Tierarzt Begemann aus der Ahornstraße in Bad Salzuflen. Ich gehe ins Schulzentrum Lohfeld. Das ist immer derselbe Weg: die Wasserfuhr runter und dann links«, blickt Bernd Begemann, 1962 geboren, auf seine Herkunft »am Ende der Welt« zurück. »Manchmal drehe ich ein bisschen durch und zwar immer dann, wenn ich die Gegend, durch die ich mich bewege, nicht mit der Gegend in mir zusammenbringen kann. Discjockeys erziehen mich.« Ganz in der Nähe ist auch der 1967 geborene Jochen Distelmeyer aufgewachsen, »am Rand von Bielefeld, beste Zugverbindung. Sonst würde ich meine Jugend als äußerst normal beschreiben. Mittelstand, Bildungsbürgertum, für die Verhältnisse und für den Background maximal progressive und antiautoritäre Erziehung, liberal, nicht links.« Distelmeyer, der aus dem Bielefelder Stadtteil Brake stammt, hatte 1986 über einen Artikel in der Spex von der Musikszene in Bad Salzuflen um das Fast-Weltweit-Label erfahren und suchte daraufhin den Kontakt, seine damalige Band hieß White Palms. 1999 blickte Distelmeyer im Song »Pro Familia« auf diese Herkunft zurück: »Back to Brake, Bielefeld, Haus der Geschichte / In den Garten der Erinnerung / Zu den Bäumen und den Früchten / Meinen Ängsten, meinen Träumen / Über Wiesen, über Felder / Durch die nah gelegenen Wälder / Zu der Stelle, wo der Bus hält / Und mich mitnimmt, ein paar Meter / I took a free train to be my friend / Fing an in Liedern zu erzählen / Und in Akkorden auszuwählen / Was an Klängen mich umspielt«.

»Bad Salzuflen war eine Kurstadt in, wie man heute durch die Soziologen weiß, einer Zeit unvergleichlicher Prosperität. Als Kurstadt profitierte Bad Salzuflen sehr durch die ganzen Reformen, beispielsweise des Arbeitsrechts, unter Willy Brandts Kanzlerschaft. Die ganzen Arbeiter aus dem Ruhrgebiet bekamen dreimal im Jahr eine Kur verschrieben. Die kamen alle zu uns nach Bad Salzuflen, ließen es sich gut gehen, die waren nicht wirklich krank«, beschreibt Bernd Begemann seine Herkunft. Frank Spilker ergänzt: »Wer sich hier eine idyllische Kleinstadt mit Kurbetrieb,

Kurpark und direktem Zugang zum Wald vorstellt, hat durchaus recht. Man muss aber auch kein Mathematikgenie sein, um sich ausrechnen zu können, welche Generation hier Anfang der Achtziger in die Kur geschickt worden ist. Die Stadt ist überaltert, und das Weltbild ehemaliger Wehrmachtssoldaten, von denen viele zumindest zum Nazi erzogen worden sind, wird von den Parkbänken heruntergeblökt. Und sei es nur in Form eines übrig gebliebenen preußischen Befehlstons. Wir haben also einen guten Grund, radikal zu sein.« »Als ich aufwuchs, brummte die Stadt nicht mehr so, da waren nur noch Siechende, Kranke, Sterbende auf den Straßen. Ein mieses soziales Umfeld für einen Teenager, der herausfinden möchte, was denn dieser Punkrock eigentlich genau ist. Bad Salzuflen war das Gegenteil von Punkrock«, so Begemann weiter. Dieser Punkrock kam aber trotz aller Piefigkeit auch bis nach Bad Salzuflen, unter anderem über jene von Begemann erwähnten und ihn erziehenden DJs, die einen Bildungsauftrag in Sachen musikalischer Horizonterweiterung verfolgten. Begemann blieb keine andere Wahl, als seine erste Band zu gründen: Vatikan.

Einer der DJs war der 2004 verstorbene John Peel. »Wir konnten sehr abgefahrene, spezielle Musik hören, weil wir im Bereich der Rheinarmee wohnten, wo BFBS im Radio lief. Wir waren sehr gut informiert durch John Peel und seine Sendung. Das, was dort gespielt wurde, hat sich nicht von dem unterschieden, was junge Leute in London gehört haben«, erinnert sich Frank Spilker, Jahrgang 1966. Und auch Begemann ist durch Peels Sendungen geprägt: »Man hatte also diese normale Chartpopmusik und dann hatte man diese seltsame Musik, die man über BFBS, den britischen Soldatensender reinbekam, alle haben das gehört. John Peel und solche Sachen. Du möchtest einfach seltsames Zeug hören, du möchtest Wire hören, wie sie darüber singen, dass der Typ eine Fliege ist. Warum ist der Typ eine Fliege? Du hast diese Schwarz-Weiß-Welt und in diese Schwarz-Weiß-Welt kommen diese Farbtropfen aus dem Radio und alles wird gefärbt und verändert. Das ist, was BFBS und besonders John Peel für uns getan haben.« Diese Erziehung durch John Peel habe sich auch ganz konkret auf seine Musik ausgewirkt, so Begemann: »Was ich mitgenommen habe aus dieser Zeit, ist eben nicht, dass es die großen Namen gibt. Deshalb fühle ich mich nicht wohl damit, wie Popgeschichte auf den Covern solcher Magazine wie dem Rolling Stone verhandelt wird, mit Bob Dylan, Neil Young. Was ich behalten habe aus dieser Zeit, ist echte Diversität, vergessene Namen, Leute, die vielleicht nur eine Single gemacht haben. Aber das war die Essenz ihres Lebens, 'ne einzige, kleine

45er-Single. Diese seltsamen kleinen Sachen hörte man und das ist für mich grundsätzlich der wahre Reichtum von Musikgeschichte. Das ist für mich eine demokratische Art, Musik zu sehen. Zu sagen es gäbe nur Bob Dylan, es gäbe nur die Beatles, ist eine monarchistische Art Musikgeschichte zu sehen. Und gegen die würde ich mich als Demokrat verwehren. Es war dieser Chor von Außenseitern, von abseitigen Themen, die vor allem in *John Peel's Music on BFBS* verhandelt wurde. Und vielleicht das Ziel, diesen Reichtum im eigenen Repertoire zu haben, das ist das, was ich damals aus dieser Zeit mitgenommen habe und mir bis heute behalte.«

In diesem Widerspruch zwischen der von Peel und anderen vermittelten Weite der musikalischen Welt und der Enge der Provinz ergab sich der Drang, aktiv zu werden. »Wir saßen da auf dem Land und spürten eine ganz große Diskrepanz zwischen den Informationen über Musik, die wir hatten und dem, was da vor Ort passierte, nämlich so gut wie nichts«, so Frank Spilker, dessen Eltern in Bad Salzuflen eine Baumschule betrieben haben. »Also, was haben wir gemacht? Mit fünf Leuten sechs Bands gegründet, überall waren die gleichen Musiker, nur immer andere Songwriter und Frank Werner hat's aufgenommen, dann haben wir Kassetten gemacht und Konzerte in Jugendzentren organisiert.« Spilkers erste Band, Veto, machte »langweiligen Schülerrock«, »das dämmerte mir nach und nach. Die Unzufriedenheit damit brachte zwei neue Projekte: Zum einen The Discount und zum anderen Arthur Dent«, letzteres ein Soloprojekt. Jochen Distelmeyer hat nach dem Ende der White Palms erste Aufnahmen mit Die Bienenjäger gemacht; deren Song »Große Städte, flaches Land«, 1988 auf einem Kassettensampler erschienen, pendelt gedanklich noch unentschlossen zwischen Provinz und Großstadt: »Große Städte, flaches Land / Überall kannst du traurig, überall kannst du fröhlich sein / Immer wenn ich dann in die großen Städte fahre / Stellt sich mir die immer gleiche Frage / Was hast du hier verloren? Was kann dir diese Stadt geben? / Ist es hier zu sein ein wirklich besseres Leben?«

Selbst auf dem »flachen Land« gab es durchaus Strukturen, an die angeknüpft werden konnte: Michael Girke erinnert sich an den Nährboden, aus dem das Fast-Weltweit-Kollektiv für seine Aktivitäten schöpfen konnte. »In Ostwestfalen existierte eine vielfältige und künstlerisch interessante Punk- und New-Wave-Szene. Es gab etliche entsprechende Plattenläden, die auch Fanzines feilboten; da waren Bands wie die Aheads aus Herford, Out of Order aus Bad Salzuflen (zu deren Mitgliedern auch hier stationierte britischen Soldaten gehörten), Ackerbau & Viehzucht aus Holzhausen oder Notdurft aus Bielefeld. Nach meinem Dafürhalten war die hiesige Punk-Szene ebenso umtriebig wie diejenige in Berlin, Düsseldorf oder Hamburg, die damals als die musikalischen Zentren galten. Damit will ich sagen: Was Punk anging, hatte ich Herforder nicht das Gefühl, im provinziellen Abseits zu agieren. Im Gegenteil: Die besagten Aktivitäten hier vor Ort waren ein enormer Antrieb, ganz wichtig, um sich daran abzuarbeiten.« Während Frank Werner in Bad Salzuflen blieb, zog es die meisten anderen bald in die »großen Städte«, Frank Spilker etwa erzählt: »Das war wirklich 'ne kurze Zeit. Die Geschichte der einzelnen Protagonisten ist an einem Endpunkt angekommen, man hatte den Schulabschluss gemacht, das war die Chance, woanders hinzugehen und sich vielleicht kulturell zu verwirklichen. Und so hat jeder und jede, Bernadette Hengst war ja auch dabei, das war die einzige Frau unter den Songwritern im Freundeskreis, seine eigene Karriere gewählt und seinen nächsten Schritt geplant.«

Auch wenn es sich manchmal so anfühlt, als kämen Knarf und ich aus einem Kaff, kommt er doch aus einem anderen, noch kleineren Dorf am Ende der Welt: aus Burg in Dithmarschen. Wir haben uns 1989 auf einer Party der »Postel Schwestern« in einem anderen Dithmarscher Dorf Süderhastedt kennengelernt, und gleich gewusst, wir werden noch lange miteinander zu tun haben. Ich hab mal 'ne Kurzgeschichte geschrieben, die heißt »Der NordOstWestfalenkanal«, und da versuche ich eine Verbindung herzustellen zwischen der verlorenen Landjugend beider Gegenden.

Bernadette La Hengst

Nahe Bad Salzuflen, in der ostwestfälischen Stadt Enger, existierte von 1974 bis 1998 im Keller der ehemaligen Zigarrenfabrik in der Spenger Straße das Forum Enger, das für die jungen Musiker aus der Gegend zu einem zentralen Treffpunkt wurde. Bernadette La Hengst erinnert sich: »Wir trafen uns alle immer wieder im Forum Enger. Das war so der Ort, an dem man mittwochs und sonntags zum Tanzen ging, da spielten aber auch viele Bands. Enger selbst ist so ein Ort zwischen den Dörfern, damals gab es da noch keine Busverbindung hin. Ich bin da oft abends hingetrampt und dann mit irgendjemandem, den ich kannte, nachts zurück. Es gab in Bad Salzuflen und Umgebung sonst fast nichts, wo coole Musik lief. Dort wurde ganz viel englische Musik gespielt, auch die englischen Soldaten aus der Umgebung gingen dort hin. Es lief nicht nur Punkrock, sondern auch früher HipHop und Pop und natürlich New Wave, das war ja die große Zeit von New Wave Mitte der Achtziger. Der Laden selbst war so ein kleines Kellerloch, für mich war es aufregend dorthin zu gehen.«

Aber nicht nur wurden viele spätere Musiker der Hamburger Schule dort musikalisch »erzogen«, auch in die andere Richtung strahlte der Ort aus: Auf dem Cover der 2023 erschienenen Box mit dem Gesamtwerk der

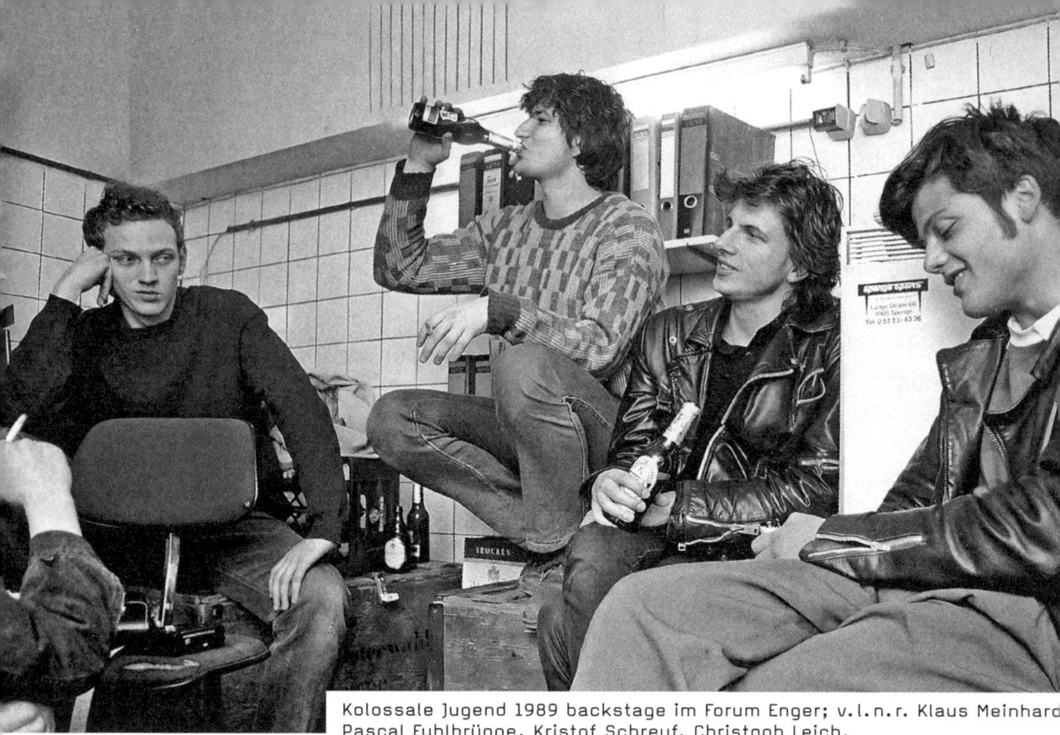

Kolossale Jugend 1989 backstage im Forum Enger; v.l.n.r. Klaus Meinhard
Pascal Fuhlbrügge, Kristof Schreuf, Christoph Leich.

Kolossalen Jugend ist ein Foto zu sehen, das die Band backstage in ebenjenem Forum Enger zeigt. Die Box dokumentiert auch ein Konzert der Band an diesem Veranstaltungsort vom 22.9.1989. »Das Konzert im Forum Enger bei Bielefeld fand zu einem besonderen Zeitpunkt in der Geschichte der Kolossalen Jugend statt«, erinnert sich Pascal Fuhlbrügge. »Innerhalb weniger Monate war es der Band dank Mundpropaganda und einiger euphorischer Kritiken gelungen, ihren Außenseiterstatus abzulegen. Das Publikum reagierte jetzt besser auf die Konzerte und es kamen immer mehr Besucher. Wir klangen hörbar selbstbewusster und hoben in einen leicht euphorischen Zustand ab, gleichzeitig war alles neu, was viele Verspieler belegen. Manche Stücke hatten wir zu diesem Zeitpunkt kaum fünf Mal live gespielt. Das Foto auf dem Cover dieses Albums und der Audio-Mitschnitt entstanden an ein und demselben Tag: Nach dem Konzert saßen wir im Büro des Forum Enger und gaben eines unserer ersten Interviews.«

Das Konzert war auf Vermittlung von Luka Rothmann zustande gekommen: »Ich komme ursprünglich aus Bielefeld, und dort in der Nähe gibt es das Dorf Enger und in Enger war damals das Forum Enger. Da ist die Post abgegangen, aus einem Umkreis von 100 Kilometern sind die Leute ins Forum Enger gekommen, um da Party zu feiern und Konzerte zu sehen. Ein guter Kumpel von mir, Wolfgang Meinking, hat damals im

Forum Enger die Konzerte gemacht, und die Kolossale Jugend hat zu der Zeit mehrfach Tapes dort hingeschickt und versucht ein Konzert klar zu machen, und Wolfgang hat das immer zur Seite geschoben und gesagt, er kann jetzt gerade nichts damit anfangen, das ist ihm zu kompliziert. Ich habe dann Christoph Leich am Tresen kennengelernt in Altona. Er wusste nicht, dass ich Wolle kenne, und hat mir erzählt, dass er eine Band hat, die total super ist, mit der aber keiner was anfangen kann, er hätte irgendwie schon Tapes an alle möglichen Leute geschickt. Ich habe ihm dann gesagt, ich kenne einen Laden, vielleicht kann ich da ja was für dich tun, das Forum Enger. Und er so: Das ist der beschissenste Laden und Wolle voll der Arsch, der meldet sich gar nicht. Dann habe ich Wolle angerufen und habe ihm gesagt: Hör mal das Tape an! Er hat sich dann irgendwann mal das Tape angehört und hat dann auch was organisiert.«

»In einem 3000-Seelen-Dorf ist es schwer für einen Außenseiter« – Norddeutschland

»Wir kommen beide aus derselben Stadt, Nordhorn«, erzählt Ebba Durstewitz von JaKönigJa über die gemeinsame Herkunft von Myriam Brüger, L'Age-d'Or- und Buback-Mitarbeiterin, und ihr selbst. »Es gibt nämlich nicht nur Bad Salzuflen als provinziellen Ausgangsort der Hamburger Schule, es gibt da außerdem noch so 'ne Nordhorn-Connection.« Durstewitz und Brüger sind beide in der niedersächsischen »Industriestadt im Grünen« aufgewachsen. »Wir hatten zusammen Französisch. Und irgendwann bin ich nach Hamburg, weil ich Kunst studieren wollte, was nicht geklappt hat«, erinnert sich Brüger. »Ebba stand vor der Tür ›Hast du ein Zimmer frei?‹, und dann haben Ebba und ich zusammengewohnt.« In Nordhorn gab es »keine Musikszene, kaum mehr als nur Schülerbands, die Joy Division coverten und auf dem Stadtfest in Osnabrück damit aufgetreten sind, wie die Band meines Bruders«, so Myriam Brüger weiter. »Aber Musik hat eine große Rolle gespielt. Als Spex-Leser erkannte man sich, Mitte der Achtziger, wir kauften Platten nach Rezensionen bei Malibu und spitze Schuhe per Versandhandel ›Chrome‹ aus London – der Kleinanzeigenteil der Spex war für die Beschaffung von Mode und Musik also auch wichtig. Im Kleinanzeigenteil inserierten dann auch die Clubs aus Osnabrück, Coesfeld, Lingen, Münster; zu den Konzerten fuhren wir nächtelang mit dem Auto, frisierten uns unterwegs. Eigentlich wie überall auf dem Land. Dass es so schwierig war an die Musik ranzukommen, hat die an sich breit gefächerte Indie-Subkultur-Punk-Szene dann eventuell wieder geeint. Der Rockabilly-Punk-Alternative-Freund mit Auto fuhr uns auch zu Goth-Abenden nach Coesfeld. Bei dem Pogues-Konzert in Münster haben wir uns dann alle dort wiedergetroffen. In der Disco vom Jugendzentrum wurde das genauso bedient: Zwei Stücke Darkwave, dann ein paar Songs Alternative, dann eine Runde Psychobilly, dann Pop und wieder Ton Steine Scherben, Bauhaus, Stranglers. Auf der Tanzfläche tauschte sich alle zwei bis drei Songs das Publikum, erkennbar an den Outfits und den Frisuren. So war's wahrscheinlich überall, oder?«

Auch Mense Reents stammt aus Niedersachsen, genauer: Ostfriesland. »Ich war 1990 19, 20, und ich habe die späten Achtziger als trist, grau und morbide wahrgenommen, gerade in der Provinz«, so Reents. »Ich wollte auch dieses Jahrzehnt verlassen. Und das war auch ein Grund, nach Hamburg zu gehen.« Er ist ebenso wie Bernd Siebels und Jakobus Durstewitz bei Emden aufgewachsen – Bernd Siebels Bruder Jakobus hieß damals ebenfalls noch Siebels, er ist heute mit Ebba Durstewitz verheiratet und hat ihren Nachnamen angenommen. Myriam Brüger erinnert sich an das Auftauchen der drei in Hamburg: »Aus meiner damaligen Sicht waren die Musiker älter und gefestigter, hatten auch lange gebraucht, um da hinzukommen, wo sie damals standen. Und dann kamen diese jungen Typen aus Emden, die einfach total verrückt waren. Die haben nicht dieses klassische Männer-Künstler-Bild mit sich herumgetragen.« »Ich komme ja vom Land, aus so 'ner kulturell isolierten Situation, aus der ich dann einfach mit mehreren Leuten nach Hamburg gezogen bin«, erklärt Reents das Lebensgefühl beim Aufwachsen in der Provinz. Diese kulturelle Isolation auf dem Land hatte bei den dreien dazu geführt, weg zu wollen.

Bei anderen wurde die kulturelle Isolation zum Ausgangspunkt einer Suche nach Strukturen vor Ort. Pascal Fuhlbrügge etwa beschreibt sein Umfeld als durchaus subkulturaffin: »Es gab zu der Zeit eine Szene auf dem Land. Das Dorf, wo ich gewohnt habe, als ich zur Schule gegangen bin, ist jetzt quasi von den Vororten einverleibt worden. Das liegt zwischen Elmshorn und Uetersen. Mittlerweile hat sich Elmshorn ja sogar zu einem Wohnort für Studenten entwickelt, in dem die Mieten irgendwo bezahlbar und die Verbindungen in die Stadt ganz okay sind. Auch damals war das gar nicht so sehr das platte Land. Es gab eine recht aktive Punkszene in Elmshorn, in Pinneberg haben sich mehr die Popper getroffen. Das hat sich eigentlich sehr aufgeteilt, wie es, wie ich gehört habe, auch in anderen Gegenden war. In Pinneberg hatten Carol und Chris damals eine recht erfolgreiche Snythiepop-Band, die im weitesten Sinne das dortige

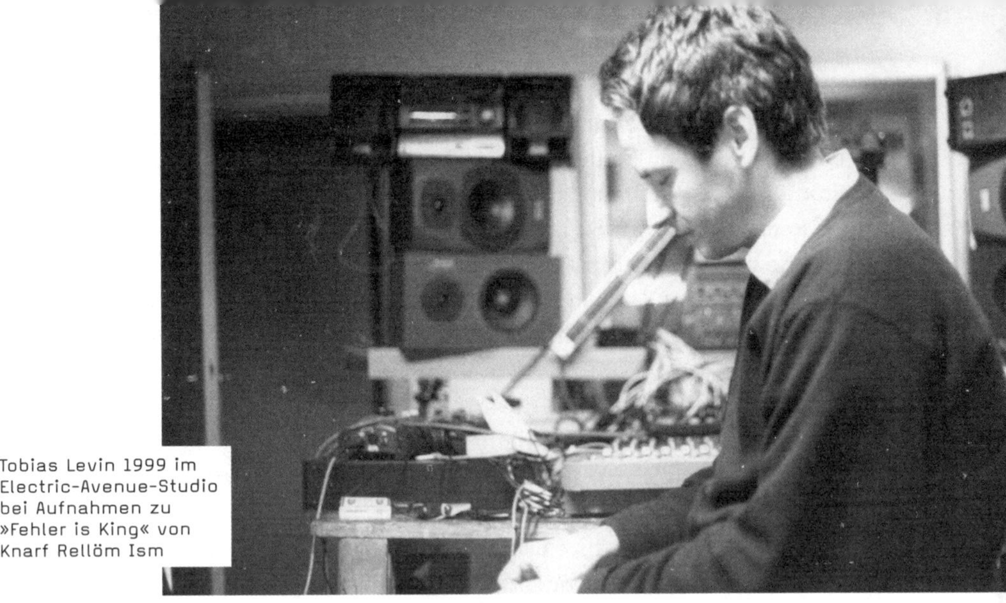

Tobias Levin 1999 im Electric-Avenue-Studio bei Aufnahmen zu »Fehler is King« von Knarf Rellöm Ism

Publikum bedient hat. Und Elmshorn war eben Punk.« »Wir haben in Pinneberg schon zum Beispiel Cpt. Kirk aufgenommen und unsere eigene Band«, so der spätere L'Age-d'Or-Gründer Carol von Rautenkranz. »Und wir haben selber gespielt und im Jugendzentrum Veranstaltungen gemacht und Bands hingeholt.« »Wenn man in Tangstedt aufwächst, ein Dorf, und dann in Pinneberg zur Schule geht, dann ist für einen nicht unbedingt geplant, irgendetwas aus irgendwas zu machen«, so Tobias Levin, dessen Band Cpt. Kirk &. von den Brüdern Rautenkranz erwähnt wurde. »Zumindest nichts, das sich über alle Maßen von dem unterscheidet, was schon da ist, oder noch schlimmer ist es, etwas zu machen, das so aussieht, als könne man es gar nicht gebrauchen. So wird es sehr reizvoll, genau sowas zu tun, sich aber hinzustellen und zu sagen: ›Damit kann man durchaus was anfangen‹. Das sind dann zum Beispiel komische Texte zu mehr oder weniger komischer Rockmusik.«

Auch Tim Jürgens hatte im ostfriesischen Aurich »schon in einer Indierockband gespielt, The Subway Surfers, mit der wir am Schluss insgesamt fünf Alben aufgenommen hatten. Wir haben uns damals musikalisch eher an amerikanischen und englischen Bands orientiert als an Gruppen aus Deutschland. Erst als wir auf Tour gingen und auch in Hamburg gespielt haben, habe ich das in der Provinz richtig verstanden. Da kam dann auch mal der Schlagzeuger der Goldenen Zitronen vorbei, später haben wir bei Matthias Arfmann aufgenommen. Arfmann spielte vorher bei den Kastrierten Philosophen, hat später die Absoluten Beginner und Jan Delay produziert, war aber aus meiner Sicht nie mit dem, was man unter Hamburger Schule versteht, assoziiert. So kamen wir nach und nach mit den Leuten aus Hamburg in Kontakt. Ich bin dann 1990 zum Studieren hergezogen.«

Rocko Schamoni ist in Schleswig-Holstein aufgewachsen, eine halbe Stunde von Kiel entfernt, und war dort Anfang der Achtziger Mitglied der Fun-Punk-Band Warhead, die sich später in Public Enemy No 7 bzw. Die Götter umbenannt hat. In »Dorfpunks« schreibt er: »Ich komme von der Ostsee, ich war SH-Punk. SH steht für Schleswig-Holstein. Dies ist eine Geschichte von Ufern. An die Wellen schlugen. Sie kamen aus England, breiteten sich dort sehr schnell aus, sprangen aufs Festland über, setzten die Großstädte unter Wasser und flossen von dort aus weiter, um später in der Provinz zu verebben. Jahre später. 1975 in England ausgebrochen, 1981 bei uns verebbt. In uns.« Schorsch Kamerun hat seine Dorfpunkjugend etwas weiter südlich verbracht, in Timmendorfer Strand nahe Lübeck, wo Punk schon früh angekommen war: »Ich habe das schon 1977 mitgekriegt, da war ich 14. Ein Freund fuhr nach London und kam mit Platten zurück. Ende der Siebziger saßen wir dann in Timmendorf mit rund dreißig angespitzten, punkaffinen Leuten auf dem Marktplatz, während in Lübeck oder Kiel noch kaum etwas ging.« Beide sind trotz dieser Strukturen in der Provinz in ersten Hälfte der Achtziger nach Hamburg gezogen.

Für Fidel-Bastro-Gründer Bernd Kroschewski war die Nähe von Quickborn zu Hamburg das Entscheidende: »Wenn man wie wir aus Quickborn eine direkte Zugverbindung hatte und in einer halben Stunde in der Stadt war, war das ein Vorteil. Aber wenn man so wie Walding in Dithmarschen gewohnt hat, wo man einfach nicht wegkam, dann wollte man irgendwann auch in die Stadt. Für mich ist relativ klar, wenn man irgendwie in so einem Nest in Dithmarschen wohnt, dass man irgendwann da ausbrechen muss. Zwangsläufig, wenn man Interesse hat, irgendwie was anderes zu machen, sei es auch nur unimäßig oder so. Wenn man dann denkt, ich übernehme irgendwann den elterlichen Schlachtereibetrieb, dann kommt man nicht auf die Idee, eine Punkband zu gründen.« Walding (Knarf Rellöm) bestätigt das: »Für mich war klar: In Dithmarschen komm ich nicht weiter. Ich muss in eine Stadt, wo es Medien gibt. Und Labels und Vertriebe und all dieser Quatsch, um die Musik ein bisschen bekannter zu machen. Es hätte auch eine andere Stadt sein können, es ist aber Hamburg gewesen zu der Zeit. Wenn die Infrastruktur in einer anderen Stadt gewesen wäre, dann wäre es eine andere Stadt geworden. Aber es war einfach so, dass ZickZack, What's So Funny About in Hamburg waren. Das hat viele Leute dazu gebracht, nach Hamburg zu fahren.«

»Es kann alles passieren«
Fast Weltweit (trotz Mythenbildung)

Denn da ist nichts über das Glück, das wir suchen
An vergessenen Orten in den Häuserschluchten
Und nichts über die Lügen, die wir finden
Und nichts über das Leben, das wir leben
... die deutsche Musik ist tot.

JETZT!: ES WAR EINMAL IN DEUTSCHLAND, 1988

»Ich weiß, daß kein Mensch etwas dafür kann, ob er ein Städter ist oder im Dorf groß wird. Ich registriere dabei nur, daß wahrscheinlich die Entbarbarisierung auf dem platten Land noch weniger als sonstwo gelungen ist«, hat Theodor W. Adorno 1966 in seinem Text »Erziehung nach Auschwitz« geschrieben. Ganz ähnlich klingt es, wenn Frank Spilker einige Jahrzehnte später auf seine Herkunft in der Provinz zurückblickt: »Das Vergangene kann sich nicht wehren, aber es hat schließlich die Gegenwart hervorgebracht. Das Land ist die Vergangenheit und die Stadt die Gegenwart? In meinem Falle ja. Und die Zukunft? Na ja, die Kinder wollen aufs Land. Sie sehnen sich nach der Verlogenheit der Vorstadtidylle, in der die Kampfflugzeuge laut brüllend die Nachmittage zerschneiden und wenn nicht die, dann die Rasenmäher. Dorthin wo uralte Gesetze bestimmen, was geht und was nicht.«

Spilkers autobiografischer Text ist 2008 im Katalog »Stadt. Land. Pop« erschienen, der begleitend zu einer Ausstellung die Herkunft zahlreicher Musiker, die später in Hamburg gelandet sind, aus Ostwestfalen aufbereitet hat. Diese Veröffentlichung hat mit zum »Bad-Salzuflen-Mythos« der Hamburger Schule beigetragen, sehr zum Unmut vieler Musiker, die aus anderen Gegenden in die Hansestadt gekommen sind. Der Fokus auf Ostwestfalen hat aber auch damit zu tun, dass sich dort Strukturen entwickelt haben, auf die später zurückgegriffen werden konnte, vom Aufnahmestudio über erste Veröffentlichungen bis hin zu einem eigenen Label: Fast Weltweit. Und diese Strukturen wiederum lassen diese spezifische Herkunft zu der am besten dokumentierten und aufbereiteten der

Hamburger Schule werden, weswegen hier die Protagonisten selbst von Entstehung, Entwicklung und Ende des Labels Fast Weltweit erzählen können.

MICHAEL GIRKE: Fast Weltweit hat inzwischen seinen Platz in der Geschichte gefunden, vielen Musikinteressierten fällt dazu etwas ganz Bestimmtes ein. Nämlich: dass es sich bei Fast Weltweit um ein winziges, aber für die Entwicklung der Hamburger Schule durchaus wichtiges Indie-Label handelt, das ausgerechnet aus dem ländlichen und spießigen Kurort Bad Salzuflen herstammt. Das ist der Fast-Weltweit-Mythos, der mich ärgert. Zum einen, weil etliche der am Label beteiligten Künstler*innen aus Herford oder Bielefeld kamen, wir es also nicht mit einem Bad Salzufeler, sondern mit einem ostwestfälischen Phänomen zu tun haben. Hinzu kommen die zahlreichen Zeitungsartikel, Hörfeatures, Filme, die mittlerweile zum Thema Fast Weltweit produziert wurden und die unisono immer wieder eines hohnlächelnd hervorkehren: Ostwestfalens Ländlichkeit, Enge und Langweiligkeit. Die eben angedeutete reale Geschichte von Fast Weltweit, das reale Ostwestfalen und seine – sehr bewegte, vielschichtige und vielfältige – Historie kommen gegen diesen Fast-Weltweit-Mythos nicht an. Was bedeutet, dass die Autor*innen dieser Zeitungsartikel, Hörfeatures, Filme gar nicht hinschauen, sondern stattdessen immer wieder bloß das Klischee dessen reproduzieren, was sie für die Welt außerhalb der von ihnen bewohnten Metropolen halten. Mit anderen, zugespitzten Worten ausgedrückt: Das Ausmaß an Hochnäsigkeit, Einfalt, Klischeeverliebtheit und Stereotypisierung, auf das man bei Bewohnern der Popkultur stößt, finde ich erschreckend.

FRANK WERNER: Dass ausgerechnet in Bad Salzuflen, in Herford oder in Bielefeld eine solche Personenkonstellation entstanden ist, ist natürlich Zufall.

FRANK SPILKER: Was wir damals mit Fast Weltweit gemacht haben, war, uns das selbst zu organisieren, was wir vor Ort nicht vorgefunden haben oder nur sehr sporadisch. Es gab ein paar wirklich tolle Sachen, es gab drei Clubs, das Forum Enger, Hunky Dory in Detmold und einen Laden in Bielefeld, wo so Indie-Bands gespielt haben und die Musik lief, die wir hören wollten.

FRANK WERNER: Der Zufall hat es ergeben, dass meine Eltern mir einen Bausparvertrag ausgezahlt haben. Knapp über 5.000 Deutsche Mark.

Keine große Summe, aber für mich damals viel Geld. Von dem Geld habe ich mir ein Vierspurgerät und einen kleinen Mischer gekauft. Das war dann so mein Start in das Aufnahmebusiness.

BERND BEGEMANN: Es war Frank Werners Idealismus und seine Neugier und wahrscheinlich auch seine Liebe zu uns. Er hat uns allen unglaublich geholfen. Ich, Frank Spilker, Michael Girke, Jochen Distelmeyer,

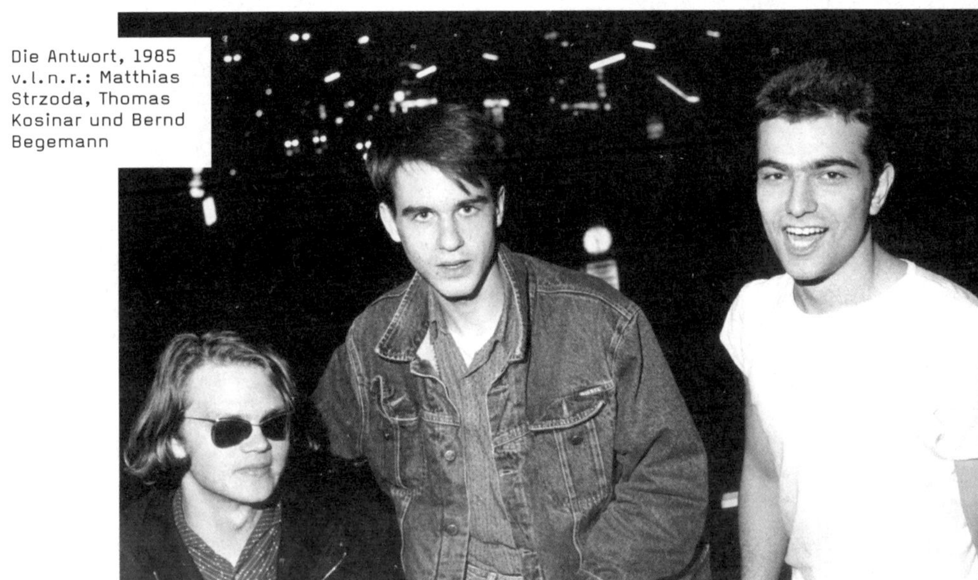
Die Antwort, 1985 v.l.n.r.: Matthias Strzoda, Thomas Kosinar und Bernd Begemann

Bernadette La Hengst, Achim Knorr, der jetzt Comedy macht, aber damals ein Musikprojekt mit Der Fremde hatte, niemand von uns hätte sich ausprobieren, seine ersten Flugversuche machen können ohne den Idealismus von Frank Werner.

FRANK WERNER: Parallel zum musikalischen Interesse war für mich total wichtig, dass ich Bernd Begemann kennengelernt habe – ich war in der Oberstufe und zwei Stufen unter mir war Bernd. Es gab eine Raucherecke, ich habe schon fleißig mit sechzehn, siebzehn angefangen zu rauchen und in der Raucherecke traf man sich halt, das war ein Treffpunkt. Dort hat sich Bernd, aus der Mittelstufe, immer reingemogelt und ein Gespräch gesucht. Und irgendwann hat er rausgekriegt, dass ich Mundharmonika spiele und dass ich ein Tonbandgerät habe. Zur damaligen Zeit war das noch ein Kassettenrekorder. Und mit dem Kassettenrekorder

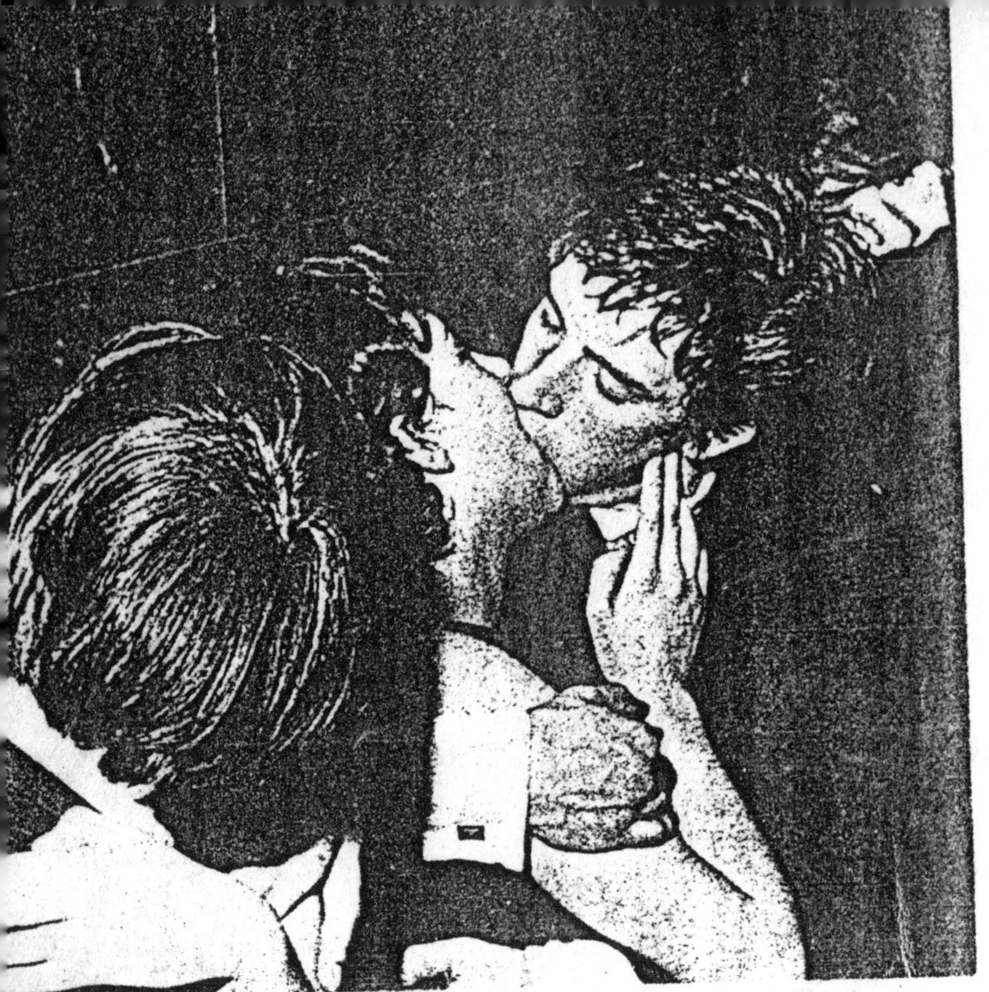

Flyer zur ersten Fast-Weltweit-LP von 1985

habe ich dann die ersten Aufnahmen gemacht, von Vatikan, Bernds Punkband. Das war 1979 in einem zum Abriss freigegebenen Jugendzentrum in Bad Salzuflen. Bernd hat dann die Kassetten vervielfältigt, um damit Auftritte zu kriegen.

MICHAEL GIRKE: Ein Zug von Punk, der für mich ungeheuer bedeutsam gewesen ist, hat, so denke ich, auch zahllose Gleichaltrige befeuert. Ich komme aus einer Arbeiterfamilie; da hat Kultur nicht nur keinerlei Rolle gespielt hat, sondern wurde überdies auch verächtlich gemacht. Das heißt: Bei uns zu Hause gab es, anders als in bürgerlichen Häusern verbreitet, keinerlei Literatur, schon gar keine Musik. So war Punk neben anderem auch eine Ermutigung, ohne jegliche musikalische Voraussetzung und diesbezügliche Ausbildung, ein Instrument in die Hand zu nehmen – und vielleicht sogar gerade wegen des Mangels an herkömmlichem, konventionellem Können Relevantes hervorbringen zu können. Ohne Punk und dessen rotzige, unverschämte Züge, hätte ich mich wahrscheinlich niemals am Spielen einer Gitarre versucht.

FRANK WERNER: 1984 gab es ein Treffen in Herford. Wir haben uns nachts im »Bei George« getroffen, unter anderem Frank Spilker, Andreas Henning und Michael Girke, und wir haben dann in einer nächtlichen Session zwischen Tischfußballkickern und Diskutieren beschlossen, dass wir zusammen stärker sind, dass wir zusammen etwas machen müssen. Der Initiator für das Treffen war Michael Girke. Von ihm kommt auch der Name Fast Weltweit. Das ist seine Erfindung.

MICHAEL GIRKE: Ein wichtiges Motiv für die Gründung von Fast Weltweit war das Nicht-Vorhandensein von Plattenlabels in unserer Region. Ein zentraler Gedanke unserer Initiative lautete sinngemäß: Die wichtigen Plattenfirmen haben ihren Sitz in Berlin oder Hamburg; wir müssen uns zusammentun, um als Kollektiv besser oder überhaupt sichtbar zu werden. Wie vieles in der Kunst, so ist auch Fast Weltweit aus einer großen Not heraus geboren worden.

FRANK SPILKER: Ich denke, das Problem der Zeit und gleichzeitig unsere künstlerische Leistung damals, war zu erkennen, dass die gängige Erzählung des musikalischen Genies etwas zutiefst Bürgerliches an sich hat. Die Art und Weise, wie wir unser Label, Herausgebertum aufgefasst haben, hat uns Rückgrat und Identität gegeben.

FRANK WERNER: Die Grundakteure kannten sich aus der Schulzeit. Achim Knorr, Jochen Distelmeyer und Bernadette [La] nHengst sind später dazugekommen. Zur Gründung von Fast Weltweit befanden sich die Protagonisten aber schon längst in anderen Städten, wie Berlin, Köln und Hannover. Deswegen lässt sich das Ganze nicht so sehr auf das Ostwestfälische runterbrechen.

BERNADETTE LA HENGST: Mit Frank Spilker habe ich Theater gespielt in der Theater-AG. Der war zwei Klassen über mir, und hatte da schon eine Band, zuerst eine Police-Coverband, und mit denen hat er auf dem Schulfest mal gespielt. Da war ich schon sehr beeindruckt. Und dann fing er an, seine eigenen Songs zu schreiben. Und mit dem hatte ich immer so ein bisschen Kontakt. Und dann habe ich Frank Werner kennengelernt. Der kam auch aus Bad Salzuflen. Sein Vater war befreundet mit meinem Vater, eine Art Saufkumpan aus der Kneipe, so kam diese Verbindung. Und dann lernte ich Bernd Begemann kennen, auf einer Abi-Party bei Frank Spilker. Das war 1985. Und dann über Bernd, mit dem ich dann zusammenkam, Michael Girke, Achim Knorr und dann später auch Jochen Distelmeyer.

JOCHEN DISTELMEYER: Ich bin eigentlich erst zwei Jahre später durch einen Artikel in der Spex auf die aufmerksam geworden. Die kamen ja alle aus Bad Salzuflen/Herford und ich komme aus Bielefeld, von daher hatte ich nicht so die direkte Verbindung zu den Leuten und als ich das da gelesen hatte, habe ich die kontaktiert, weil das schon ziemlich nach dem klang, was mich so interessiert hat zu der Zeit und wo sich in Bielefeld relativ wenig finden ließ.

BERNADETTE LA HENGST: Ich hörte, wie Achim Knorr von Der Fremde in dem Tonstudio von Fast Weltweit seine eigenen Songs gesungen hat. Und das war so berührend, dass der von sich und von seinem Leben, von seinen Sehnsüchten singen kann. Auf Deutsch, so wie ich es vorher nur von Ton Steine Scherben gehört hatte. Und der Rest in Deutschland sang ja damals in den Achtzigern fast ausschließlich auf Englisch. Das hat mich sehr bewegt. Und dann habe ich gedacht: Okay, das kann ich auch, und das will ich auch. Und dann habe ich angefangen, meine eigenen Songs auf Deutsch zu schreiben und wurde natürlich sehr inspiriert von Bernd und von Michael Girke, und das hat, glaube ich, mein Leben sehr verändert.

JOCHEN DISTELMEYER: Popmusik zu spielen nach Punkrock und nach der Neuen Deutschen Welle. Quasi Leute, die schon über Punkrock angefangen haben, Musik zu machen, aber dann nicht wie Simple Minds oder die Ecke weitergemacht haben, sondern wie Style Council, Aztec Camera, Orange Juice, sowas. Dafür findet sich keine Lobby in Bielefeld und so habe ich das dann kennengelernt. Nachdem ich Andreas von den Time Twisters kennengelernt habe, war ich dann auf 'ner Party und bin quasi in diese Familie aufgenommen worden. Die Fast-Weltweit-Leute hatten die ganze Zeit schon dieses Studio von Frank Werner, wo die ganzen Sachen aufgenommen wurden und mit dem fand dann so eine Überlegung statt, das ganze so Motown-mäßig aufzuziehen, das heißt ein eigenes Studio, die Musiker tauschen sich ständig untereinander aus.

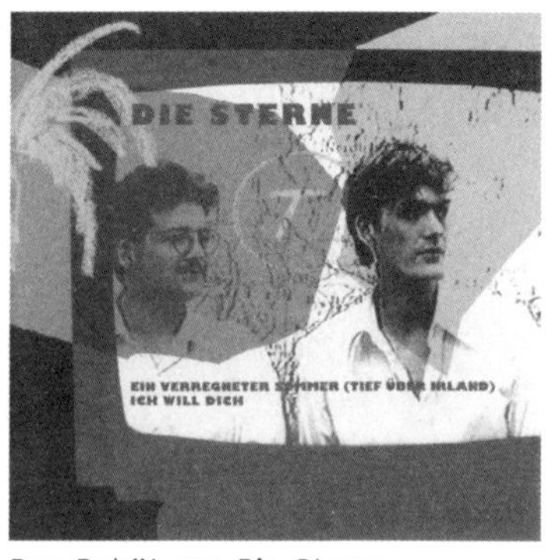

Das Debüt von Die Sterne: Die Single »Ein verregneter Sommer (Tief über Irland)«, erschienen 1987

BERND BEGEMANN: Man sang sich gegenseitig Lieder vor und die anderen sagten: »Ich würde es besser machen.« Es herrschte so eine Art freundschaftliche Rivalität, die einen gesunden Ehrgeiz, keinen zerstörerischen Ehrgeiz geweckt hat. »Ihr denkt, ihr würdet es besser machen? Wartet mal ab!« Diese Art von Ehrgeiz. Dazu haben wir uns angestachelt.

FRANK SPILKER: Diese Form von Selbstermächtigung, sich einfach die Gitarre zu nehmen und darüber zu singen, was einen unmittelbar angegangen hat und gar nicht vorzugeben, ein internationaler Popstar zu sein, das war so ein bisschen die Haltung die Fast Weltweit ausgezeichnet hat.

BERND BEGEMANN: Das waren die besten Nachmittage und Abende, mit Aldi-Limonade in Frank Werners Garage abzuhängen, Hand-Claps zu machen und Frank dabei zuzusehen, wie er versucht hat herauszufinden, wie diese desperaten Teile, die er sich da zusammengesucht hatte, funktionieren.

BERNADETTE LA HENGST: Aus der Not, dass es auf dem Land oder in der Kleinstadt nichts anderes gibt und wir auch noch nicht in die Großstadt gegangen sind, haben wir dann so einen musikalischen Verbund gegründet.

JOCHEN DISTELMEYER: Eigentlich waren auch die Kassettensampler damals irgendwo Demoaufnahmen. Ich weiß noch, wie wir damals zu den Berlin Independence Days und zur Popkomm gegangen sind und gedacht haben, wir hätten das heißeste Zeug überhaupt, das Geilste was es gibt bisher, allein von den Texten und von der Haltung, die dahinterstand.

BERNADETTE LA HENGST: Dass wir keinen Vertrieb gefunden haben und kein wirkliches Interesse, lag halt auch daran, dass wir noch nicht ausgereift genug waren und weil es in Deutschland damals keine deutschsprachige Popmusik gab und die Zeit einfach noch nicht so weit war, dass man in Deutsch singen konnte, ohne dass das als peinlich angesehen wurde, ohne dass es in Richtung Schlager ging oder mit Schlager verglichen wurde. Wir wollten ironiefrei über unser Leben singen.

FRANK WERNER: Der Grundgedanke war, dass man in so einer Interessengemeinschaft nicht alleine ist, zu mehreren ist, eine Gemeinsamkeit entwickelt und hat. Es ging um gemeinsam Konzerte machen, gemeinsam auf sich aufmerksam machen, gemeinsam eine Platte machen. Das war die entscheidende Perspektive.

BERNADETTE LA HENGST: Diese Art von, ich würde sagen, frühem Diskurs über Popmusik und darüber, wie man das Leben verändern will. Es gab auch viele politische Diskussionen und den Versuch, linke Utopien in Songs zu verpacken, vor allem von Michael Girke, aber immer in schwelgerischen Lovesongs, das hat mich sehr inspiriert.

JOCHEN DISTELMEYER: Das hatte für einen Teil der Leute, die damals da mitgemacht haben, schon immer, wenn auch nebulös, eine politische Konnotation. Für Michael und mich auf jeden Fall, für Frank Spilker denke ich auch.

FRANK SPILKER: Es gab keine Bestrebungen, das Ganze zu professionalisieren, das wäre das Gegenteil von Punk gewesen und genau das sollte es nicht sein. Es war gerade sinnvoll, weil es nicht professionell war. Weil man das, was man gemacht hat, mit den Möglichkeiten gemacht hat, die man hatte und trotzdem eine Marke entwickelt hat. Du siehst das ja auch daran, dass wir hier 30 Jahre später sitzen und darüber reden. Und das hat nichts damit zu tun, dass wir professionell gearbeitet hätten, sondern weil wir es einfach gemacht hatten.

BERNADETTE LA HENGST: Als wir dann älter wurden, sind wir natürlich fast alle in die Großstadt gegangen und das war dann so eine Art Sich-vom-Elternhaus-Ablösen, Erwachsenwerden.

MICHAEL GIRKE: Interessant zu erwähnen ist vielleicht noch der Umstand, dass die Fast-Weltweit-Geschichte kein offizielles Ende kennt. Kein Konflikt, keine Auseinandersetzung, kein übergroß gewordenes Ego, kein traumatischer Todesfall, aufgrund dessen das Ganze auseinander geflogen wäre. Ich würde sagen, alle Beteiligten haben sich ab 1989 in verschiedene Richtungen, besser gesagt: zu ihrer jeweils eigenen künstlerischen Ausdrucksweise und Form hin entwickelt. Wobei das Gemeinschaftliche wich, ohne dass für das Warum und Wie je eine Erzählung oder überhaupt eine das Geschehen fassende Sprache entwickelt worden wäre. Mit der Problematik, dass jemand wie Frank Werner, der das Studio aufgebaut hatte, in welchem wir alle aufgenommen und dem wir viel zu verdanken haben, irgendwann feststellen musste: Offenkundig findet Fast Weltweit nicht mehr statt, und ich bleibe in diesem Studio zurück. Das stelle ich mir als äußerst bedrückend vor. Diese Vergangenheit hat offene Wunden hinterlassen.

FRANK WERNER: Die Strukturarbeit, der Austausch, Kommunikationsfähigkeiten, das Über-eigene-Grenzen gehen, das wurde ja alles trainiert. Das war ja wie eine kleine Schule in Anführungszeichen. Die Herford-,

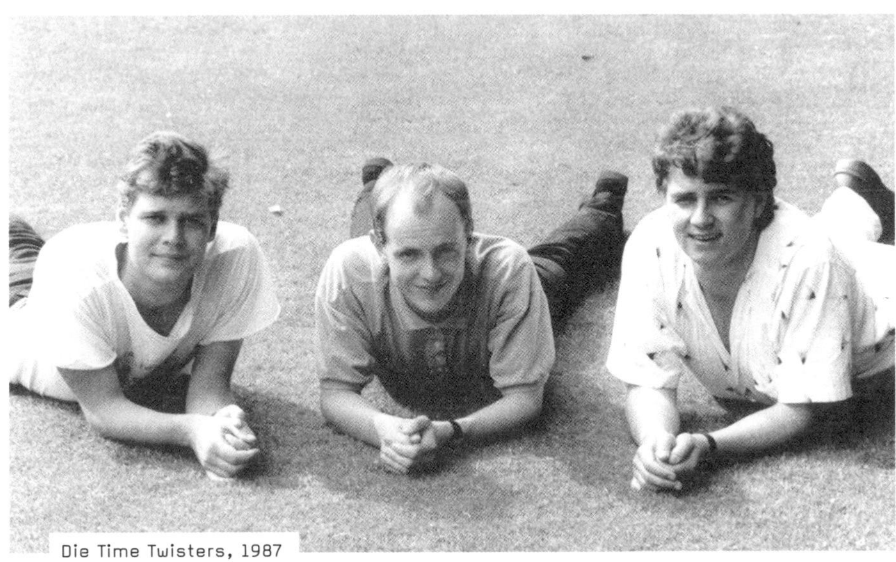

Die Time Twisters, 1987

die Bad-Salzuflen-Schule, was auch immer für eine Schule. Die haben untereinander gelernt, sich produziert, sich geholfen, eine Kompromissbereitschaft entwickelt. Das hat man bei Provinzbands so sonst eigentlich nicht. Da gibt es dieses Ich-Ich-Ich, »Wir wollen groß rauskommen«, das ist nicht auf Zusammenarbeit, Kooperation, auf einen gemeinsamen Erfolg ausgerichtet. Eher auf eine individuelle Karriere. Das war bei Fast Weltweit wirklich anders. Das waren, sind Freunde, die ja auch heute noch aufeinander Bezug nehmen, sich treffen, über Sachen sprechen, sich beraten. Das ist schon besonders.

BERNADETTE LA HENGST: Es war eine wichtige Phase mit Fast Weltweit, für alle ein Lernprozess. Da musste erst mal 'ne neue Tür aufgehen, bevor ich wusste, wohin mein künstlerischer Weg geht. Und ich glaube, das war auch bei Jochen und bei Frank so. Jochen hat sich von so träumerischen, sehnsuchtsvollen Dorfhymnen zu einem total politischen, postmodernen Songschreiber entwickelt. Eine ganz andere Art, Texte zu schreiben und auch die Musik natürlich komplett weg von diesem romantischen jungen Songschreiber der achtziger Jahre.

JOCHEN DISTELMEYER: Es gab vielleicht eine kurze Phase, kurz danach, nachdem klar war, dass sich das alles in Individualisierung auflösen würde, wo man erst mal nicht daran erinnert werden wollte, weil man ja gerade dabei war, etwas anderes anzufangen. Aber ich glaube, die Tatsache, dass viele Bands aus dem Zusammenhang von damals, Die Sterne usw. weitermachen, vor diesem Fast-Weltweit-Hintergrund, diesem sozialen Modell, einer bestimmten Art Vorstellung von Song usw., zeigt, dass die Leute sich nicht davon distanzieren. Ich verdanke der Sache auch sehr viel, obwohl das, was ich jetzt mache, mit dem von damals nicht allzu viel zu tun hat. Aber ich habe trotzdem total viel gelernt, an Sozialverhalten, Freundschaften und so.

Vom Eisbrecher über die W3 zu L'Age d'Or
Die Entstehung einer Struktur

Den Vorhang reißt auf
Es singt das Land
Es liegt der Hund begraben
Linkt ab, kann es fassen
Letzter Unsinn, ab dafür
KOLOSSALE JUGEND: HUND, 1990

»Wir haben 1986 angefangen, Musik zu machen«, erinnert sich Thorsten »Taucher« Weßel an die Anfänge von Ostzonensuppenwürfelmachenkrebs. »Wir sind in großen Teilen zusammen auf dieselbe Schule gegangen, kennen uns daher und von anderen Freizeitaktivitäten und haben irgendwann das Gefühl gehabt, aus unserer passiven Musikleidenschaft heraus zu gucken, ob man nicht die Seite wechseln, ob man sich nicht mal selber auf eine Bühne stellen kann. So fing das an, das war letzten Endes eine sehr spielerische Angelegenheit.«

1986 gab es noch keine Szenestrukturen für Bands wie Ostzonensuppenwürfelmachenkrebs, die klassischen Indierock mit Jazz und Postrock anreicherten. »Ein musikalisches Programm hatten wir nicht. Auch kein Genre in dem wir uns sahen oder wo wir hinwollten«, ergänzt Carsten Hellberg. »Unsere musikalische Identität ist über all die Jahre eher spielerisch entstanden. Einen ersten entscheidenden Entwicklungsschritt hat die Band dann nach etwa zwei Jahren gemacht, als wir Carol von Rautenkranz und Pascal Fuhlbrügge kennengelernt haben. Die haben damals in einer Frühphase von L'Age d'Or Veranstaltungen in der Werkstatt 3 (W3) in Ottensen gemacht.« Carol von Rautenkranz und Fuhlbrügge hatten sich kurz zuvor bei der Arbeit am Comicmagazin Eisbrecher kennengelernt und über diese redaktionelle Zusammenarbeit erste Veranstaltungen organisiert.

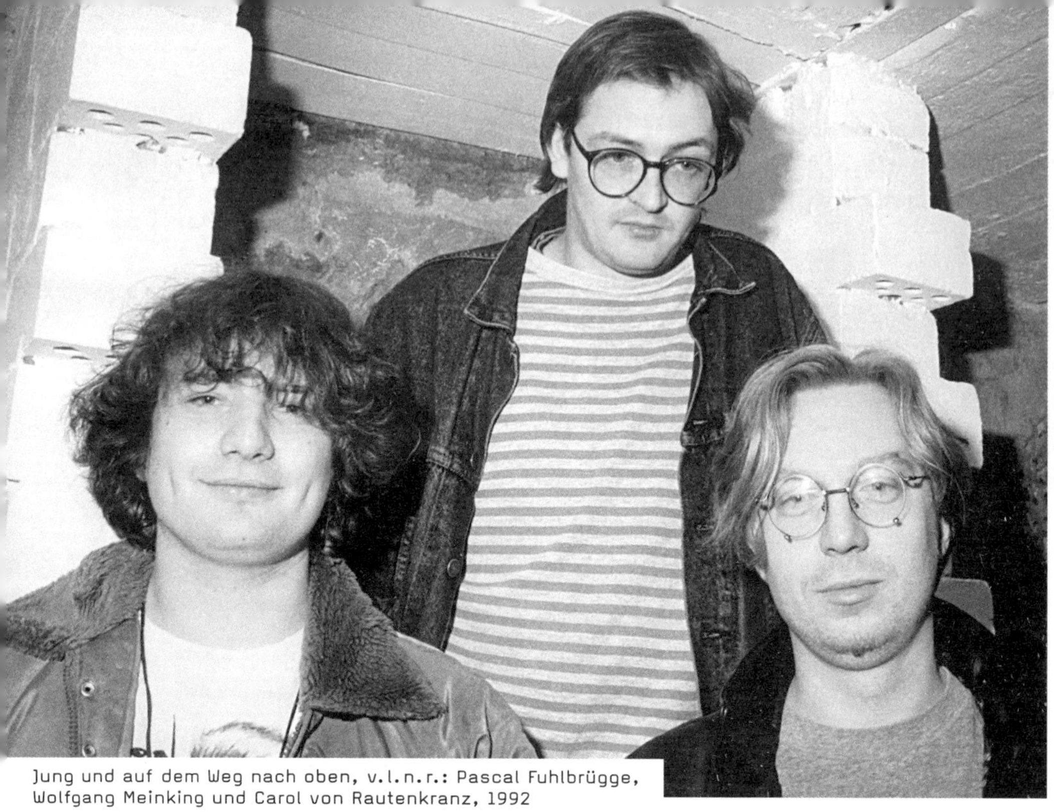
Jung und auf dem Weg nach oben, v.l.n.r.: Pascal Fuhlbrügge, Wolfgang Meinking und Carol von Rautenkranz, 1992

CAROL VON RAUTENKRANZ: Wir haben in Pinneberg eine Band gehabt und auch Veranstaltungen gemacht. Auch eine Comicszene, eine ganz aktive, lebendige Comicszene, hat es zu jener Zeit in Pinneberg gegeben. Man sagte aber nicht Comics, man nannte das dann »grafische Erzählung«, das hat dadurch einen ganz anderen Stellenwert gehabt. Eines der Hefte, die es dort gab, war ein neues Magazin für Popkultur und grafische Erzählung. Das nannte sich Eisbrecher.

PASCAL FUHLBRÜGGE: Das Eisbrecher sollte ein bisschen ambitionierter sein als ein Fanzine, in besserer Druckqualität und so. Der Typ, der das gemacht hat, war ein Comic-Enthusiast, der sich aber auch darüber im Klaren war, dass sich nur mit Comics zu der damaligen Zeit keine Zeitschrift über Wasser halten kann und er hat deswegen Leute gesucht, die über andere Sachen schreiben, unter anderem über Film und über Musik. Ich hatte mich eigentlich gemeldet, um über Film zu scheiben. Da aber sehr viele Leute da waren, die über Film schreiben wollten, habe ich gesagt »Dann schreibe ich halt über Musik«, was mir eh näherlag. Der andere, der über Musik schreiben sollte und schon da war, war eben Carol.

CAROL VON RAUTENKRANZ: Ich wurde gefragt, ob ich die Musikredaktion machen würde. Da hatte ich Lust drauf. Dort habe ich dann Pascal kennengelernt, der kam aus Elmshorn und sollte das auch machen. Wir wurden also von dem Macher dieses Heftes zusammengeführt.

PASCAL FUHLBRÜGGE: Es wurde dann ganz schnell klar, dass sich der Macher dieses Magazins Geld geliehen hatte, um eine Ausgabe herauszubringen. Und dann hat er auf das Beste gehofft, dass da Leute aufspringen, Geld investieren oder dass sich das Heft so gut verkauft, dass das Geld für die nächste Ausgabe reicht. Das war natürlich erst mal nicht so und deswegen bat er dann darum, dass Veranstaltungen gemacht werden, damit auch ein bisschen Geld reinkommt. Dann habe ich mit Carol, mit dem ich mich irgendwie gut verstanden habe und der sich über seine eigene Band auch schon besser in der Hamburger Musikszene auskannte, eine Veranstaltung geplant. Zu dem Zeitpunkt, an dem diese dann aber stattfinden sollte, war schon klar, dass sich das Heft erschöpft hatte, dass es keine dritte Ausgabe geben wird. Die zweite Nummer kam irgendwie noch, aber die dritte, das wurde klar, würde es nicht mehr geben. Damit war es auch sinnlos, dafür eine Quasi-Fundraisingveranstaltung zu machen. Da wir das aber schon geplant hatten, haben wir dann das trotzdem durchgezogen. Wir hatten auch Lust darauf.

Zu dieser Zeit pendelte Carol von Rautenkranz noch von Pinneberg nach Hamburg, wo er zusammen mit seinem Bruder Chris schon erste Bands, darunter Cpt. Kirk &., aufgenommen und im örtlichen Jugendzentrum Konzerte organsiert hat. Die W3 war ähnlich »wie die Jugendzentren, in denen wir vorher Shows gemacht haben«, erinnert sich Carol. Sein Bruder Chris ergänzt: »Der Konzertraum war leer, da war lediglich die Bühne. Ich weiß nicht, wie das jetzt aussieht, aber das war ja richtig abgeteilt, der Raum. Das hat schon Sinn gemacht. Man muss ja auch dazu sagen, dass diese Festivals quasi mit null Geld durchgeführt wurden. An Fixkosten hatten wir nur die Kosten für die Werkstatt 3 und die PA, die wir gemietet haben. Die Plakate haben wir kopiert. Dann haben wir uns zu mehreren getroffen und haben Altona zuplakatiert. Die Türsteher, die, die Kasse gemacht haben, die, den Laden am nächsten Morgen geputzt haben, waren alles wir und freiwillige Helfer. Wir haben das gemacht, weil wir tierisch Bock hatten und haben damit kein Geld verdient.«

PASCAL FUHLBRÜGGE: Wir haben DIY-mäßig Werbung gemacht. Wir sind dann wirklich nächtelang durch alle Kneipen und haben auch wirklich nicht irgendwie Flyer ausgelegt, sondern Flyer in die Hand gedrückt. Da waren hinten auch Beschreibungen der Bands drauf, wir haben mit den Leuten geredet und da sehr viel Zeit reingesteckt, das bekannt zu machen.

CAROL VON RAUTENKRANZ: Die Plakate und Flyer, die haben wir bei mir in der Sparkasse gemacht. Da habe ich nämlich zu dem Zeitpunkt gelernt und später gearbeitet. Dort habe ich mich mit dem Drucker angefreundet, dann hat er das für uns gemacht. Ich habe ihm dann irgendwie einen ausgegeben.

Die vierteljährlich stattfindenden Veranstaltungen trugen im Titel den Namen der Stadt Hamburg, ergänzt um die jeweilige Jahreszahl: »Hamburg '86«, »Hamburg '87«. Ein programmatischer Titel, ging es doch darum, der lokalen Szene Auftrittsmöglichkeiten zu verschaffen. »Alle haben versucht immer sehr international zu sein, so zu tun, als ob es große Kontakte gäbe, möglichst nach England«, erklärt Fuhlbrügge. »Es gab wenig Veranstaltungen, wo dann auch lokale Bands gespielt haben. Man hat dann eher versucht, sich als Support an internationale Bands zu hängen und wir wollten es dann anders machen. Darauf konnten wir uns ganz gut einigen.« So standen in der W3 zahlreiche spätere L'Age-d'Or-Bands auf der Bühne und auch viele spätere Protagonisten der Hamburger Schule, unter anderem André Rattay und Eike Bohlken mit ihrer Band Der Schwarze Kanal und Huah! um Knarf Rellöm und Mense Reents. Auf seinem Blog hat Pascal Fuhlbrügge versucht, zu rekonstruieren, wer alles auf diesen Festivals aufgetreten ist, und nennt folgende Bands: PSYOB, Blue Stories, Schwester Schwester (die Schwestern), Rockabilly Mafia, Ostzonensuppenwürfelmachenkrebs, Cancer Barrack, Pop goes the Pope, Der Schwarze Kanal, Geckos, Die-Gants, Huah!, Flowers of Death, Blue Kremlin, Erosion, Kolossale Jugend, Dolche in der Casbah, Hallelujah Ding Dong Happy Happy, Verkehrextrem, Rubbermaids, Dead Diabetic, The Honx, Die Erde, Sophie's Treasure, Poison Candy, George & Martha, Faith Healer, Alien Boys, Girls Under Glass, Provisorios, Scared Husbands, Vorschlag, Crime Ministers und Arm.

Diese Konzerte in der W3 haben für viele der Musiker eine zentrale Rolle in der Vernetzung und gegenseitigen Wahrnehmung gespielt. »Die Idee hinter den Veranstaltungen war, dass wir vier unterschiedliche

Bands nehmen«, erklärt Carol von Rautenkranz das Konzept. »Damals war es in Hamburg eher schwierig, was Konzerte angeht. Es kamen maximal 30 Leute zu einer Show. Wir haben dann die Idee gehabt, vier unterschiedliche Bands zu nehmen, wenn die dann viermal 30 Leute mitbringen, dann hätten wir schon mal 120 und wenn wir das gut promoten, dann hätten wir doppelt so viele.«

Schon beim ersten Konzert am 6. Juni 1986 kamen etwa »250 oder 280 zahlende Gäste«, erinnert sich Carol. »Das fühlte sich wahnsinnig gut an, weil wir überhaupt nicht wussten, was da auf uns zukommt. Wir haben den Laden angemietet und den Auftritt mitgeschnitten. Mein Bruder Chris von Rautenkranz hat damals immer alles mitgeschnitten. Dadurch, dass die Bands so unterschiedlich waren, gab es ein bisschen Austausch mit dem Publikum und es war sehr offen, friedlich, fast schon harmonisch. Es war am Ende dann einfach ein rundes Konzert.« Von Anfang an waren die Konzerte als Orte der Vernetzung und des Austauschs angelegt: »Wir haben allen Leuten, die jemals dort gespielt haben, freien Eintritt, freie Gästeliste zugesagt«, so Carol. »Das heißt, ganz viele Leute kamen immer wieder und es kam da schon zu so einer Art Stammtisch, wo die Leute sich ausgetauscht und auch gegenseitig kennengelernt haben. Es ging ja über drei Jahre und da fand so eine Art Szenebildung statt. Es gab ja zu dem Zeitpunkt noch keine Kneipen auf St. Pauli, wo man hingehen konnte.«

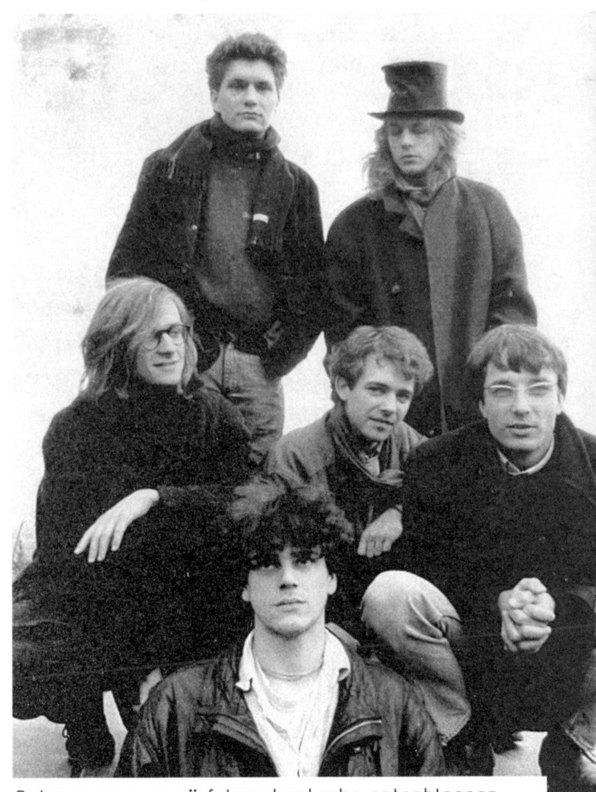

Ostzonensuppenwürfelmachenkrebs entschlossen unentschlossen zwischen Mittelaltermarktstyle und Postrock-Strenge, 1990

Als Veranstaltungsort hatte sich die bis heute in Altona existierende W3 aus einem Zufall heraus ergeben. »Pascal hat eine Straße weiter um die Ecke gewohnt«, erinnert sich Carol. »Daher kannten wir das.

Pascal kannte das. Es war ja damals schon und ist auch heute noch ein Dritte-Welt-Laden. Da waren viele Veranstaltungen im Dritte-Welt-Zusammenhang. Ich weiß nicht, ob man das überhaupt noch sagen darf? Dritte Welt. Es kommt mir jetzt komisch vor.« Auf der Webseite der W3 heißt es heute zum Selbstverständnis des Ortes: »Die W3_Werkstatt für internationale Kultur und Politik e. V. ist ein kulturelles und politisches Informations- und Bildungszentrum in Hamburg-Altona. Der Verein wurde 1979 von engagierten Menschen aus Hamburg gegründet mit dem Ziel, das transkulturelle Zusammenleben in der Stadt zu stärken, einen Raum für Begegnung und Vielfalt zu öffnen und mit Veranstaltungen zu entwicklungs- und friedenspolitischen Themen zu kritischer Debatte zu motivieren.« So ganz reingepasst hat das Konzert-Konzept also nicht, und so waren der friedlichen Koexistenz von musikalischer Subkultur und Veranstaltungen zu entwicklungs- und friedenspolitischen Themen nur wenige gemeinsame Jahre vergönnt. »Irgendwann haben sie uns dann da rausgeschmissen, das fand ich damals sehr blöd, weil wir da wirklich über Jahre auch sehr viel Arbeit reingesteckt haben«, sagt Pascal Fuhlbrügge rückblickend. »Und die haben uns dann so quasi ohne Gespräch gesagt: ›Nö, wir machen das jetzt nicht mehr, ihr habt ja mit Dritte Welt nichts zu tun.‹ Die Hintergründe, warum es dann plötzlich ein Problem war, haben wir nie erfahren.«

Es ist ja auch einfach viel Zufall, dass ungefähr so zur gleichen Zeit Leute nach Hamburg gezogen sind oder hier schon waren und angefangen haben, Kunst zu machen, die sich kennen gelernt haben und sich letztendlich alle interessant fanden.

Peter Thiessen

Aber zumindest für ein paar Jahre ging das Konzept auf, nicht nur Ostzonensuppenwürfelmachenkrebs, auch zahlreiche weitere Musiker der Hamburger Schule erinnern die Konzerte in der W3 als prägend. Carsten Friedrichs von Die fünf Freunde und Superpunk: »Was ich gerade an der Hamburger Schule immer toll fand, das waren die Veranstaltungen von Carol. Die hießen sowas wie ›Hamburg ’88‹, da haben dann vier Bands gespielt, unterschiedliche Genres, das war natürlich Huah!, Die-Gants, Rockabilly Mafia und noch irgendwas. Das hat dann um die fünf Mark Eintritt gekostet. Es war ein Kessel Buntes, aber das fand ich klasse. Und ich hatte auch damals schon das Gefühl, dass man sich jedes Wochenende ein gutes, billiges Konzert geben kann.« Auch Carsten Hellberg hebt die musikalisch wilde Zusammenstellung der Abende hervor: »Das Besondere damals bei diesen Veranstaltungen in der W3 war, dass die musikalisch extrem divers gewesen sind. Die Rockabilly Mafia hat gespielt, aber auch Erosion, eine Metalcoreband aus Pinneberg. Es gab elektronische Musik, Wimp Pop, alles Mögliche. Da gab es keine stilistischen Grenzen. Zu sehen, dass es da noch andere Bands gibt, die in einer ähnlichen Situation sind, die ihren Kram machen und sich mit denen auseinandersetzen zu können, fernab von irgendeinem Konkurrenzdenken, das war für uns das Wichtigste. Es ging nicht darum, was gemacht wurde oder wie wer irgendwas gemacht hat. Da gab es kein ›Oh, die sind aber gut, da müssen wir uns jetzt aber anstrengen‹, sondern um die druckfreie Auseinandersetzung mit den anderen. Das hat es in der Form in Szenen anderer Städte, wie wir später erfahren haben, so nicht gegeben. Da herrschte viel mehr Konkurrenz zwischen den Künstlern. Das ging dann später noch weiter, als Carol und Pascal gesagt haben, dass sie jetzt auch ein Label machen wollen.«

Der Schritt vom Konzertveranstaltungskollektiv zur Plattenfirma hat sich organisch ergeben. Knarf Rellöm, der als Musiker Teil der Veranstaltungsreihe war, erinnert sich: »Das war echt toll, was die da so zusammengewürfelt haben. Und irgendwann sind die auf die Idee gekommen: Es gibt viele interessante Bands in Hamburg, die keine Platten machen können, weil sie niemand machen will. Da machen wir einfach mal ein Plattenlabel und dann ging es los mit Kolossale Jugend und dem Studio.« Der als eine der ersten Veröffentlichungen auf dem neuen Label erschienene Sampler »Dies ist Hamburg (nicht Boston)« stellte einerseits eine Dokumentation dieser Veranstaltungsreihe dar – bis auf eine Band waren alle auf der Compilation vertretenen Künstler dort aufgetreten – und gleichzeitig den Schlusspunkt des Projekts bzw. den Übergang hin zum Label; im Pressetext heißt es: »Man sollte aufhören, bevor eine gute Idee einen gelangweilten Beigeschmack bekommt. Gleichzeitig war jetzt der Zeitpunkt gekommen, die Entwicklung in der Hamburger Szene zu dokumentieren und dem Außenstehenden einen Überblick zu geben und gleichzeitig die Chance zu nutzen, neben der Zusammenstellung von Namen, gleich noch etwas neues vorzustellen.« Anlässlich des nächsten Labelsamplers, der 1992 erschienenen Compilation »Popmusik darf nicht dumm sein« hat Pascal Fuhlbrügge im Pressetext zum Selbstverständnis des Labels geschrieben: »Hier geht es um L'Age d'Or. Also um ein anderes Popverständnis hierzulande, darum, daß Popmusik in Deutschland gut sein kann und nicht dumm sein darf. Wir sagten Pop als wir in kleinen Strukturen arbeiteten und wir sagen jetzt Pop. Wir meinen mit Pop, daß sich die Musik erst mal an alle richtet. Ob die Leute es hören wollen, ist uns nicht egal, aber ein anderes Thema.«

»Die Vision war vom Underground in die Charts, von Anfang an«, beschreibt Carol von Rautenkranz den Anspruch bei Labelgründung. »Wir hatten vor allen Dingen auch die Produktionsmittel. Denn wir haben ja unser Studio immer weiter aufgebaut.« Aber nicht nur Carol von Rautenkranz und Pascal Fuhlbrügge haben dazu beigetragen, mit ihren Konzerten eine Szenestruktur entstehen zu lassen, auch Knarf Rellöm, der sich damals noch Walding nannte, hatte eine wichtige Funktion, wie Peter Thiessen von Kante sich erinnert: »Walding hat für das Verknüpfen von ganz verschiedenen Leuten in Hamburg eine extrem zentrale Rolle gespielt. Er hat damals das Hinterzimmer-Booking gemacht in der Kleinen Freiheit und er hat eine kleine, aber gut funktionierende Infrastruktur zur Verfügung gestellt, wo Leute ihre eigenen Touren buchen kommen. Das haben wir auch gemacht.« Frank Spilker nennt Rellöm gar den »Hamburger Chefintegrator«.

Für Bernd Kroschewski waren die Gründung von L'Age d'Or und die ersten dort veröffentlichten Alben eine zentrale Erfahrung: »Es gab schon die ersten Alben von Die-Gants, der Band von Carol und seinem Bruder Chris, Der Schwarze Kanal, Kolossale Jugend und so. Aber es gab auch einen Sampler ›Dies ist Hamburg (nicht Boston)‹, der kam 1989, der hat das alles noch mal zusammengefasst und war auch sehr divers. Und natürlich die ›Vorwärts Hamburg‹-Kassettensampler davor. Das waren für mich ganz bedeutende Erfahrungen. Das Gefühl davon, dass da was los ist in der Stadt, dass es sehr verschiedene Ansätze gibt, die man mit Interesse verfolgen kann und dieses Interesse auch zurückgegeben wird, das ist für mich sowas wie ein Ursprung der Hamburger Schule gewesen. Das ist etwas, was ich auf die Frage, was denn die Hamburger Schule für mich gewesen sei, antworten würde, noch vor ästhetischen Merkmalen.«

CHRIS VON RAUTENKRANZ: Carol hat in Pinneberg ja auch im Studio hinterm Pult gesessen und zum Beispiel Kolossale Jugend aufgenommen. Eigentlich wollte ich auch beim Label mitmachen, ohne zu wissen, was man dort eigentlich macht. Das hat sich dann ganz schnell gezeigt und auch die Rollen haben sich schnell herauskristallisiert. Carol und ich sind schon sehr unterschiedlich. Er ist mehr der Kommunikator und ich bin der, der sich gerne ans Pult setzt und im stillen Kämmerlein Knöpfe dreht.

PASCAL FUHLBRÜGGE: Die ersten Platten sind alle noch zwischen Pinneberg und Prisdorf auf dem jetzigen Golfplatz entstanden. Ostzonensuppenwürfelmachenkrebs haben sich quasi selbst produziert.

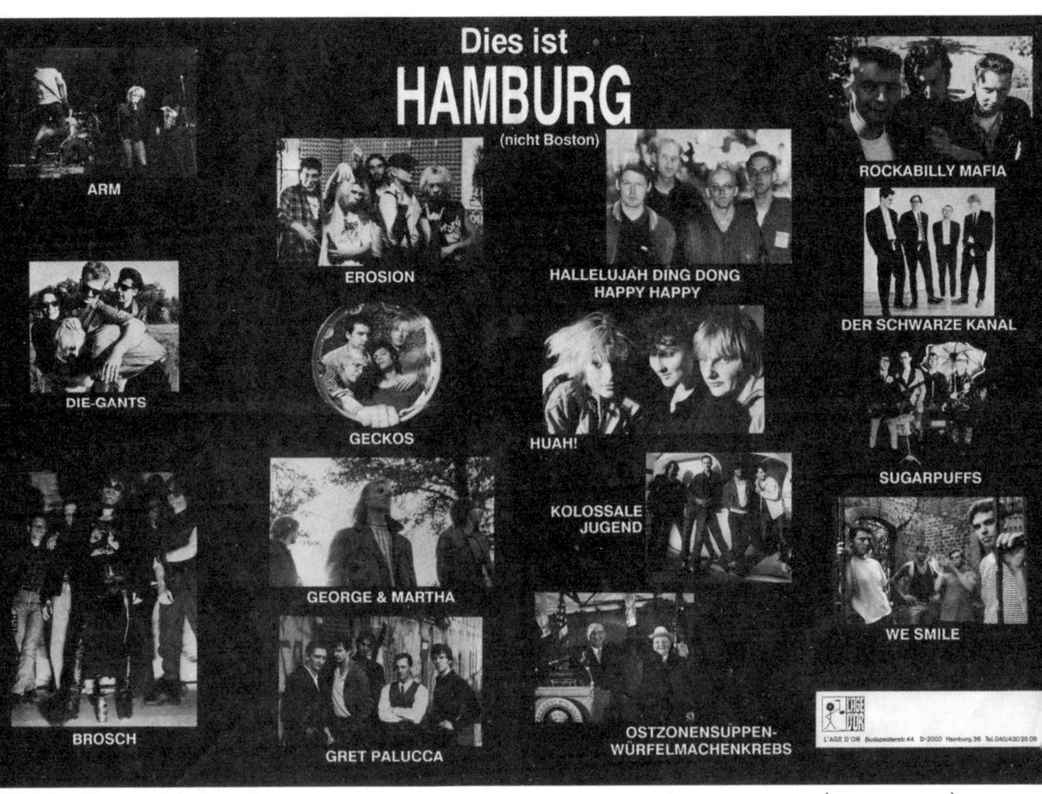

Promo-Plakat zum Sampler »Dies ist Hamburg (nicht Boston)«, 1989

CAROL VON RAUTENKRANZ: Angefangen haben wir mit dem Label, als Der Schwarze Kanal eine Platte herausbringen wollte und Alfred Hilsberg nicht mehr zur Verfügung stand, weil er keine Hamburger Bands mehr veröffentlichen wollte. Es gab noch mehr Bands, die wir von unseren Veranstaltungen kannten. Wir haben damals nicht nur Konzerte in der W3 gemacht, sondern auch in der Markthalle und im Kir. Uns schien es, als müssten wir das jetzt einfach machen. Wir konnten direkt auf einen Stamm an Bands zurückgreifen. Pascal hatte die Kolossale Jugend, Chris und ich die Die-Gants, Der Schwarze Kanal waren Freunde von uns, es gab die Ostzonensuppenwürfelmachenkrebs – Taucher hat bei uns dann auch bald angefangen zu arbeiten. Das waren schon sehr viele direkte Möglichkeiten, auf die wir zurückgreifen konnten.

PASCAL FUHLBRÜGGE: Wir waren extrem jung. In unserer Zeit bei der ersten Veröffentlichung, also 1986, war ich 21, das Label ging eigentlich los, als ich 22, 23 war.

CHRIS VON RAUTENKRANZ: Die Labelarbeit hat sich dann professionalisiert, die Studioarbeit auch und da musste man sich natürlich auch entscheiden, worauf man sich konzentrieren möchte. Für mich war ganz klar, dass das Studio mein Weg ist. Und Carol hat sich dann auf die Labelarbeit konzentriert. Da beides miteinander verbunden war, haben die meisten Aufnahmen der L'Age-d'Or-Veröffentlichungen dann bei uns stattgefunden.

PASCAL FUHLBRÜGGE: Es gab keinen wirklichen Masterplan. Wir haben diesen Tape-Sampler »Vorwärts 87« gemacht, der sich relativ gut verkauft hat. Ich weiß leider die Zahlen nicht mehr, aber das müssen so zwischen 200 und 300 Stück gewesen sein, die wir davon verkauft haben. Wenn man davon ausgeht, dass momentan Bands, die relativ viel spielen, erst mal versuchen müssen über 100 von ihren Vinylplatten zu verkaufen, ist das ja schon ganz okay. Der Erfolg des Tapesamplers hat uns damals in unseren Labelaktivitäten bestärkt, dann hat sich eins aus dem anderen ergeben. Es gab die Band von Carol und Chris, die eine Platte machen wollte. Der Schwarze Kanal, die wir total super fanden, kam bei den bekannten Hamburger Labels nicht unter. Auch Alfred Hilsberg fand die irgendwie doof und er war ja zu der Zeit der erste Anlaufpunkt.

CAROL VON RAUTENKRANZ: Wir hatten vor allen Dingen auch die Produktionsmittel. Denn wir haben ja unser Studio immer weiter aufgebaut.

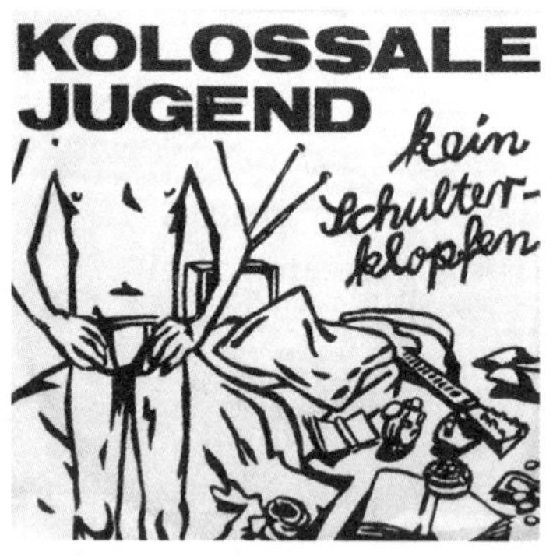

»Kein Schulterklopfen«, die Debüt-Single von Kolossale Jugend erschien 1988 als erste offizielle Veröffentlichung von L'Age d'Or.

PASCAL FUHLBRÜGGE: Zuerst kam das »Vorwärts«-Tape. Dann sollte eigentlich Der Schwarze Kanal kommen. Der Sänger hatte dann aber eine Hirnhautentzündung und dadurch wurde dann Kolossale Jugends »Kein Schulterklopfen« die erste Single und das erste Album war dann glaube ich von Die-Gants.

CAROL VON RAUTENKRANZ: Das Ganze ist dann halt gewachsen und gereift. Man ist besser geworden und man hat das professionalisiert. Ich hatte mich nach dem Abschluss meiner Ausbildung zum Bankkaufmann an der Uni eingeschrieben, wurde allerdings exmatrikuliert, weil ich mehrfach durchgefallen bin. Ich habe mir dann gesagt, dass ich jetzt wirklich ein Label mache. Denn auf diesen BWL-Kack hatte ich doch kein Bock drauf. Natürlich gehörte dann aber auch Glück dazu. Aber im Kern waren wir eigentlich die Leute, die etwas machen wollten.

PASCAL FUHLBRÜGGE: Carol mit seiner Bankausbildung hat diese finanzielle Seite übernommen. Seine Oma hat ihm Geld gegeben und das sollte er irgendwie anlegen für sie und dann hat er erst mal was bei uns zwischenfinanziert. Ich war eher der Typ für das Programmatische. Und ansonsten haben tatsächlich wirklich alle so ziemlich alles gemacht.

CAROL VON RAUTENKRANZ: Wir hatten schon eine Vision damals. Wir sind für deutschsprachige Popkultur eingetreten. Und diese Popkultur konnte sogar sehr lärmig sein wie bei der Kolossalen Jugend.

PASCAL FUHLBRÜGGE: Als wir dann später diesen größeren Vertriebskanal hatten, ging es auch ins Soundgarden Studio und dadurch wurde dort zu produzieren überhaupt finanzierbar. Wir haben bei Chris natürlich nicht den vollen Preis bezahlt, aber irgendwie ein bisschen was mussten auch wir natürlich dort schon bezahlen.

CAROL VON RAUTENKRANZ: Wir haben 1991 den Vertrag mit der Polydor gemacht, die auf uns aufmerksam wurden, ein klassischer Label-Deal. Da haben wir so einen kleinen Folder gemacht, um uns vorzustellen innerhalb des Hauses. Und da war das Motto »Popmusik darf nicht dumm sein«. Es gibt auch so eine schöne kleine Compilation dazu. Es gab ja Ende der Achtzigerjahre kaum deutsche Popmusik, die stattfand draußen, und deutschsprachige Popmusik schon gar nicht. Und wir sind ja dafür eingetreten.

Im von Carol von Rautenkranz erwähnten Labelsampler »Popmusik darf nicht dumm sein« hat im Folder auch Tim Renner, der für Polydor den Labeldeal eingefädelt hatte, das Wort ergriffen und die Idee dahinter erklärt: »In der augenblicklich bewegten Situation, die durch das Auftauchen neuer Trends und das Überangebot vor allem auch unabhängig produzierter Tonträger geprägt ist, bedarf es neuer Wege, um die künstlerische Basis zu stützen. Polydor setzt hier auf Kooperation nicht Konfrontation. Der Vertrag zwischen L'Age d'Or und Polydor könnte einen solchen Weg aufzeigen. Polydor sichert dabei einem Label, das durch hervorragende und kontinuierliche A&R und Marketingarbeit aufgefallen ist, die Abnahme von bestimmten Mengen von Tonträgern zu, um sie in das schlagkräftige PolyGram Vertriebsnetz zu geben. L'Age d'Or ist dadurch eines Teils des Produktionsrisikos enthoben.« Das klang wenig nach den Strukturen, aus denen die meisten der Musiker kamen, weniger nach

Fanzine und DIY, sondern eben nach dem, was es war: Man war nun Teil der Musikindustrie, in der es nun einmal primär um Verkaufszahlen und Charts ging und weniger um das Musikmachen als politisches Statement gegen Großdeutschland. »›Popmusik darf nicht dumm sein‹ und deshalb bedarf sie der ständigen Innovation«, schreibt Renner am Ende seines Statements. »Daß dazu auch Innovationen im wirtschaftlichen Bereich gehören, wird leider allzu oft vergessen.« »Wir hatten nach drei Jahren Labelarbeit hunderttausend Mark Schulden und wussten: So geht es nicht mehr weiter«, erklärt Carol von Rautenkranz im Rückblick den von Mark Chung von Freibank vermittelten Deal. »Wir machten einen damals als wahnsinnig bezeichneten siebenstelligen Deal, und alle dachten, wir sind jetzt reich; was natürlich Quatsch war, weil wir budgetiert waren. Da war die Pressung drin, die Promotion, das Studio, die GEMA-Gebühren und so weiter. Aber das Budget reichte aus, um uns und unserem einzigen Ange-

POPMUSIK

DARF NICHT DUMM SEIN!

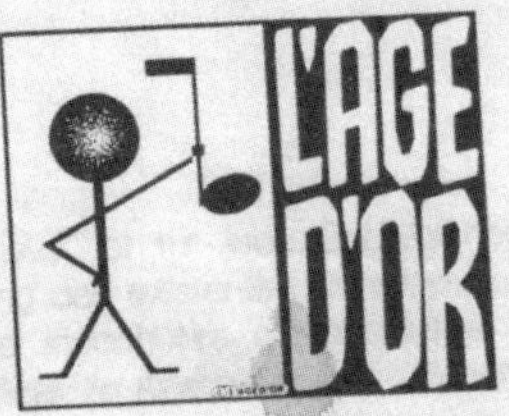

Hier geht es um L'AGE D'OR. Also um ein anderes Popverständnis hierzulande, darum, daß Popmusik in Deutschland gut sein kann und nicht dumm sein darf. Wir sagten Pop als wir in kleinen Strukturen arbeiteten und wir sagen jetzt Pop. Wir meinen mit Pop, daß sich die Musik erstmal an alle richtet. Ob die Leute es hören wollen, ist uns nicht egal, aber ein anderes Thema. L'AGE D'OR sind 10 Bands und eine Struktur, die in Bewegung ist. Es geht nicht um eine zweite Bundesliga, sondern um neue Inhalte und Strukturen in welcher Größenordnung auch immer. Es geht um Austausch zwischen den Sparten, also darum, daß Musiker Infos schreiben und Pressebetreuer Bands produzieren können. Es geht um deutsche Identität, die nichts mit Nationalismus zu tun hat, denn Popmusik ist Kultur - Kultur ist Leben und eine Waffe gegen Ignoranz und Chauvinismus.

Pascal Fuhlbrügge / L'AGE D'OR

Info zum L'Age-d'Or-Promosampler »Popmusik darf nicht dumm sein!« von 1992.

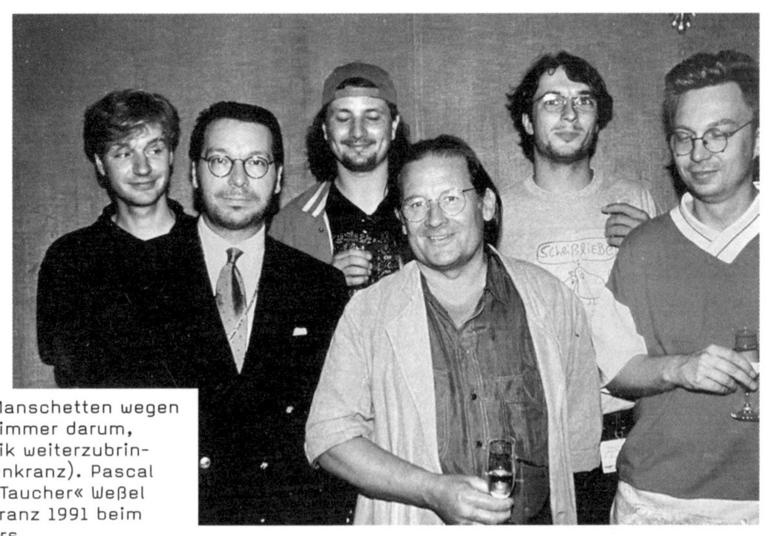

»Lado hatte noch nie Manschetten wegen der Industrie. Es ging immer darum, die Bands und die Musik weiterzubringen.« (Carol von Rautenkranz). Pascal Fuhlbrügge, Thorsten »Taucher« Weßel und Carol von Rautenkranz 1991 beim Anstoßen mit den Majors.

stellten kleine Gehälter zahlen zu können. Vorher mussten wir immer noch Nebenjobs machen.« Aufgrund dieser angespannten ökonomischen Situation war die Zeit bei L'Age d'Or für Mitgründer Pascal Fuhlbrügge 1994 vorbei: »Selbst als wir diesen Vertriebsvertrag hatten und Geld floss, wurde alles in die Platten gesteckt und nichts rausgezogen. Wir haben uns also so viel Geld ausgezahlt, dass wir eigentlich noch hätten jobben müssen, haben aber irgendwie 60 Stunden die Woche für dieses Label gearbeitet, was auch dazu führte, dass ich das Gefühl hatte, ich kann nie wieder Musik machen, wenn wir das so weitermachen.«

»Durch diesen L'Age-d'Or-Polydor-Deal, über den nicht wenige Leute böse Witze gemacht haben, konnte das Büro größer werden, was ich immer ganz geil fand«, zeigt Bernd Kroschewski Verständnis für diese unternehmerische Entscheidung. »Als es dann so wuchs, wurden für Grafik, dies und das, nicht irgendwelche geilen Agenturen beauftragt, sondern der Videoclip der neuen Lado-Band hat dann auch wieder Henna Peschel gemacht. Das mochte ich immer sehr, dass nicht irgendwelche Kackfirmen von irgendwo empfohlen wurden, weil man die auf der Popkomm getroffen hat, sondern dass es oftmals dann so 'ne Inhouse-Lösung gab, eine innerstädtische Lösung. Das fand ich ziemlich gut.«

What's so funny about L'Age Polyd'Or
was ist komisch an viel besserem Gold
What's so funny about L'Age Polyd'Or
was ist komisch an viel besseren Zeiten.

Cpt. Kirk &.: Selber Schuld

PASCAL FUHLBRÜGGE: Wir haben versucht, uns nicht davon leiten zu lassen, womit man Geld verdient und womit nicht.

CHARLOTTE GOLTERMANN: Im Prinzip musste – ich sag das jetzt mal überspitzt – niemand arbeiten und nichts musste sich verkaufen. Wir waren alle frei. Keiner hatte uns was zu sagen und wir machten, was wir wollten. Dadurch kamen total gute, wilde Sachen raus. Und mein Deal war, dass mir bei Ladomat keiner reinzureden hatte.

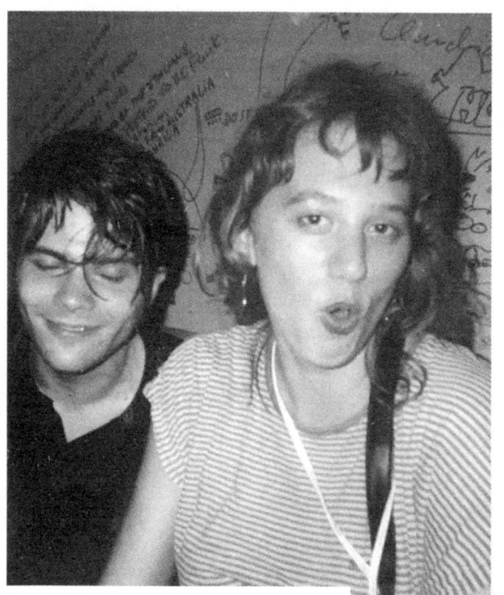

Jan Müller und Myriam Brüger, Backstage im Molotow

MYRIAM BRÜGER: Dann war L'Age d'Or in der ersten Zeit bei vielen Hamburgern ja auch verschrien. Das war, bevor Schorsch Kamerun bei uns seine Soloplatten veröffentlicht hatte. Für viele Hilsberg-Bands oder Buback-Bands war L'Age d'Or das Popper-Label aus Pinneberg, das mit den Majors kooperiert. Und gegen diese Vorurteile arbeitete ich.

CAROL VON RAUTENKRANZ: Alfred hat sich dann über uns mokiert und gemeint, wir seien abhängig vom Geld.

BERNADETTE LA HENGST: L'Age d'Or wurde schnell zur Konkurrenz von What's So Funny About. Dort kamen Anfang der Neunziger Bands raus, die Alfred auch hätte haben wollen. Man musste sich quasi entscheiden: entweder L'Age d'Or oder Alfred. Er hatte Glück, dass sich Jochen Distelmeyer für ihn entschied.

Jochen Distelmeyer hatte sich also gegen L'Age d'Or entschieden und veröffentlichte mit Blumfeld auf What's So Funny About, trotz des schlechten Rufs, den Hilsberg sich in der Szene erarbeitet hatte; die Vorwürfe lauteten, keine korrekten Verträge mit den Künstlern abgeschlossen und ungenaue Abrechnungen gemacht, Tantiemen vorenthalten zu haben. Laut Carol von Rautenkranz hatte Distelmeyers Entscheidung auch damit zu tun, dass Pascal Fuhlbrügge »sich durch sein linkes Großmaul« bei einem Konzert mit Distelmeyer überworfen hatte. Auch Tobias Levin war mit Cpt. Kirk &. bei Hilsberg, das erste Soloalbum von Knarf Rellöm erschien dort 1997 ebenso wie 1990 Die Regierung und Bands aus dem weiteren Umfeld der Hamburger Szene wie Motion, bestehend aus Ale Dumbsky, Christian Dabeler, Psycho 1, Schorsch Kamerun und Rocko Schamoni, deren Album »Ex-Leben (Land, Meer)« 1993 erschien, oder Anfang des neuen Jahrtausends Parole Trixi um Sandra Grether, Elmar Günther, Christine Schulz und Cordula Ditz. Nicht zu vergessen veröffentlichte What's So Funny About 1990 den wichtigen Sampler »Geräusche für die Neunziger« mit Cpt. Kirk &., Kolossale Jugend, Mutter, Die Erde, Die Regierung, Die Allwissende Billardkugel und anderen sowie Liner Notes von Diedrich Diederichsen, in denen er, alle Quoten- und Nationalisierungsdebatten vorausnehmend, schreibt: »Das beste an bundesdeutscher Popmusik war ihre Sekundarität: ihr Bezugnehmen, Imitieren, Fixiertsein auf anglo-amerikanische Vorbilder.« Diese offene Sekundarität sei der zentrale Aspekt bundesdeutscher Underground- und Pop-Musik: »Das ZickZack-Label hat in einer Zeit, in der das wie der – auch politisch – richtige Weg aussah (gegen US-Imperialismus), immer versucht, ›alternative‹, ›nationale‹ hiesige Identitäten zu fördern und dabei in der Regel genau das erreicht, was ich oben als die besonderen Qualitäten des Sekundären beschrieben habe. Ein durch das gescheiterte Bemühen um Eigenständigkeit erzieltes, sekundaristisches Ergebnis ist mehr wert als billige Postmodernität, die die Unmöglichkeit von Authentizität nicht einmal mehr als Verlust empfunden hat.« Es ging also nicht nur um das Veröffentlichen von Musik, sondern um eine Haltung, die mit der Musik verbunden war, bzw. sich in ihrer Form und ihrem Inhalt widerspiegelte.

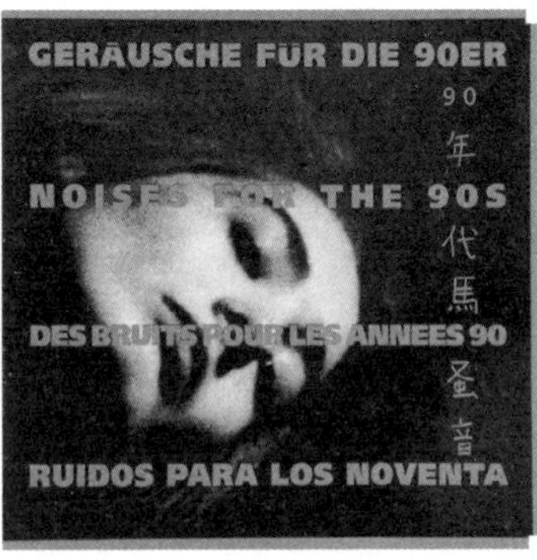

Der ZickZack-Sampler »Geräusche für die 90er« von 1990

Hilsbergs Label war Konkurrenz und gleichzeitig Vorbild für Rautenkranz und Fuhlbrügge bei L'Age d'Or, so Knarf Rellöm: »Alfred war für die beiden ein *role model*. Sie haben auch nicht schlecht über ihn geredet. Eins ist klar: Sie sind in eine Nische reingehüpft, die er vorher zehn Jahre lang ausgefüllt hatte.« Seit 1983 führte Hilsberg What's So Funny About, nachdem er ZickZack auf Eis gelegt hatte, und überstand die Achtziger mit internationalen Lizenzen von Henry Rollins oder Gun Club. Im Gegensatz zu ZickZack war er mit What's So Funny About nun durchaus auch bereit, Kompromisse einzugehen: »Wenn ich alles unter Vertrag nehmen könnte, was ich mag, würde ich viel mehr Platten veröffentlichen. Ich muss jedoch den Wandel berücksichtigen, der stattgefunden hat, zum Beispiel die Tatsache, dass die großen Verkaufsketten Newcomern gar keinen Platz mehr einräumen. Inzwischen muss man Kompromisse eingehen. Dazu gehört auch, Radiosingles zu platzieren, um ein Album vorzubereiten.«

»Durch den Blumfeld-Erfolg befand sich Hilsberg mit seinen Labels auf einmal in einem Großraumbüro, das Nikel Pallat von EFA für ihn eingerichtet hatte«, schreibt Christof Meueler in »Das ZickZack-Prinzip«. »Pallat war stiller Teilhaber von ZickZack und What's So Funny About geworden. Anfang der Neunziger arbeiteten sechs Leute im Büro.« Eine dieser Mitarbeiterinnen war Bernadette La Hengst: »Ich habe angefangen zu netzwerken, als es mit Der Braut dem Ende zuging. Ich hab auch bei ZickZack/What's So Funny About gearbeitet, Promotion gemacht, da hab ich unheimlich viel gelernt.«

Für die späten Blumfeld hat Hilsberg dann auch ähnliche Deals mit Major-Labels wie L'Age d'Or einige Jahre zuvor abgeschlossen, in einem Gespräch erklärt er zum Wandel seines Verständnisses eines DIY-Labels: »In den frühen 1980ern gab es tatsächlich so etwas wie eine Gegenöffentlichkeit. Das wichtigste Kommunikationsmittel waren die Fanzines. Heute findest du zwar über Google selbst noch die obskursten Bands, aber das ist nicht mehr an eine bestimmte Szene, an eine bestimmte Haltung gebunden. Die Ausweitung der Kommunikation führt nicht zu neuen Netzwerken, sondern zur Vereinzelung. Independent-Labels sind oft nichts anderes mehr als Ich-AGs.«

Buback, das dritte Hamburger Label, das Bands aus dem Umfeld der Hamburger Schule veröffentlichte, war 1987 von Ale Dumbsky gegründet worden, laut Label-Webseite war auch Ted Gaier beteiligt, laut Dumbsky keine Person außer ihm selbst: »Ich habe das gegründet, Punkt. Es wird immer kolportiert, dass da wer auch immer noch dabei gewesen ist. Je älter das Label wird, desto mehr Leute haben es gegründet.« Dumbsky spielte damals noch bei den Goldenen Zitronen, die zu diesem Zeitpunkt als Fun-Punk-Band recht viele Platten verkauften, und verdiente Geld als Zivildienstleistender: »Die Gründung von Buback resultierte aus dem Gefühl, im relativen Luxus zu leben.« Vor allem aber aus dem Gefühl, Bands wie Angeschissen, die sonst niemand veröffentlichen wollte, einen Ort geben zu können. Das Cover des ersten Angeschissen-Albums wie auch zahlreicher weiterer Buback-Cover stammte von Daniel Richter, der seit 2005 Inhaber des Labels ist. »Letztendlich ist Buback ein Haltungslabel«, fasst Richter seinen Blick auf die Labelpolitik zusammen. »Die

Goldenen Zitronen kommen vom Punk, Kristof Schreuf ist Indie, die Beginner machen HipHop. Was die Bands auszeichnet, ist in ihren jeweiligen Genres der experimentellere Umgang mit dem Genre. Das meiste Indiezeug ist ja so abgeschmackt wie Helene Fischer, nur für tätowierte Jungs. Mir ist das zu schwelgerisch, zu sentimental, zu selbstbezogen. Zu breiig. Schnipo Schranke ist eine echte Haltungsband. Es gibt sonst keine Band, die darüber singt, wie nervig das ist, als Frau kein Tampon dabeizuhaben, weitersaufen zu wollen und das Klo ist schmutzig. Da muss man sagen, das ist Wirklichkeit beobachtet. Man sieht Dinge. Das ist es, worum es geht.«

»Wenn du dir den Buback-Katalog anguckst, das ist schon ziemlich Kraut und Rüben«, so Dumbsky. »Da kam Angeschissen, dann kam eine Free-Jazz-Platte von Tisch 5, eine Huah!-Single. Eigentlich alles falsch gemacht: Kein Label-Profil. Das ist mir nachher erst aufgefallen, dass man das eigentlich so macht.« »Die Huah!-Single ist bei Buback rausgekommen, weil ich Roadie bei den Goldenen Zitronen war«, erzählt Rellöm. »Die hatten irgendwie ein bisschen Geld verdient und wollten das wieder wegwerfen. Und deswegen haben sie die Platte veröffentlicht.«

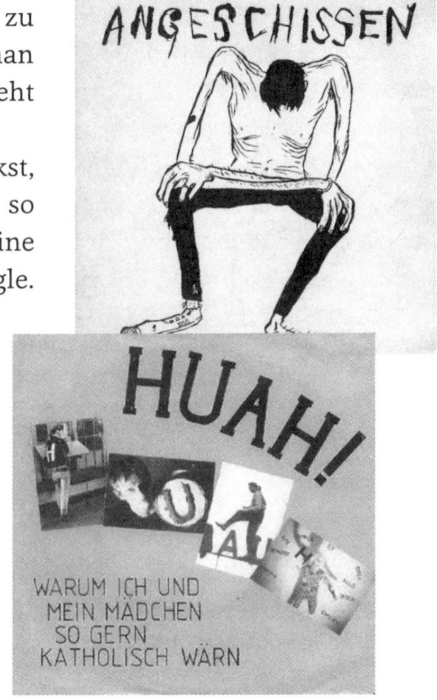

Zwei Buback-Veröffentlichungen: Die Single »Angst macht keinen Lärm« von Angeschissen aus dem Jahr 1990 und »Warum ich und mein Mädchen so gern katholisch wärn« von 1988

1992 erschien auf Buback der Sampler »Kill the Nation With a Groove«, der politischen HipHop aus Deutschland versammelte, unter anderem Advanced Chemistry, Easy Business, IQ und Cora E. Vor allem aber erschien auf dem Sampler der erste Track von Absolute Beginner, deren erste Maxi »Gotting« 1993 auf Buback folgte. Im gleichen Jahr erschien auch »Könnt Ihr Mich Hör'n?« von Marius No.1 & Cora E. und läutete eine Phase des Labels ein, in der verstärkt HipHop erschien, vor allem die Beginner machten Buback ab diesem Zeitpunkt zu einem finanziell erfolgreichen Unternehmen. Daneben erschienen aber immer wieder Alben aus dem Umfeld der Hamburger Schule, Brüllen etwa, das Ted-Gaier-Nebenprojekt Les Robespierres, Die Stars, bestehend aus Reverend Dabeler, Thomas Wenzel, Rebecca Giese und Psycho 1 mit ihrem Album »Die Stars are The Stars« (1994) und ab 2005 JaKönigJa.

Deren Sängerin Ebba Durstewitz sagt über die musikalische Vielfalt des Labels: »Buback waren dann eine Zeit lang auf deutschsprachigen HipHop konzentriert, aber die Leute, die da gearbeitet haben, das ganze Umfeld, kam eben aus der Hamburger Szene. Und genauso selbstverständlich hat sich das auch musikalisch vermischt.« »Dynamite Deluxe bringen ›Deluxe Soundsystem‹ und im März 2001 dann das erste, hochgelobte Soloalbum von Jan Delay, ›Searching for the Jan Soul Rebels‹. Denyo folgt mit ›Minidisco‹, die Münchner Rapperin Fiva MC mit ›Spiegelschrift‹«, heißt es auf der Label-Webseite zur wechselhaften Geschichte. »Es gibt Goldene Schallplatten, größere Büros und Angestellte. Wow. Die Hamburger HipHop-Szene hat ihren Zenit erreicht und Legenden gebildet. Nach dieser sehr erfolgreichen und intensiven Zeit im HipHop schraubt sich die Erfolgskurve bei Buback naturgemäß ein wenig nach unten und mit der Zeit sucht sich der Tonträgerverein dann doch eine Ecke im Repertoireschrank, die vielleicht ein wenig lapidar ›anspruchsvolle, deutsche Popmusik‹ heißen mag. Von Bands wie JaKönigJa, F.S.K., Die Goldenen Zitronen, Kreisky und Kristof Schreuf werden Alben veröffentlicht, die zwar nicht mehr an frühere Labelerfolge anknüpfen können, an Relevanz aber ihresgleichen suchen.«

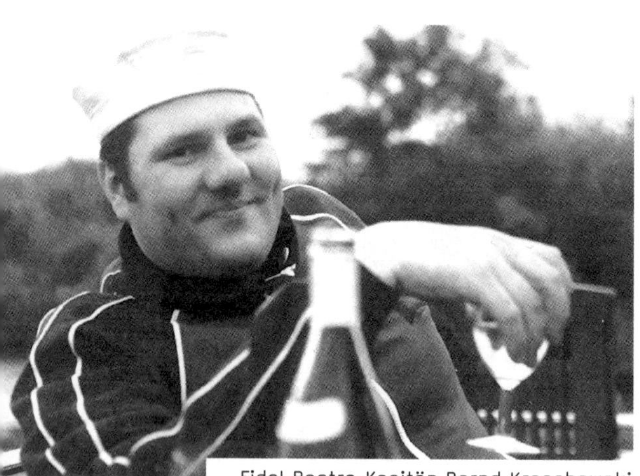
Fidel Bastro-Kapitän Bernd Kroschewski

Nicht unterschlagen werden soll das Label Fidel Bastro, das musikalisch gänzlich andere Schwerpunkte hat, aber dennoch über Personen, Strukturen und Freundschaften mit der Szene der Hamburger Schule eng verwoben ist. »1992 wurde das Label mit der Absicht ins Leben gerufen, die seinerzeit erwartete neue CD/LP der amerikanischen Noise-Band Bastro in Deutschland herauszubringen«, heißt es über die Anfänge des Labels. »Bastro löste sich jedoch auf bzw. ging auf in einer neuen Zwei-Mann Formation namens Gastr' del Sol. Deren Erstlingswerk ›A Serpentine Similar‹, ein Vorläufer der später erfolgreichen Chicagoer Avantgarde-Schiene um Tortoise etc., wurde die erste Fidel-Bastro-Veröffentlichung.« Kontakte hatte das Label durch das Fanzine

»Heft«, das seit 1991 in Quickborn erschien. »Wir haben vor Fidel Bastro ein Fanzine gemacht und da viele, viele Platten besprochen, hatten da Spaß dran, fanden das toll irgendwie, dass man so auch als Magazin ernst genommen wird«, erzählt Labelgründer Bernd Kroschewski in einem Gespräch. »Und dann war der nächste Schritt, gemeinsam mit meinem Bruder Franco, Carsten Hellberg und Wolfgang Meinking das Label zu machen.« Das Label hatte anders als ZickZack, L'Age d'Or oder Buback nicht den Anspruch, gewinnorientiert zu arbeiten und veröffentlicht bis heute, mit Schwerpunkt auf Noiserock, nur, was den Betreibern gefällt, wie Kroschewski betont: »Wir bringen nur Sachen raus, die wir gut finden, von Leuten, die wir nett finden. Wenn wir die persönlich kennen, wissen wir: Das sind keine Arschgeigen. Wir gehen auch nicht los und suchen Bands, das passiert immer eher zufällig.« Zu diesen Bands, die nicht aus Arschgeigen bestehen, gehören neben den Label-Hausbands Hrubesch Youth (Bernd Kroschewski, Muck Giovanett, Kai Klausner, bis zu seinem schwerem Unfall im Jahr 2000), Boy Division (u.a. mit Bernd Kroschewski, Boy Henry, Felix Müller, Lars Bulnheim, Michael Spormann, Oliver Hörr, Tim Jürgens) und Potato Fritz (seit 1994 bestehend aus Bernd Kroschewski, Err Jott, K.K. Herrmann, Oliver Bolender) auch Superpunk oder Sport.

Auf weiteren Labels wie dem 1988 gegründeten Marsh-Marigold aus Hamburg, Viel Leicht aus Krefeld, das zwischen 1992 und 1994 elf Tonträger veröffentlichte, oder Kitty-Yo aus Berlin (1993–2006), erschienen eher zufällig Tonträger aus dem Hamburger-Schule-Umfeld. Marsh-Marigold hatte Die fünf Freunde im Programm, Viel Leicht eine Single von Licht mit Mense Reents und Jakobus Durstewitz und ein Album der Fast-Weltweit-Band Die Time Twisters, Verdammt!, und Kitty-Yo war das Label von Kante sowie Go Plus (Lars O'Horl, Matthias Pacht, Pit Przygodda), die zwischen 1996 und 2003 drei an den Sound der Hamburger Indierock-Schule anknüpfende Alben veröffentlicht haben, Lars O'Horl ist mittlerweile Schlagzeuger bei Ostzonensuppenwürfelmachenkrebs. Peter Thiessen erklärt die Entscheidung von Kante, zu Kitty-Yo zu gehen, auch als eine Form der Abgrenzung vom Klischee der Hamburger Schule, wo er seine Band nicht sehen will: »Ich fand es für uns interessanter, bei einem Berliner Label was zu veröffentlichen, das auch tolle Bands rausgebracht hat, denen wir uns musikalisch nahe gefühlt haben. Die auch dieses ganze Chicago-Zeugs mochten. Musikalisch haben wir uns eigentlich in unserer Wahrnehmung in einem relativ klar anderen Kosmos bewegt.«

»Weil die Welt so bescheuert ist wie ihr Fernsehprogramm«
Medien vom Fanzine bis zu VIVA

Ich bin neu in der Hamburger Schule
Und bin gerade erst weg von zuhaus
Die Lehrer sind alle ganz nett hier
Und die meisten meiner Mitschüler auch

TOCOTRONIC: ICH BIN NEU IN DER HAMBURGER SCHULE, 1993

»Inzwischen gibt es ja wirklich kaum noch Fanzines in gedruckter Ausführung«, erzählt Bernd Kroschweski über die Bedeutung von Fanzines für die frühe Phase der Hamburger Schule. »Für mich als damals musikinteressierter Jugendlicher waren Fanzines unglaublich wichtig. Eigentlich haben die ihren Ursprung im Punk-/Hardcore-Bereich und zu der Zeit, als das alles mit L'Age d'Or und so weiter losging, da gab es auch Fanzines, die neben diesem Punk-Kram eben schon das, was später Hamburger Schule genannt wurde, beäugt, reviewed oder wie auch immer haben.« L'Age d'Or habe zwar in Zeitschriften wie Spex Anzeigen geschaltet, aber große Anzeigen, doppelseitige, konnte sich das Label nicht leisten. »Insofern waren Fanzines so unglaublich wichtig«, so Kroschweski weiter. »Ich weiß, dass ganz viele Labels – und uns geht es jetzt auch noch so – nur in Fanzines Anzeigen schalten konnten und so eine Öffentlichkeit hingekriegt haben. Daher wundert es mich, dass das überhaupt keine Sau mehr interessiert heutzutage, was damals so wichtig war.« Weil die Fanzine-Kultur der Achtziger und Neunziger so bedeutsam war, soll sie an dieser Stelle eine Würdigung erfahren, bevor dann die Rolle der Spex und des Musikfernsehens für die weitere Geschichte der Hamburger Schule in den Blick genommen wird.

ALE DUMBSKY: Fanzine machen ist auch dieses DIY-Ding. Eigentlich brauchst du nur eine Schreibmaschine. Irgendwas, was du auseinander fleddern kannst, um das Layout zu machen, und einen Kopierer. Alles nicht so schwierig.

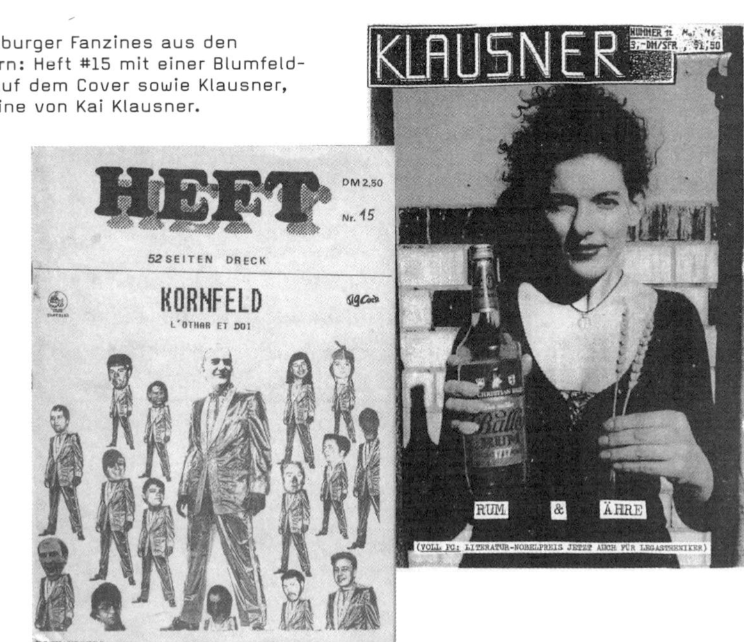

Zwei Hamburger Fanzines aus den Neunzigern: Heft #15 mit einer Blumfeld-Parodie auf dem Cover sowie Klausner, das Egozine von Kai Klausner.

MYRIAM BRÜGER: Das »Heft«, das Fanzine von Bernd, war ein extrem wichtiger Teil für mich, um in Hamburg musikalisch sozialisiert zu werden.

BERND KROSCHEWSKI: Dirk von Tocotronic, der war ja in Freiburg, und kam nach Hamburg, weil seine Freundin einen Job hier hatte. Er ist mitgekommen und kannte niemanden, hat aber in Freiburg bei Flight13 immer das »Heft« gekauft, und hat dann einfach angerufen, weil wir unsere Telefonnummern drin hatten. Wir haben uns verabredet und dann war er unser Praktikant irgendwie.

DIRK VON LOWTZOW: Ich bin nach Hamburg gekommen und habe das »Heft« schon davor angeschrieben – so im Gag natürlich – und hab gefragt, ob ich ein Praktikum bei ihnen machen kann, als wäre es so eine richtige Zeitung.

BERND KROSCHEWSKI: Als dieser ganze Hamburger-Schule-Kram losging, gab es in Hamburg bestimmt zehn, 15, eher mehr Fanzines, die entweder von ein paar Leuten oder von Ego-Fans, also einer Person, rausgebracht worden sind.

MUCK GIOVANETT: Ich habe von 90 bis 93 ein eigenes Fanzine gemacht, »Gold und Rosen«. Und Henna Peschel, der Regisseur von »Rollo Aller!«, hatte auch eins, »Schotenkampf«, Bernd und Franco von Fidel Bastro hatten das »Heft« und Klausner hatte »Klausner«. Man war sich früher schon auf Konzerten über den Weg gelaufen und hat sich dann beim Fanzine-Verkaufen kennen gelernt, hat sich ausgetauscht, hatte einen ähnlichen Musikgeschmack und da war Casper's Ballroom definitiv Dreh- und Angelpunkt für uns.

BERND KROSCHEWSKI: Wir haben dieses Splitzine gemacht, das hieß »Zehn Fanzines in einem Topf«. Jedes Magazin hatte vier Seiten, waren also 48 Seiten, glaube ich. Das wurde gedruckt in 2000er- oder 3000er-Auflage. Da gab es so einigen Quatsch ... Hoch die Tassen zum Beispiel war auch ein schönes Magazin vom Bruder von Klausner und Carsten von Superpunk.

JAN MÜLLER: Sporadisch habe ich mit Arne zusammen Fanzines gemacht. Als Kind. Mitte der Achtziger.

JAKOBUS DURSTEWITZ: Ich habe damals auch ein Fanzine rausgebracht, Der junge Mittwoch. Es gab jeden Mittwoch – meistens wurde es dann doch Donnerstag – nur im Casper's Ballroom dieses eine Heft mit Wortbeiträgen von Walding und Freunden und Freundinnen. Es gab immer ein schön gemaltes Cover, alles auf DIN-A4 kopiert. Da stand wenig drin über Musik, eher so Reiseberichte und Klatsch und Tratsch, Gedichte und Kurzgeschichten.

DIRK VON LOWTZOW: Myriam Brüger haben wir über ein Fanzine kennengelernt. Arne und Jan kannten schon Henna Peschel, den Filmemacher, der diese trashigen Kurzfilme gemacht hat, »Rollo Aller!« 1 und 2, ein bisschen an Klaus Lemke orientiert, und Myriam hatte ein Fanzine über Henna gemacht, das hieß, glaube ich, Henna hautnah.

MYRIAM BRÜGER: Maria war unsere Fanbeauftragte. So sind wir durch die Kneipen gezogen und haben das dann verkauft. Und das war für die Typen teilweise schon shocking. »Warum macht ihr nichts eigenes? Ihr könnt doch als Frauen jetzt nicht ein Fanzine über einen Typen machen!« Dass wir Henna nur benutzt haben, das ist ihnen nicht in den Sinn gekommen.

BERND KROSCHEWSKI: Ich habe immer Zeitschriften verschlungen. Auf jedem Konzert, wenn da irgendwie so Typen standen, die ein Fanzine verkauft haben, hab ich immer so ein Ding mitgenommen und hatte eine wahnsinnig große Musikmagazin-Fanzine-Sammlung.

TILMAN ROSSMY: Viele Musiker haben außerdem auch selbst für Fanzines geschrieben. Dann gab es gute Kontakte zur Spex, zur Szene Hamburg. Dadurch war die Hamburger Schule sehr präsent in den Medien, obwohl die Künstler nie besondere Verkaufszahlen erreicht haben – bis Tocotronic kamen.

1992 schrieb Christoph Gurk in Szene Hamburg, das Jahr werde als »Hamburger Jahr« in die deutsche Musikgeschichte eingehen: »Ob Blumfeld, Ostzonensuppenwürfelmachenkrebs, Cpt. Kirk &., Huah! – Monat für Monat erscheint mindestens eine Platte, die mit brisanten ästhetischen Entwürfen auf die Wirklichkeit in deutschen Städten reagiert und die überfällige Debatte um eine politisch reflektierte Popkultur in Bewegung bringt.« Neben den vier genannten Bands veröffentlichten auch Die Sterne 1992 ihr Hamburger Debüt »Fickt das System« und Die Goldenen Zitronen begannen in Zusammenarbeit mit Easy Business und IQ auf der Maxi »80.000.000 Hooligans« mit HipHop auf die rechte Pogromstimmung im Land zu reagieren.

Ostzonensuppenwürfelmachenkrebs schafften es im Februar 1992 zwar auf das Cover der zweiten Ausgabe des neu gegründeten Intro, zentraler wurde für die Bands der Hamburger Schule jedoch in der Anfangszeit das Kölner Magazin Spex, bei dem seit 1990 auch Hans Nieswandt als Redakteur arbeitete: »Das kann man sich aus heutiger Sicht gar nicht mehr vorstellen, was für Macht und Einfluß die Spex hatte, weil es ja wirklich nichts anderes gab. Spex war das absolute meinungsprägende Medium, wer in der Spex war, war relevant, wer nicht in der Spex war, war nicht relevant. Die Feuilletons haben ihre Themen bei der Spex geholt, es gab kein Internet, es gab zu dem Zeitpunkt keine Alternativen.«

Seine Mission hatte das 1980 gegründete Magazin – die erste Ausgabe erschein am 10. September 1980 – schon 1981 zum einjährigen Jubiläum formuliert: »Wie messen unsere Beiträge nur an den gleichen Maßstäben wie die Musik, über die wir schreiben«, schreibt dort Clara Drechsler. »Wir sind einfach Leute unterschiedlichsten Charakters, die von der Musik begeistert sind oder enttäuscht, sich bestätigt oder völlig verraten fühlen, die in der Musik nicht nur den gehobenen Anspruch sehen oder den neuesten Trend, den es zu entdecken gibt, aber auch mehr als die weltferne Ablenkung nach Feierabend.« Zu diesem Anspruch gehörte auch, dass Musik nicht lediglich beschrieben und bewertet wurde, sondern vielmehr von der Musik ausgelöste Diskurse, im Heft weitergeführt wurden. In diesem Sinne schrieb Diedrich Diederichsen anlässlich der ersten Blumfeld-

Single »Ghettowelt«: »›Ghettowelt‹ zweifelt das Prinzip des Popsongs an sich an, durch Emotionalität zu überzeugen, zu überreden, mithin das, woran der stets erschüttert wirkende, ernsthaft melancholische Distelmeyer nicht unbeteiligt ist.« Und über »Ich-Maschine« hieß es ein Jahr später: »Nichts ist so scheußlich wie das Gefühl als Argument. Oder noch schlimmer: das Maß an eigener sprachlicher Inkompetenz gegenüber einem Gefühl als Maß für die Richtigkeit des Gefühls als Argument – wer würde diese Aporie nicht besser kennen als der Rockkritiker, von seinen eigenen und der Kollegen Blödheiten, wie von denen, die er zu beurteilen hat.«

»Was glaube ich im Spex-Kontext sehr positiv aufgenommen wurde, war, dass das alles eindeutig politisch war. Nicht unbedingt im Agitprop-Sinne. Aber es war alles deutsch getextet und es ging sehr viel um Sprache, es ging sehr viel darum, andere Worte zu finden, andere Texte zu machen«, so Hans Nieswandt über die Wahrnehmung der Hamburger Schule aus der Kölner Perspektive. »Die Spex war ja nicht nur eine Musikzeitschrift, die Spex war wahnsinnig wichtig für die Musik, auch, weil sie in Hamburg vielleicht einen Hauch weniger kritisch gelesen wurde, aber mit ziemlicher Begeisterung für die Autorinnen und Autoren«, so Tobias Levin. »Aber es gab auch Leute, die sagten: ›Wenn ich einen guten Text lesen will, dann hole ich mir ein Buch.‹ Für mich ging es ungefähr 1981 mit der Sounds los, sozusagen die Vorgängerin der Spex. Die habe ich mit großer Freude kaum verstanden und da gab es zum Beispiel einen tollen Schreiber, das war Harald in Hülsen, der hatte ein Schriftbild, das sah aus, wie Mark E. Smith klang, so Arno-Schmidt-mäßige Zeichenwälder, das sagte: Wir sind hier nicht auf der epischen Langstrecke, wir schreiben, um umzubauen.«

Die Texte von Diederichsen und anderen Autoren der Spex jener Jahre wirkten auch zurück auf die Bands in Hamburg, es entstand eine enge Wechselbeziehung, die 1994 etwa Christof Meueler im Hardcore-Fanzine Zap festhalten ließ: »Waren früher die BRD-Fanzines voll mit bekennenden Diederichsen-Hassern aus allen Musikfraktionen, so reden heute ganze Bands wie er: Blumfeld, Cpt. Kirk &., Oval, Mastino, Suppenwürfel.« Ihr Sprachduktus ähnelte sich, weil sie von Popkultur das Gleiche erhofften: eine Ästhetik fern von Machotum und Authentizitätszwang, stattdessen eine »wortlastige, narrative, mythenverliebte Bewegung«, wie Diederichsen 1995 schrieb. Doch diese Suche nach dem »richtigen Leben im falschen«, hatte ihre Grenzen, wie Martin Büsser 1996 in testcard festgehalten hat: »Wo Bands wie Slime – so stumpf ihre Musik auch immer gewesen sein mag – es als letzte Bastion noch fertigbringen, Jugendliche von linken PC-Werten zu überzeugen, ist es müßig, den ästhetischen Gehalt von Bands wie Cpt. Kirk &. in Bezug auf Jugendkultur als Politikum zu überhöhen. Zum Politikum nämlich können Blumfeld und Cpt. Kirk &. nur für die werden, die auch zu verstehen fähig sind, daß diese Bands politische Diskurse transportieren – Spex-Autoren also und deren Leser, nicht aber ›die Jugend‹ schlechthin.« Diese Wahrnehmung deckt sich mit dem, was Musiker wie Tilman Rossmy erzählen: »Das war sicher auch ein bisschen eine Blase, eine Illusion. Dadurch, dass Carol so übertrieben Promo gemacht hat, hatte man selber das Gefühl, das geht jetzt ab, dadurch dass man in jeder Zeitung war. Aber man hatte weniger Platten verkauft, als Plattenbesprechungen gehabt. Ich habe mehr Interviews gegeben, als Platten verkauft.«

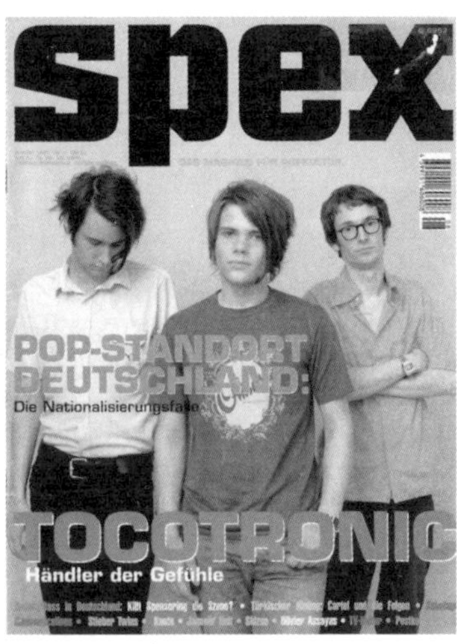

Titelthema (»Die Nationalisierungsfalle«) sticht Coverstars (»Händler der Gefühle«). Spex #8/1997

Doch für die Blase, die Spex bediente, waren die Artikel über die neue Szene in Hamburg wichtig, die Reflexionen über den politischen Gehalt von Pop, geschult an einem der Säulenheiligen der damaligen Spex, Michel Foucault, der in »Dispositive der Macht« schreibt: »Ich träume von dem Intellektuellen als dem Zerstörer der Evidenzen und Universalien, der in den Trägheitsmomenten und Zwängen der Gegenwart die Schwachstellen, Öffnungen und Kraftlinien kenntlich macht.« Ein Anspruch, der ebenso für die Lyrics von Blumfeld, Kolossale Jugend und Cpt. Kirk &. wie auch für die Artikel von Diedrich Diederichsen gelten kann, der aber auch ganz einfach, ohne theoretischen Überbau, Fan sein konnte: »Die beste Platte der Welt kommt heute aus Hamburg«, leitete er seine Rezension von »Heile Heile Boches« von Kolossale Jugend ein. Grundsätzlich jedoch war Spex für den theoretischen Überbau zuständig, »die Schwachstellen, Öffnungen und Kraftlinien«, was stark auf die Szene zurückwirkte. Martin Büsser interpretiert den Einfluss des Magazins in seinem testcard-Artikel von 1996 als so massiv, dass sogar ein Song wie »Ich bin neu in der Hamburger Schule« von Tocotronic als Auseinandersetzung mit der Spex-Berichterstattung zu lesen sei; als Antwort auf Vorwürfe, die Band falle mit ihrem Debütalbum hinter den antirockistischen Anspruch und den Reflexionsgrad der anderen Bands der Szene zurück. »Wer sonst als Spex könnte mit den Lehrern gemeint sein, wer sonst mit den Mitschülern als Blumfeld und

Konsorten?«, schreibt Büsser. »So weit ist es nun also doch gekommen, daß Songtexte sich als Rechtfertigung gegenüber den Ansprüchen einer Zeitschrift an die ›Musik zur Zeit‹ lesen.« Auch wenn es für Martin Büssers These dieser engen Wechselwirkung von Musikern und Musikjournalismus keine handfesten Belege gibt, ist die große Nähe zwischen den beiden kulturellen Feldern doch gegeben, Musiker wie Journalisten aus dem Spex-Umfeld wollten den Bruch mit dem Altbekannten, wie auch Tobias Levin betont: »Ich will noch mal auf die frühe Art Ende der Achtziger zurückkommen, wie über Popmusik geschrieben wurde, wie die Autorinnen und Autoren versucht haben, Kunstformen quasi zu übernehmen und das zu übersteigern. Leute wie Harald in Hülsen oder Xao Seffcheque oder Clara Drechsler, Lars Brinkmann oder später Katha Schulte haben schon über Schriftbilder oder über collagenhaftes Denken oder einfach über ein paar gute abstruse Sätze den traditionellen Journalismus kaputt gemacht, in den man a) nicht so leicht reinkam, b) war er langweilig und c) war er reglementierend. In dieses Gesellschaftsbild, auch in das des alten Musikjournalismus, wollten wir nicht rein, auch Kristof Schreuf nicht, der genau wie ich über Musik geschrieben hat, auf, sagen wir mal, höchst redigierwürdige Art und Weise. Wir hingen oft am Telefon und haben unsere Texte mit den zuständigen Redaktionen ausgehandelt. Es gab da einen Nachhall des Punk, das ständige Abgrasen von Möglichkeiten, woraus sich einfach etwas machen lässt, unterbewusst, um nicht in einer Gesellschaft zu landen, die zum Fürchten ist. Wir haben in dem Sinne eine Schreibblockade aufgebaut, gegen das Andere, weil wir langfristig, aber unterschwellig, wirklich ernsthafte Probleme auf uns zukommen sahen, ich nenne es deren Arbeit, die wir erledigen sollten, und ich vermute, dass für sehr viele von den Leuten, die in den Zeitschriften gelandet sind und für viele von den Musikerinnen und Musikern, die wir gehört haben, dass für die genau das gleiche galt.«

Und es war auch so, dass Journalismus immer zuerst da war, wie alles andere. Und zwar bevor die ersten eigenen Lyrics geschrieben waren. Kristof Schreuf sog diese Texte auf, Jochen sog sie auf. Von NME über Sounds zu Spex und zu den Fanzines. Alle lasen alles, von allen möglichen AutorInnen, von Alfred Hilsberg, Tina Hohl, Jutta Koether, bis zu Kristof selbst oder den Grether-Schwestern. Und natürlich von Diedrich, Tom Holert, Mark Terkessidis oder Rainald Goetz. Jan Delay hatte zwar Recht, dass die Kritik der Platten die Platten der Kritik nicht ersetzen konnten. Nur war das Gegenteil auch richtig.

Tobias Levin

Auch Myriam Brüger unterstreicht die Bedeutung der Spex, wenn sie davon erzählt, was die einzigen drei Fragen beim Einstellungsgespräch bei L'Age d'Or gewesen sind: »Liest du Spex? Magst du New Order? Und hast du schon mal an einen Mac gesessen? Das war's.« Welche Bedeutung die Spex später, nach dem erfolgreich absolvierten Vorstellungsgespräch im Arbeitsalltag bei L'Age d'Or hatte, wird an einer Anekdote Brügers darüber deutlich, wie persönlich negative Rezensionen genommen wurden, hier das Debüt von Egoexpress: »Bei der Spex ist das Album damals durchgefallen. Und Jimi war persönlich so getroffen, dass er ganz starke Zweifel hatte: An sich, an seiner Plattenfirma, an allen. Es gab dann einen Halbseiter in der Spex, der wohl so durchgedrückt wurde: ›Hier, Ladomat, und ihr müsst das jetzt machen!‹ Die Redaktion und ich haben uns stündlich Faxe geschrieben, teilweise auch mit persönlichen Beleidigungen. Das würde mir heute nicht mehr passieren. Dass man so da drinsteckt, dass man gar nicht mehr darüber hinaus sehen kann, sehen, worum es eigentlich geht. Ich habe das auch persönlich genommen.«

Neben der Spex und der taz, wo im Feuilleton regelmäßig über neue Alben und Bands aus Hamburg berichtet wurde, war es vor allem das Stadtmagazin Szene Hamburg, das für die Etablierung des Begriffs Hamburger Schule sorgte. Anfang der Neunziger waren unter anderem Christoph Gurk, Tom Holert und Michael Ruff dort Autoren, René Martens schrieb 1993 in einem Artikel über Die Sterne von den Hoffnungsträgern einer »Neuen Hamburger Schule«: »Die Musikstadt Hamburg bleibt interessant. Nach Blumfeld und Cpt. Kirk &. könnten Die Sterne die dritte lokale Gitarrenband werden, die überregionale Beachtung findet.«

Linus Volkmann ist allerdings skeptisch, ob der Hype um die Hamburger Schule, der spätestens mit dem Auftauchen von Tocotronic einsetzte, medial erzeugt worden ist: »Ich würde nicht sagen, dass die Medien einen Hype kreiert hätten oder Einfluss darauf genommen hätten. Ich bin ja jetzt selbst Teil der Medien und habe das Gefühl, man kann gar nicht irgendwelchen Jugendkulturen größere Bedeutung geben, als sie haben. Die haben sie, weil Leute das geil finden. Und dann kannst du das mit den Medien sichtbar machen und hängst dann da mit drin. Aber du könntest es niemals erzeugen, wenn es nicht da wäre.« Wobei wir wieder bei der Wechselwirkung von Medien und Szene angekommen wären, die insbesondere von der Promoabteilung von L'Age d'Or befeuert wurde. »Für die L'Age d'Or-Bands war Spex von enormer Bedeutung«, erzählt Hans Nieswandt. »Das musste nicht von Spex irgendwo im Underground gefunden werden, sondern die haben sich sehr aktiv selbst darum gekümmert, dass Spex sich für diese Bands interessiert und sie besprochen werden.« Aber zum Überleben eines Labels reicht es nicht, wenn einzig die Spex positiv berichtet, und so wurde der Polygram-Deal genutzt, um über deren Promoabteilung Zeitschriften zu bemustern. »Wir hatten schnell herausgefunden, dass es über die Polygram-Poststelle einen Verteiler gab, wo du kein Porto zahlen musstest und keine Umschläge und nichts«, erinnert sich Charlotte Goltermann. »Du konntest 300 Platten bemustern, das kontrollierte niemand. Die CDs wurden sowieso hergestellt und gegebenenfalls nachgepresst. Und: Man darf nicht vergessen, dass damals die Radiolandschaft noch anders aussah, es gab viele Nachtsendungen, wo dann eben auch die Suppenwürfel liefen. Die wurden alle bemustert, jeder einzelne Redakteur – es gab ja noch keine Musik im Internet, da waren wir eindeutig am Drücker. Und wer das hörte, fand es meist auch gut! Für die Sterne und Whirlpool Productions bemusterten wir, was das Zeug hielt und es ging auf Radio-Rotation. Mit ›Wichtig‹ war die sogenannte Hamburger Schule quasi im Radio / in der Welt angekommen und wurde wahrgenommen. Von ›Wichtig‹ haben wir bestimmt, ich will jetzt nicht übertreiben, aber ich würde sagen 1.500 CDs umsonst rausgehauen und wir hatten teilweise mehr Bemusterung als Verkäufe. Aber wir haben uns eben auch als Kunstgruppe gesehen, zumindest zum Teil, nicht alle von uns. Dafür war dieser Deal da, während wir selbst ja nichts richtig verdienten, ich glaube, das Höchste, was wir da alle an Gehalt verdienten, waren 800 Mark.« Tilman Rossmy ist sich sicher, dass auf diesem Weg die Hamburger Szene einem großen Publikum bekannt wurde: »Carol hatte es einfach raus, Geld zu besorgen. Teilweise absurd viel. Solche Möglichkeiten wie damals, habe ich nie mehr gehabt. L'Age d'Or hat gnadenlos Promotion gemacht. Von unserer Platte wurden glaube ich 800, 900 Promo-Kopien versendet. Jedes Fanzine, was auf einem DIN-A4-Blatt erschien, wurde bemustert. Und das hat dann auch geklappt. Dadurch ist die Hamburger Schule auch so präsent geworden, weil die einfach so ungehemmt bemustert haben.«

Diese Form der breiten Medienberichterstattung war einigen Bands mehr, anderen weniger Recht. »Carol, der immer weiter hinaus wollte mit den Sachen, der muss mich als totale Bremse empfunden haben«, erzählt Myriam Brüger aus ihrem Arbeitsalltag in der Promoabteilung von L'Age d'Or. »Ich war ja auch eine Bremse, wenn ich gesagt habe: Wir können mit Schorsch Kamerun nicht zu MTV Deutschland gehen. Oder: Die Sterne haben auf so einer Jeans-Messe für Levi's gespielt. Das haben halt Die Sterne gemacht, aber andere nicht. Bei jeder solchen Anfrage, täglich, von Majorseite und von anderen Kooperationspartnern, wurde gestritten, wurde das ausdiskutiert.«

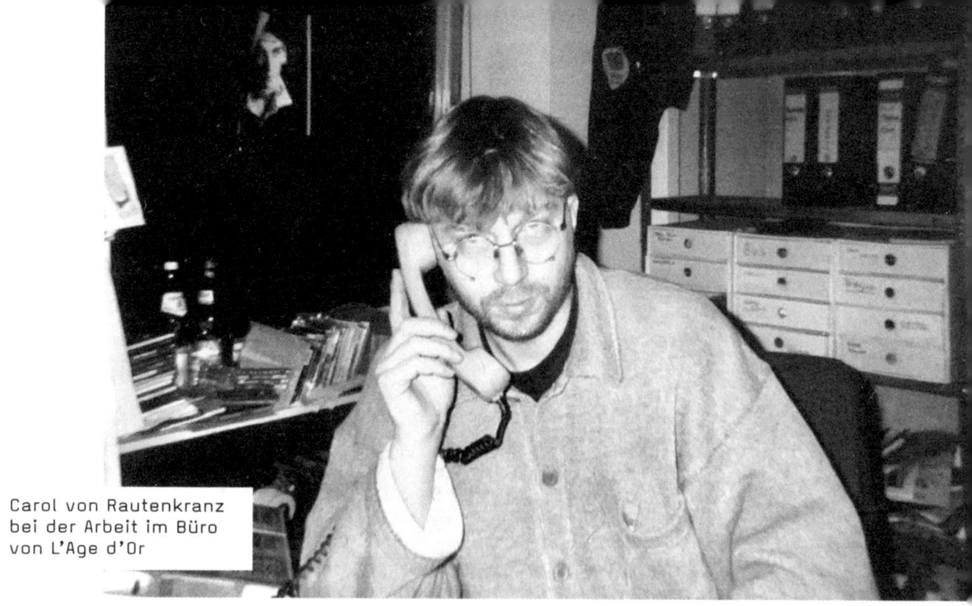

Carol von Rautenkranz bei der Arbeit im Büro von L'Age d'Or

Jochen Distelmeyer hat seine Weigerung, im Zuge der Veröffentlichung von »L'Etat et Moi« mit bestimmten Medien zu sprechen, als politische Entscheidung beschrieben: »Der Sinn war, daß wir einfach ein bisschen mehr in Ruhe gelassen werden, von Leuten, von denen wir eh nichts wollen und daß wir nicht in die Bredouille kommen, mit Zeitungen reden zu müssen, über die wir komplett Scheiße denken, wie eben zum Beispiel den ›Spiegel‹. Denn der hat ja zu dem Zeitpunkt, zu dem die Platte rauskam, eine alles andere als bürgerlich-liberale, sondern eine nationalistische politische Richtung vertreten.« In der Spex hat Kristof Schreuf 1997 geschrieben: »Die Bands, die unter dem Begriff Hamburger Schule zusammengefasst werden, haben Journalisten signalisiert, dass sie zu dem Problem gehören, über das sie sich unterhalten. Sie haben ein soziales Problem auf diese Weise zurückgegeben und dafür einige der hasserfülltesten, ressentimentgeladensten Ausbrüche kassiert. Das kann noch in Ausgaben von Hamburger Stadtmagazinen der letzten Monate nachgelesen werden. Das passt zur allgemeinen Stimmung: Es fehlt an Energien, ein Kompliment zu machen, und an Energien, sich Kritik anzuhören.«

Während Schreuf sich bis zuletzt als Verweigerer präsentiert und Distelmeyer seine Haltung mit dem nächsten Album »Old Nobody« revidiert hat, waren andere Bands schon früher bereit, sich gängigen Formen der Vermarktung des Produkts Musik zu unterwerfen – und auch Blumfeld hatten 1994 zum Song »Verstärker« ein Musikvideo produziert. »Für die Entwicklung dieser Szene waren Medien sehr wichtig«, erklärt Frank Werner. »Ich glaube, ohne einen Sender wie VIVA, ohne eine Sendung wie ›Fast Forward‹ hätte es die Wahrnehmung für die Hamburger Schule in der Form nicht gegeben.« Linus Volkmann, der in dieser Zeit begonnen hat, als Musikjournalist zu arbeiten, beschreibt die Entwicklung, die mit der Gründung des deutschen Musikfernsehens einsetzte, wie folgt: »Es gab VIVA, es gab dann irgendwann VIVA Zwei, alles war noch ein bisschen greller, ein bisschen bunter, ein bisschen schneller. Und das hat auch dazu beigetragen, dass diverse Genres in den Neunziger Jahren plötzlich auftauchten, Rave, Drum'n'Bass, Grunge. Es sind ja einige musikalische Bewegungen in dieser Zeit passiert und die lebten auch von diesem Verstärker VIVA, von dem Verstärker der Medien in den neunziger Jahren, bevor alles durch das Digitale wieder eine ganz neue Dynamik bekommen hat.« VIVA Deutschland war im Dezember 1993 auf Sendung gegangen, 1995 folgte VIVA Zwei, das mit Schwerpunkt auf Indie für die Bands der Hamburger Schule insbesondere wichtig wurde. »VIVA Zwei hat überregional gesendet und hat sich vielleicht auf ein paar Bands, ein paar Songs konzentriert, hat aber dadurch natürlich auch etwas erreicht, was man auf YouTube und Social-Media-Kanälen schwer erreichen kann, nämlich einen Fokus auf bestimmte Musik, vielleicht sogar abwegige Themen, die dann tatsächlich auch die Chance haben, ein bisschen größer zu werden«, beschreibt Frank Spilker die Rolle dieser damals neuen Medien. »Da hatten wir unglaubliches Glück in den neunziger Jahren mit der – im Grunde – Neugründung von VIVA, die dann angefangen haben, deutschsprachige Musik zu spielen, um sich von MTV abzugrenzen.« Die Sterne produzierten ebenso Musikvideos wie Tocotronic, Ostzonensuppenwürfelmachenkrebs oder Kante, und selbst Schorsch Kamerun war zu Gast bei Charlotte Roches Sendung »Fast Forward« auf VIVA Zwei. »Die Versendung durch Massenverbreiter wie die genannten Musiksender beschert betreffenden Künstlern einen schnellen Sprung, der allerdings ein Beurteilen der Gesamtheit verhindert und oft stark verzerrt«, so Kamerun über die Funktion des Musikfernsehens und die Möglichkeiten der Subversion. »Wir nun wieder freuen uns zweifellos trotzdem ganz doll darüber, wenn unsere Filmchen ausgestrahlt werden, glauben aber fest daran, dass unser Gestus auch immer mindestens einen kritischen Subton innerhalb des Formates ›Band-in-Video-auf-Mattscheibe‹ beinhaltet.«

»Für Fans ist das wieder ganz anders. Sie werden erst neugierig, kommen erst über das Marketing mit der Musik in Kontakt und sind dann aber gleich ganz tief drin«, stellt Frank Spilker die positive Funktion solcher Medienformate heraus. »Sie gucken wirklich ganz genau: Was sagt der Sänger? Was bedeutet jedes einzelne Stück? Weil das Bedürfnis da ist, daran zu wachsen, oder einfach, weil man es liebt. Da gibt es einen großen Unterschied zwischen dem Marketing und was dann am Ende konsumiert wird, wie es konsumiert wird.«

Wie zu erwarten führte die mediale Präsenz auf Seiten der Hörer auch zum Vorwurf des Ausverkaufs. »Tja, nicht erst gestern hat die Hamburger Schule das Ziel, welches sie eigentlich schon immer intendierte, erreicht. Man ist angekommen bei VIVA, MTV und ihren Ablegern, steht auch schon mal weiter oben in den Verkaufscharts und kann, so hoffe ich doch, endlich von diesem ganzen Rockquatsch leben«, hieß es etwa 2002 im CEE IEH, dem Newsletter des Conne Island Leipzig. »Auf der einen Seite ist MTVIVA natürlich öder Kommerz, wo nichts aufregend Neues passiert«, erklärt Knarf Rellöm. »Auf der anderen Seite habe ich keine Lust zu den kulturkonservativen Angehörigen des ›Paradieses der Ungeliebten‹ zu gehören, die MTVIVA verdammen, weil ihre Musik so ›gut‹ ist, dass sie dort keine Chance hat.« Dirk von Lowtzow wiederum sagt zu den Widersprüchen, in die er sich auch mit Tocotronic begeben hat, um von der Musik leben zu können, aber dafür eben auch bestimmte Mechanismen bedienen zu müssen: »Einerseits fanden wir die Idee des Privatuniversums schon immer sehr gut. Nicht umsonst mögen wir Nation of Ulysses und Make-up, wo das ja fast in eine religiöse Richtung geht. Nur kann radikale Abgrenzung tatsächlich wieder in Einsamkeit münden. Das findet bei uns in einer Zeile wie ›Alles was ich will (ist nichts mit euch zu tun haben)‹ seinen pointiertesten Ausdruck. Aus diesem Grund taucht in dem gleichen Stück die Frage auf, ob die Leute, gegen die man sich stellt, überhaupt zur Kenntnis nehmen, dass sich da jemand aus den Strukturen verabschiedet. Was hilft das denn, wenn ich mich ausgrenze, aber diese Haltung eigentlich keine Relevanz besitzt? Das ist schon eine traurige Erkenntnis, und deswegen müssen sich Angriffe immer auch gegen einen richten. Zwischen den Zeilen soll deutlich werden, dass es zwar traurig, aber auch lächerlich klingt, wirklich was gegen Backgammon-Spieler zu haben. Man ist sich schon über Wahrheit und Seltsamkeit der eigenen Ansichten bewusst.«

Nation of Ulysses waren eine wahnsinnig wichtige Band für uns, weniger musikalisch, aber die ganze Ästhetik, und dass man versucht, sich ein komisches Programm zu schaffen, das war sehr an Konzeptkunst orientiert, und das hat uns alle total fasziniert. Bevor wir überhaupt schon Songs aufgenommen haben, haben wir lauter komische Manifeste verfasst und Comics gezeichnet und Autogrammkarten gebastelt, um zu versuchen, einen Kosmos um uns herum aufzubauen.

Dirk von Lowtzow

»Hamburger Schule« oder Hamburger Schule? Begrifflichkeit und Abgrenzung

Kiss klingt so amtlich
Das macht mich froh
Und Blumfeld
Mag ich sowieso
Ja, es ist einfach Rockmusik
Es ist, es ist einfach Rockmusik

TOCOTRONIC: ES IST EINFACH ROCKMUSIK, 1995

»Chor bei ›Mein System kennt keine Grenzen‹ – Klasse 4c der Schule Kielortallee« heißt es auf dem Backcover des 1999er-Blumfeld-Albums »Old Nobody«. Ein ironischer Bezug auf die mit dem Begriff der Hamburger Schule verbundenen Zuschreibungen und Abgrenzungen? Schließlich haben sich die meisten darunter zusammengefassten Bands an diesem Begriff gerieben und sich von ihm abgegrenzt. »Hamburger Schule, gab's das überhaupt? Und wenn ja: Was soll das sein? Ich weiß es eigentlich bis heute nicht«, fasst etwa Blumfeld-Gründungsmitglied Eike Bohlken seine Zweifel zusammen. »Es gibt keine Band, die zur Hamburger Schule gehört, die von sich sagt, sie würde zur Hamburger Schule gehören«, sagt Ale Dumbsky über die Ambivalenz der Begrifflichkeit. Und auch Roger Behrens ist sich sicher, es habe »die so genannte Hamburger Schule eigentlich nur in Form ihrer Ablehnung, als negatives Etikett, in der Zurückweisung« gegeben.

»Hamburger Schule, das existierte eigentlich gar nicht«, sagt auch die Autorin Katha Schulte. »Das ist irgendwann als journalistischer Begriff entstanden, und die Leute haben es allenfalls ironisch benutzt. Aber so hat niemand über sich selbst gesprochen.« In der Tat ist das Etikett »Hamburger Schule« Anfang der Neunziger von Journalistenseite eingeführt worden, wenn auch die Erstnennung nicht eindeutig zu verorten zu sein scheint; ein häufig kolportierter Artikel von Thomas Groß in der taz von 1992, eine Doppelbesprechung von Blumfelds »Ich-Maschine« und »Reformhölle« von Cpt. Kirk &., existiert nach den Recherchen von Till Huber, der über Blumfeld seine Doktorarbeit verfasst hat, gar nicht. Pascal

Fuhlbrügge erinnert sich an einen Artikel von Volker Backes im Fanzine What's That Noise, in dem der Begriff zum ersten Mal gefallen sei, aber auch dieser scheint nicht zu existieren. Der Geisterbegriff, den niemand erfunden zu haben scheint und dem sich niemand unterordnen wollte, war jedenfalls Anfang der Neunziger plötzlich im Umlauf. 1992 hat Groß etwa in der taz in einer Rezension des »Frauenhände«-Albums von Milch geschrieben: »Doch anders als die Hamburger Schule, die – im besten Sinne natürlich – radikales Juvenilsein zum Programm erhoben hat, das mit Lesefrüchten von Adorno bis hin zu Luhmann kredenzt wird, sind die Münchner bei näherem Hinhören eher schlicht kindisch.« So geisterte die Bezeichnung durch die Welt, zunächst »schleichend«, wie Carol von Rautenkranz sich erinnert, »da denkt man sich erst mal noch nichts dabei.« Aber mit der Zeit sei dieser »Brand« Hamburg »für uns schon stark prägend gewesen«. Musiker wie Peter Thiessen finden diesen »Brand« allerdings eher irreführend: »Ich würde auch sagen, der Begriff Hamburger Schule hat ja wirklich auch ein musikalisch sehr disparates Feld beschrieben und auch textlich ein extrem disparates Feld. Das ist dann vielleicht später entstanden, dass man da irgendwie einen Indie-Sound mit halbwegs intelligenten Texten mit verbindet. Aber ich fand das damals so ... Ich weiß nicht, wenn jemand gesagt hat, Washington Hardcore wusste ich ungefähr, was ich mir vorstellen kann. Aber so eine Art von Begriff war das ja nicht.« Auch für die Grafikerin Bianca Gabriel verstellt der Begriff mehr, als dass er Klarheit schafft: »Der Begriff Hamburger Schule engt den Blick auf ein paar Etikettierungen ein, um völlig verschiedene Bands und Stile auf wenige gemeinsame Nenner zu reduzieren. Im Wesentlichen deutschsprachig, links, Indie und Hamburg.«

Es gab nicht so Gedanken wie: Wir sind Hamburger Schule und wir schreiben jetzt ein Manifest oder so. Das gab es einfach nicht. Die Szene der, nennen wir den Begriff der Hamburger Schule einfach mal, war auch nicht nur von Musikern geprägt. Es gehörten auch noch andere Leute dazu und vor allem andere Dinge als Musik. Dein Leben außerhalb der Band, zum Beispiel.

Julia Lubcke

Musikalisch ist es also kompliziert, eine »Schule« auszumachen, denn wo soll die Verbindung sein zwischen den Funkanleihen der Sterne, dem Gitarrengeschrammel von Tocotronic und dem Postrock von Kante. Wenn es nicht die Musik ist, die den Begriff »Schule« rechtfertigt, so ist es eher zu fassen als politische Bewegung, die »mit den Mittel von Pop« arbeitet, wie Roger Behrens dies formuliert, um den Schulbegriff schon im nächsten

Satz wieder zu problematisieren: »Freilich meinten die meisten, die von der Hamburger Schule gesprochen haben, immer auch ein bestimmtes politisches Verhältnis oder Verhalten; genau dies wurde aber in der Klassifizierung als Schule bereits ausgeblendet, das Politische gänzlich nivelliert, ausgespart.« In der Verengung auf eine homogene Bewegung, eine »Schule«, werde gerade das politische Potenzial wieder verwässert, so Behrens weiter: »Am ehesten besteht noch eine provozierte Analogie zur Frankfurter Schule, zur kritischen Theorie Theodor W. Adornos, Max Horkheimers und anderer – durchaus waren, neben französischer poststrukturalistischer Literatur, die Texte, oder wenigstens ein diffuses Wissen um ihren Stellenwert in linksintellektuellen Debatten, auch für Bands, die der Hamburger Schule zugeschrieben wurden, nicht unwichtig.« »Ich glaube, das ist auch der Grund für diesen Namen Hamburger Schule, der möglicherweise nicht gekommen wäre, wenn nicht Jochen in dieser Gruppe drin gewesen wäre«, so Tobias Levin, »weil er am deutlichsten Philosophen, Akademiker zitiert hat.«

Das Lied »Ich bin neu in der Hamburger Schule« war eigentlich ganz billiger Humor. Es gab den Begriff, der eigentlich sehr lustig ist, aber ein bisschen in Vergessenheit geraten war. Deswegen dachten wir, machen wir mal ein Lied darüber, dann wird das wieder ein bisschen aufgefrischt. Leider hat man dem dadurch ein sehr langes Leben beschert. Wenn man das gewusst hätte! Ich glaube, manche fanden das auch ein bisschen dümmlich.

Arne Zank

»Wenn es auf Frankfurter Schule referieren soll, würde ich sagen, ist es die falsche Referenz«, meint auch Peter Thiessen, der den Begriff Diskurspop bevorzugt. »Ein Diskurs wird gefasst als ein vielfältiges Geflecht von Referenzen. Als eine Denkrichtung, die antiessentialistisch ist, die davon ausgeht, dass es keine Essenz, keinen Kern von Subjekt, dass es kein kontextloses Subjekt gibt. Das finde ich interessant. Deswegen beschreibt dieser Begriff für mich ein bisschen mehr als Hamburger Schule.« Auch Tobias Levin gefällt diese »zweite Verschlagwortung« (Linus Volkmann) Diskurspop besser als »Hamburger Schule«: »Erstens, weil ich Schule scheiße finde, zweitens, weil es natürlich Teil von diesem Denken war: Wenn es antinationalistisch ist, gäbe es auch keinen Grund, warum man pro Stadt sein sollte. Der Begriff Diskurspop war zwar auch schon zu kurz gegriffen auf alles mögliche, was man wollte, aber die Verknappung als Reflex kann ich verstehen.« Der Begriff Diskurspop beziehe sich immer auf die »politische Situation«, so Roger Behrens, »die hier mit Mitteln des Pop diskursiviert wird«. Dieser Diskurspop-Begriff, führt Linus Volkmann

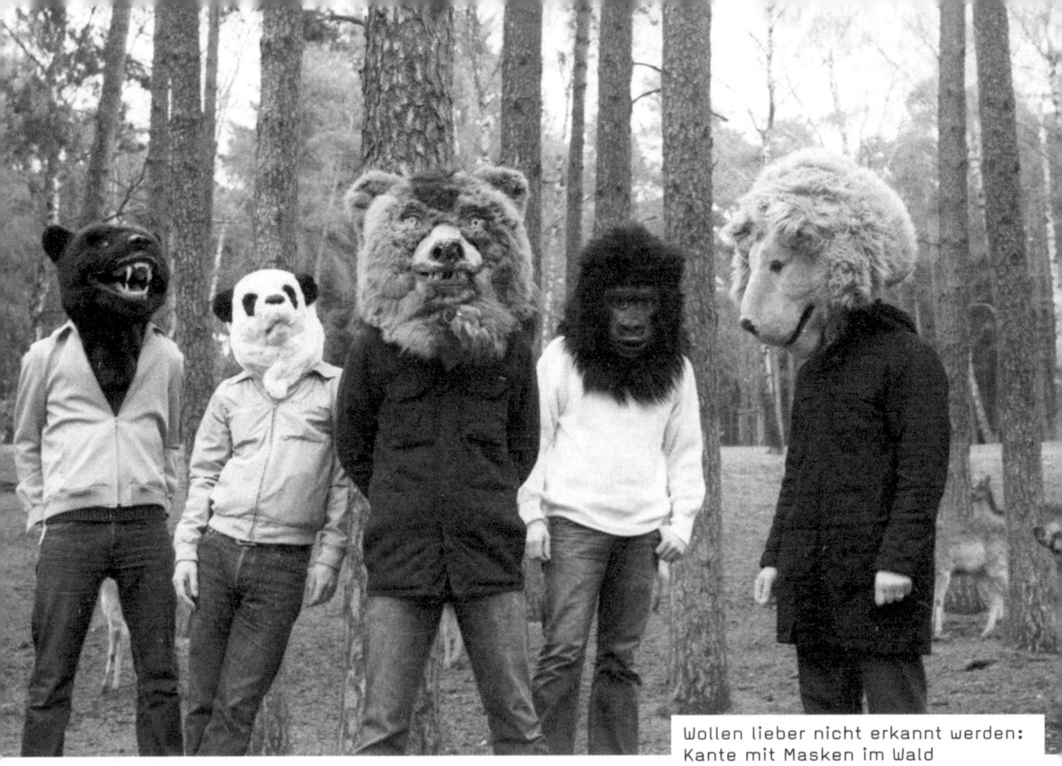

Wollen lieber nicht erkannt werden: Kante mit Masken im Wald

weiter aus, sei wahrscheinlich noch unverkäuflicher und akademischer als »Hamburger Schule« gewesen. Genau aus diesem Grund kann Peter Thiessen dieser Etikettierung mehr abgewinnen: »Ich finde, der Begriff beschreibt mehr. Er referiert natürlich auf eine poststrukturalistische Denkrichtung und das war mir in der Zeit sehr, sehr nah. Ich habe viel so Zeug gelesen und fand es faszinierend.« »Heute würden alle die Hände über dem Kopf zusammenschlagen«, so Volkmann weiter. »Aber damals habe ich das gerne benutzt als Wort. Und ich denke, da steckt es dann auch schon drin, dass es darum ging, nicht einfach nur gefällige Musik zu machen, die singulär für sich irgendjemanden überzeugt oder erfreut, sondern dass man teilhat an einer diskursiven Welt, dass man sich mit seinen Texten, mit seinem Bandoutfit in die politische Diskussion auch mit rein begibt.« Einer derjenigen, der dabei die Hände über dem Kopf zusammenschlägt, ist Carsten Friedrichs: »Diskursrock ist auch wirklich ein schlimmes Wort. So akademisch. So Freude zurückweisend. Rockmusik ... Rock finde ich eh ein blödes Wort ... da assoziiere ich nichts Gutes mit ... dann noch so Diskurs oder so ... Dieses Intelligenz-Gehubere fand ich eh auch nicht so gut. Da gab es immer diesen Spruch von Lado: ›Popmusik darf nicht dumm sein‹ – das fand ich immer doof.«

Mit dem Begriff einherging die Frage, wer nun eigentlich dazugehört und wer nicht. »Superpunk würde ja nie jemand in die Hamburger Schule mit reinstecken, obwohl das eigentlich total reingehört«, meint etwa Bernd Kroschewski. »Theoretisch, weil so Gitarrenmusik, ein bisschen Soul und gute Texte und dann auch auf Deutsch. Aber Superpunk wurde nie irgendwie mal mit der Hamburger Schule in Verbindung gebracht. Was vielleicht daran liegt, dass die bei uns veröffentlicht haben.« Carsten Hellberg ist es egal, ob er dazu gezählt wird oder nicht: »Immer Hamburger Schule bla bla bla. Das hat mit mir nichts zu tun. Das hat ein bisschen genervt. Aber letzten Endes ist es komplett egal, also wirklich bedeutungslos, ob da irgendjemand irgendwas draufschreibt.« Auch Knarf Rellöm sieht sich selbst eher als Zaungast: »Wir würden den Begriff Hamburger Schule ja eng setzen. Wir würden zum Beispiel Huah! nicht dazu rechnen, wir würden auch nicht sagen, dass Bernd Begemann das Ganze erfunden hat.« Und auch der genannte Begemann grenzt sich von der Begrifflichkeit ab: »Der Begriff ›Hamburger Schule‹ ist leider zu so etwas wie einer Beleidigung geworden. Damit wird oft etwas bezeichnet, was zu verkopft ist.« Für Ebba Durstewitz war die Schublade, in die sie mit JaKönigJa hineingesteckt wurde, vor allem ein Ärgernis: »Alle haben sich über die Schublade geärgert, auch die, die reinpassten. Ich habe mich auf jeden Fall immer geärgert, weil ich mich grundsätzlich über Schubladen furchtbar geärgert habe. Heutzutage sehe ich mehr die Notwendigkeit, dass es die geben muss. Aber damals war das ganz extrem, sobald jemand versucht hat, so ein Etikett drauf zu pappen.«

Wenn alle nichts mit der Hamburger Schule zu tun haben wollen, warum dann trotzdem der Bezug auf diese Bezeichnung, sei es in Pressetexten von L'Age d'Or, sei es im Umgang mit der Musikpresse von Seiten der Bands? Charlotte Goltermann beschreibt den Begriff als Lado-Mitarbeiterin aus Labelsicht: »Der Ausdruck ›Hambugrer Schule‹ ist umstritten – für das Marketing aber eigentlich ein Glücksfall. Natürlich gefällt einem als Musiker so etwas nicht besonders, eine solche kollektive Identität angeheftet zu bekommen. Aber dadurch können wir heute auch immer noch über diese Zeit und ihre doch sehr unterschiedlichen Bands sprechen und jeder weiß, was gemeint ist. Wir als Label haben einfach gesagt: ›Ja, wir sind Teil der Hamburger Schule.‹ Das war leichter, als drumherum zu reden. Und wenn man einem Journalisten gegenübersaß, konnte man ja erklären, was damit gemeint ist.« Carol von Rautenkranz betont, dass keine seiner Bands dazu gezwungen worden sei, sich in diese Schublade stecken zu lassen: »Wir schreiben das da drauf und haben das offensiv vertreten. Aber wir haben es niemals irgendeiner Band, wenn die das nicht wollte, in ihr Info reingeschrieben. Da haben wir ja geschrieben: ›Aus Hamburg‹. Da haben die Medien dann auch wieder Hamburger Schule draus gemacht.«

»Dieser Begriff war ja nur ein Teil eines größeren Prozesses«, erklärt Pascal Fuhlbrügge. »Und zwar, dass sich die Medien aus einer Sache das rausholen, was sie wollen. Oder vielleicht auch die Leute, die wiederum diese Medien dann kaufen. Und ich habe das als Teil eines Prozesses gesehen, das zu reduzieren auf Jungsbands mit schrammeligen Gitarren und leicht surrealen Texten. Das hat mich sehr genervt, ich hatte das Gefühl, dass unser Ansatz in vielerlei Hinsicht vielfältiger war.« »Es gab natürlich einen Austausch, das ist ein Teil des Marketings, der nicht gelogen ist«, relativiert Frank Spilker, zumindest für einen kurzen Zeitraum, »so von 89 bis 95 oder so. Weil wir alle in dem Alter waren, wo man jeden Tag ausgegangen ist, sowieso die gleichen Konzerte besucht hat, man hat sich jeden Abend gesehen, man hat natürlich über Musik geredet.« Doch auch wenn »Hamburger Schule« zeitweise zu einem reinen »Marketingbegriff« geworden ist, wie Frank Werner es beschreibt, und es »die Hamburger Schule in der Form nicht gegeben hat«, so geben viele Musiker dennoch die Verantwortung für die Starrheit der Etikettierung an die Musikpresse zurück. »Da schwingt das ja auch schon mit, dass natürlich, gerade weil es auch eine linke Sub- und Jugendkultur war, die natürlich kritischer auch auf die Medien geschaut hat und dementsprechend auch auf den eigenen Umgang damit. Und was daraus gemacht wurde«, so Linus Volkmann, und Peter Thiessen sagt: »Solche Begriffe dienen natürlich auch immer dazu, um Artikel schön aufmachen zu können. Das ist ja klassische journalistische Rezeption, dass man eine Zeit lang von irgendwelchen Leuten hochgejubelt wird oder irgendein Genre wird erfunden, und drei Jahre später wird es dann genau so niedergeschrieben, wie man es hochgejubelt hat. Das würde ich

Ich fand wahnsinnig interessant, dass sich da in Hamburg eine Labellandschaft etabliert hat. Es gab da ja immer diese Labels, die mit unterschiedlichen Städten assoziiert waren, Amphetamine Reptile Records aus Minneapolis oder Homestead aus, glaube ich, Boston, und SST aus Kalifornien. Das fand ich total interessant, weil ich Fan dieser ganzen Labels war, so wie man Fan vom Programm eines Buchverlags ist. Ich fand das so toll, und es kam mir so vor, dass das in Hamburg sehr gepflegt wurde und woran sich so ein bisschen orientiert wurde. Und das fand ich super spannend.

Dirk von Lowtzow

eher als einen Prozess sehen, im Sinne einer kulturellen Verwertungslogik musste irgendwas anderes her, weil es zu langweilig wurde. Das hat aber mit dem, was die Leute selber gemacht haben, nicht so viel zu tun.« Eine kulturelle Verwertungslogik, die von den Bands auch immer wieder ironisch aufgegriffen wurde, sei es in Songtiteln wie »Scheiß auf deutsche Texte« von den Sternen oder ihrem Musikvideo zu »Was hat dich bloß so ruiniert«, in dem Die Sterne in einen Chartswettlauf mit den Fantastischen Vier, Selig und anderen einsteigen. Spilker kritisiert im Gespräch, dass durch das Etikett »Hamburger Schule« Inhalte, die für die Entstehungszeit der Szene zentral waren, völlig unter den Tisch gefallen seien: »Dann geht es nur noch darum, dass man gleich alt ist. Aber was die Bands sagen wollen, welche politischen Visionen sie haben, welche ästhetische Visionen, ist dann nur noch unter ferner liefen wichtig.«

Wir müssen sehr oft darüber reden, auch als es die Hamburger Schule noch gab, als wir noch in Hamburg waren, schon zu unseren ersten Platten wurde man immer zur Hamburger Schule gefragt, auch weil wir dieses Lied hatten, »Ich bin neu in der Hamburger Schule«. Das war für manche Leute das erste Mal, dass sie mit diesem Begriff überhaupt in Berührung gekommen sind, und viele haben uns dann in Interviews gefragt: »Was ist das denn für eine Schule?« und »Seid ihr noch in der Schule?« Die haben das teilweise wörtlich genommen.

Dirk von Lowtzow

Wie aber haben die Musiker und Labelmacher der Hamburger Schule diese für sich selbst definiert? Für Carsten Hellberg ist das Soziale im Entstehungsprozess der Szene das Entscheidende und weniger eine musikalische Form oder deutsche Texte: »Ich fand das eher ausgrenzend, weil ich das Gefühl hatte, dass diese Entstehungsgeschichte dieser Hamburger Szene von Bands, wo eben auch Blumfeld und Die Sterne sich eingefunden haben, dass diese Entstehungsgeschichte und das Soziale dann gar nicht so groß gemeint ist.« Das Soziale betont auch Tilman Rossmy: »Das ist schon so 'ne Szene, wo sich im Prinzip alle kennen. Es gibt auch so ein, zwei Kneipen, wo man sich trifft und redet, das ist schon ziemlich extrem in Hamburg. Mein ganzer Bekanntenkreis besteht irgendwie ausschließlich aus Musikern und Umfeld, vielleicht noch 'n paar von der Uni oder so.« Für Charlotte Goltermann ist die Hamburger Schule dann auch vor allem definiert durch eine gemeinsame Haltung: »Es war natürlich schon so etwas wie eine Musikepoche, aber wir definierten uns bei Ladomat eben auch über unsere Haltung. Ein Selbstverständnis, dass man unabhängig ist und als Künstlerin/Musikerin das macht, was man für richtig hält. Und hat eben als Bezugspunkt Hamburg, wo ja damals wirklich viele lebten und Musik machten und das eben auf Deutsch und anders, als man es bisher kannte.« Eine Haltung, die sich vor allem über ein politisches Selbstverständnis definiert, sieht auch Dirk von Lowtzow: »Es war total faszinierend, die Art, wie sich da Freundschaften ergeben haben, sicherlich auch Feindschaften, wie da über Musik gesprochen wurde und in welchem Umfeld und wie das stattfand, mit welcher Leidenschaft und gleichzeitig aber auch Kollegialität, und dass eben schon ein linkes Programm über dem Ganzen stand, das ist sicherlich sehr, sehr einzigartig in Deutschland.« Auch Tobias Levin sieht für einen kurzen Zeitraum ein gelungenes Miteinander von Haltung und musikalischer Untermalung dieser Haltung für Hamburg gegeben: »Ich will ja eigentlich nur sagen, dass diese Gleichzeitigkeit, dass ich die Einwegkritik an einer Popmusikszene oder Rockmusikszene oder Punkszene oder was auch immer, dass diese Szene nicht akademisch genug sei oder nicht politisch genug ist, genauso wenig gut finde wie den Vorwurf, dass sie nicht entspannt genug wäre. Und das ist in Hamburg ziemlich gut aufgegangen, dass es nicht zu steif war, aber auch nicht zu hemdsärmelig, sondern dass es gute Seiten vom Hemdsärmeligen und vom Versteiften hatte. Verschiedene Seiten verschiedener Leute waren insistent und gleichzeitig auch entspannt. Das war gut.«

Bernd Begemann bezieht sich im Interview auch positiv auf den Begriff der Hamburger Schule und sieht ihn auch als produktiv für die Auseinandersetzung mit Kunst und Musik der Gegenwart an: »Wenn man nur den intellektuellen Anspruch der Hamburger-Schule-Bands sieht, dann sieht man das Wichtigste nicht. Das ist, sich mit der Umgebung auseinanderzusetzen. Man packt die Gegenwart bei den Hörnern, das ist für mich, im besten Falle, die Hamburger Schule. Auch wenn man das nicht so nennt. Jedes Mal, wenn ein Künstler etwas macht, was sich mit einem Problem oder einem Phänomen beschäftigt, mit dem sich vorher noch niemand beschäftigt hat, das ist für mich im besten Sinne Hamburger Schule, im Geiste das, was wir versucht und getan haben.« Frank Apunkt Schneider kann ebenfalls dem Begriff der Hamburger Schule etwas abgewinnen: »Er unterstrich, dass es um Lernprozesse ging und die Arbeit am eigenen Ausdruck, der permanent überprüft werden musste, wie es dem Wesen von Popkultur entspricht, die mehr ist, als nur der dissidente Gebrauch der eigenen Freizeit. Wer das zu mühsam fand, konnte ja immer noch Slime wiederauferstehen lassen.«

Wer wie was?
Bandgründungen und Neufindungen

Die Regierung (seit 1982)

Schule ist aus
willkommen in der Regierung
»SCHULE IST AUS«

»Ich bin ganz früh von der Schule gegangen, ohne jeden Abschluss, hab gesagt: ›Diesen Gesellschaftsscheiß mache ich nicht mehr mit!‹«, erzählt Tilman Rossmy über seinen Weg zum Musiker. »Das musste dann ja in die Hose gehen, ich war überhaupt nicht reif, war dann draußen auf der Straße, hab alle möglichen Drogen genommen und geendet ist das dann in der Psychiatrie. Ich hab dann gemerkt: Wenn ich Leuten davon erzählt habe, dann hat mich das nicht befreit, aber wenn ich in Songs darüber geredet habe, konnte ich diese Geschichten abschließen. Solche Erfahrungen sind vielleicht nicht schön, wenn man sie erlebt, aber als Stoff für Songs sind sie super. So kam ich zum Songschreiben, das war mein Einstieg.« 1982 hat Rossmy, schon unter dem Namen Die Regierung, im Alleingang mit Synthesizer, Drumcomputer und Gitarre ein erstes Tape mit melancholischen NDW-Songminiaturen aufgenommen, das auf Matthias Langs Label IRRE Tapes veröffentlicht und sogar im »New Musical Express« positiv besprochen wurde. Ein Jahr später erschien das zweite, von verzerrten Gitarren geprägte Tape »Die Einsamen«, das musikalisch schon das Album-Debüt »Supermüll« von 1984 vorausahnen ließ, auch eine frühe Version des Songs »Schule ist aus« war bereits auf dem Tape enthalten: »Schule ist aus, willkommen in der Regierung.«

Für »Supermüll«, das er mit Robert Lipinski an der Gitarre, Ralf Jahn am Bass und Keith Kozcian am Schlagzeug einspielte, gründete Rossmy das Label Elfmeter Records, dessen einzige Veröffentlichung das Die-Regierung-Debüt bleiben sollte – »23 Minuten Rock Schrott«, wie es auf dem Backcover heißt. Nach »Supermüll« löste Rossmy die Band auf und verabschiedete sich für einige Jahre von der Musik. Erst 1990 stellte Tilman Rossmy Die Regierung mit den Musikern Robert Lipinski (Bass), Thomas Geier (Schlagzeug) und Armin Hess (Gitarre) neu zusammen und nahm in dieser Besetzung das Album »... so allein« auf, das Alfred

Hilsberg veröffentlichte, der sie nach dem Album aufgrund der schlechten Verkäufe fallen ließ. »Wir sind dann zu L'Age d'Or gegangen, die uns zuerst auch nicht wollten«, so Rossmy. »Dann haben wir neue Aufnahmen gemacht, unter anderem eine Single, die fand Pascal Fuhlbrügge dann so gut, dass er uns dann doch genommen hat.« Die Single »Komm zusammen« erschien 1992, im gleichen Jahr folgte nach Rossmys Umzug nach Hamburg und verstärkt um Thies Mynther am Keyboard das Album » So drauf«, wieder auf L'Age d'Or, 1994 der Nachfolger »Unten«. 1995 löste sich Die Regierung auf, Rossmy veröffentlichte auf L'Age d'Or noch die Soloalben »Willkommen zuhause« (1996) und »Selbst« (1997), danach folgte von 1998 bis 2014 eine Phase mit dem Tilman Rossmy Quartett (mit Folke Jensen, Ralf Schlüter und Rob Feigel) und seit 2015 nimmt Rossmy wieder Alben mit Die Regierung auf, als einziges Bandmitglied der Neunziger ist Robert Lipinski am Bass verblieben, Alexander Fürst von Lieven spielt Schlagzeug, Ralf Schlüter Synthesizer und Klavier und Ivi Vukelic Gitarre. Seine musikalische Entwicklung hat Rossmy in einem Interview mit »kaput. Magazin für Insolvenz & Pop« so zusammengefasst: »Die Regierung ist natürlich in erster Linie Rock, Alternative Rock, mit Wurzeln im New Wave und Punk. Wohingegen das Tilman Rossmy Quartett mehr im Country, teilweise auch im Jazz zuhause und eher songwritermäßig

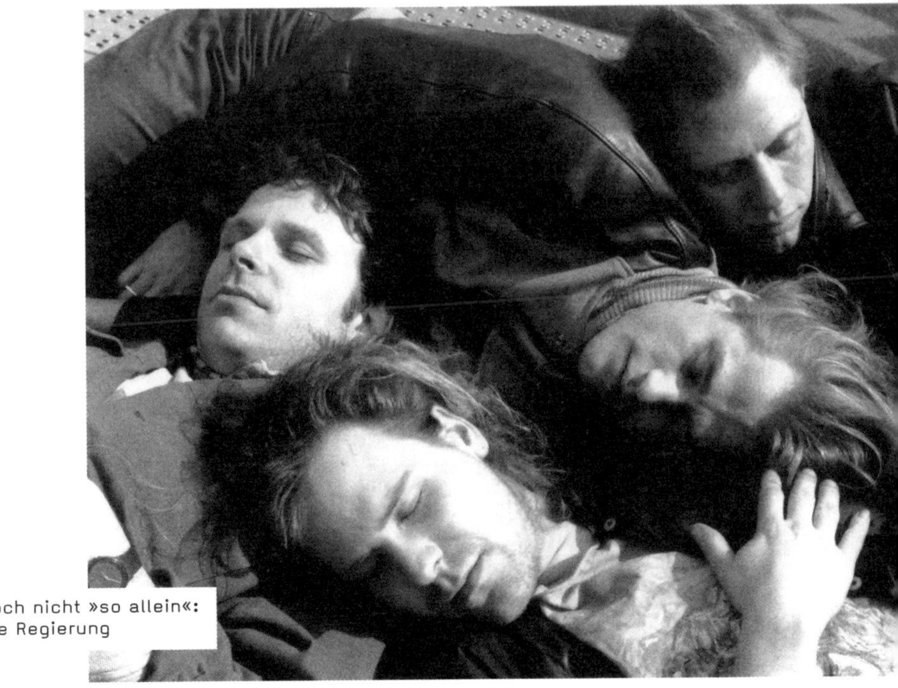

Doch nicht »so allein«:
Die Regierung

angelegt war. Es ist auch so, dass das Tilman Rossmy Quartett diese Art von Rock nicht wirklich spielen konnte. Das war eben ein ganz anderer Schnack. Es ist eigentlich allen Beteiligten klar, dass wir bei Die Regierung in Richtung Alternative Rock gehen und jetzt kein Jazz- oder Country-Album machen. Die Grundstruktur ist eine einfachere, obwohl sich das auch immer mehr wandelt. Ich möchte da auch nicht dogmatisch sein. Aber wir befinden uns halt in einer Tradition, wenn man von dort ausgeht, wo wir 1994 aufgehört haben.«

Cpt. Kirk &. (1984–1994)

Dachte Worte sind so schwer
Im Mund schwerer als geschrieben
»ÄRGER RUND«

»Ich hatte das große Glück, dass unsere Nachbarin in Tangstedt Redakteurin der Verbraucherbeilage vom Pinneberger Tageblatt war. Eine wöchentliche Rubrik darin hieß ›Junge Leute/YoungPeople‹, und da waren immer Plattenkritiken drin«, beschreibt Tobias Levin seine ersten Schritte in Richtung Musik. »Ich bin dann so 1980 zur netten Heide Ahrens hin und hab ihr gestanden, dass ich diese Kritiken nicht so toll finde. Und sie lachte und sagte, die wären von ihr und sie wäre froh, wenn jemand das Schreiben übernehmen würde. Und dann ging es los. Meine erste Rezension war über die Hamburger Rockband Elephant. Die Überschrift lautete: ›Elephant aus Sicht eines Vierzehnjährigen‹. Von da an hatte ich Zugang zu allen möglichen Platten. Die Zeitung wurde mit allem bemustert, vom Major bis zu ZickZack, Line Records oder Rough Trade. Ich bin zweimal die Woche nach der Schule in die Redaktion und hab Platten abgeholt, die ich bestellt hatte, um darüber zu schreiben. So habe ich The Fall, NRBQ, George Benson und sonst was ohne Szene kennengelernt. Ich war schwer drauf. Mein Vater hat mich spottend gefragt: Und was willst Du jetzt werden? Pop-Professor? Kein schlechter Gedanke von ihm. Sowas gab es damals noch nicht. Auf jeden Fall hatte ich ein gutes Jahr später eine gute Band. Cpt. Kirk & his incredible Lovers hieß die.« Gegründet hatte Levin Captain Kirk & his incredible Lovers 1984 zusammen mit Christoph Meier und Matthias Geisler, 1986 stieß seine damalige Freundin Wiebke Linneweber dazu und sie nahmen mit dem ehemaligen Pinneberger Mitschüler Carol von Rautenkranz vier Stücke auf.

»Levin war ein absolut begnadeter Gitarrist, der auf eine Art und Weise spielte, die ich so in Deutschland noch nie gehört hatte«, erinnert sich Carol von Rautenkranz. »Ursprünglich ging er in Pinneberg auf meine Schule. Ich war zweieinhalb Jahre älter, aber Tobias hing immer schon mit den Älteren ab.« Über Michael Ruff landete das Demo bei Alfred Hilsberg, der 1986 das Debüt »stand rotes Madrid« auf What's So Funny About veröffentlichte. Cpt. Kirk &., wie die Band sich inzwischen nannte, sei, so Christof Meueler in »Das ZickZack-Prinzip«, die »erste deutsche Band« gewesen, »die Hilsberg nach dem NDW-Debakel wieder richtig ernst nehmen konnte.« Zu diesem Eindruck trugen auch die aus deutschen und englischen Versatzstücken montierten Songtexte bei: »Going to open the door and fire / Die Türen öffnen und schießen / in a house haus«. »Das Gebäude, dessen Türen hier geöffnet wurden«, so Meueler weiter, »war im Prinzip die sogenannte Hamburger Schule, die damals noch niemand kannte«.

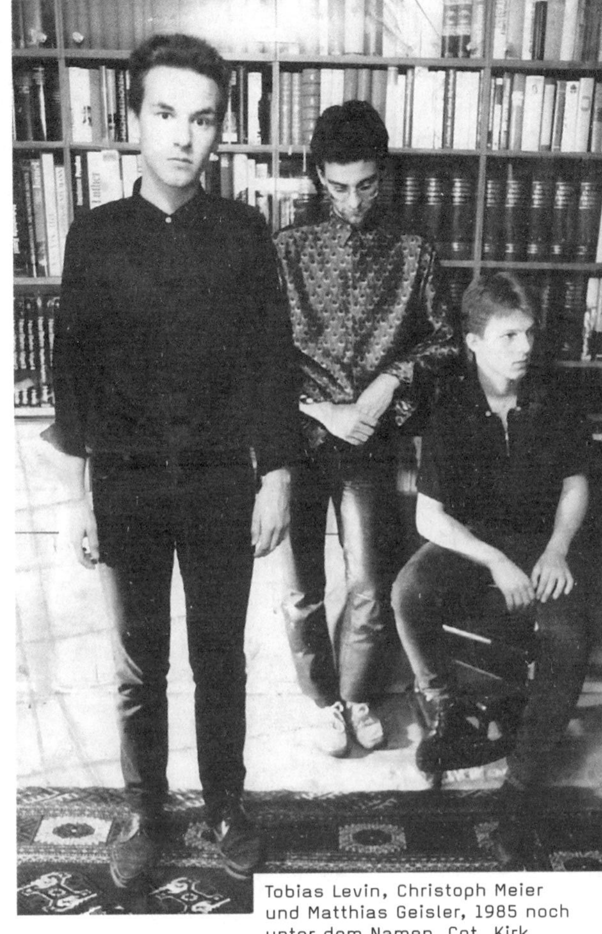

Tobias Levin, Christoph Meier und Matthias Geisler, 1985 noch unter dem Namen Cpt. Kirk & his incredible Lovers

1992 folgte, ohne Wiebke Linneweber, »Reformhölle«, das Wechselcover des Albums zitierte Big Black, Massive Attack, Madonna, Prince, Einstürzende Neubauten und R.E.M. (und auf dem Backcover »Entertainment« von Gang of Four) und gab damit die musikalische Öffnung bereits vor. »Für mich wurde sehr früh zum Problem, dass ich schon 1985, kurz vor den Aufnahmen zum Debüt-Album von Cpt. Kirk &., ›stand rotes Madrid‹, bemerkt hatte, dass meine linke Hand schwächer geworden war. Ich musste an die Uni-Klinik in Hamburg und dann wurde attestiert, dass ein Hauptnerv im Arm lange geschädigt war und dass Muskelfelder in der Hand verschwunden waren. Der Nerv regenerierte sich, die Hand blieb geschädigt. Wahrscheinlich konnte ich mit 19 am freiesten Gitarre spielen,

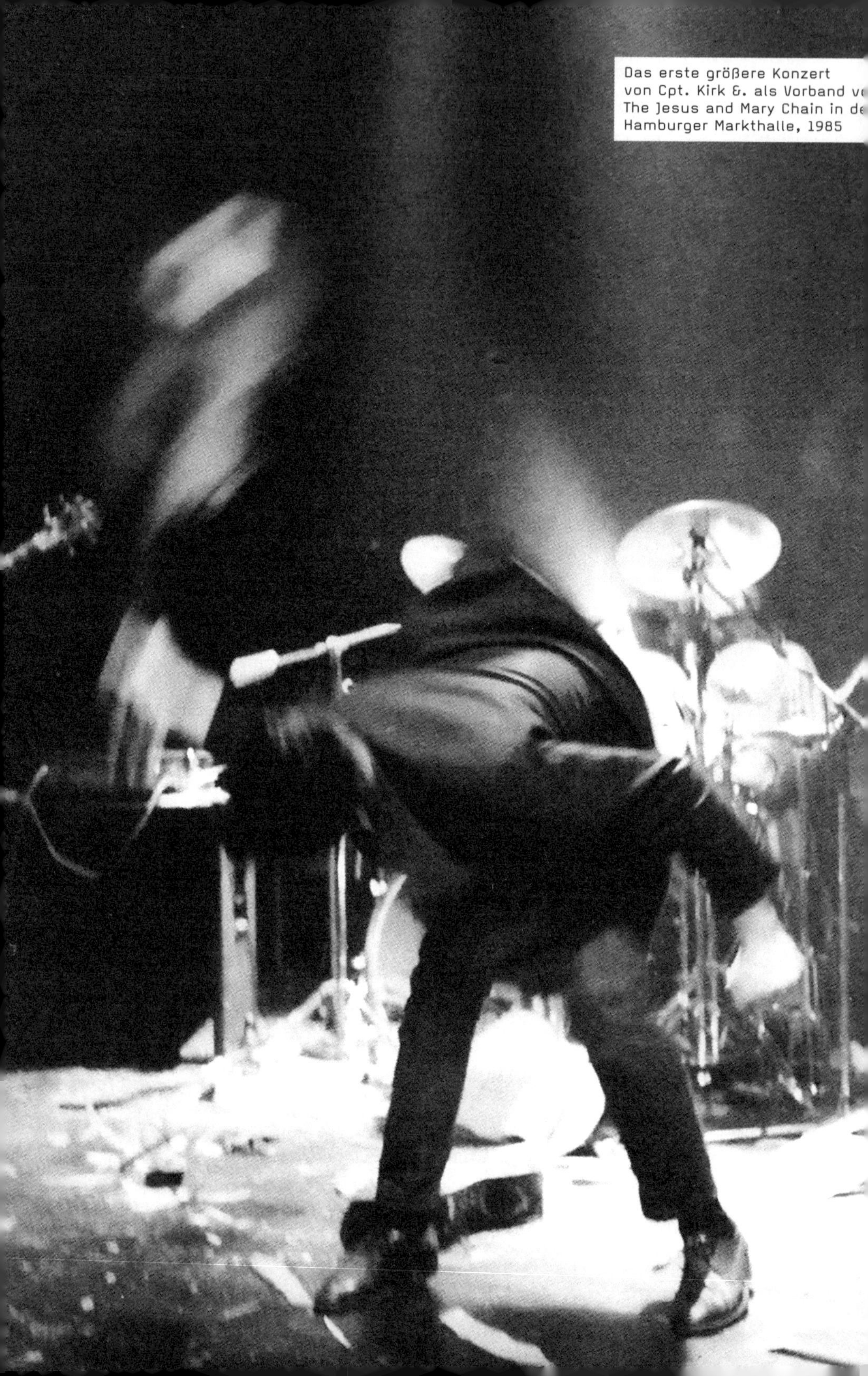

Das erste größere Konzert
von Cpt. Kirk &. als Vorband v
The Jesus and Mary Chain in de
Hamburger Markthalle, 1985

Michael Ruff schrieb damals im Musikexpress und in Spex sehr schmeichelhaft überzogene Vergleiche zu Jimi Hendrix. Nina Hagen schrieb: ›Die leben wenigstens, guter Sound zum Trippen‹. Mir war damals vielleicht eher an einem nüchternen und stürmischen Entwurf eines Andy Gill von Gang of Four gelegen«, so Levin über die äußeren Umstände der musikalischen Neuorientierung. »Damals mochte ich zwar alle möglichen Formen von Blues-Kram, aber im Jahrzehnt der Innovationen nach Punk konnten Blues und straighter Rock nicht so viel neues erklären oder herausfinden. Man konnte damit nicht mehr durch die Wand, das war abgenutzt, da wurden wenige fündig. Es gab aber Jeffrey Lee Pierce und vor allem die Berlin-Australien-Achse um Nick Cave herum, das war recht irritierend, da begannen Blues und Bibel wieder ihren bis heute anhaltenden Siegeszug. Vielleicht braucht man so was auf dem langen Weg nach dem Aufbruch. Jedenfalls war meine kaputte Hand wenigstens ein guter Anlass, neues Vokabular zu suchen, rumzuprobieren und sicher der Grund dafür, dass das nächste Kirk-Album ›Reformhölle‹ hieß. Der Titel war auch musisch gemeint, neben der schönen revolutionären Konnotation. Bei der ging es um allerlei gesellschaftliche Kämpfe und Krämpfe und, wie ich mir absolut widersprüchlich dachte, um die Festsetzung der Progression. Ich musste mit der kaputten Hand rausfinden, was sich für mich auf der Gitarre noch bewegen lässt, welche Musik möglich ist. Auf 'ne Art war das Postrock vor Postrock. Viele Proben, mit einer tollen Band, mit Christoph Meier am Bass, auch mit Johann Popp von Die Erde am Keyboard und mit Matthias Geisler am Schlagzeug. Matthias ist ein erstaunlicher Drummer, das hört man auch auf dem Album. Ich reaktivierte meine beschränkten Klavierfähigkeiten und spielte links nur mit zwei, drei Fingern. Mit Mitte 20, das hatte Kid P, glaube ich, in Sounds schon spöttisch für uns vorausgesehen, war ich dann ja auch bereit für Jazz-Einflüsse und so ersetzte der weiche Kommunist Robert Wyatt den harten Kommunisten Andy Gill und Thelonius Monk oder Joni Mitchell ersetzten einiges aus der Welt von Rock, Punk oder New Wave. Aber in der Zeit schwebte über allem ohnehin eine Musik, die alle aufkratzte und die alles neu auflud und die selbst von jeder Musik und von jeder Angelegenheit aufgeladen war: HipHop. Im Vergleich zu vor allem Public Enemy war alles andere plötzlich einfach nur Musik und das war das letzte, was wir von Musik wollten. Und Talk Talk, ›Laughing Stock‹, das muss ich noch erwähnen, das war Blues und die schönste Musik der Welt. Aber Mark Hollis war bezaubernd. Wichtig war für mich auch das verspult pseudogeniale Debüt von AR Kane, ›69‹.«

Levins Texte auf »Reformhälle« waren nun alle auf Deutsch verfasst und von einer politischen Notwendigkeit geprägt; Andi Schoon schrieb in der ZEIT über das Album: »Die Stücke bersten vor Dringlichkeit. Sie sind überschäumender Undergroundrock, wie er nur von empfindsamen 20ern gespielt werden kann – aber mit reichem historischen Hintergrund: Vom Jazz ist die emanzipierte Rhythmusgruppe entliehen, im Gesang tauchen HipHop-Phrasierungen auf, manche Klavierpassage erinnert an die Minimal Music, dazu rauscht ein romantisches Melodienmeer.«

1994 folgte das letzte Album »Round About Wyatt«, eine Split-LP mit den More Extended Versions um Christof Kurzmann, Helmut Heiland, Mex Wolfsteiner und Sigi Ecker, auf der Cpt. Kirk &. neben Stücken von Robert Wyatt auch »How I Could Just Kill A Man« von Cypress Hill und »Racist Friend« von The Special AKA coverten. Also wieder zurück zur englischen Sprache, zum Zitat und zur Einordnung in eine ganz andere Tradition als jene der anderen Hamburger Schüler. Diedrich Diederichsen befand, diese Platte sei ein »kompetent inszeniertes Grundsatzstatement über Musikmachen als Musikhören, über Drähte und Verbindungen im Hörer/Produzenten«. Tobias Levin wurde danach vor allem als Produzent bekannt, in seinem Electric-Avenue-Studio produzierte er auch einige zentrale Alben aus dem Hamburger-Schule-Kosmos, unter anderem Stellas »Extralife« (1998), Knarf Rellöm Isms »Fehler is King« (1999), Kantes »Zweilicht« (2001), Tocotronics »Tocotronic« (2002), Kristof Schreufs »Bourgeois with guitar« (2010). Im Gespräch beschreibt er seine Herangehensweise an das Aufnehmen von Platten: »Ich habe bestimmt angefangen zu produzieren, weil mir die Aufnahmen zu ›Reformhölle‹ gemeinsam mit Chris von Rautenkranz so viel Spaß gemacht hatten. Ich war allgemein eigentlich eher aufgekratzt unterwegs. Aber im Studio konnte ich mich konzentrieren. Ungefähr 1991 sind wir ins Soundgarden Studio, wir waren vorbereitet, voller Selbstbewusstsein und konnten mit Chris alles mögliche ausprobieren. Wir haben Jochen Distelmeyer übers Telefon aufgenommen, als er krank zu Hause war, wir haben die Bänder langsam laufen gelassen, reißende Gitarrensaiten aufgenommen und den stolzen Max Müller in einen Song gesampelt, mit seiner schön passenden Zeile ›Zeit bedeutet, dass man sich beeilen muss mit dem, was man tut‹, mit dem ganzen tollen Mutter-Krach dran in ein ruhiges Stück rein. Bei allen Gitarrenaufnahmen standen die Mikros einen Meter entfernt, weil ich gelesen hatte, dass Talk Talk es so gemacht hätten und beim Mischen ging es so weiter, Chris war super, ich bin ihm ewig dankbar. Nicht um die richtigen Takes zu bekommen, die hatten wir recht schnell, sondern um zu experimentieren, waren wir einen Monat lang im Soundgarden, das war recht viel damals und wurde unterstützt von Alfred Hilsberg und von Nikel Pallat, dem berühmten Mann mit der Axt beim WDR-Talk, von Ton Steine Scherben, der den Vertrieb EFA geleitet hatte. Kommerziell konnten wir die Hoffnung, die in uns investiert wurde, mit ›Reformhölle‹ nicht einlösen, aber wir hatten kleine Erfolge, wir wurden Album des Monats in der Spex, und die Platte hatte eine ganz eigene schöne Farbe musikalisch und war textlich trotzdem krawallig. Es waren vielleicht weniger Songs, aber es klang und wollte reden. Obwohl es andere Musik war, lag der Kontext mit Blumfeld nah, deren Debüt ›Ich-Maschine‹ zur gleichen Zeit rauskam, auch der mit Brüllen und ihrem Album ›Schatzitude‹. Wie waren ein bisschen weniger in der Genre-Boutique zugange als z. B. die Goldenen Zitronen, deren Alben ›Das bisschen Totschlag‹ und ›Economy Class‹ ich dennoch irre gut fand. Außerdem waren die live so irre gut wie Blumfeld damals. Danach haben wir mit Cpt. Kirk &. noch eine ganze Menge Musik gemacht, nicht nur das Split-Album ›Round about Wyatt‹ mit den Wiener More Extended Versions, fast alles Klavier orientierte Stücke, vielleicht so eine Art reduzierter Jazz-Sound, wie wenn DJ Premier Samples schneidet. Aber wir haben sie nie aufgenommen, warum auch immer.«

Die Goldenen Zitronen (seit 1984)

Meine Mutter sagte, Sohn,
dies ist ein Terrorregime
Man wird versuchen, dich zu brechen,
dich umzuerziehen
»ALLES WAS ICH WILL (NUR DIE REGIERUNG STÜRZEN)«

Im gleichen Jahr wie Cpt. Kirk &. haben sich auch Die Goldenen Zitronen gegründet, die zwar weder sich selbst als Teil der Hamburger Schule verstanden haben – aber wer hat das schon? – noch von Journalistenseite dazugezählt wurden, aber bis heute für die Schnittstelle von Politik und Musik in Hamburg eine zentrale Rolle einnehmen. Auf ihrer Website schreibt die Band über die Gründung: »Es ist der Sommer jenes prophetischen Jahres 1984, das am Ende dann doch so gewesen war wie jenes zuvor und das danach, als sich die Band zusammenfindet. Schorsch Kamerun und Aldo Moro waren kurze Zeit vorher von der Ostsee, Ted Gaier aus Süddeutschland nach Hamburg gekommen. Sie alle wohnen in der Buttstraße am Hamburger Fischmarkt und werden bald Teil des damaligen Punkuniversums, das zwischen dem Krawall 2000 (einer der

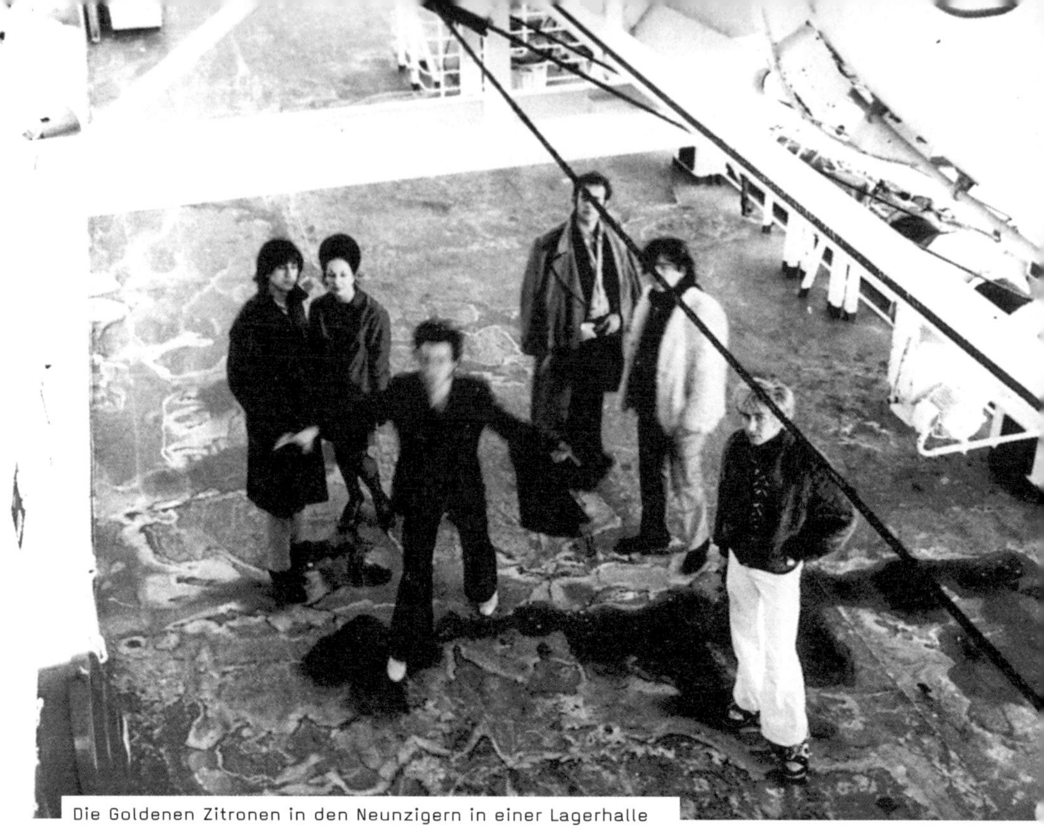
Die Goldenen Zitronen in den Neunzigern in einer Lagerhalle

ersten Punkläden der BRD; sozusagen Tür an Tür zur Buttstr.) und den besetzten Häusern an der Hafenstrasse spielt. Es ist die Zeit als Punk mit dem linken Autonomenmilieu zusammenwächst.« Auf den ersten beiden Alben »Porsche, Genscher, Hallo HSV« (1987) und »Kampfstern Mallorca dockt an« (1988) spielte die Band Fun-Punk, wenn auch mit der Strategie, »Punk innerhalb von Punk zu betreiben«, wie Ted Gaier es beschreibt: »Bei den Zitronen ging es um gezielte Unernsthaftigkeit. Und auch um Uncoolness. Wir orientierten uns an Schlager, Country und Rockabilly, Glamrock und anderem Quatsch.« Ein ähnliches Konzept hat der mit den Zitronen befreundete Rocko Schamoni verfolgt, der dabei vor allem auf Schlager als Irritationsmoment gesetzt hat: »Es war interessant für mich, in den eigenen Kreisen mit etwas für Aufruhr zu sorgen, das dort nicht verstanden wurde. Und da gab es in der Hafenstraße ziemlich aggressive Abende, weil die eine Hälfte mich von der Bühne haben und die andere mich schützen wollte. Das hat für angenehmen Ärger gesorgt.«

Die Subversion der Fun-Punk-Klischees bei den Zitronen wurde nicht von allen erkannt und noch Jahre später musste die Band sich mit ungeliebten Fans herumschlagen. Schorsch Kamerun sagt über die darauf folgende Umbruchphase: »Irgendwann mussten wir uns von den Geistern lösen, die wir selbst gerufen hatten. Das hat auch Kraft gekostet. Da kam irgendwann ein Publikum, das man gar nicht mehr wollte: Wir persiflierten das Bierzelt und standen plötzlich selbst mittendrin.« Die nächsten beiden Alben »Fuck You« (1990) und »Punkrock« (1991), die auf neuem Label Vielklang erschienen und politischere Texte enthielten (»Alles was ich will, ist nur die Regierung stürzen«), waren Vorboten der musikalischen Neuorientierung der Band im Laufe der Neunziger. Die Bandwebsite sagt über die Alben: »Textlich gibt es wichtige Fortschritte. Durch das Hinwegsetzen über schematische Rocksongstrukturen gelingt es erstmals, politisch differenzierte Aussagen zu machen. Die turbulenten Ereignisse nach dem Fall der Berliner Mauer, das rasante Wegbröckeln sicher geglaubter humanistischer Grundsätze und linker Strukturen erfordern klare Statements.«

Ale Dumbsky konzentrierte sich zunehmend auf die Labelarbeit bei Buback, weswegen Enno Palucca als neuer Schlagzeuger einstieg, der bis heute Teil der Band geblieben ist. Ergänzt wurde die neue Formation durch den Gitarristen Psycho 1, der bis zum Album »Das bisschen Totschlag« (1994) Bandmitglied war. Zuvor stieg bereits Aldo Moro aus, für ihn stieß Julius Block (Thomas Wenzel) zur Band, 1996 wurde auch Hans Platzgumer Bandmitglied. Die drei Alben der Goldenen Zitronen aus den Neunzigern – »Das bisschen Totschlag«, »Economy Class« (1996) und »Dead School Hamburg (Give me a Vollzeitarbeit)« (1998) – lassen die große Nähe zu den musikalischen, politischen und ästhetischen Ausformungen der Hamburger Schule erkennen, in dieser Zeit waren die Bandmitglieder ebenso als Musiker wie als Aktivisten in der Stadt präsent, Mitinitiatoren der Wohlfahrtsausschüsse, Stichwortgeber gegen Quotenforderung und Unterstützer von linken Strukturen der Stadt.

Über »Das bisschen Totschlag« heißt es auf der Bandwebsite: »In den Rezensionen ist die Rede von einer individuellen Neudefinition von Punk. Von Agitprop und brechtschem Model, von hysterischen 60's Sounds (scheppernde Gitarren, scheppernde Becken, schneidende Orgel) und einem Sprechgesang zwischen HipHop und Degenhardt.« Ein Sound voller Widersprüche, der auch inhaltlich Widersprüche stehen lassen konnte, wenn auch klar Position gegen ein neues Nationalgefühl wie auch bürgerliche Relativierungen eines solchen Gefühls bezogen wurde. Das Album sei der Versuch gewesen, so Frank Apunkt Schneider, »über die Erkenntnismöglichkeiten der Songform zu erarbeiten, was da gerade passierte.« Bis in die Gegenwart haben Die Goldenen Zitronen alle paar Jahre neue Alben veröffentlicht und sich in diversen Neben-, Solo-, Buch- und Theaterprojekten weiter ausgebreitet. »In ihren besten Momenten«, hat Tobias Levin einmal über die Zitronen geschrieben, »spielt die Band heute ohne die Verpflichtung des Bezugs und damit frei von dem Wunsch nach Erkenn- und Verwertbarkeit.«

Die Antwort (seit 1985), Bernd Begemann solo (seit 1993)

Die Kriege würden aufhören
Wenn alle wie Bad Salzufler wären
»BAD SALZUFLEN – WELTWEIT«

»Bernd Begemann wurde vermutlich als Sohn eines türkischen Vaters und einer deutschen Mutter geboren, so genau weiß er es selbst nichtmal, denn er wurde 1963 im zarten Alter von 6 Monaten von Margot und Bernhard Begemann adoptiert«, heißt es auf Begemanns Webseite. Die Begemanns lebten in Bad Salzuflen, wo er bereits in den frühen Achtzigern Songs im Umfeld des Fast-Weltweit-Labels aufgenommen hat. 1985, nach seinem Umzug nach Hamburg im Jahr zuvor, startete er mit Die Antwort eine erste Popkarriere. Zusammen mit Mathias Strzoda an den Drums und Thomas Kosinar am Bass veröffentlichte er 1987 deren selbstbetiteltes Debüt, 1991 folgte in veränderter Besetzung »#1«, 1992 »Hier«, und 1998 schließlich wieder ein selbstbetiteltes Album. »Mit ihrem forschen Gitarrensound spielen die Beatles-Nacheiferer unverdrossen gegen die herrschende Rhythmusmaschine an«, befand der Spiegel 1991 über die Band. »Lieder, die ich mag, bringen Sachen auf den Punkt und die stellen unangenehme Fragen. Und da stellt sich der Sänger auch selbst unangenehme Fragen und beantwortet sie. Deshalb hieß meine erste Band Die Antwort. Weil dieses ›Ach warum ist das nur so schlimm in der Welt‹, das kann man auch beantworten. Man muss nicht diese blöde Frage in den Raum stellen. Es gibt darauf Antworten. Wir sind Erwachsene, wir können darüber reden«, erklärte Begemann in einem Interview den Bandnamen.

Seit 1993 erschienen parallel Soloalben, angefangen mit »Rezession, Baby« (1993) – ein »urbanes Folkalbum mit Elektronik« –, gefolgt von »Solange die Rasenmäher singen« (1994), »Jetzt bist du in Talkshows« (1996) und »Sag Hallo zur Hölle« (2000). »Meine Lieder sind Expeditionen ins Bekannte«, hat er seine Songs einmal beschrieben. »Wie seltsam die Dinge eigentlich sind, auf die wir nicht achten, weil wir sie für selbstverständlich halten. Wie entscheidend doch jener kleine Augenblick war, den wir wegscheuchen wie eine lästige Fliege.« Nach der Jahrtausendwende folgten weitere Soloalben, ab 2004 auch Alben mit Bernd Begemann & Die Befreiung, wo er mit Achim Erz (Schlagzeug), Benjamin Schadow (Bass) und Kai Dorenkamp (Keyboard) spielt.

Schon früh geriet Begemann mit seinen Songtexten in die Kritik anderer Hamburger Musiker, insbesondere seine »Deutsche Hymne ohne Refrain« vom Debüt war umstritten. Darin singt er: »In den stillen Küchen, in den lauten Fabriken / in den unbeobachteten Augenblicken / dort will ich sein / Denn ich will dieses Land verstehen / ich will dieses Land verstehen«. Dieses »Verstehenwollen« stieß 1993 in der unter anderem durch die Wohlfahrtsausschüsse politisierten Szene, in einer Zeit der rassistischen Pogrome, auf Unverständnis. Auf dem gleichen Album findet sich auch der Song »Der Junge, der nie mein Onkel wurde«, das noch stärker in die Kritik geriet, da hier die deutsche NS-Vergangenheit unkritisch verhandelt wurde: »Man könnte sagen, er war ein Nazi, ein Möchtegernmörder / Ich sage, er war achtzehn / und es ist schade / so furchtbar schade / um den Jungen, der nie mein Onkel wurde«. In einem Kommentar zum Song schreibt Begemann: »Das Lied, das meinen Niedergang einleitete. Das Ende meiner Satisfaktionsfähigkeit. Für die meisten linken Hamburger Musiker war der Fall klar: Sie selbst wären während der NS-Zeit Widerstandskämpfer gewesen. Aber meine Mutter bewahrte das Bild ihres Bruders, gefallen mit 18 Jahren vor Stalingrad. Ein weiches Gesicht mit den liebsten Augen, er gab sein Bestes für das Schlechteste ... sein Blick verfolgte mich.«

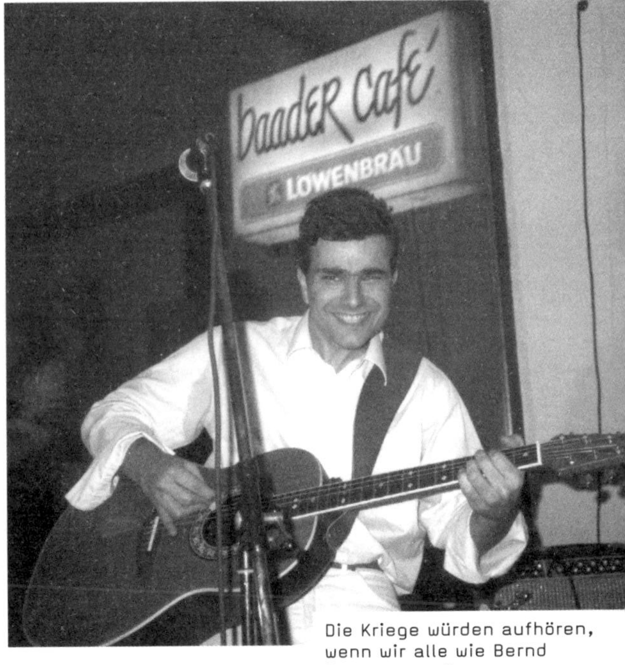

Die Kriege würden aufhören, wenn wir alle wie Bernd Begemann wären.

Huah! (1985–1992), Mobylettes (1992–2011), Knarf Rellöm solo + Bandprojekte (seit 1997)

Wir sind geworfen in diese Welt
Wie ein Bankier ohne Geld
»OHNE TITEL«

In Dithmarschen entstand 1985 ein erster Vorläufer von Huah!, Schorsch Kamerun schrieb in der taz über die Anfänge der Band: »Electric China hieß der musikalische Zusammenschluss einiger Outlaws aus dem beigen Dithmarschen der – und danach duftet die Namensgebung freilich immens – voll entfachten Achtziger. Sie saßen in dem flachen Nebel der hinterdeichigsten Provinz, die es nur gibt.« »In einem 3.000-Seelen-Dorf ist es schwer für einen Außenseiter« haben Huah! 1990 dann auf ihrer Debütplatte »Was machen Huah! jetzt?« über ihre Jugend gesungen. Schon 1988 war eine Single auf Buback erschienen, eingespielt von Frank Möller – der sich damals noch Waldi, kurz darauf Walding und später Knarf Rellöm nannte – Nixe und Reverend Dabeler, beigelegt war eine Suchanzeige für einen Schlagzeuger und einen Bassisten. Claudia Bolling spielt auf dem Debütalbum Schlagzeug, Hauke »Sonny Motor« Evers Gitarre, beim nächsten Album war auch Mense Reents am Bass mit dabei. »Was machen Huah! jetzt?« wie auch das zweite und letzte auf L'Age d'Or erschienene Album »Scheiß Kapitalismus« (1992) sind zwei der selbstironischsten und trotz aller Liebenslieder keineswegs unpolitischen Hamburger Alben dieser Jahre, »fälschlicherweise für Hamburger Schule gehalten, jedoch eher Neptun'sche Schule«, wie Rellöm schreibt.

Nixe gründete mit anderen Musikern nach dem Ende von Huah! als Diana Diamond die Mobylettes, deren erstes Album »Girl Talk« 1995 erschien, bis 1998 folgten zwei weitere mit Girl-Band-Sixties-Sound, ein letztes Lebenszeichen folgte 2011 mit dem Album »Immer schlimmer«. In den Liner Notes zu »Girl Talk« schrieb Rocko Schamoni 1995: »Flip, flap, flip, flap, und die Mobylettes legten los. Wie kann ich das beschreiben, was ich gesehen habe? In einer Mischung aus Musik und Text, Humor und Ernsthaftigkeit spielte die Band ihr ganzes Repertoire. Zwischendurch von charmanten Ansagen begleitet, wurden wir eingeführt in die Welt der Musik.«

Rellöm wiederum hat in diversen Konstellationen bis in die Gegenwart zahlreiche Alben veröffentlicht, sein erstes Soloalbum »Bitte vor R.E.M. einordnen« erschien 1997 auf What's So Funny About, nachdem L'Age d'Or kein Interesse signalisiert hatten. »Dann telefonierte ich mit

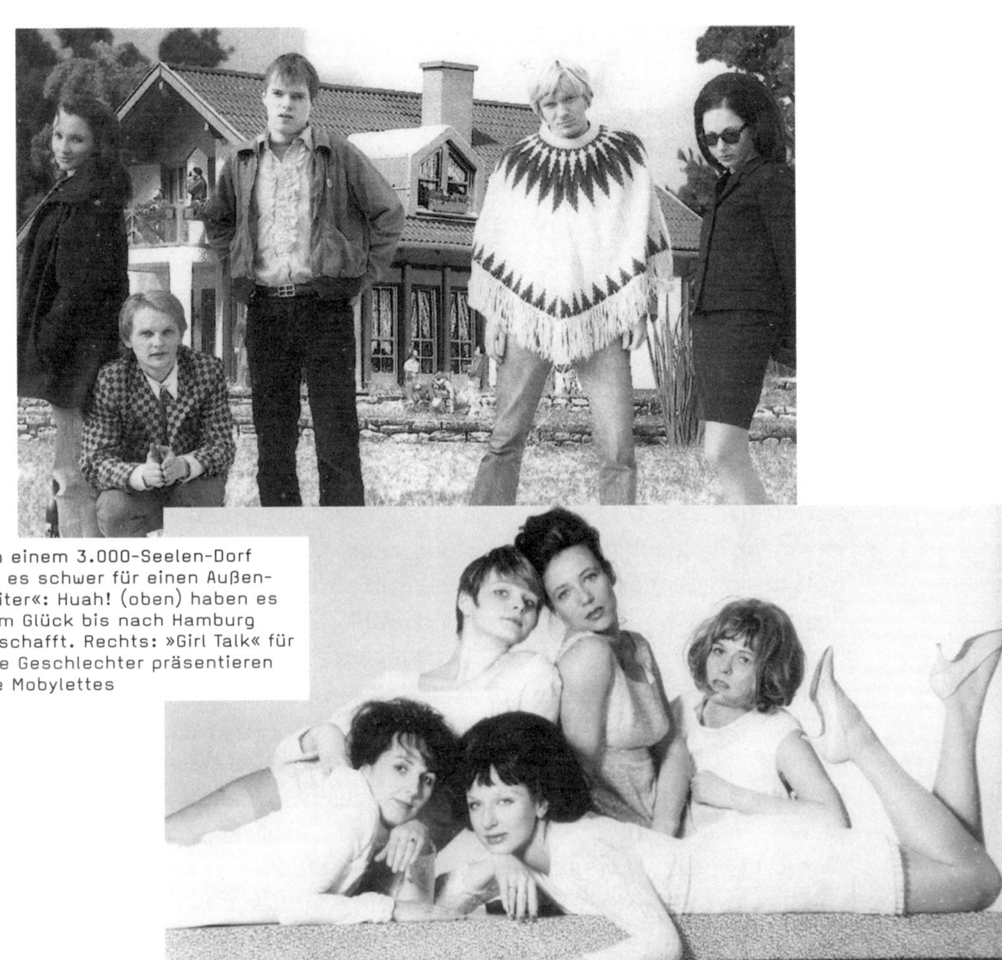

»In einem 3.000-Seelen-Dorf ist es schwer für einen Außenseiter«: Huah! (oben) haben es zum Glück bis nach Hamburg geschafft. Rechts: »Girl Talk« für alle Geschlechter präsentieren die Mobylettes

Jochen Distelmeyer«, erinnert sich Knarf, »und der meinte: ›Ruf doch mal den Alfred an.‹ Und als ich mich dann traute, merkte ich: Jochen hatte Alfred schon weichgeklopft. Ich war der erste Künstler, den er veröffentlicht hat, ohne ihn sich vorher live angesehen zu haben.« »Rellöm ist der einzige, der uns eine unspackige Vorstellung davon liefert, wie es aussehen könnte, wenn Ry Cooder durch die Straßen von St. Pauli wandert und dabei gleichzeitig Slide-Gitarre spielt sowie ein Schmalzbrot zu sich nimmt«, hat Kristof Schreuf 1998 in Spex über den Sänger von Huah! geschrieben. Dieser selbst fasst seine Musik so zusammen: »Knarf Rellöm-Musik handelt auf jeden Fall auch von den Bedingungen, Musik zu machen.«

Ostzonensuppenwürfelmachenkrebs (seit 1986)

Geschichte spricht, Geschichten
Eigene, also Leben
»GESCHICHTE SPRICHT«

1986 haben Ostzonensuppenwürfelmachenkrebs begonnen, gemeinsam Musik zu machen, benannt nach einer Schlagzeile aus der Bild-Zeitung von 1952: »Ostzonen-Suppenwürfel bringen Krebs«. »Eine hysterische Überschrift der deutschen Boulevardpresse«, schreibt Tobias Levin in den Liner Notes anlässlich der Wiederveröffentlichung von »Leichte Teile, kleiner Rock«. »Erst mal nachdenken. Bedeutet vielleicht: Ort, Alltag, krank. Da hätte auch Birthschoolworkdeath stehen können oder so. Der englische Radio-DJ John Peel spielte die Band jedenfalls auch gerne wegen des langen Bandnamens, der so beunruhigend auf uns zukommt.« An den vor allem englischsprachigen Aufnahmen aus den Anfangstagen, die 1990 auf dem Tape »1986 bis '89« veröffentlicht wurden, waren Philip Bussmann, Thorsten »Taucher« Weßel, Harry Wagner, Carsten Hellberg und Tillmann Heyden beteiligt, letzterer stieg 1993 aus.

Viele der Songs finden sich auch auf dem 1990 bei L'Age d'Or erschienenen Debüt »Für Zuhause« wieder. Im Jahr 1992 folgte »Absolut nicht frei«, wieder großteils auf Englisch, 1994 das Instrumentalalbum »Keinseier« – in Schubladen wollte sich die Band nie stecken lassen, und mit dem stärker an die Hamburger Mittelalter-Folk-Rocker Ougenweide als an Gegenwarts-Diskurs-Pop erinnernden »Die Pest«, dem Eröffnungstrack ihres Debütalbums, haben sie sich die Auszeichnung »Seltsamster Song der Hamburger Schule« redlich verdient. Tobias Levin erzählt im Gespräch eine Anekdote darüber, wie Alfred Hilsberg einmal mit diesem Song konfrontiert wurde: »Ich erinnere mich, wie Alfred Hilsberg vor Ostzonensuppenwürfelmachenkrebs stand, die hatten gerade ihr tolles Debüt gemacht, und er sah sie da wie Gymnasiasten, mit einer Geige und deklamierend, komische mittelalterliche Sachen haben sie auch noch gemacht oben drauf, er ist im Prinzip entrüstet rausgegangen.«

Nach »Keinseier« hat sich die Band musikalisch wieder an ihren Anfängen orientiert, diesmal mit komplett deutschen Texten. »Als sich dann Anfang der Neunziger das herauskristallisierte, was man später Hamburger Schule nannte, hatten wir das Gefühl, dass wir kein Teil davon sind, weil wir ja zu der Zeit auch noch Englisch sangen. Lustigerweise war dann ›Leichte Teile, Kleiner Rock‹ so etwas wie unsere Hamburger-Schule-Platte«, erinnert sich Carsten Hellberg an die letzten Studioaufnahmen der Band, »allerdings zu einer Zeit, als das Ganze schon wieder am Kippen war. In der Zeit haben alle angefangen, schlechte und billige elektronische Musik zu produzieren. Daher fand ich es gut zu sagen: Nee, wir machen jetzt eine klassische Indie-Rock-Platte.« Offiziell aufgelöst hat sich die Band nie, seit »Leichte Teile, Kleiner Rock« allerdings auch keine neue Musik mehr veröffentlicht. Seit einiger Zeit spielen sie jedoch wieder verstärkt Konzerte mit ihrem alten Material.

Die Sterne (seit 1987)

Alles außen, Freunde, Feinde
Alle außen, alles Schweine
»ALLES ODER NIEMAND«

Im Jahr 1991 sind Die Sterne in ihrer Hamburger Neuerfindung mit dem Song »Eifersucht spricht« erstmals an die Öffentlichkeit getreten, der auf dem L'Age-d'Or-Single-Sampler »Eifersucht« veröffentlicht wurde und auf dem neben Frank Spilker auch Schlagzeuger Christoph Leich singt. Diese personelle Öffnung war ein programmatischer Neuanfang, hatte Frank Spilker doch unter diesem Namen schon seit 1987 Musik gemacht und auf Fast Weltweit zwei Singles veröffentlicht, die allerdings mit dem Sound der Hamburger Sterne nur entfernt verwandt sind. »Ich hatte gar nicht unbedingt vor, in Hamburg eine Band zu gründen und Musik zu machen«, so Frank Spilker. »Das hat sich so ergeben dadurch, dass Leute, die viel genetzwerkt haben – Bernd, Bernadette, auch Jochen – auf Leute aus Hamburg getroffen sind, die auch viel genetzwerkt haben, zum Beispiel Knarf Rellöm von Huah! Der hat mich dann irgendwann zu einer Huah!-Produktion als Produzent ran geholt, weil er unsere Aufnahmen so toll fand. Da war man irgendwie im Gespräch. Darüber gab es eine Einladung zu einer Party in Lüneburg und da habe ich Thomas Wenzel und Frank Will gefragt, ob wir zusammen Musik machen wollen. Das Die Sterne zu nennen, war eigentlich Willkür. Das hatte mit der Band gleichen Namens, die ich zuvor hatte, gar nichts zu tun.« 1992 ist die Maxi »Fickt das System« auf L'Age d'Or erschienen, 1993 das von Carol von Rautenkranz produzierte Debütalbum »Wichtig«, neben Spilker war die Bandbesetzung bis zum Jahr 2000 Thomas Wenzel am Bass, Frank Will am Keyboard und Thomas Leich am Schlagzeug. Von Beginn an fanden sich in der Musik der Sterne Referenzen an HipHop, Disco und Funk, sie wurden als die tanzbarste Band der Hamburger Schule rezipiert. Das Album »Posen« von 1996 und vor allem die Singleauskopplung »Was hat dich

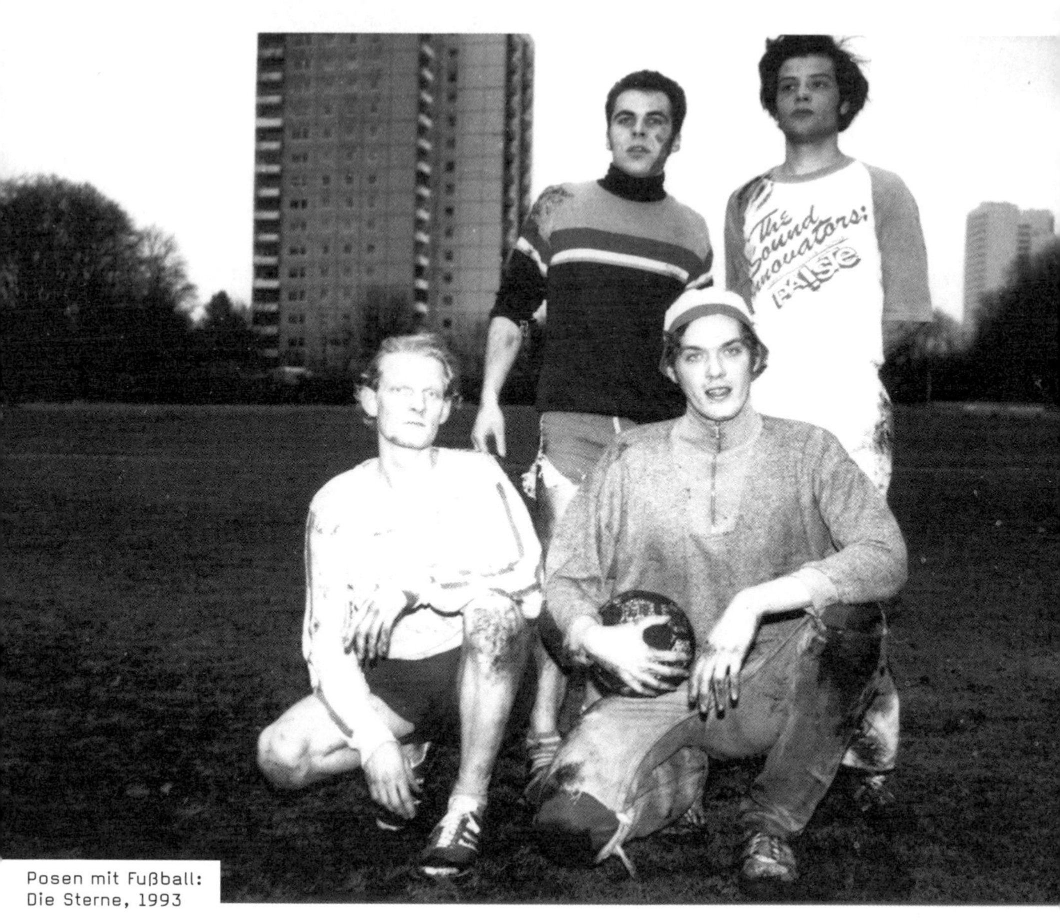

Posen mit Fußball:
Die Sterne, 1993

bloß so ruiniert« machten sie über Szenekreise heraus bekannt, die Band verweigerte sich allerdings bereits mit dem Eröffnungssong des Albums der Vereinnahmung: »Ich scheiß auf deutsche Texte«. »Kaum ist man auf der Bildfläche, soll man instrumentalisiert werden. Und dann auch noch für deutsches Liedgut. Das löst natürlich einen Anti-Reflex aus«, schreibt Spilker in einer Sterne-Songtextsammlung über diesen Song, und über das Folgealbum »Von allen Gedanken schätze ich doch am meisten die Interessanten« von 1997: »Wir produzieren gefühlt 15 Videos, Remixe, Making-ofs und geben an die zehntausend Interviews. Jetzt soll es richtig losgehen. Aber so richtig.« Es ging auch los, und immer weiter. Die Sterne haben seitdem in wechselnder Besetzung – Frank Will stieg 1999 aus, Thomas Wenzel und Christoph Leich 2018 – zahlreiche weitere Alben produziert, Spilker hat außerdem 2013 den Roman »Es interessiert mich nicht, aber das kann ich nicht beweisen« veröffentlicht.

Kolossale Jugend (1988–1991), Brüllen (1991–1997)

> Was ich noch zu sagen hätte
> Dauert eine Zigarettenfabrik
> »LAUFE BLAU«

»Pascal und ich wohnten zwischen 1985 und 1987 in einer Zweizimmerwohnung in Hamburg-Ottensen«, erinnert sich Klaus Meinhard anlässlich einer Werkschau der Kolossalen Jugend an die Anfänge der Band. »Dank zwei akustischer Gitarren entstand dort etwas, das später zur Kolossalen Jugend wurde.« Meinhard spielte Bass, Pascal Fuhlbrügge Gitarre, Christoph Leich Schlagzeug und zunächst sang Anja Böhnke, bis 1988 Kristof Schreuf zur Band stieß.

Im gleichen Jahr erschien auf L'Age d'Or die erste, von Carol von Rautenkranz produzierte Single »Kein Schulterklopfen«, 1989 folgte das Debütalbum »Heile Heile Boches«, dessen Eröffnungssong »Gehe, zähle« für Tobias Levin die Form von Schreufs Texten exemplarisch erklärt: »Zur Neugierde muss Abstraktion möglicherweise dazugehören. Man muss den Sinn von der aktuellen Form trennen, vor allem, um den Sinn zu verändern. Es bleibt sonst alles gleich. Das Gleiche macht auch Spaß, ist Genuss, hat aber mit Überraschung, Wendung und Risiko nichts zu tun. Für die Genialen gilt, dass sie das Neue finden, ohne suchen zu müssen. Aber wie Kristof oft sagte, wenn jemand dieses Genie nicht hat, dann bleibt nur, in Schritten zu arbeiten und diese Schritte, die kann man bei ihm auch textlich sehen. Er beschreibt sie immer wieder ganz konkret: ›Ich gehe, zähle jeden Schritt, / Zahl auf, ich zähle jeden Schritt‹.« Die Texte von Schreuf sind für viele der Hamburger Musiker zu Vorbild und Inspiration geworden. Für Frank Spilker steht der singuläre Status von Schreuf außer Frage: »Kristof Schreuf hatte einen sehr dadaistischen Ansatz. Er hat Texte gemacht, die eher etwas symbolisiert haben, als dass sie etwas ausgesagt hätten. Er hat sich mit seinem lyrischen Ich nicht entäußert, sich nicht nahbar gemacht und gleichzeitig eine Möglichkeit gefunden auf Deutsch zu singen und etwas auszulösen. Die Band ist dann auch sehr wichtig gewesen für alles, was danach kam.« Noch einmal Levin: »Kristof hat gesagt, Ideen sind dafür da, dass sie auf den Tisch kommen, du musst es sagen und betrachten. Da liegen dann die Sätze, und jeder Teil von ihnen ist für sich genommen wieder eine Idee von dem Satz, der nun entstehen kann. Klingt nach einer Selbstverständlichkeit, es kann dabei aber tatsächlich egal werden, was ein Text am Anfang gesagt hat. Oft klammern wir uns an Ideen, wir verknüpfen uns mit ihnen und nutzen sie im narzisstischen Fall als seelische Rückzugsorte, an denen keine Diskussion läuft, nicht mal mit uns selbst. Kann man ja machen, aber da draußen steht das neugierige Ich und will von allen anderen überrascht werden. Einige lassen sich heimlich von ihrer Umgebung helfen, weil zu viel öffentliches Hinterfragen auf eine inakzeptable Kränkung herausläuft. Kristof war völlig egal, was jemand über ihn gedacht hat. ›Es ist mir egal wofür ihr mich haltet / Mir egal / Aber hoffentlich für dünn‹, hat er in ›Bourgeois with guitar‹ gesungen, das ich mit ihm zusammen aufgenommen habe. Er war neugierig und so klug, dass es ihm egal war, was den meisten sehr wichtig ist, nämlich ›gut auszusehen‹. ›Bescheid wissen macht dumm‹ ist einer der Songs, die ich nicht mehr mit ihm aufnehmen konnte. Die Zeit fehlte. Aber ich glaube, er hatte Recht; sein Rezept war die Zeit: ›Wenn ich es nicht schnell hinbekomme, bekomme ich es eben langsam hin.‹ Text und Körper verbinden sich und gehen in ihrer Geschwindigkeit genauso gemeinsam des Weges wie zum Beispiel die Musik und die MusikerInnen. ›Denk an die Namen und brenne laut‹, hat Kristof bei Kolossale Jugend gesungen und dann: ›Ich will Zeit‹. Er hat was daraus gemacht, aus seinem Unterwegssein, mit seinem Versuch, eine andere Form zu schaffen, weil die vorherige Form nicht funktioniert hat, und das spiegelt und ergab sich aus dem Ungelingen des eigenen Ichs heraus. Er hat einfach immer weiter gemacht, jeder Schritt, war sein eigener, vielleicht vor allem der gemeinsam mit anderen.« Texten als Suche, als Unterwegssein, aber auch als Auseinandersetzung mit Gesellschaft, deren Trümmer in die Sprache von Schreuf eingedrungen sind und gegen die Gesellschaft zurückschlugen. »Auf dem zweiten Album gibt es eigentlich kein Stück, das nicht auf die damals aktuelle politische Situation Bezug nimmt«, erinnert sich Pascal Fuhlbrügge in den Liner Notes zum Kolossale-Jugend-Boxset. »Kristof und ich befanden uns in einer Art Endlosdiskussion, die sich über Jahre hinzog. Er undogmatisch links und belesen, ich das, was man später unter ›Poplinke‹ verstand und längst nicht so belesen, aber vielleicht mit einem ganz guten Gespür für die Lage. In der Kombination wirkte das sehr produktiv.« »Leopard II« hieß das 1990 erschienene zweite Album, zwischen den beiden Platten lag der Mauerfall mit allen dadurch ausgelösten Debatten innerhalb der Linken.

Noch während der letzten Phase der Kolossalen Jugend habe Schreuf mit Martin Buck Brüllen gegründet, erzählt Pascal Fuhlbrügge. 1994 ist Luka Rothmann als Bassistin eingestiegen, 1995 erschien auf Buback die erste Single »Laufe Blau«, 1997 das einzige Album »Schatzitude«. »Einmal im Jahr höre ich mir das mal an und denke immer: Oh, was für ein

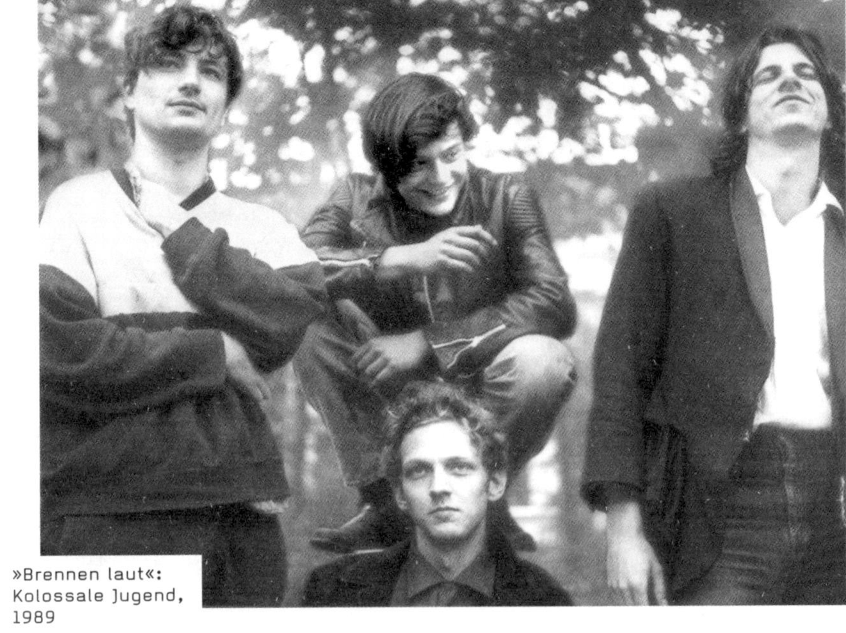

»Brennen laut«: Kolossale Jugend, 1989

Brett, was für ein unfassbares Brett! Ich bin immer wieder total erstaunt, und ich glaube, in mir wächst diese Platte mit den Jahren immer noch«, erzählt Luka Rothmann im Gespräch über das Album. »Damals habe ich die gar nicht begriffen, weil ich so drin verstrickt war, dass ich sie gar nicht von außen wahrnehmen konnte. Ich weiß noch, dass wir dann die Platte kurz vorm Pressen noch mal zu hören gekriegt haben und ich überhaupt nichts mehr dazu sagen konnte. Ich konnte die als Ganzes überhaupt nicht wahrnehmen und brauchte erst mal ein paar Jahre, um sie zu begreifen.« Für Ted Gaier war das Brüllen-Album auch entscheidend für das retrospektive Verständnis der Kolossalen Jugend. »Ehrlich gesagt bedeutete mir die Kolossale Jugend nichts. Die Musik klang für mich einfach nur wie Hamburger Regenwetter. Grau. Eine Gitarre wie der hiesige Nieselregen«, schreibt er in einem Text. »Schatzitude« sei ihm vorgekommen »wie ein Decoder für die Kolossale-Jugend-Platten. Was mir früher fragmenthaft, beliebig erschien, scheint heute Sinn zu ergeben. Die Texte von Brüllen helfen einem, das Prinzip der waghalsigen Assoziationsketten, die wie schlampiges Stenogeschreibsel daherkommen, zu entziffern.«

Luka Rothmann hatte nach Brüllen kein Bandprojekt mehr; von 2003 bis 2021 betrieb sie zwei Kneipen auf St. Pauli, zuerst die Marktstube, danach die Karo Ecke. Von Schreuf erschien 2010 das Solo-Album »Bourgeois with Guitar«, im November 2022 verstarb er plötzlich und unerwartet. »Er bleibt ein großer, ein eckiger Unvollendeter«, schrieb Julian Weber in seinem Nachruf in der taz.

Das Neue Brot (1989–1994), Egoexpress (1995–2006), Sand 11 (1998–2001), Die Vögel (seit 2007)

> Irgendwie fängt etwas an und
> Irgendwie ist es auch aus
> »VERGESSEN, WIE MAN WEINT«

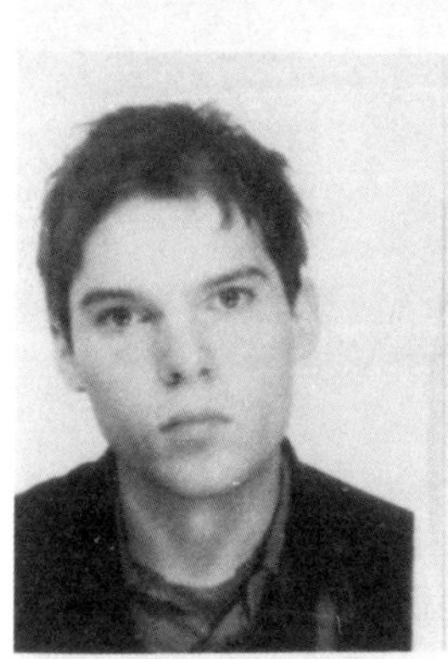
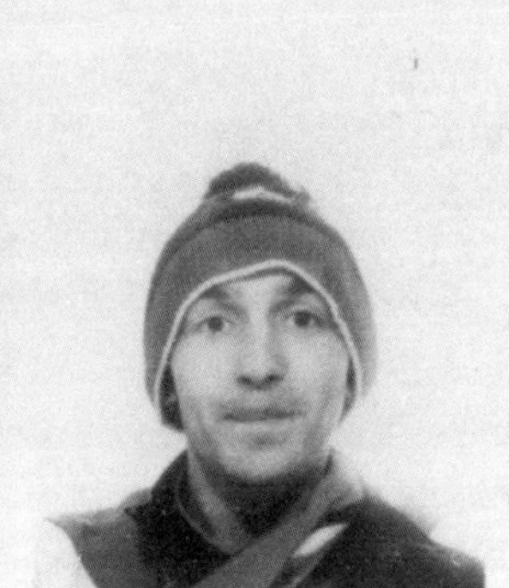
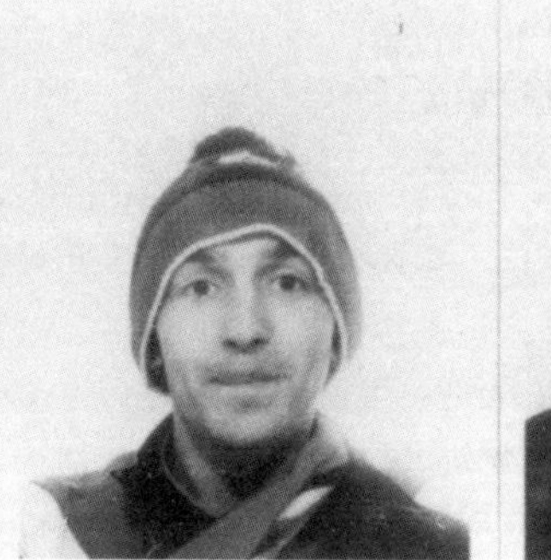
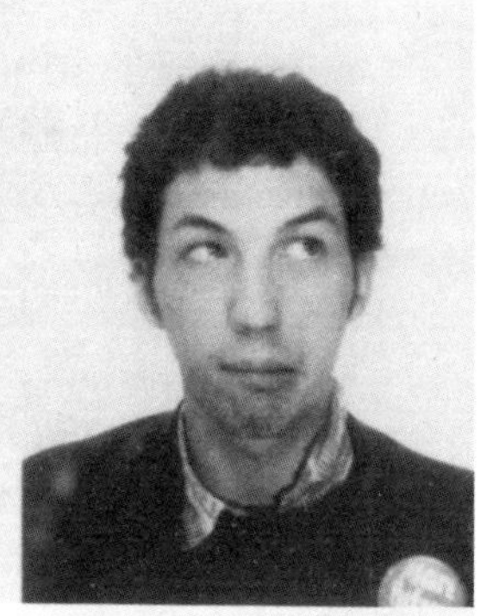
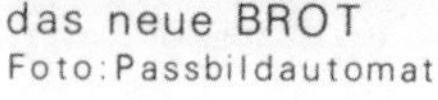
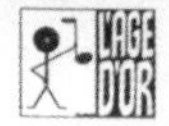

das neue BROT
Foto: Passbildautomat

1989 gründeten die Brüder Jakobus und Bernd »Jimi Orgl« Siebels in Emden das Duo Das neue Brot, als »Partyband«, wie Jakobus, der heute Durstewitz heißt, im Gespräch erklärt. »Wir haben einen Plattenvertrag gekriegt bei Lado, weil wir auf einer Party in Dithmarschen gespielt haben. Da war auch Carol und meinte ›Ich signe euch‹ und dann habe ich halt geguckt, dass ich Zivildienst irgendwo in Hamburg oder bei Hamburg machen kann und dann bin ich da gelandet.« Musikalisch war Das neue Brot irgendwo zwischen Elektronik und Indierock angesiedelt, mit einem eigentümlichen Humor, den die Brüder auch in anderen Bandprojekten weiterführten, Bernd Siebels nannte Das neue Brot die »Pausenclowns der Hamburger Schule«. »Die Texte waren eher so Traumverarbeitung, ich kann die selber auch gar nicht entschlüsseln«, so Siebels weiter. » Alles ein bisschen surreal, surreal und kindlich. Irgendwer hat mal gesagt, das ist Musik und Texte gemacht von Achtjährigen für Achtjährige. Das kommt ganz gut hin.« 1992 erschienen auf L'Age d'Or die Singles »Fleisch« und

»Messerhand«, 1993 folgte das einzige Album »Arbeit«. Christof Meueler schrieb über den Eröffnungssong »Penis«: »›Danke, Penis, schlag es kaputt‹ sang vor fast 30 Jahren Das neue Brot, eine Band aus Hamburg. Das Lied war punkartig gegen Kitsch und Kommerz gerichtet, aber auch gegen vorhersehbare Punksymbolik. Der Penis-Refrain war mit dem restlichen Text unverbunden, er sollte vor allem einprägsam sein. Dazu gab es ein schlimmes E-Gitarrensolo im Stil der phallokratischen Rockmusik, um sich davon zu distanzieren.« Der pubertäre Witz der Band zündete nicht immer, ein Song wie »Penis« hatte trotz der in der musikalischen Form verpackten Ironie einen sehr männlichen, machistischen Gestus, und auch sonst war die Band textlich näher am Fun-Punk als an der Hamburger Schule. Sie seien am Anfang immer wieder mit Fettes Brot verwechselt worden, so Jakobus Durstewitz, die Hamburger HipHop-Crew habe schließlich sogar bei »L'Age d'Or angefragt, ob sie den Namen benutzen dürfen, Fettes Brot.« Ebba Durstewitz: »Und jetzt hat Jakobus das Bühnenbild gemacht für die letzte Fettes-Brot-Tour. Und da kommt das alles wieder zusammen.«

1994 trennte sich Das neue Brot; Jakobus gründete mit Ebba Durstewitz JaKönigJa (siehe Seite 125), während Bernd »Jimi Orgl« mit Mense Reents – der zuletzt auch Mitglied bei Das neue Brot gewesen war – Egoexpress sowie mit Pascal Fuhlbrügge (Kolossale Jugend) und zeitweise Lars Bulnheim (Superpunk, Boy Division) Sand 11 ins Leben rief, die alle auf Ladomat veröffentlichten. 1992 waren Jakobus und Mense Reents auch kurzzeitig bei Ingo Koglins Bandprojekt Licht am Start, zusammen mit dem späteren Superpunk-Drummer Thorsten Wegner, das allerdings 1993 nur eine Single auf dem Krefelder Label Viel Leicht veröffentlicht hat.

»Wir haben auch viele Remixe gemacht, haben in verschiedensten Bands gespielt, ich war bei Stella, bei Egoexpress, bei Huah!, bei der Regierung«, beschreibt Mense Reents die musikalische Offenheit, die zu den vielen personellen Überschneidungen in Bandbesetzungen führte. »Und irgendwie war immer eine neue Platte da oder sollte erscheinen, und dann ist man zu Carol hingegangen. Wir hatten keinen besonders anspruchsvollen Lebensstandard und kamen irgendwie so durch. Die erste Zeit in Hamburg hatte ich auch immer noch BAföG, ich war eingeschrieben für Sozialpädagogik, und weil ich viele Geschwister hatte, hab' ich immer den Höchstsatz bekommen und konnte mich die ersten vier Jahre durchwurschteln. Ab '95 dann mit Egoexpress.« Mit Egoexpress veröffentlichten Reents und Bernd Siebels drei Alben auf Ladomat. Von Sand 11 wiederum erschien 1998 die erste Maxi »Nn It«, 1999 folgte das Album

»Around The Day In A World« auf Ladomat, und im Jahr 2000, ohne Lars Bulnheim, ein selbstbetiteltes zweites Album. Die Vögel schließlich war ein Projekt von Mense Reents mit Jakobus Durstewitz, das sich spontan in Kassel gründete, nachdem der auch als bildender Künstler aktive Jakobus im Rahmen eines Aufenthalts bei der documenta 2007 Besuch von Reents bekommen hatte; der erste Auftritt fand kurz darauf in der Kasseler Galerie Loyal statt.

Die fünf Freunde (1989–1995), Concord (1995–1999), Superpunk (1995–2012)

Liebling lass uns Waffen klauen
und dann den Staat zu Schrott zerhauen
»LIEBLING LASS UNS WAFFEN KLAUEN«

»Vor den fünf Freunden hatte ich eine Band, die Jesterbells hieß. Mit den Jesterbells haben wir damals bei Carol von Rautenkranz, der dann nachher Lado gegründet hat und ein Tonstudio hatte, unsere erste Single aufgenommen«, erzählt Julia Lubcke. Bei dieser 1989 erschienenen Single »Rain Keeps Falling« war unter anderem auch Carsten Friedrichs an Gitarre und Gesang beteiligt, mit dem Lubcke nach dem Ende der Jesterbells, zusammen mit Henning Fritzenwalder, Nina Wriedt und Frank Koriath Die fünf Freunde gründete, deren erste Single 1990 auf dem Hamburger Label Marsh-Marigold erschien, dem Label des Jesterbells-Schlagzeugers Oliver Goetzl. Wriedt und Koriath waren beim 1991 erschienenen Album »Inspektor, Inspektor!« nicht mehr dabei, dafür Mirco Gunsch am Bass, Sandra Zettpunkt am Schlagzeug und Michael Sauer an der Orgel; 1995 erschien, wiederum nach einigen Besetzungswechseln, das zweite Album »Aggro«. Linus Volkmann schrieb anlässlich der Tour zu »Aggro« in seinem Fanzine Spielhölle: »die 5 freunde sind irgendwie schon immer da. sie waren irgendwie schon immer toll, aber das letzte quentchen aufmerksamkeit ist ihnen bis jetzt konstant versagt geblieben.«

Der Twee-Pop von drei Songwritern – Lubcke, Friedrichs und Fritzenwalder – brachte es auf zwei Alben, diverse Singles und eine Tour mit Tocotronic als Vorband. Die Texte pendeln zwischen Alltagsbeobachtung, ironischen Liebesliedern und Aufrufen zum Umsturz: »Liebling lass uns Waffen klauen und dann den Staat zu Schrott zerhauen«. Dieser von Carsten Friedrichs gesungene Song »Liebling lass uns Waffen klauen« weist bereits auf die von ihm gegründete Nachfolgeband der fünf Freunde: Superpunk, deren erstes Album »A bisserl was geht immer« 1998 auf

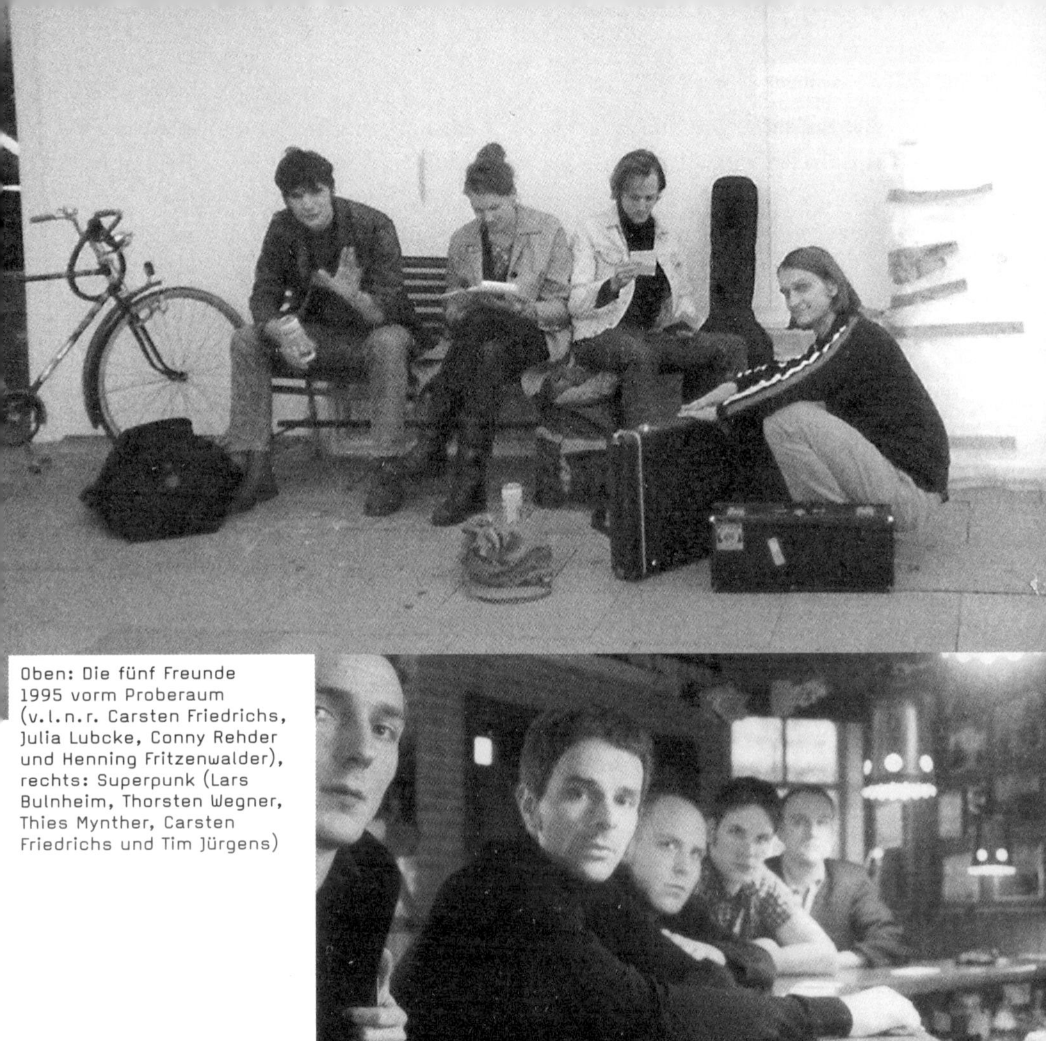

Oben: Die fünf Freunde 1995 vorm Proberaum (v.l.n.r. Carsten Friedrichs, Julia Lubcke, Conny Rehder und Henning Fritzenwalder), rechts: Superpunk (Lars Bulnheim, Thorsten Wegner, Thies Mynther, Carsten Friedrichs und Tim Jürgens)

dem Wiesbadener Label Apricot Records erschien. »In der allerersten Formation dieser Band spielte ich Bass. Ich war aber bald damit überfordert, nicht mit all den C-G-A-Akkordfolgen von Superpunk und jenen C-h-Moll-E-Figuren von Tocotronic durcheinanderzukommen«, so Jan Müller über die Anfangstage von Superpunk. Die langjährigste Besetzung bestand nach dem Ausstieg von Jan Müller aus Friedrichs an Gesang und Gitarre, Lars Bulnheim an der Gitarre, Tim Jürgens am Bass, Thorsten Wegner am Schlagzeug und Thies Mynther an Synthesizer und Orgel.

Bei Superpunk standen neben der Liebe zu Fußball und Northern Soul die Klassenverhältnisse im Mittelpunkt der Texte. »Ich habe keinen Hass auf die Reichen, ich möchte ihnen nur ein bisschen gleichen«, heißt es 2001 im Song »Neue Zähne für meinen Bruder und mich« vom Album »Wasser marsch!«. In einem anderen ihrer Songs versucht der Protagonist einen Fabrikanten über dessen zwielichtige Geschäfte zur Rede zu stellen, der ihn mit den Worten »Keine Zeit« abwimmelt, woraufhin ersterem der Kragen platzt: »Sie machten einen Psychopathen aus ihm, die machten ihn zum Idioten / Die herrschende Klasse zu schlagen ist streng verboten / Aus einem einfachen Kraftfahrer, der die Geschichte nicht ertrug, / wurde über Nacht der Mann, der den Fabrikanten schlug« (»Auf ein Wort, Herr Fabrikant«, 2001). Ab »Wasser Marsch!« erschienen die Alben (»Einmal Superpunk, bitte!«, 2004; »Können Sie das groß machen bitte?!«, 2006) bis zum Ende des Labels bei L'Age d'Or, die letzten beiden Alben (»Why Not?«, 2008; »Die Seele des Menschen unter Superpunk«, 2010) bei Tapete, wo auch die Alben der Nachfolgeband Die Liga der gewöhnlichen Gentlemen veröffentlicht werden. Obwohl die Platten also bis 2006 auf dem Label erschienen, das am stärksten mit der Hamburger Schule assoziiert wird, wollte die Band mit dem »verquasten Studentenkram« der Szene nichts zu tun haben, wie sie der taz zu Protokoll gab. »Mir war es wichtig«, so Lars Bulnheim, »dass es klare Sätze sind. Ohne Philologengewichse.«

Julia Lubcke wiederum gründete nach dem Ende von Die fünf Freunde mit Klaus Frieler am Bass und Henning Wandhoff am Schlagzeug die Band Concord, von der zwischen 1996 und 1999 lediglich zwei Maxis und eine Single erschienen sind. L'Age d'Or veröffentlichte das Debüt mit sechs Songs. Hier noch geprägt von gitarrenlastigem Indiesound setzte die Band nach einem Besetzungswechsel – bis auf Lubcke wurde die ganze Band ausgetauscht – im Laufe der Neunziger immer stärker auf elektronische Aspekte. »Jedenfalls waren das bei Concord in der ersten Besetzung zwei super Musiker, wobei ich die Texte geschrieben habe und die beiden haben dann immer sehr professionell gespielt, was anfangs sehr ungewohnt, aber auch beeindruckend für mich war«, so Lubcke. »Später wurde es ein bisschen langweilig. Deswegen habe ich die Gruppe aufgelöst. Und dann kamen Jan Apel und Costa Christofides auf mich zu und fragten, ob wir Concord zusammen weiter machen wollen. Und so entstand Concord mit einer anderen Besetzung, was richtig toll war. Wir haben viele Konzerte gespielt, viel Musik aufgenommen und hatten eine wahnsinnig intensive Zeit.« Nach der zweiten Maxi »Cat Explosion« von

1999 und einer Tour löste sich die Band auf. Lubcke gründete später mit Jan Apel Abbau West, die 2012 eine Split-Single mit Bum Khun Cha Youth veröffentlicht haben.

Blumfeld (1990–2007)

Ich als Text fall immer wieder auf
Und in mich selber rein
»VERSTÄRKER«

»Bisher hat Blumfeld immer in allen Ausnahmefällen, wo seine Kraft nicht hinreichte, um die Lage zu beherrschen, das Aushilfsmittel gewählt, so zu tun, als bemerke er nichts«, heißt es in Franz Kafkas zu Lebzeiten unveröffentlichter Erzählung »Blumfeld, ein älterer Junggeselle«. »Es hat oft geholfen und meistens die Lage wenigstens verbessert.« »So zu tun, als bemerke sie nichts«, kann man der nach dem Kafka-Protagonisten benannten Band nicht nachsagen: Insbesondere die frühen Alben erkunden vielmehr das Verhältnis von lyrischem Ich zur sozialen Umwelt und bemerken dabei sehr viel.

Hervorgegangen ist die Band zum einen aus Der schwarze Kanal, bestehend aus André Rattay, Eike Bohlken, Harro Petersen und Thorsten Kruse, die 1988 das Album »Der endgültige Abschluß des Erdgasröhrengeschäftes!« auf L'Age d'Or veröffentlicht haben. Blumfeld-Sänger und Gitarrist Jochen Distelmeyer wiederum hatte 1988 mit seiner Band Die Bienenjäger, zu diesem Zeitpunkt neben Distelmeyer bestehend aus Mirko Breder und Thomas Wenzel (später Die Sterne und andere), ein Demotape aufgenommen und auf Fast-Weltweit-Samplern Songs veröffentlicht – »unglaublich naive Musik, sehr süß und naiv und kein bisschen intellektuell«, wie Knarf Rellöm befindet.

1990 schlossen sich Distelmeyer, Rattay und Bohlken zu Blumfeld zusammen und veröffentlichten 1991 auf What's So Funny About die erste Single »Ghettowelt«, über die Diedrich Diederichsen in der Spex befand: »Seit langem die erste 7", die nicht ›eine Single mehr‹ war, die von Hand zu Hand ging und die sich alle möglichen Leute wieder anhörten, vorspielen ließen und dazu brachte, immer näher an die japanischen Boxen zu rücken, um die Texte zu verstehen.« Obwohl L'Age d'Or in einem Newsletter 1991 noch ein Release von Blumfeld ankündigten, erschien auch die Debüt-LP »Ich-Maschine« 1992 auf Alfred Hilsbergs What's So Funny About. »Ich glaube, sie haben sich für ihn entschieden, weil er im Gegensatz zu uns nicht dieselbe Generation war«, ordnet Carol von

Rautenkranz diesen Schritt ein. »Blumfeld, klar. Ich war der größte Fan von denen, seit ich sie zum ersten Mal live gesehen hatte«, erinnert sich Detlef Diederichsen. »Das war gleich so: Okay, es gibt jetzt einen neuen Standard in Deutschland, ein neues Level und dieses Level ist wirklich der Hammer.«

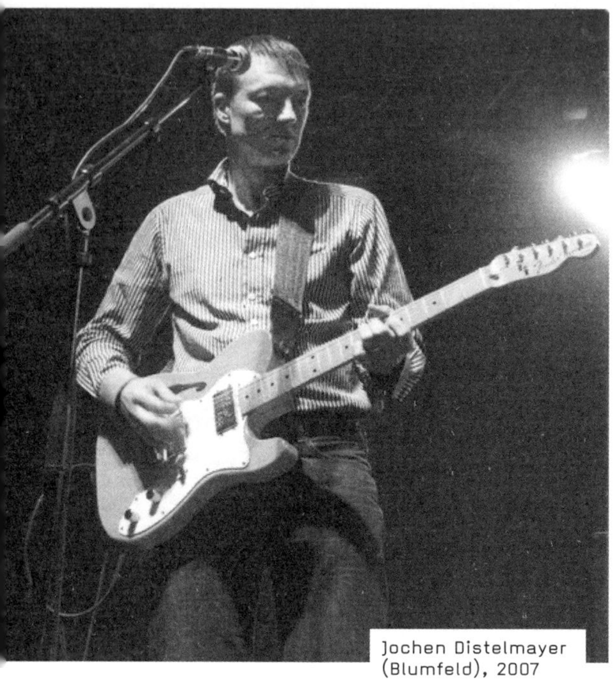

Jochen Distelmayer (Blumfeld), 2007

Dieses Level wurde mit dem zweiten Album »L'Etat et Moi« von 1994 gehalten, das wieder bei What's So Funny About erschien. Zwischen den beiden Alben hatte Hilsberg 1992 auf dem reanimierten Label ZickZack die zwei Singles »Zeitlupe« und »Traum:2« veröffentlicht. Christoph Gurk sprach in einer Rezension zu »L'Etat et Moi« in der Spex von einem »semantischen Inferno«, das auf die Hörer niedergehe; außer dem semantischen Inferno ging auch im Sound etwas nieder, neben den Gesangsmelodien und Akustikgitarren fand sich Shoegaze-Lärm ebenso wie an Sonic Youth geschulte Gitarrenfeedbacks. Umso stärker wirkte die Zäsur, die das 1999 erschienene dritte Album »Old Nobody« bedeutete: Bassist Bohlken hatte die Band für eine wissenschaftliche Karriere verlassen, stattdessen waren Peter Thiessen am Bass und Michael Mühlhaus am Keyboard hinzugekommen, vor allem aber musikalisch war alles anders. »Schlager«, lautete das Urteil über die erste Single »Tausend tränen tief«, Jörg Sundermeier schrieb in der Freitag, auch die Texte siedelten »weniger im Diskurs als vielmehr nahe am Schlager«. Distelmeyer sprach dagegen in Interviews von einer Kontinuität im Werk von Blumfeld. Die Folgealben »Testament der Angst« (2001), »Jenseits von Jedem« (2003) und »Verbotene Früchte« (2006) führten diese Neuerfindung der Band weiter, bis die Band sich 2007 auflöste. Von Distelmeyer erschienen seit 2009 mehrere Soloalben, 2015 außerdem der Roman »Otis«.

We Smile (1990–1992)

Nur ein kleines Nichts im Streit
Für das Herz, das nicht bei mir bleibt
»KIND UND KEGEL«

Sänger und Gitarrist Norbert Müller, Schlagzeuger Clemens Krallmann, Bassist Costa Christofides haben 1991 ihr englischsprachiges Debüt »Say Hello« auf L'Age d'or veröffentlicht, auf dem sie an britischen Vorbildern orientierten Indiepop präsentierten. »Mit Norbert Müller (Kopf, Songwriter, Sänger und Gitarrist von We Smile) haben sie einen sicheren Sänger mit Gespür für die richtigen Feinheiten in ihren Reihen, der mit spartanisch abgemagerten Pop-Tunes, die ihre Inspirationen hörbar aus England beziehen, zu gefallen weiß. Anknüpfend an eine völlig gesunde und leider viel zu selten anzutreffende Tugend, sich selbst nicht für zu wichtig zu nehmen«, hat L'Age d'Or in einem Pressetext zur Band geschrieben. Für die zweite Platte von 1992, »Für die Anderen«, wechselte die Band ins Deutsche, auch der Sound war im Vergleich zum Debüt schroffer geworden, was auch an Gästen wie Pascal Fuhlbrügge lag, der bei einigen Songs Gitarre spielte. »Beste Arbeitsergebnisse durch ein kreatives Gegenüber zu erzielen, oder durch herbeigeholte Musiker, scheint für das Label L'Age d'Or momentan auch am besten zu einer neuen Standortbestimmung beizutragen«, hat Kristof Schreuf anlässlich des Albums in der taz geschrieben. »Norbert Müller hat dazu den kongenialen Schritt mit der grundsätzlichen Hinwendung zu deutschen Texten vollzogen. ›Für die anderen‹ enthält private und kurz vor neuem Selbstbewußtsein stehende Verse.« Auch im Heft erschien eine Rezension, die den Sprachwechsel in den Mittelpunkt stellt: »Die Texte erinnern bei einigen Stücken in ihrer unverhüllten, freundlichen Banalität an Die Regierung! Aber während Regierungs-Sänger Tilman Rossmy seine Aussagen eher distanziert und trocken von sich gibt, wirken Norbert Müllers hohe Stimmlage und seine behutsame Art, zu singen, sehr nah und zerbrechlich.« Nach dem Album löste sich die Band auf, Norbert Müller betreibt heute einen Weinladen in Hamburg, Costa Christofides spielte später mit Julia Lubcke bei Concord, Clemens Krallmann arbeitet als Schlagzeuger, Komponist und Produzent; 2022 erschien überraschend eine Maxi mit Remixen von Songs des Albums »Für die Anderen«.

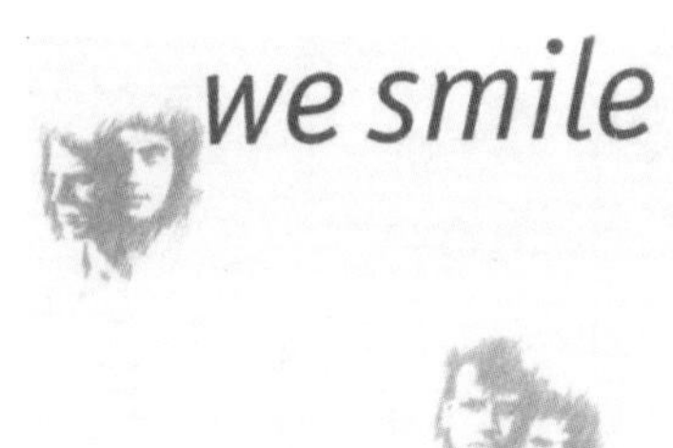

We Smile: »Für die anderen«, Album 1992

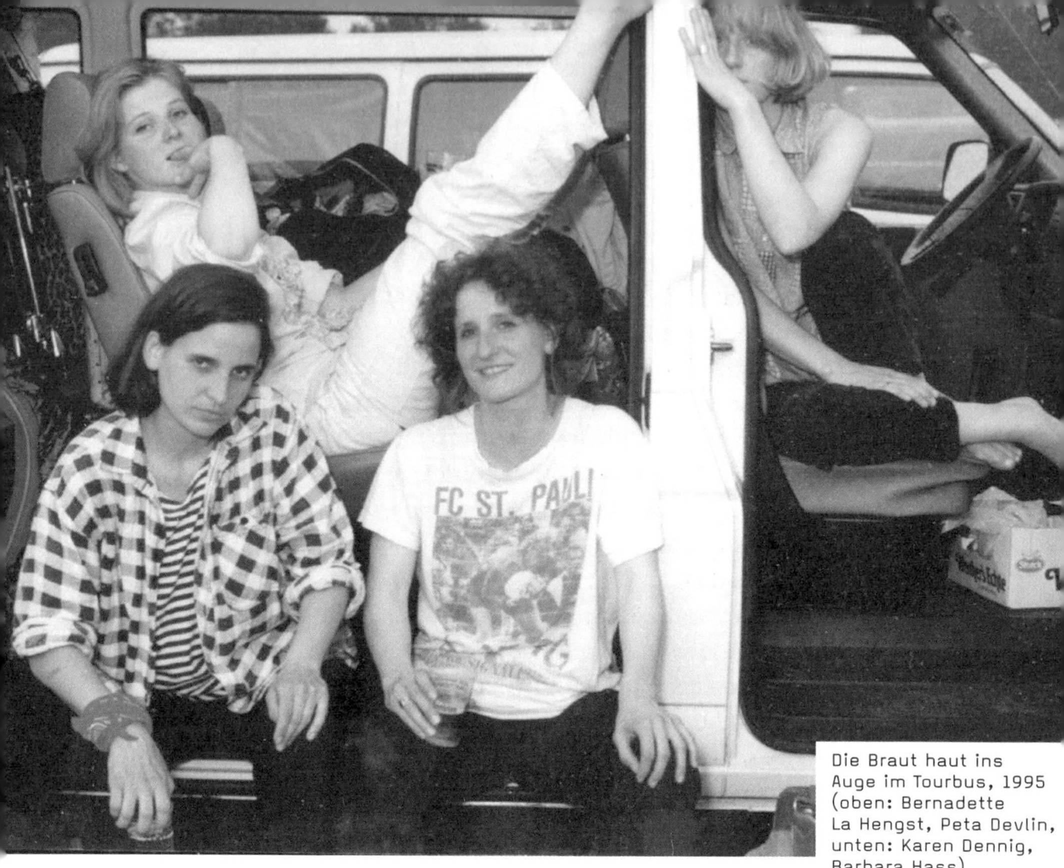

Die Braut haut ins Auge im Tourbus, 1995 (oben: Bernadette La Hengst, Peta Devlin, unten: Karen Dennig, Barbara Hass)

Die Braut haut ins Auge (1990–2000)

> Ich werde mein Leben ändern, jetzt sofort!
> Alles ist falsch, ich fange an von vorn
>
> »WAS NEHM ICH MIT?«

»Die Braut haut ins Auge war meine/unsere Band von 1990 bis 2000«, schreibt Bernadette La Hengst auf ihrer Website. »Es war eine gute Zeit, besser als die depressiven 80er. Es gab Riot Grrrl in Amerika, es gab Heike Makatschs und Lucilectrics verniedlichte Girlie-Variante in Deutschland, aber es gab auch die Lassie Singers in Berlin und es gab Die Braut haut ins Auge in Hamburg.« Gegründet von Barbara Hass (Gitarre), Bernadette La Hengst (Gesang/Gitarre), Karen Dennig (Orgel, Synthesizer, Gesang) und Katja Böhm (Schlagzeug) erschien die erste Doppel-Single 1991 in Eigenregie, ab 1994, nun auch mit Peta Devlin an Bass und Gesang, folgten drei Studioalben und ein Livealbum. Die Braut haut ins Auge war die einzige rein weiblich besetzte Band in der von sehr raumgreifenden Männern dominierten Hamburger Szene, in der sie auch keinen Plattenvertrag bekam, weswegen sie ihre Alben beim Major BMG veröffentlichte. »Wir haben zehn Indie-Plattenfirmen angeschrieben und keine einzige wollte sie rausbringen. Da war eine Scheu der Indie-Leute, weil sie nicht wussten, wie sie uns einordnen sollten«, so Bernadette La Hengst. »Wir waren nicht nur schrill und wütend, sondern auch Pop. Wir hatten Humor und die Musik war sehr facettenreich. Man konnte uns nicht in diese Punk- oder Riot-Grrrl-Ecke einordnen, aber zur Hamburger Schule gehörten wir auch nicht, dafür waren wir nicht diskursiv genug. Und die Charts stürmende Popmusik haben wir auch nicht gemacht. Also waren wir immer zwischen den Stühlen.« Thematisch drehten sich die Songs ähnlich wie bei den geistesverwandten Lassie Singers um die Spezies Mann, Beziehungen, Freundschaft und feministisches Empowerment.

Hass stieg nach dem ersten selbstbetitelten Album von 1994 aus, es folgten als Quartett »Was nehm ich mit?« (1995), »Pop ist tot« (1998) und das Live-Album »+1 auf der Gästeliste« (2000). Bernadette La Hengst hat nach dem Ende von Die Braut haut ins Auge solo zahlreiche Alben aufgenommen und für einige Theaterstücke Musik komponiert, Peta Devlin hat unter anderem mit Jens Rachut bei Oma Hans gespielt.

Tocotronic (seit 1993)

Sich rar machen bringt ja nichts
Wenn es niemand merkt
»ALLES WAS ICH WILL, IST NICHTS MIT EUCH ZU TUN HABEN«

»Wenn er nicht Platten auflegt, spielt Jan den Bass bei Tocotronic, zusammen mit dem Schlagzeuger Arne Zank und dem Gitarristen und Sänger Dirk von Lowtzow«, hat Kristof Schreuf 1995 anlässlich des Tocotronic-Debüts in Szene Hamburg geschrieben. »Dessen Zeilen tragen junge Leute schon seit einem Jahr in der Brusttasche, mit der Selbstverständlichkeit von S-Bahn-Monatskarten und mit einem Enthusiasmus, wie er aufkommt bei Intimgeschenken von besten Freunden.« Gegründet hatte sich die Band 1993 nach dem Umzug von Dirk von Lowtzow in die Hansestadt, wo er die gebürtigen Hamburger Jan Müller und Arne Zank kennenlernte, die bereits gemeinsam bei der Band Punkarsch spielten, wo Zank neben Schlagzeug auch den Gesang übernommen hatte. »Ich habe dann Hamburg sehr stark durch Jan kennengelernt, weil er mir ganz viele subkulturelle Orte gezeigt hat, die Plattenläden oder auch diese Second-Hand-Klamottenläden, wo man diese Trainingsjacken und Cordhosen kaufen konnte«, erinnert sich Dirk von Lowtzow an die erste Zeit in Hamburg und den Ausgangspunkt des typischen Tocotronic-Styles in ebenjenen Trainingsjacken und Cordhosen. »Die drei sehen aus, als kämen sie gerade vom Fußballtraining und müßten nun zur Nachhilfe, und dann singen sie niedergeschlagen ›So jung kommen wir nicht mehr zusammen‹. Doch so komisch ist das auch wieder nicht, ehrlich vielleicht«, hat Benjamin von Stuckrad-Barre 1996 über die Band geschrieben, »Tocotronic werden niemals sterben, vergammeln«.

Danach befragt, ob die Band irgendwann bewusst beschlossen habe, von der Musik leben zu wollen, erzählt Dirk von Lowtzow: »Dann haben wir aber das erste Album gemacht und dann ein halbes Jahr später das zweite Mini-Album und wieder ein halbes Jahr später das dritte Album, ›Wir kommen um uns zu beschweren‹, und noch mal ein Jahr später ›Es ist egal, aber‹. Ich weiß noch, dass ich irgendwann um diese Zeit herum, 1997, gesagt habe, ich will jetzt eigentlich gar nichts mehr anderes machen, und dann haben Jan und Arne diese ganze Studiumssache an den Nagel gehängt und sind da einfach nicht mehr hin. Irgendwann trat das Musikmachen sehr deutlich in den Vordergrund, weil wir ja eh eigentlich nichts

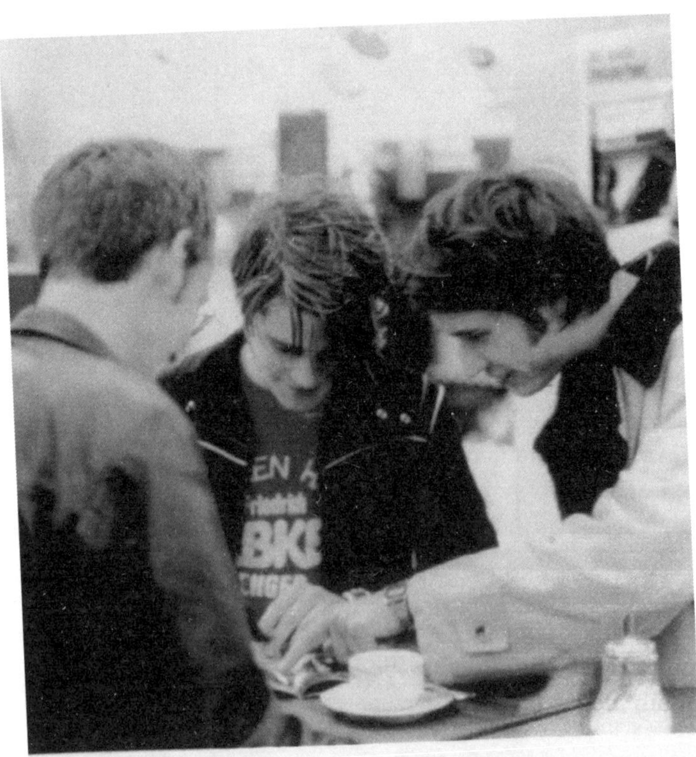

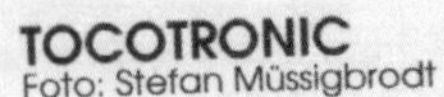

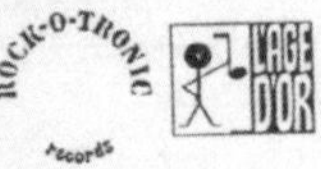

anderes mehr gemacht haben. Und man muss auch dazu sagen, man konnte in den Neunzigerjahren halt noch wirklich Platten verkaufen. Wir waren dann schon relativ bekannt und es kamen relativ viele Leute zu den Konzerten, so bis zu 1.000 Leute, und man konnte Platten verkaufen und von den Konzerten leben. Das war natürlich alles noch sehr rudimentär, aber wir konnten zu dritt davon viel besser leben als je zuvor.«

So erschien 1994 die erste Single im rumpeligen Proberaumsound auf dem eigenen Label Rock-O-Tronic Records und zwischen 1995 und der Jahrtausendwende vier Alben und ein Minialbum auf L'Age d'Or (»Digital ist besser«, 1995; »Nach der verlorenen Zeit«, 1995; »Wir kommen um uns zu beschweren«, 1996; »Es ist egal, aber«, 1997; »K.O.O.K.«, 1999), wobei sich auf »K.O.O.K.« bereits eine neue Ästhetik breit machte, die wegführte vom an Dinosaur Jr. geschulten Indie-Schrammelsound mit kurzen, sloganhaften Texten, sondern sich stattdessen hermetischere Lyrics und epischere Songs ausdifferenzierten. Seitdem folgten zahlreiche weitere Alben, die den Sound weiter ausdifferenzierten, seit 2005 mit Rick McPhail als viertem Bandmitglied an Keyboard und Gitarre. Die vier Musiker sind in diversen Solo- und Nebenprojekten aktiv: McPhail bei Mint Mind, Dirk von Lowtzow von 2001 bis 2012 gemeinsam mit Thies Mynther bei Phantom/Ghost, Jan Müller bei Dirty Dishes, einem Projekt mit seinem ehemaligen Mitbewohner Rasmus Engler, und Das Bierbeben, bestehend aus Julia Wilton, Thies Mynther, Rasmus Engler und Alexander Tsitsigias, die drei Alben und diverse Singles aufgenommen haben, von Arne Zank erschien 2023 eine LP-Version des ursprünglich 1994 erschienenen Solo-Tapes »Die Mehrheit will das nicht hören, Arne«. Zank hat außerdem den Comic »Die Vögel« veröffentlicht, Dirk von Lowtzow zwei Bücher mit autobiografischen Fragmenten und Jan Müller den gemeinsam mit Rasmus Engler verfassten Roman »Vorglühen«.

Kante (seit 1993)

> Wir sind unterwegs, unterwegs zur Musik
> Bis an die Grenzen unserer Physik
> »DIE SUMME DER EINZELNEN TEILE«

»Musik: Razz-Jock-Hip-Noise«, steht im Booklet des ersten Demo-Tapes von Kante aus dem Jahr 1993, »oder vielleicht JazzCore. DenktEuchhaltwasaus.« Die fünf Songs hatten Peter Thiessen an Gitarre und Gesang und Sebastian Vogel am Schlagzeug zusammen mit Matthias am Bass und Jens Vogt an Keyboard und Gesang eingespielt. Für Matthias, dessen

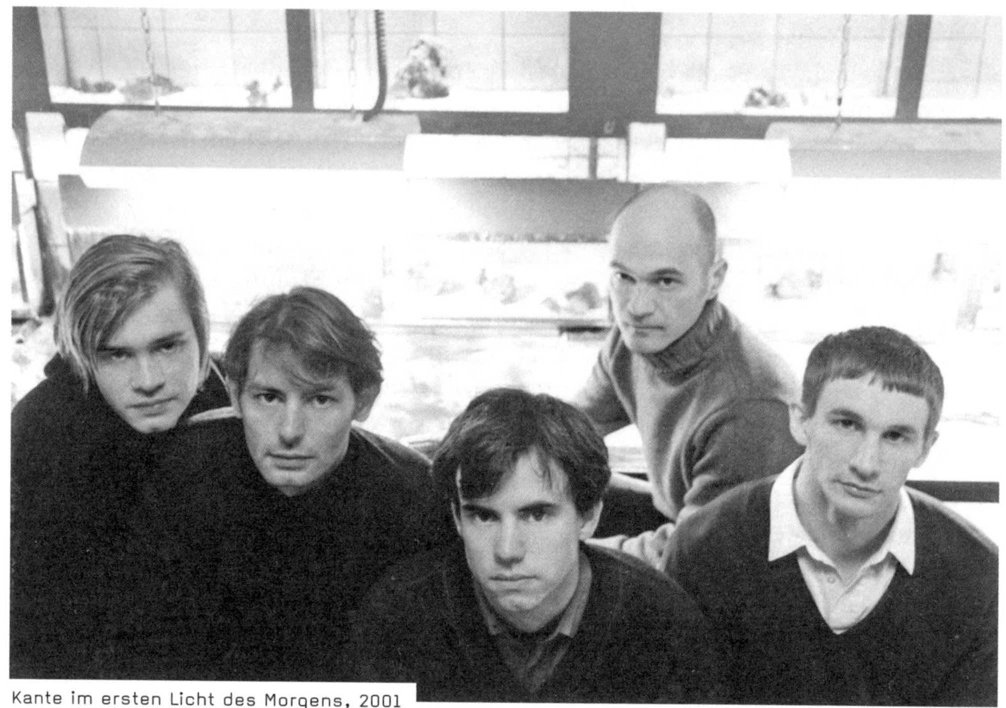

Kante im ersten Licht des Morgens, 2001

Nachnamen selbst Discogs nicht kennt, kam zum ersten Album »Zwischen den Orten« von 1997 Andreas Krane hinzu, zum zweiten Album »Zweilicht« von 2001 waren Kante zum Trio geschrumpft, bestehend aus Thiessen, Vogel und Krane; Michael Mühlhaus am Keyboard und Felix Müller an der Gitarre wurden als »Special Guests« geführt. Müller wurde später festes Bandmitglied, ebenso wie Thomas Leboeg, ehemals Iso68, am Keyboard.

Thiessen und Vogel kannten sich bereits aus dem Sandkasten: »Unsere Familien haben damals in derselben Straße gewohnt und da haben unsere Mütter sich mit den Babys auf dem Spielplatz kennen gelernt. Und dann haben wir später zusammen auf dem Spielplatz laufen gelernt«, so Sebastian Vogel. Kante gehörte gewissermaßen zur zweiten Generation der Hamburger Schule, die Bands der ersten Generation wurden zu Vorbildern der jungen Musiker. »Wir waren einfach total häufig auf Konzerten und haben uns super viel angeguckt, in der Fabrik, in der Roten Flora, Markthalle«, erzählt Peter Thiessen. »Wir waren zwar dabei, aber es war das Allererste, wo wir ›dabei‹ waren. Als Huah! und die Suppenwürfel die ersten Konzerte gespielt haben, waren das auch die ersten Konzerte, die ich aus eigener Neugierde heraus besucht habe, um herauszufinden, was man als Band so machen kann. Das war für mich persönlich natürlich total sensationell«, ergänzt Vogel.

Musikalisch waren Kante eine der komplexesten Bands der Hamburger Szene, sie »versuchen Organisationsweisen elektronischer Musik innerhalb eines Rockinstrumentariums anzuwenden« heißt es in der Presseinfo zum ersten Album »Zwischen Den Orten«. »Klugscheißer-Musik, zarte Versuchung Pop, große Untertreibung, neuer Hoffnungsträger. Nenn es Post-Rock, Neo-Kraut, tiefstapelnder Diskurspop-Beitrag. Scheißegal. Alles falsch und doch richtig. Ich werde es ›richtungsweisend‹ schimpfen«, schrieb ein begeisterter Carsten la Tendresse in einer Rezension. Insbesondere die ersten beiden Alben klangen eher nach dem Postrock der Chicagoer Schule um Tortoise als dem Indierock von Hamburger Bands wie Tocotronic oder auch Blumfeld, bei denen Thiessen zum Album »Old Nobody« als Bassist einstieg. Im neuen Jahrtausend arbeiteten Kante verstärkt für Theaterproduktionen, ihr letztes Album »In der Zuckerfabrik – Theatermusik« erschien 2015, offiziell aufgelöst hat sich die Band bis heute nicht.

JaKönigJa (seit 1994)

> Nicht zu scheitern, ist für Götter
> Und Heroismus bin ich leid!
> »SEILSCHAFT DER VERFLIXTEN«

Nach dem Ende von Das neue Brot hat Jakobus zusammen mit Ebba Durstewitz an Cello und Gesang 1994 JaKönigJa gegründet, mit der sie einige Monate Hausband im Pudel waren und dort jeden Mittwoch gespielt haben. Trotzdem seien sie nie wirklich Teil der Hamburger Szene gewesen, so Jakobus: »Gerade auf den ersten Alben klangen wir sehr anders, auch die Texte waren nicht so diskurslastig. Im Pudel konnten sich alle auf uns einigen, da waren wir die Skurrilen.« »Die hatten gedacht, das sei ironisch gemeint«, erinnert sich Ebba Durstewitz, »und dann veröffentlichten wir dieses ungebrochen intime, völlig unpolitische Ding. Das fiel völlig raus aus allem zu der Zeit.« Detlef Diederichsen, der 1993 das Label Moll Tonträger gegründet hatte, entdeckte die Band und produzierte die ersten drei Alben »st/t« (1995), »s/t« (1997) und »Tiefsee« (1999). Das erste Album erschien auf Moll, die beiden folgenden – die Band war mittlerweile um Marco Dreckkötter an Schlagzeug und Percussion sowie Stefan Barg am Bass angewachsen – bei der Musikproduktion von Detlef Diederichsen.

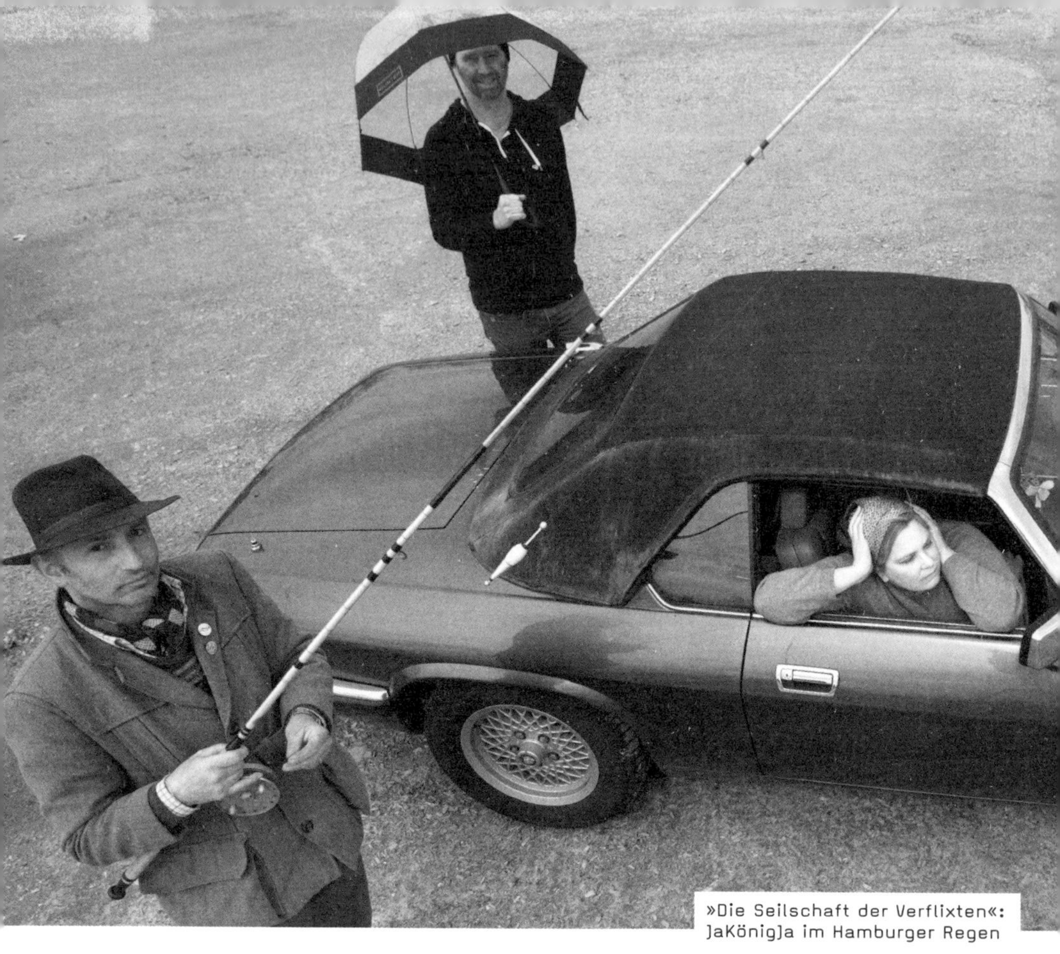

»Die Seilschaft der Verflixten«: JaKönigJa im Hamburger Regen

»JaKönigJa finde ich einfach unheimlich toll, als Vertreter des modernen, großartig arrangierten Kunstlieds. Die Band hat mit dem, was der kleine Moritz sich vielleicht unter der Hamburger Schule vorstellt, nicht direkt etwas zu tun«, erklärt der Fan Hans Nieswandt. »Kunstlied«, »Kammerpop«, bzw. »weder Folk noch Kammermusik, sondern eine entkernte Mischung aus beidem« – Musik und Text der beiden Musiker sind nicht leicht zu greifen. »Der Begriff, der JaKönigJa und unsere Geschichte am besten beschreibt, ist Ambivalenz. Das kommt auch in den Texten immer wieder vor: Etwas soll sich ändern, aber es soll gleichzeitig bleiben, wie es ist. Die Musik ist vordergründig eher fluffig und geradeheraus, aber dann hört man unsere Vorliebe für Dissonanzen, für Dinge, die sich nicht so leicht greifen lassen«, hat Ebba Durstewitz anlässlich des Albums »Emanzipation im Wald« (2016) der taz erklärt – eine Beschreibung, die auch auf die früheren Alben der Band zutrifft.

Die letzten drei Alben »Ebba« (2005), »Die Seilschaft der Verflixten« (2008) und »Emanzipation im Wald« (2016) erschienen auf Buback. »Trotz des vielleicht eher folkig wirkenden Instrumentariums pflegen JaKönigJa eine Songform, die sich keiner spezifischen Gegend zuordnen lässt. Die Sehnsucht nach diesen anderen Orten, nach Zuflucht, aber auch nach Ortlosigkeit und Unverortbarkeit, ist das verbindende Element der Songs«, schrieb Hans Nieswandt anlässlich von »Emanzipation im Wald«. Eine solche Ortlosigkeit hat die Musik der Band von Anfang an bestimmt.

Ebba Durstewitz arbeitet als Übersetzerin aus dem Portugiesischen und wurde 2011 an der Universität Hamburg mit einer Arbeit über den brasilianischen Songwriter und Schriftsteller Chico Buarque zur Dr. phil. promoviert. »Wir haben immer mehrere Eisen im Feuer«, so Jakobus. »Wir machen Theatermusik, ich gestalte Bühnenbilder, Ebba schreibt, und ich male.«

Stella (1995–2010)

So what's the glory in mourning stories?
Ich glaube dir kein Wort, aber ich hör dir gerne zu
»(LET'S FORGET ALL ABOUT THIS) YEAR«

1994 ist Elena Lange solo in Heinz Karmers Tanzcafé aufgetreten, »weil die Jungs in meiner Band irgendwie andere Termine hatten. Und dann hab ich gesagt: ›Na ja, wenn ihr nicht spielen wollt, dann spiel ich halt alleine‹«, so Lange. »Zu diesem Auftritt waren die Tocos gekommen und Arne Zank hat mich kurze Zeit später darauf angesprochen, ob ich Lust hätte, mit einigen anderen Musikern das Ersatzprogramm für den ausgefallenen Sänger von den Blue Aeroplanes im Musikschuppen Knust zu stellen. Ich habe mich sehr geehrt gefühlt. Andererseits war die Toco-Welt nicht meine Welt und mein Ding – weil ich halt auf Englisch gesungen habe und die auf Deutsch. Auf Arnes Initiative habe ich dann also im Knust gespielt. Und da hat mich Thies Mynther gesehen, mit dem und Mense Reents ich kurz darauf Stella gründete.« Schon 1996 erschien auf L'Age d'Or die EP »Soundtrack To Shortcoming«, auf der ein Teil der Songs noch von Mynther gesungen wurde und deutsche Texte hatte, 1997 die zweite EP »Ok, Tomorrow I'll Be Perfect«. 1998 veröffentlichte die Band ihr Debütalbum »Extralife«, musikalisch zwischen Pop, New Wave und Elektronik angesiedelt, das auch textlich eine Abkehr von der Hamburger Schule markierte: Es wurde ausschließlich auf Englisch gesungen. Die Band inszenierte sich als politisch heterogener Debattierclub, die Mitglieder diskutierten bei Interviews gerne politische Fragen und stritten öffentlich darüber. Als vom 24. März bis 10. Juni 1999 im Zuge des Kosovokrieges die NATO-Militäroperation gegen die Bundesrepublik Jugoslawien durchgeführt wurde, der erste Krieg, den die NATO sowohl außerhalb eines Bündnisfalls als auch ohne ausdrückliches UN-Mandat führte und an dem auch Deutschland beteiligt war, verhielt sich die Hamburger Musikszene in den Augen von Elena Lange zu zurückhaltend zu dieser politischen Weltlage. So nahm sich Texterin Lange für das zweite Album »Finger on the Trigger for the Years to Come« (2000) diesem Thema an. In einem Interview erklärt sie: »Es geht ganz konkret um diesen Krieg – und zwar um zwei Seiten. Also: Mein Vater ist deutsch, meine Mutter ist Jugoslawin. Ich guck so auf meinen Körper: Ich bin zweigeteilt. A quarter pounder. Ich bin 250 Gramm menschliches Fleisch auf der deutschen Seite, auf der jugoslawischen aber auch. Das heißt: Der Text handelt von zwei Seiten. Einmal: wie ist es, bombardiert zu werden. Ich bin meinetwegen jetzt irgend so ein Bauer. Die Bauern sitzen da und trinken ihren Mokka, und dann gehen die Sirenen los, und dann werden sie bombardiert. Auf der

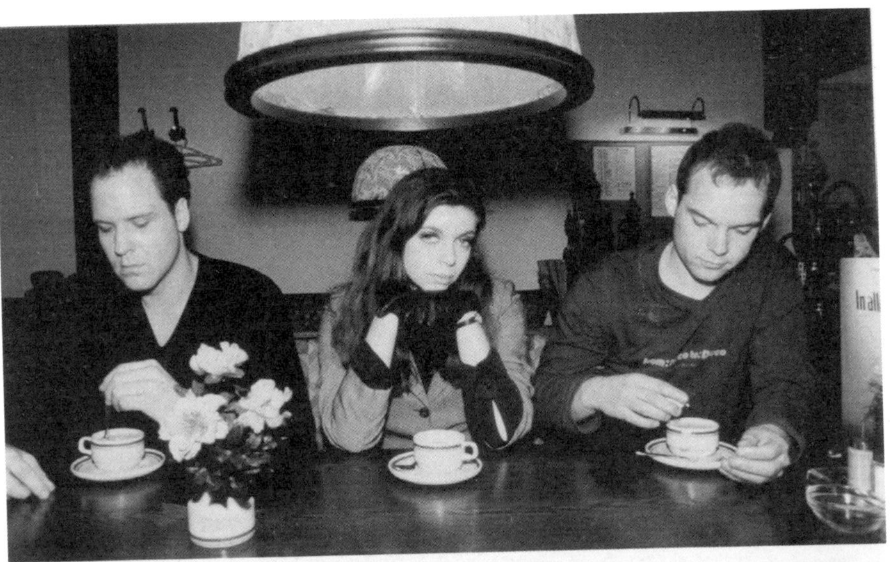

STELLA
Foto: Felix Brüggemann

anderen Seite bin ich ein Pilot in einem Kampfflugzeug und habe meinen ›Finger On The Trigger For The Years To Come‹ und fahre los.«

Für dieses Album war Henrik Weber aka Pantha du Prince am Bass eingestiegen, der auch beim dritten Album »Better Days Sounds Great« (2004) dabei war. 2010 erschien als letztes Album »Fukui«, wieder als Trio und diesmal vollständig auf Japanisch eingesungen – Elena Lange hatte Japanologie studiert. Während der Corona-Pandemie fiel Lange durch Statements auf, in denen sie Maßnahmen zur Eindämmung der Pandemie mit dem NS-Staat verglich. In einem offiziellen Statement schrieb sie zur Kritik, die ihr entgegenschlug: »Richtig wäre es zu sagen, und hier beziehe ich mich auf die jüdische Philosophin Hannah Arendt und den Journalisten Henryk M. Broder, dass auch Auschwitz nicht über Nacht passierte, man aber – wie es seit 1945 aus allen progressiven und liberalen Feuilletons schallt – den ›Anfängen wehren‹ sollte, wenn aufgrund von Kriterien wie einem willkürlich bestimmten Gesundheitsstatus (oder aus welchen Gründen auch immer) Menschen von der Gesellschaft ausgeschlossen und ihnen die Freiheits- und Grundrechte entzogen werden.« Aufgrund dieser persönlichen Entwicklung ist Elena Lange für dieses Buch nicht um ein aktuelles Interview gebeten worden.

Sport (seit 1996)

> Wir bauen Dinge, die noch niemand kennt
> Kein Umbau, das hier geht ans Fundament
> »NEWTON«

»Sport wurde nie in diese Hamburger Schule gesteckt, obwohl das eigentlich da auch reinpassen könnte, wenn die Schublade groß genug ist«, erklärt Fidel-Bastro-Betreiber Bernd Kroschewski. »Und die waren auch immer sehr viel amerikanischer, sehr viel krachiger und musikalisch sehr viel versierter. Und haben nicht diese Lehrertexte gehabt.« »Hamburger Schule ist ja kein musikalischer Begriff, sondern eher ein spezieller Umgang mit Texten. Die Musikrichtungen, die darunter zusammengefasst wurden, sind schließlich diverse«, erklärt auch Felix Müller eine gewisse Distanz seiner 1996 gegründeten Band Sport zum musikalischen Umfeld in Hamburg. »Trotzdem haben uns die Bands aus Hamburg natürlich auch beeinflusst, gerade die Art, wie sie gesungen und getextet haben, und das hat ein gewisses Anspruchsdenken mitgeformt. Ich will ja nicht totale Belanglosigkeiten machen.« Müller ist auch Gitarrist bei Kante, bei Sport spielte er mit Martin Boeters und Christian Smukal.

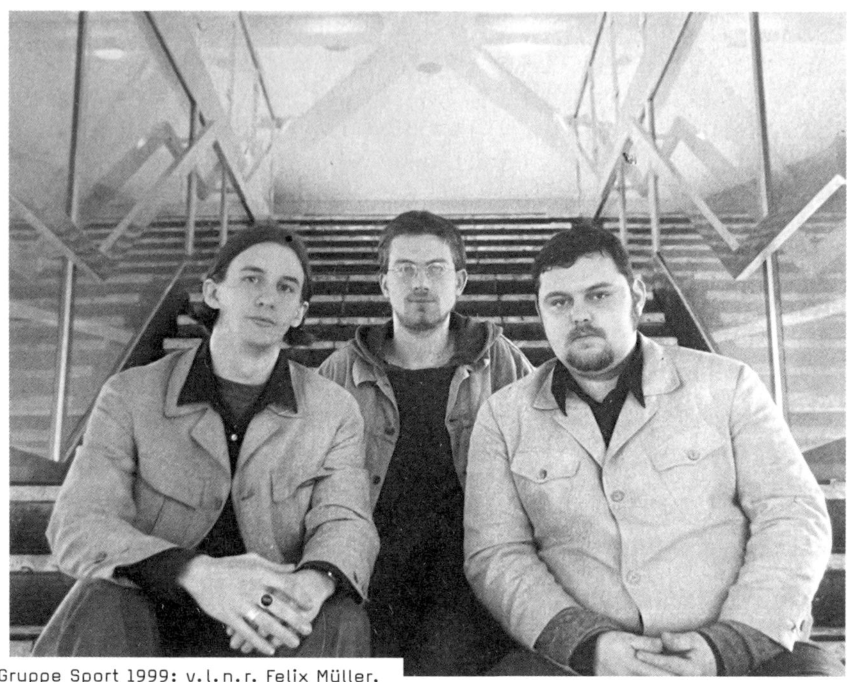

Die Gruppe Sport 1999: v.l.n.r. Felix Müller, Martin Boeters, Christian Smukal

1997 veröffentlichte die Band die selbstverlegte Debüt-Doppel-Single »Alles in Ordnung«. 2001 folgte das erste Album »These Rooms are Made for Waiting« auf Fidel Bastro, 2006 »Aufstieg und Fall der Gruppe Sport«, 2008 »Unter den Wolken« und 2012 »Aus der Asche, aus dem Staub«. Über die Musik schrieb die ZEIT, die Band pflege »einen liebevollen Umgang mit dem Trümmerhaufen des Grunge, dieses zotteligen Zombies der frühen neunziger Jahre«. Aber auch Glam- und Hardrock, klassischer Punk und Postrock finden sich auf den Alben. 2022 verstarb Bassist Smukal, kurz bevor die Werkschau »Paint it Black« (1996–2009) mit raren Songs auf dem Label Fidel Bastro veröffentlicht wurde.

»Scheiß auf deutsche Texte«
Lyrics gegen die Quote

Ich bin aufgewachsen
In der britischen Zone
Ich war immer besetzt
Ich kann gar nicht ohne
DIE STERNE: NÜCHTERN, 1994

Der »Antireflex«, der aus dem Sterne-Song »Scheiß auf deutsche Texte« spricht, macht deutlich, dass die Entscheidung, auf Deutsch zu singen, nicht ohne Brüche und die Be- und Hinterfragung dieser Entscheidung einherging. »Deutsche Texte waren bei den Gruppen der sogenannten ›Hamburger Schule‹ etwas Selbstverständliches, was keinesfalls gleichbedeutend war mit: etwas Natürliches«, schreibt Frank Apunkt Schneider in seinem Buch »Als die Welt noch unterging«. Das Deutsche war besetzt von Schlager und NDW, die Nazis hatten vorhandene Traditionen einer Kultur der »Zwischentöne«, wie Frank Spilker es nennt, zerstört. Aber es gab einige Vorbilder, in deren Tradition sich die Musiker der Hamburger Schule gesehen haben, obgleich natürlich das Wort »Tradition« gerade im Deutschen eher negativ besetzt ist.

»Stereo Total is playing at my house« – Vorbilder

FRANK SPILKER: Der Schlager der Fünfzigerjahre ist eine Fortsetzung dessen, was die Nazis übriggelassen haben. Dieselben Leute, die »Bomben auf Engelland« schrieben, haben bis in die Sechziger und Siebziger Schlager für Vicky Leandros und Lena Valaitis geschrieben. Das war der Duktus. Und dann kam mit Punk und NDW die Idee auf: Das geht ja auch ganz anders. Das war für mich ein entscheidender Moment: Da will ich hin.

JOCHEN DISTELMEYER: Peter Hein stand für mich immer für eine durch Nazi-Deutschland verloren gegangene Star-Tradition. Durch die Führerliebe der Deutschen war diese Form eines enthemmten Libido-*exchange* nach 1945 nicht mehr möglich. Es gab eine vernünftige Blockade gegen übersteigerte Verehrung und Anbetung. Deswegen hat sich in der BRD der Typus des sich verstellenden Musikers durchgesetzt. Also nicht Rio Reiser oder Peter Hein, sondern jemand wie Udo Lindenberg, der signalisiert: »Ich bin nur ein Clown, und du weißt das auch.«

ALFRED HILSBERG: Das Modell Kraftwerk war clever, aber es hat in Deutschland lange nicht funktioniert. In Deutschland hat man deutschsprachige Musiker weitgehend als nicht akzeptabel betrachtet. Es gab Ausnahmen wie den frühen Lindenberg, und natürlich gab es immer braven Deutschrock und Liedermacher. Aber radikale Musik, wie sie in England selbstverständlich war, die gab es in Deutschland nicht. Erst als man in Deutschland Ende der Siebziger begann, mit Radikalität den eigenen Alltag zu beschreiben.

FRANK SPILKER: Es gab bei mir eine Frustration über diese Sprachlosigkeit in der deutschen Popmusik. Wieso hat es da keine Zwischentöne gegeben? Warum war die Musik nicht lyrischer, konnte Sachen offenlassen oder war wenigstens intelligent? Wie es sie in Deutschland beispielsweise in den Zwanzigerjahren schon mal gegeben hat. Es gab da schon Vorbilder, Friedrich Hollaender und so, diese Kultur vor den Nazis, die genau das geliefert hat.

BERNADETTE LA HENGST: Ich fand ein Vorbild in Hildegard Knef und ihren Schlagern, die, wenn sie gut waren, exzellent erzählte Geschichten waren. Ich empfand ihre besseren Chansons immer als eine Art deutschsprachiger Countrymusik. Es ist übrigens bemerkenswert, dass sie alle ihre Texte selber geschrieben hat. Sie textete sehr autobiografisch, hatte aber stets einen distanziert-selbstironischen Bezug zur Welt. Das hat mir imponiert.

JOCHEN DISTELMEYER: Wir haben früher schon, etwa auf »Testament der Angst«, mit dem »Abendlied« ein Lied von Hanns-Dieter Hüsch aufgenommen. Dieser Background einer Song- und Liedkultur ist für mich immer schon ein interessantes Feld gewesen.

TED GAIER: Textlich schlägt in »80 Millionen Hooligans« meine Sozialisation durch die Lieder Franz-Josef Degenhardts durch, der für mich in puncto Umgang mit deutscher Sprache nach wie vor wichtig ist.

BERNADETTE LA HENGST: Natürlich ist klar, dass ich auf Deutsch texte. Geprägt von den Schlagern, die ich bei uns zu Hause in meiner Kindheit gehört habe, über Ideal, Peter Hein und Rio Reiser. Überhaupt Rio: Kein Texter dachte wie er eine Hippievision, ernsthafte politische Anliegen, Parolen und zarteste Liebeslieder zusammen.

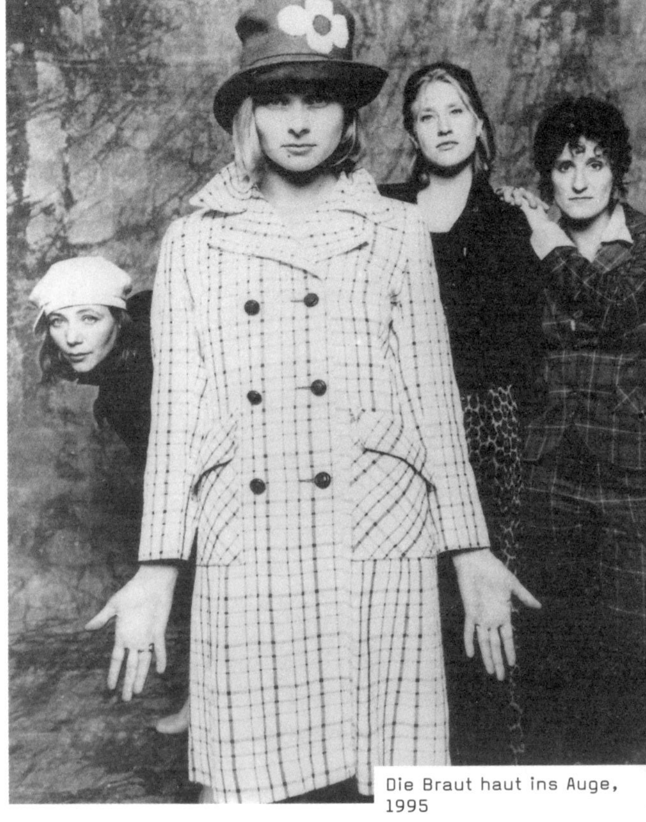
Die Braut haut ins Auge, 1995

TOBIAS LEVIN: Bekanntlich gab es hier keine so tolle Popsprache, eher Rezeption des Angelsächsischen, also günstige Bedingung für die positiven Missverständnisse, von denen Diedrich Diederichsen sprach. Günstige Bedingungen auch für gymnasialen Text, der keiner allzu ernsthaften Konkurrenz zu angloamerikanischer oder französischer oder brasilianischer Musik standhielt. Deutsche Bands haben sich in Genres geworfen und dazu mit der Muttersprache gekämpft. Hab ich auch gemacht, genauso wie im erwähnten Rockjournalismus, in der Popliteratur der Siebzigerjahre. Aber es gab auch Leute, bestimmte Musiker, Musikerinnen aus der Neuen Deutschen Welle, des deutschen Punk und aus ins Künstlerische gehendem Punk, da gab es durchaus Vorbilder und Sachen, die umgestellt haben.

CARSTEN FRIEDRICHS: Ich wollte auch gerne deutsche Texte machen, aber ich hatte nicht so Role Models, weil es halt nur Deutschrock und Neue Deutsche Welle gab. Das fand ich doof und dann habe ich durch einen Freund all diese Fast-Weltweit-Sachen, auch Düsseldorfer Bands wie Stunde X und Profis entdeckt. Da dachte ich mir: Das machen die ja gut. Das versuche ich auch mal!

TOBIAS LEVIN: In meinem Dorf bei Pinneberg haben mich Blixa und Holger Hiller erreicht. Auch F.S.K., die irritierend zwischen Kunst und Zunft oszillierten. Ich habe das Album »Goes Underground« geliebt. Und noch früher: Ich fand Nina Hagen supergut, die ersten beiden Alben, aber als dann Jahre später Kristof Schreuf kam, mit Kolossale Jugend, was für eine Energie und was für Texte. Obwohl wir mit ›stand rotes Madrid‹ schon selbst los waren: Da wusste ich, wer mir gefehlt hatte. Die Überraschung, das Eigenartige und Rätselhafte und der Wunsch, eine Möglichkeit rauszuhandeln. Für mich wirkte es rätselhaft und total verständlich. Vielleicht hatte ich das tatsächlich nur in den Texten von Sounds gelesen oder gefühlt, kommt mir grad der Gedanke, oder sonst vielleicht bei Mark E. Smith. Aber wenn ich etwas länger drauf schaue: Es waren auch Gedichte einflussreich: Karl Kraus, Gottfried Benn, weniger der Inhalt, immer wieder die Form, einzelne Zeilen, die einen weitergebracht haben zur nächsten Zeile. Ich hab mal zu Kristof gesagt: Kristof, ich lese viele Bücher höchstens bis zu Seite 70 und er hat mir geantwortet: »Das macht doch nichts, dann hast Du schon was gefunden oder eben nichts. Wir sind doch keine Leseratten!«

TED GAIER: In meinen ersten Texten vor der Zeit mit den Goldenen Zitronen hatte ich mich an Bands wie Abwärts oder DAF orientiert – da schrieb ich Zeilen wie: »Krawattenleichen wiegen sich zum Rhythmus der Musik / Knochige Hände ein Messer voll Glück«.

FRANK SPILKER: Für mich war die Zeit Ende der Achtzigerjahre erst mal ein Vakuum, es gab nichts mehr, die Neue Deutsche Welle war tot, und dann war da die Frage, was macht man dann? Woran kann man sich orientieren? Und wenn man sich mit den wenigen Leuten, die es gab, beschäftigt hat, wie Rio Reiser, hat man festgestellt, der ist großer Friedrich-Hollaender-Fan oder bei den Neubauten, Blixa Bargeld ist auch großer Friedrich-Hollaender-Fan. Da konnte man anknüpfen. Oder auch an die Leute der frühen Achtziger, Peter Hein von den Fehlfarben zum Beispiel oder Thomas Meinecke von F.S.K. Es gab ja nicht nichts.

»Es liegt ein Grauschleier über der Stadt« – Deutsch als Fremdsprache

»Es gab ja nicht nichts« – Mit den Fehlfarben und Freiwillige Selbstkontrolle ruft Frank Spilker zwei Bands auf, die jeweils einen sehr eigenen Zugang zur deutschen Sprache gewählt haben, den Frank Apunkt Schneider in Anlehnung an Gilles Deleuze und Félix Guattari mit einem »Fremdwerden in der eigenen Sprache« umschrieben hat. Die beiden französischen Theoretiker haben anhand der Literatur von Franz Kafka Fluchtwege aus der Enge identitärer Zuschreibungen herausgearbeitet, in denen die Sprecherposition, der Blick aus einer Minderheitenperspektive auf die Mehrheitsgesellschaft, eine zentrale Rolle spielt: »Deterritorialisierung der Sprache, Koppelung des Individuellen ans unmittelbar Politische, kollektive Aussageverkettung.« Deleuze und Guattari haben für einen anderen Gebrauch von Sprache plädiert, etwa durch ein »Verfahren, das die Wörter direkt an die Bilder koppelt«, um jenseits der Beengtheit von bürgerlicher Kultur, jenseits einer »Literatur der Herren« zu einer Form von Kultur zu gelangen, die Individuelles und Politisches zusammendenkt und die Mittel für ein »anderes Bewußtsein und eine andere Sensibilität« schaffen. Diese Form sei ein »Ausweg für die Sprache, für die Musik, für das Schreiben. Was man gemeinhin Pop nennt – Popmusik, Popphilosophie, Popliteratur: Wörterflucht. Vielsprachigkeit in der eigenen Sprache verwenden.«

»Es liegt ein Grauschleier über der Stadt« – die Texte der Fehlfarben in ihrer Suche nach neuen Bildern zur Beschreibung einer BRD-Gegenwart der Achtziger können ebenso wie die zwischen den Sprachen angesiedelten Lyrics von Freiwillige Selbstkotrolle (»Wir hören den Blues / in unserer Wohnung nur noch den Blues / Ça c'est le Blues / Hear the chicken«) im Sinne einer solchen Wörterflucht gelesen werden. Und auch politisch sind Verbindungslinien zwischen den beiden Bands zu ziehen: Der von den Fehlfarben besungene Grauschleier, »den meine Mutter noch nicht weggewaschen hat«, wurde auch von der 1980 in München unter anderem von Thomas Meinecke und Michaela Melián gegründeten Freiwillige Selbstkontrolle in ihrer Musik sichtbar gemacht; ein Grauschleier der Geschichtsvergessenheit, der falschen Kompromisse und Verbrüderungen. »Yankee goes home / Ein letzter Kuß vor dem großen Zapfenstreich / Oh, Yankee go home / und nimm mich mit über den / ganz großen Teich / nach Louisiana«, haben Freiwilligen Selbstkontrolle etwa 1987 auf ihrem Album »In Dixieland« gesungen und sich damit – auf Deutsch –

gegen den antiamerikanischen Konsens der deutschen Punkszene (»Amis«, Notdurft 1981; »Yankees Raus«, Slime 1982) und der deutschen Friedensbewegung (»Ami go home«, Ostermarsch ca. 1981–88) gestellt. Die Musik dieser Friedensbewegung fand auch auf Deutsch statt, aber eben im Sinne einer Ablehnung und Abgrenzung von der Pop-Ambivalenz, hier ging es um Deutsch als Identitätsstiftung: »Wir wollen Sonne statt Reagan / ohne Rüstung leben! / Ob Ost, ob West, / Kalten Kriegern die Pest!« (Joseph Beuys: »Sonne statt Reagan«). Freiwillige Selbstkontrolle, die »Stürmer des Neuen Kontinents«, wie Meinecke sie umschrieben hat, haben sich im Gegensatz dazu mit ihrem »Ja zur modernen Welt« zum grenzüberschreitenden Aspekt von Popkultur bekannt, den auch die Hamburgerin Elena Lange in einem Interview betont hat: »Ich finde aber, dass die Popmusik ein transzendentes Element hat. Also etwas, was sich erhebt über den Alltag und dir eine Utopie oder ein Ideal gibt.« Statt Antiamerikanismus gerät hier die Popkultur als utopiestiftendes und grenzüberschreitendes Moment in den Blick. »Rock'n'Roll hat meinem Leben einen neuen Sinn gegeben / Den Faden wieder aufzunehmen / Drehte ich mich nach allen Seiten / Wie auf's Äußerste gedichtet etwas herauszukriegen wäre / Diesseits beschriebener Kreise; Reifen, Schleifen, Ringe / Die sich zu Klängen aus dem Walkman, den Signalen / Von Himmelskörper hin zu Muttermal bewegten / Sich so zur Windung zur Spirale überdrehten / Zum Gesichtspunkt der Geschichte / An dem ich twiste, wo ich swinge / Den Punkt nicht knacke, wie eine Feder von ihm springe« heißt es etwa im Sprechtext »L'Etat et Moi (Mein Vorgehen in 4–5 Sätzen)« auf dem Blumfeld-Album »L'Etat et Moi«.

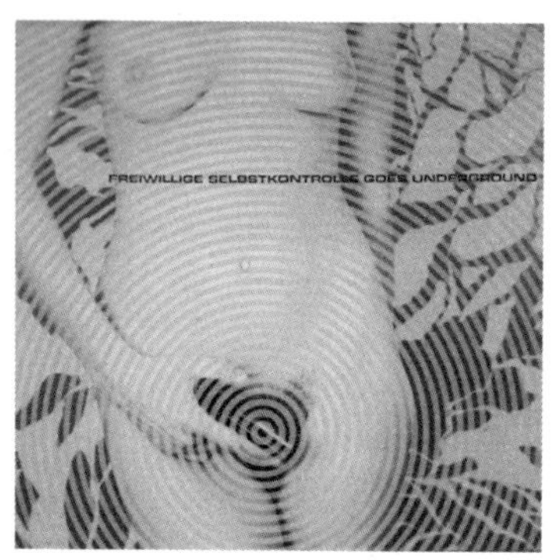

Freiwillige Selbstkontrolle: »Goes Underground«, 1985

In einem Interview zum 30. Jubiläum der Band gibt Melián zu Protokoll: »Das ›Ja zur Modernen Welt‹ bringt bis heute den hedonistischen Gedanken hinter F.S.K. gut auf den Punkt. Und es schwingt immer auch eine gewisse Traurigkeit mit, siehe Mode & Verzweiflung« – »Mode & Verzweiflung« war der Name einer Zeitschrift aus dem F.S.K.-Umfeld. Ähnlich wie bei den Fehlfarben ging es Thomas Meinecke mit seinen Texten für F.S.K. nicht darum, eine Identität festzuschreiben, die »moderne Welt« wurde vielmehr in all ihrer Widersprüchlichkeit und Ambivalenz umarmt, das Nicht-Identische, Wiederholungen, Vieldeutigkeiten und Zitate standen im Zentrum, es ging um das Stiften von Verwirrung. In

»Für einige Leute ist die Kolossale Jugend heute die Erinnerung an ein T-Shirt mit dem Aufdruck ›Halt's Maul, Deutschland‹. Für andere Leute ist die Kolossale Jugend sehr wohl die Möglichkeit gewesen, zur Gegenwart aufzuschließen. Aber für die meisten Leute ist die Kolossale Jugend etwas, das sie lieber nicht verstehen möchten.«
Kristof Schreuf

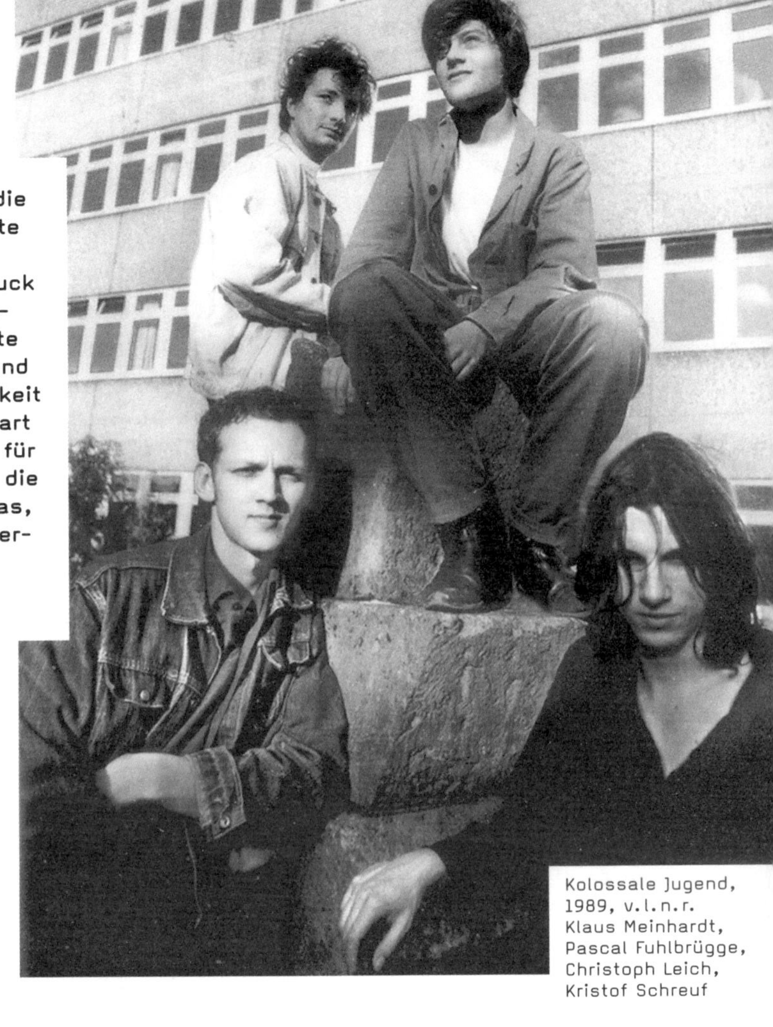

Kolossale Jugend, 1989, v.l.n.r. Klaus Meinhardt, Pascal Fuhlbrügge, Christoph Leich, Kristof Schreuf

dieser Tradition verortet Frank Apunkt Schneider auch den Ansatz der Hamburger Schule, in der ebenfalls starre Identitäten gegen die Wand gefahren wurden: »Als ›Schule‹ war der Ansatz übertragbar, um andere lokale Szene-Identitäten zu überfremden.« »Überfremden von Identität« ist ein passender Ausdruck für den Umgang von Kristof Schreuf, Tobias Levin, Jochen Distelmeyer etc. mit der deutschen Sprache. »Bei meinen Texten für die Kolossale Jugend war es auch so, dass ich in so ein Nichts hineingegangen bin. Das Nichts war für mich aber keine depressive oder deprimierende, einengende Angelegenheit, sondern ein Freiraum«, hat Kristof Schreuf seinen Ansatz beim Texten einmal zusammengefasst. Keine Befindlichkeiten werden verhandelt, sondern Freiräume gesucht, auch in der Sprache; statt dem Festschreiben starrer Identitäten dominiert das freie Spiel mit Identitäten: »Das ›Ich‹ in unseren Songs ist fast immer ein schauspielerhaftes. Sehr oft spielen wir in Texten Rollen durch. Das erkennbare oder authentische Autorensubjekt gibt's bei uns nicht«, sagt etwa Ted Gaier über den Ansatz der Goldenen Zitronen. Auch Dirk von Lowtzow macht sich für einen solchen Zugang zu einer Autoren-Identität stark: »Es gibt nicht die eine Sprache, die ich spreche. Ich bin ein extremer Fan. Und wenn ich mich selbst analysiere, dann setze ich mich zusammen aus vielen Stimmen oder Sprachen oder Dialekten ebenjener, die mir etwas bedeuten.« Martin Büsser hat im Zusammenhang der frühen Blumfeld-Lyrics von »nicht-deutschen Texten in deutscher Sprache« geschrieben, ganz ähnlich hat es Jochen Distelmeyer in einem Gespräch anlässlich der Quotendebatte formuliert: »In diesem Sinne sind eben Blumfeld-Texte keine ›deutschen‹ Texte, weil es da nicht um das Behaupten und Festschreiben der ›eigenen‹ Identität geht, sondern um deren Auflösung, um den Versuch, zu jemand anderem eine Beziehung aufzubauen, in der ein ›Du‹ möglich ist, außerhalb des Gewaltverhältnisses von Identität.«

Anfang, Abgrenzung und Suche

Vorbilder für Songs in deutscher Sprache waren also vorhanden, sowohl in einer von Friedrich Hollaender über Hildegard Knef oder Franz Josef Degenhardt bis hin zu Rio Reiser reichenden Traditionslinie als auch in unmittelbarer zeitlicher Nähe an den Rändern der Neuen Deutschen Welle: Palais Schaumburg, Freiwillige Selbstkontrolle, Abwärts oder Fehlfarben. Dennoch, und dies eint die Musiker der Hamburger Schule, wurde die Entscheidung, auf Deutsch zu singen, nicht unhinterfragt umgesetzt, sondern durch mehrere Reflexionsmühlen gedreht, auch wenn es in der L'Age-d'Or-Presseinfo zum Debütalbum der Kolossalen Jugend, anders als die tatsächlichen Songtexte, recht simpel klingt: »Jawohl es ist deutsch. Hamburg. Deutsche Texte als besseres Transportmittel für Ideen, und wir haben Ideen, wenn nicht, machen wir keine Stücke.« Ausgangspunkt für diese »besseren Transportmittel für Ideen« war die Abgrenzung, denn deutschsprachige Musik war, so Linus Volkmann, »ein No-Go, uncool geworden«, hatte »einen großen Knick durch diesen Kram mit der Neuen Deutschen Welle«.

Auf diesen »großen Knick« hat sich auch L'Age d'Or in seiner Öffentlichkeitsarbeit bezogen; in einer Presseinfo für den Sampler »Dies ist

Hamburg (nicht Boston)« heißt es: »Die letzten Rauchschwaden des Deutsche Welle Desasters haben sich verzogen.« »NDW war schon lange tot, die war spätestens 1983/84 mit Hubert Kah so tot, dass man davon die Finger ließ, allgemein davon, auf Deutsch zu singen. Es hat niemand wirklich einen Weg gefunden, das auf coole Art zu tun. Es gab halt Die Ärzte, Die Toten Hosen, Die Goldenen Zitronen, die durch Ironie unanfechtbar und lustig waren, aber es gab nichts Lyrisches. Das gab es nur auf Englisch«, erklärt Frank Spilker die Ausgangssituation für ihn als Texter Mitte der Achtziger. »Nach der Neuen Deutschen Welle war es einfach verpönt, auf Deutsch zu singen, weil die Neue Deutsche Welle so schlecht geworden war«, ergänzt auch Bernd Begemann. Er musste also eine neue Art und Weise finden, zu texten: »Ich fing an, auf Deutsch zu singen, aber nicht auf die Rock-Art. Nicht auf eine Rio-Reiser-Art, nicht wie Udo Lindenberg, nicht wie Klaus Lage. Dieses geile Kaputt-Sein – ›Die Spießer verstehen nicht, was für ein geiler Typ ich bin. Ich trink Bier, ich bin so ehrlich‹ – das war furchtbar. Diese Art von Ästhetik musste ein für allemal aufhören. Ich wusste aber nicht genau wie, durch was man das ersetzen muss. Man brauchte eine neue Art zu phrasieren, eine neue Art zu singen. Aber ich wusste nicht genau, wie das gehen soll.« Ted Gaier hat in der Schroffheit des Deutschen und den in der deutschsprachigen Kultur eher raren Vorbildern gerade einen Vorteil ausgemacht: »Sicher, das Deutsche ist immer schrecklich direkt und konkret, nie sinnlich, selten vieldeutig. Aber genau das ist es ja, was ich an dieser Sprache so schätze.« Die Wiederaneignung von Deutsch als Gesangssprache liest Pascal Fuhlbrügge auch als Form der Gegenbewegung zu einer Erwartungshaltung, nach dem Niedergang der NDW auf Englisch singen zu müssen: »Das sind Kids, die machen irgendwie Zeug, was man nicht erst nehmen kann«, seien die ersten Reaktionen gewesen. »Man muss doch jetzt, nachdem man gesehen hat, dass das mit der Neuen Deutschen Welle nicht klappt, versuchen, möglichst amtlich zu klingen und Englisch singen. Und ich glaube, dann war ein Alleinstellungsmerkmal eben, dass wir Sachen anders gemacht haben.«

Für Tobias Levin, der mit Cpt. Kirk &. auf dem ersten Album englische wie auch deutsche Texte vorgetragen hat, führt die Debatte um die Sprache am Thema vorbei: »Die Diskussion aus den frühen Neunzigern, dass nicht die Digitalisierung ein Problem für die leicht kopierbare Musik sein könnte, sondern dass sich Quoten deutscher Musik der ausländische Konkurrenz entgegenstellen müssten, das war wirklich erstaunlich flach. Es ist ein wenig unfair gewesen, aus Heinz Rudolf Kunze den einzigen Buhmann zu machen, denn wir alle hatten die Musik aus England und den USA zum Fressen gern. Wir haben sie mit Haut und Haaren geliebt. Kaum jemand hätte sich in Bezug auf Musik nicht gewünscht, in einem anderen Ort der Welt in eine Band hineingefallen zu sein. Ich habe zum Beispiel jahrelang jede Woche den NME gelesen, das hinterließ natürlich auch sanfte Spuren deutschen Selbstmitleides und ich kann verstehen, dass Wolfgang Niedecken gerne als Bob Springsteen zur Welt gekommen wäre. Aber dafür wäre der Boss selber gerne Keith Richards gewesen, 1971 in der Villa Nelcotte auf Steuerflucht in Südfrankreich. Aber die meisten haben die Ebenen während der Quoteneierei auseinanderhalten können und erkannt, dass das einfach weltabgewandter Protektionismus war. Also nicht nur das Gegenteil von Pop, auch das Gegenteil von Leben.« Zur Frage der Textsprache erklärt Peter Thiessen: »Tatsächlich ist meine Musik eher amerikanisch, ich fühle mich mit amerikanischen Bands am meisten verbunden. Bis heute. Auch die Frage, in welcher Sprache jetzt Text genau passiert, hat mich nie wirklich interessiert. Ich höre bis heute ehrlich gesagt kaum deutschsprachige Bands. Nicht, weil es mir nicht Spaß machen würde, sondern einfach, weil mich das nicht interessiert, ob das auf Deutsch oder auf Englisch ist oder was weiß ich. Mich interessieren interessante, gute Texte, egal, in welcher Nationalsprache das gesungen ist.«

Pascal Fuhlbrügge ging 1992 in einem Pressetext zum L'Age-d'Or-Labelsampler »Popmusik darf nicht dumm sein« sogar so weit, die Labelpolitik als eine neue, alternative Form deutscher Identität zu interpretieren: »Es geht um deutsche Identität, die nichts mit Nationalismus zu tun hat, denn Popmusik ist Kultur – Kultur ist Leben und eine Waffe gegen Ignoranz und Chauvinismus.« Viele auf dem Sampler vertretene Musiker würden dem wohl widersprechen; es zeigt sich hier die Komplexität der Frage nach der Textsprache: Geht es um eine »andere« Sprache als Basis einer »anderen« Identität oder geht es vielmehr um die Ablehnung der Idee einer festen Identität generell? Geht es um die strategische Aneignung der deutschen Sprache, gebrochen und distanziert, um sich zu ihr als Konstrukt zur Erschaffung einer nationalen Identität zu verhalten und sich in einer politischen Debatte zu positionieren, oder geht es um eine »eigene«, selbsterschaffene deutsche Sprache, die sich außerhalb politischer Debatten stellt? Kann sich Kunst überhaupt außerhalb politischer Kontexte stellen? »Mit Ausnahme vielleicht von Bernd Begemann hatten Bands wie Blumfeld, Die Sterne, Tocotronic, Die Goldenen Zitronen oder Huah! es nie nötig, eine Metaphysik der deutschen (Pop-) Identität zu beschwören, um sich hierfür zu rechtfertigen«, schreibt Frank

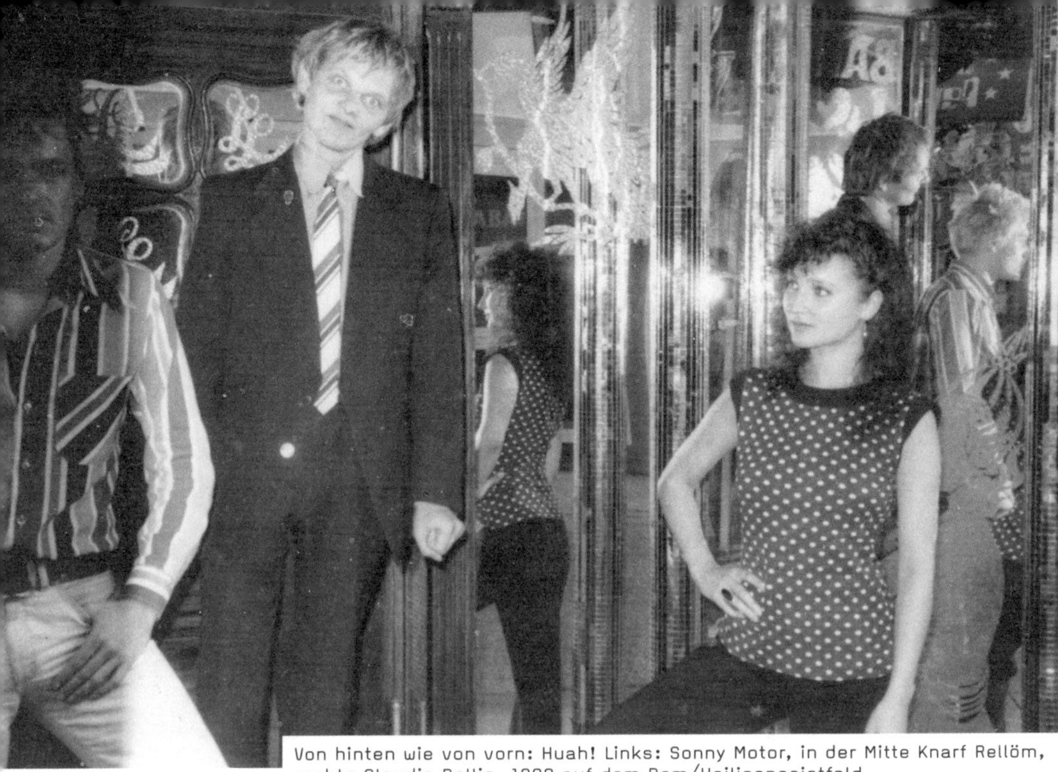

Von hinten wie von vorn: Huah! Links: Sonny Motor, in der Mitte Knarf Rellöm, rechts Claudia Bollig. 1990 auf dem Dom/Heiligengeistfeld.

Apunkt Schneider. »Als Strategie setzten sie ihr Textdeutsch wie eine Fremdsprache ein, abstrakt, brüchig und jargonhaft. Ein drittes Fremdwerden in der eigenen Sprache, nachdem Mitte der 1960er eine ganze Generation vom Deutschen durch englischsprachigen Pop ›entfremdet‹ worden war?«

Einer der ersten, der deutsche Texte tatsächlich als Alleinstellungsmerkmal genutzt hat, wenn auch weniger abstrakt und gebrochen, war der von Schneider als Ausnahme von der anti-identitären Regel herausgestellte Bernd Begemann. »Obwohl mich das Englische immens faszinierte und dies in früheren Zeiten ja auch die gleichsam offizielle Sprache der Popmusik gewesen ist, habe ich selber niemals auch nur eine einzige Songzeile in englischer Sprache geschrieben. Irgendwann lernte ich Bernd Begemann kennen, der das wunderbarerweise ähnlich sah und praktizierte«, erinnert sich Michael Girke. »Wir wurden rasch enge Freunde. Und diese Freundschaft mit Bernd, bei der das Teilen der Faszination für die deutsche Sprache als Medium, um das zum Ausdruck zu bringen, was einem wirklich nahe geht, ein erhebliches Moment gewesen ist – diese Freundschaft ist für mich viele Jahre lang ein Kraftfeld gewesen, aus dem ich in Situationen der Verzagtheit oder Resignation Energie ziehen konnte. Allein machen sie dich ein.« Auch Hans Nieswandt hebt Bernd Begemann als Songwriter hervor, »weil er unerschütterlich auf die deutsche Sprache gesetzt hat. Aber Bernd war auch eher Poet und Storyteller und weniger der abstrakte Sprachedekonstruktivist.« Hier zeigt sich bereits, dass es die eine Form des Textens auf Deutsch in Hamburg nicht gab, das Spektrum reichte von den von Nieswandt erwähnten »abstrakten Sprachdekonstruktivisten« bis zu Songwritern wie Tilman Rossmy, dessen Interesse in erster Linie »die Entwicklung von Sprache in Popmusik« war. Auch Begemann selbst betont die Breite der Ansätze in Hamburg: »Die ästhetischen Pole waren auf der einen Seite Kristof Schreuf von Kolossale Jugend – die Texte voller totaler Abstraktion, Kristof benutzte eine Cut-up-Technik wie man sie von William Burroughs kennt – und auf der anderen Seite des Spektrums hatte man Tilman Rossmy, Die Regierung, komplette Kristallisation, Texte so klar und kondensiert wie Haikus.« Rossmy selbst sieht das ein wenig anders: »Ich sehe das eher so, dass Bernd Begemann der andere Pol ist, der vom klassischen Songwriter nicht so weit weg ist. Eine von den Grether-Sisters hat mir mal gesagt: Du bist der einzige Deutsche, der den Blues hat. Das hat mir gefallen. Ich glaube auch, dass mein Songwriting eher vom Blues kommt. Also vom originalen Blues, nicht vom Musikstil. Mit der Gitarre das Mysterium des Lebens ein bisschen greifbarer zu machen. Zu gucken was los ist, mit einem selbst, der Welt, einfach so vom Sein her, nichts Politisches, nichts Philosophisches.«

»Ich habe und hatte nie ein Problem mit der deutschen Sprache, ich habe eigentlich immer nur ein Problem mit Deutschland.«

Ted Gaier

Ob nun Schreuf auf der einen oder Begemann und Rossmy auf der anderen Seite: Kommerziell erfolgreich waren beide ästhetischen Pole nicht. Bernd Begemann erinnert sich: »Die drei Majorveröffentlichungen mit Die Antwort sind alle gefloppt. Die Plattenfirmen konnten nicht so richtig was mit uns anfangen. ›Ist das jetzt Schlager? Neue Deutsche Welle? Der Typ singt auf Deutsch.‹ Ich wollte einfach eine Musik, die realistischer ist, die die Umgebung aufnimmt.«

Es wurde also einige Jahre nach dem Ende der Neuen Deutschen Welle wieder auf Deutsch getextet, dabei aber die Ambivalenz dieser Entscheidung deutlich gemacht. Carsten Hellberg beschreibt es am Beispiel von Die Sterne und Kolossale Jugend: »Die Sterne haben ja einen Song gemacht, ›Ich scheiß auf deutsche Texte‹. Man hat irgendwie auf Deutsch rum-

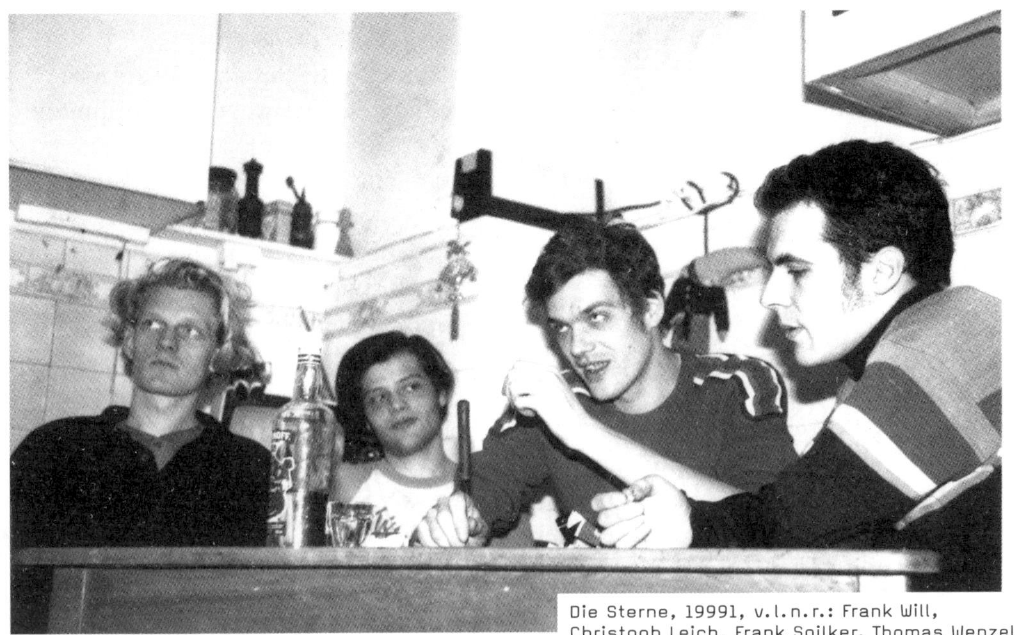

Die Sterne, 1991, v.l.n.r.: Frank Will, Christoph Leich, Frank Spilker, Thomas Wenzel

gemacht, und dann hat man aber gemerkt ›Merkwürdig, was ist denn das‹ und dann Mauerfall, ›Halt's Maul, Deutschland‹ von Kolossale Jugend, das waren ja alles ziemlich widersprüchliche zeitgleiche Geschichten.« »Alte Geschichten, öfter erzählt«, schreibt Dietmar Dath in den Liner Notes zum Box-Set der Kolossalen Jugend. »Pascal Fuhlbrügge steigt im November 1989 ins Auto, fährt los, hat kein Radio, immer mehr Autos östlicher Bauart kommen ihm entgegen, und die BILD-Zeitung verkauft ein T-Shirt, auf dem steht: ›Guten Morgen, Deutschland‹. Eine Kolossale-Jugend-Anzeige mit demselben Slogan wird sofort von der Band zurückgezogen.« Kurz darauf erschien das bekannte T-Shirt der Band mit dem Slogan »Halt's Maul, Deutschland«.

Auch Ebba Durstewitz betont ihre ambivalenten Gefühle angesichts der Renaissance des Deutschen als Songsprache: »Als kleiner Teenager in den Achtzigern fand ich es befremdlich, dass die bei der Neuen Deutschen Welle auf Deutsch gesungen haben, während ich dann in den Neunzigern überhaupt nicht mehr darüber sprechen wollte. Das gehörte fast schon zum guten Ton, auch die Suche nach einem Gegenentwurf. So habe ich das wahrgenommen vor der Wiedervereinigung.« Für Ted Gaier wie für viele andere Hamburger Musiker waren die Folgen der Wiedervereinigung der Ausgangspunkt, über andere Formen des Textens nachzudenken: »Das Abdriften des gesellschaftlichen Mainstreams nach rechts in Folge des Mauerfalls – die Pogrome von Hoyerswerda, später Rostock, die Abschaffung des Asylrechts und andere Entwicklungen – war dann Anlass für uns, nach neuen Formen des Textens zu suchen. Zum ersten Mal hatten wir den Eindruck, dass es notwendig wäre, in unseren Texten auf gesellschaftliche Zustände zu reagieren, nur gab es zunächst kein wirkliches Modell, wie so was aussehen könnte. Das Format des Rocksongs – griffiger Refrain, authentischer, männlicher, gereimter Zorn – kam dafür nicht infrage, das konnte es irgendwie nicht sein. Was es meiner Meinung nach brauchte, war vielmehr eine Struktur, die es einem ermöglichte, mit langen Textstrecken zu arbeiten, eine Form, mittels derer man ohne Pathos und starre Reimform komplizierte Zusammenhänge klarmachen konnte.«

Ich spreche keinen Satz mehr zu Ende
Ich höre die Worte nicht so
Wie man sie ausspricht
Was ich noch zu sagen hätte
Dauert eine Zigarettenfabrik

Brüllen: Laufe Blau

Während die Goldenen Zitronen erst mit ihrem 1994er-Album »Das bisschen Totschlag« diese Form perfektioniert haben, können sich die meisten auf die Bedeutung von Kristof Schreuf als Texter der Kolossalen Jugend einigen. »Kolossale Jugend waren die ersten, die Texte und Musik gemacht haben, wo wir alle dachten: Uiuiui, was ist das denn? Wir sind mit denen auf Tour gewesen und dachten: Puh, das ist echt anders«, erinnert sich Knarf Rellöm. Auch für Peter Thiessen, der sich ansonsten wie oben von ihm gehört eher amerikanischen Bands nahe fühlte, hat in Schreuf ein Vorbild gesehen: »Kristof hat damals für Kolossale Jugend eine extrem verdichtete, klumpenartige Sprache entwickelt. Er hat das dann später mit Brüllen vermischt. Da gibt es dann auch musikalisch wahnsinnig viel Zitate und Anspielungen. So was hat mich immer interessiert.«

Cooles Ding

In Anlehnung an den Song »Kool Thing« von Sonic Youth hat angeblich Dirk von Lowtzow als Bandnamen ursprünglich Cooles Ding statt Tocotronic favorisiert, ähnlich wie die Kolossale Jugend ihren Bandnamen dem einzigen Album der Young Marble Giants, »Colossal Youth«, entlehnt hat. Diese Form der Übertragung aus dem Englischen passt zu einer Anekdote, die von Lowtzow über seine ersten Texte auf Deutsch nach der Bandgründung erzählt: »Arne und Jan hatten einen Proberaum, und ich hatte schon ein paar Songs, aber eben auf Englisch, und die habe ich denen dann vorgespielt. Und dann kann ich mich noch erinnern, dass die meinten, es sei ja irgendwie alles ganz süß, aber dieses Englischsprachige würde sie nicht so interessieren, weil sie eher aus dieser Punk-, dieser Hardcore- und Hafenstraßen-Szene kamen. Wir haben dann gesagt, wir können zusammen Musik machen und mal gucken, was da so passiert, und dann habe ich die ersten zwei, drei Songs auf Deutsch geschrieben und hatte dafür als Blaupause Songs, die ich schon auf Englisch hatte. Ich habe die Texte ins Deutsche übersetzt, sehr frei, und dabei ist mir aufgefallen, dass dann eine ähnliche Ambivalenz stattfindet oder dass das Ganze sehr viel interessanter und sehr viel vielschichtiger war als vorher, wo sich die Texte an amerikanischen oder englischen Vorbildern orientiert haben.«

Was ist nun aber die spezifische Form der Texte der Hamburger Schule neben einer »Lust am Diskursivieren«, wie Tobias Levin es ausdrückt? Es wurden Verweise auf Hildegard Knef und Friedrich Hollaender ebenso genannt wie auf Dada, Blues oder Stunde X. Der Literaturwissenschaftler Till Huber schlägt das gemeinsame Merkmal einer Deutschsprachigkeit vor, die entkoppelt ist von einem überindividuellen Diskurs »des Deutschen«, die »abstrakt, brüchig und jargonhaft« (Frank Apunkt Schnieder) bleibt. Charlotte Goltermann fasst es für sich so zusammen: »Diese Haltung, dass man unabhängig ist und etwas Eigenes macht und dass es eigentlich scheißegal ist, ob es im Mainstream funktioniert. Das war der Geist der Zeit und des Ortes damals. Das hat viel verändert.« Peter Thiessen hebt die Querverbindungen – zu anderen Songs, zu Musiktraditionen, aber auch zu der außermusikalischen Welt – hervor, ebenso wie Frank Spilker die zitathafte Musikform betont. »Als ich Jonathan Richman zum ersten Mal gesehen hab / ich muss gestehen, ich hab fast geweint vor Glück / ich lief hinter die Bühne, weil mich nichts mehr hielt / er sah mich an und hat mir die Hand gedrückt / ›Freut mich, Bernd‹,

Jeder Gedanke, den ich habe, ist so weit gekommen, wie er da ist. Aber man sieht eindeutig, dass Gedanken am Rollen sind, und die machen im Prinzip zwei Dinge: Sie spiegeln die Reaktion der anderen auf ihn selbst. Es wird nicht ein Gegenstand beschrieben und auch nicht ein Zustand, sondern der Zustand, der sich diesem Ich zeigt. Und gleichzeitig ist der erste Schritt eine Art, das zu formulieren. Es zu formulieren, ist eine Möglichkeit, sich selbst überhaupt herzustellen und zu gucken. Also dieses neugierig sein. Ich würde im Prinzip sagen, das mindeste, was die Sachen sind, ist: Sie sind nicht abstrakt, sie sind neugierig. Und zur Neugierde muss Abstraktion möglicherweise dazugehören.

Tobias Levin

sagte er mir / ›dass es dir so gut gefiel‹«, erinnert sich Bernd Begemann in »Buddy, nimm lieber den Bus (auch ich bin nur ein Jonathan-Richman-Fan)« an eine Begegnung mit einem Vorbild, das auch musikalisch eine Traditionslinie vorgibt. So finden sich in Songs der Hamburger Schule zahlreiche solcher Querverweise auf Vorbilder, von Mark E. Smith – »Ich hab' geträumt, ich wäre Pizza essen mit Mark E. Smith / Natürlich hat er mir erzählt, wie scheußlich alles ist« (Tocotronic: »Ich hab' geträumt, ich wäre Pizza essen mit Mark E. Smith«, 1996), »How I Wrote Mark E. Smith« (Knarf Rellöm With The Shi Sha Shellöm, 2004) – bis Fugazi (»These Rooms are Made for Waiting«, Sport, 2001).

Für Hans Nieswandt waren die Texte vor allem der Versuch, »Wege zu finden, mit der deutschen Sprache auf eine Weise umzugehen, die Klischees vermeidet, die sie auf andere und neuartige Weise auf Songtauglichkeit abklopft.« Auf diesem Weg gibt es, folgt man Frank Spilker, ein Texten vor und eines nach der Kolossalen Jugend: »Wenn man sich Kurt Schwitters anguckt, dann ist man ja fast schon bei Kristof Schreuf, wo Sachen, die eigentlich nichts bedeuten sollen, wo man den Sinn vernichten will, eine Geste der Ablehnung, dann plötzlich lyrisch werden dadurch, dass man sich als Hörer da was zusammenbaut. Das ist so ein ähnlicher Punkt, das hat mich dann wahnsinnig interessiert und das war für mich ein Wendepunkt im Schreiben, wo ich auch sagen würde, das hat Jochen Distelmeyer wahrscheinlich so ähnlich erlebt oder auf jeden Fall denselben Wendepunkt gehabt. Das war Anfang der Neunziger und da ging es weg vom reinen Geschichtenerzählen, vom klassischen Songwriting hin zu repräsentativem, symbolischem Schreiben. Bei Jochen anders als bei mir, aber auf jeden Fall, wenn du dir die Texte vor und nach Kolossale Jugend anschaust, ist da ein riesiger Unterschied.«

Dies hat auch Diedrich Diederichsen so gesehen, der nach Erscheinen des Kolossale-Jugend-Debüts »Heile Heile Boches« in der Spex schrieb: »Einwandfreier, zeitloser Früh-80er-Punk-Rock und mit vor allem einem

Leerblatt
Bohrt, brütet
Weichschlaf
Weichschlaf entdeckt nichts

An mir
Festmachen
Zugegeben
Wird nichts

Schwarzloch
Dreht Eifer
Jeder Griff
Lockert sich

Ohne Schluß
Kein Ende,
Bricht weiter
Bricht hinein

Ich gehe, zähle jeden Schritt
Zahl auf, ich zähle jeden
Schritt

Kolossale Jugend:
»Gehe, Zähle«

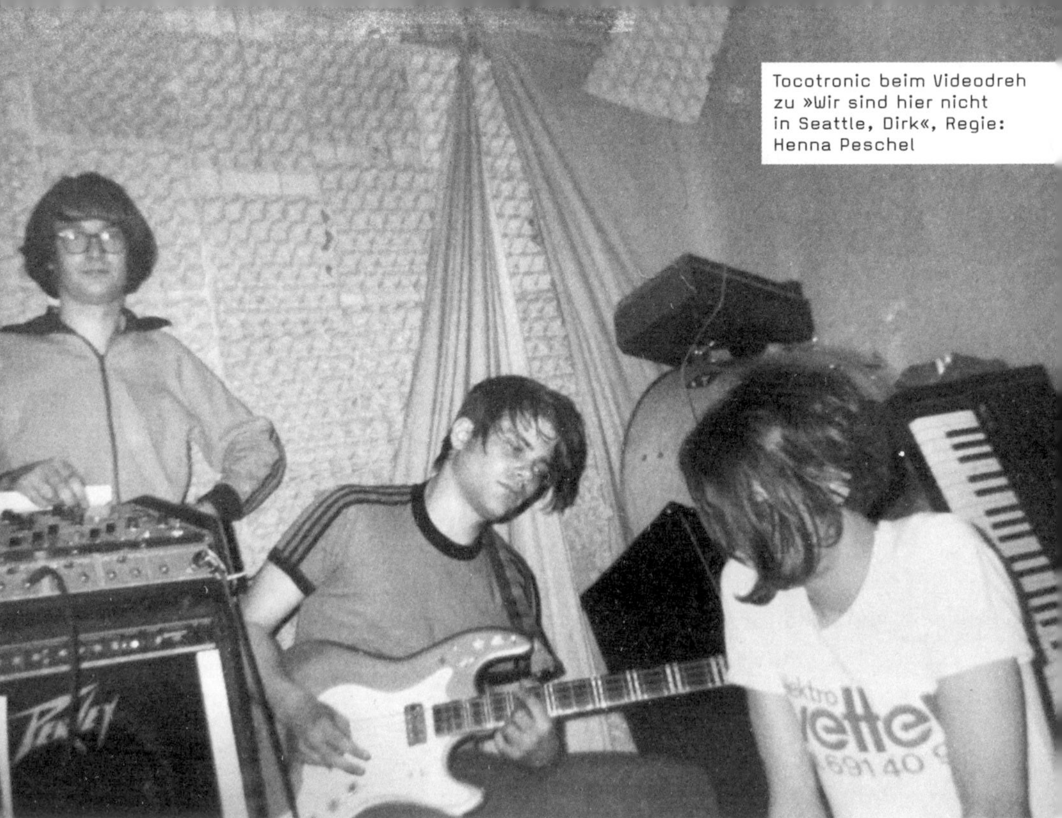

Tocotronic beim Videodreh zu »Wir sind hier nicht in Seattle, Dirk«, Regie: Henna Peschel

völlig einzigartig-originellen Stümmeldeutsch, das nie an bekannt kokett abgehacktes Rocktextdeutsch erinnert, sondern völlig eigenständig umwerfend musikalische Sachen sagen kann.« Ein »Stümmeldeutsch«, das auch anderen Songwritern zum Vorbild wurde, »In Klammern« vom Sterne-Debüt »Wichtig« zeugt davon: »Neues Blatt / Schalter umgelegt / Hält an, was es anhalten kann / Und aus, was es aushält / Experiment im Spielzeuglabor / Mikroskopisch klein – aber mein / Schlüpft aus dem Ei, fühlt sich feucht / Alles wässrig, was Welt heißt / Und nichts so meint wie du«.

Natürlich stehen die Texte der Hamburger Schule nicht nur in der Tradition der Kolossalen Jugend, Texte von Bernd Begemann oder von Tocotronic funktionieren gänzlich anders als das »Stümmeldeutsch« von Kristof Schreuf. Dennoch bleibt den Texten in »ihrer Reflexivität was Gemeinsames« (Carsten Hellberg), es bleibt eine gemeinsame Haltung erkennbar, das Deutsche nicht unhinterfragt zu setzen, sondern »in Klammern«, es in Anführungszeichen zu benutzen. Tobias Levin: »Auf jeden Fall ist die deutsche Sprache sowas Ähnliches wie etwas Ungefragtes, um

Ich lehne – und das ist ein politischer Akt – eine gesellschaftliche Konzeption einer nationalen, völkischen Identität strategisch ab, um eine Möglichkeit zu haben, anders denken zu können. Deutsch ist für mich wie eine Fremdsprache – und das korrespondiert wiederum mit der Ablehnung eines Begriffs von Identität im Persönlichen, wo für mich gilt: Das Wesen der Identität ist Eigentum des Ereignisses.

Jochen Distelmeyer

es mit Jochen zu sagen, eigentlich aber keine Notwendigkeit, weil man ja den englischen, wohlklingenden, aufregenden Ton im Ohr hat. Vielleicht ist es ein Spiel, lass uns diese Sprache nehmen, sie spiegelt, wie wir handeln, wir können sehen, wen wir meinen, wenn wir sprechen. Ob man etwas mit ihr machen kann, auch gegen ihre Form, darauf kommt es vielleicht an. Aber es kommt nicht darauf an, zu zeigen, dass das eine besonders gute Popsprache ist. Wahrscheinlich habe ich mir mit dem letzten Satz gerade widersprochen, weil sie genau dadurch zu einer guten Popsprache werden kann.«

Quotendebatten

Vor diesem Hintergrund ist das Entsetzen der Hamburger Musiker umso besser nachzuvollziehen, als sie im Sommer 1996 in einem Interview, das Heinz Rudolf Kunze dem Spiegel gegeben hat, lesen müssen: »Ich spreche ja nicht für die sogenannten Etablierten wie Grönemeyer, Maffay, Niedecken, Westernhagen oder auch Herrn Kunze – wir brauchen keine Quote. Mir geht es um Schrägdenker und den Nachwuchs wie Die Sterne, Mastino und Blumfeld aus Hamburg oder Caspar Brötzmann und Element of Crime aus Berlin, die in den Medien nicht gehört werden.« Kunze hatte sich zum Sprecher der Forderung nach einer Radioquote für in Deutschland produzierte Musik aufgeschwungen und der Spiegel passend die programmatische und antiamerikanisch konnotierte Headline »Austritt aus der Nato« gewählt, ein Zitat Kunzes aus dem Gespräch. Er beklagte darin außerdem, dass »die Flut an ausländischer Musik und ausländischem Schund« seit Ende des Zweiten Weltkriegs von den Deutschen widerstandslos geschluckt worden sei. In diesen Tenor fielen 1996 immer mehr Musiker ein, so etwa Achim Reichel, der dem Branchenblatt Rockmusiker zu Protokoll gab: »Jetzt, da die Siegermächte ihre letzten Besatzungstruppen abgezogen haben, müsste es doch das Interesse einer jeden Partei sein, unserem Land nicht seine eigene Gegenwartskultur vorzuenthalten«, und nannte das Fehlen einer Quote gar eine beispiellose »Vernichtungsaktion unserer einheimischen Musikszene«. Und im Musikexpress durfte sich Dieter Thomas Heck äußern: »Wir dürfen es nicht so weit treiben, dass wir alles, was aus dem eigenen Land kommt, runterdrücken. Es gibt einfach Menschen, die so etwas nicht fühlen und denen musst du es eben per Gesetz zeigen. Ist es nicht schön, mal wieder Deutsch zu hören?« Der Jungen Freiheit gefiel diese Debatte und sie forderte: »Englisches Gedudel stoppen!«

Drei Jahre nach den rassistischen Brandanschlägen von Mölln und Solingen musste diese Form der Vereinnahmung für Deutschland bei den Hamburger Musikern auf Widerstand stoßen. Mit den Worten »Wir sind nicht stolz darauf, jung zu sein. Wir sind auch nicht stolz darauf, deutsch zu sein«, lehnte etwa Jan Müller für Tocotronic 1996 unter Buh-Rufen den im Rahmen der Popkomm verliehenen Musikpreis Comet in der Kategorie »Jung, deutsch und auf dem Weg nach oben« ab. Myriam Brüger, die damalige PR-Verantwortliche bei L'Age d'Or, erinnert den Vorfall so: »Die Tocos haben weder mit anderen Hamburger Bands noch mit uns von Lado darüber gesprochen, dass sie den Preis ablehnen würden. Sie sind da hingefahren, und da saß ein Publikum, das eingeshoutet wurde von Leuten, die immer vor so einem Live-Publikum stehen, Tic Tac Toe waren wahrscheinlich gerade kurz vorher auf der Bühne, und dann kommen die eh schon schrägen Außenseiter, gehen auf die Bühne und sagen: ›Nee, wir möchten diesen Preis nicht annehmen.‹ Und Sabrina Setlur stand mit dem Preis in der Hand rum und wusste nicht wohin damit. Sie stand verloren rum und das Publikum hat ›Buh‹ geschrien und ›Haut ab!‹ Das war schon ein kleinerer Skandal, und es war klar, dass man Ärger kriegt mit der Polygram, mit den Motor-Music-Bossen. Also, es war eine richtige Welle und die Kategorie dieses Preises wurde abgeschafft, und man hat darüber geredet.« Wiglaf Droste war auch aufgrund dieser Aktion Fan der »drei erfreulichen Männer aus Hamburg, deren Lieder oft hilfreich und trostspendend sind«, und schrieb im WOM Journal: »Besonders schön an der Weigerung, sich von einem Sender gönnerhaft Zensuren geben zu lassen, in dem der menschliche Kopf ausschließlich

Heinz Rudolf Kunze war derjenige, der nachdrücklich am nervigsten war, und man hat sich mit dem ernsthaft unterhalten und besprochen, warum das nicht geht. Warum man mit Deutschland nichts zu tun haben will. Er ging ja davon aus, dass er es nicht für sich, sondern für uns macht. »Hey, ihr macht die gute neue, deutsche Musik, ihr wollt auch, dass eure Musik im Radio gespielt wird.«

Myriam Brüger

als das Ding zum Musikreinkippen gilt, war die zurückhaltende, selbst in der Ablehnung noch durchaus charmante Art. Aber selbst ihr freundlich und verbindlich vorgetragener Bescheid, hier einmal nicht mittun zu wollen, brachte die VIVA-Leute an den Rand der Hysterie.«

Medial war auch dank des Erfolgs von Bands wie Tocotronic, Blumfeld oder den Sternen deutschsprachige Musik sehr präsent, Jakobus Durstewitz spricht von einer von den Medien gehypten »Neuen Deutschen Welle Zwei. Wenn es gebündelt viele neue Veröffentlichungen gab und so was wie L'Age d'Or. Die haben ja auch gerne mal kooperiert mit großen Labels und die wollen natürlich was anderes, die wollen 'nen Hype, dann wurde das in der Öffentlichkeit schon anders diskutiert«. Carol von Rautenkranz betont, dass der Versuch der Vereinnahmung der Hamburger Schule für die Quotenforderung auf einem Missverständnis basiert habe: »Wir sind als Label angetreten, um Musik von hier rauszubringen. Da ging's darum, dass wir den Leuten zeigen wollten, dass 'ne Band die aus der Nachbarschaft kommt, einem Musikinteressierten genauso viel oder mehr sagen kann als z. B. jemand aus Kansas, Detroit, New York oder auch London. Aber dafür braucht man keine Radioquote.« Myriam Brüger erinnert sich, dass Musiker wie »Heinz Rudolf Kunze, Udo Lindenberg, Campino glaube ich auch, bei uns im Büro angerufen« haben und »unsere Bands dazu verpflichten wollten, mit einzusteigen in die Kampagne.«

Auf die Hamburger Szene hatte die Debatte jedenfalls eine gemeinschaftsstiftende Funktion, wie Pascal Fuhlbrügge betont, wenn auch eine andere, als die Quotenbefürworter sich erhofft hatten: »Das hat noch mal wieder zusammengebracht. Das strebte ja alles schon so ein bisschen auseinander zu dem Zeitpunkt, aber das scheiße zu finden, das hatte alle noch mal an einen Tisch gebracht.« Gemeinsam war ihnen ihre Ablehnung der Idee einer deutschen Popidentität. Jochen Distelmeyer merkte damals in einem Gespräch mit Ted Gaier und Schorsch Kamerun an: »Was ich an dieser Debatte wirklich interessant finde, ist, dass sich scheinbar alle darauf geeinigt haben, Sprache als eine Art idiomatische Substanz zu begreifen, die immer schon Ausdruck einer unwandelbaren, unauflöslichen Identität sei. Diese Sprache ist dann entweder zu schützen oder darf nicht gesprochen werden. Dadurch wird Kommunikation verhindert und damit auch die Möglichkeit ausgeschlossen, festgeschriebene Identitäten zu überwinden, sie durch Kommunikation aufzulösen und so auch zu einem anderen Sprechen zu gelangen.« Was ebenfalls in den Zitaten der Befürworter der Quote deutlich wird, wenn sie von »Siegermächten« oder der »Flut an ausländischer Musik« sprechen, und sich die Argumente kaum mehr von jenen der Jungen Freiheit unterscheiden, ist der »alte antiamerikanische Impuls, der eigentlich in Deutschland aus den sechziger, siebziger Jahren stammt«, wie Peter Thiessen analysiert. »Zwanzig Jahre vorher war das eben der Antisemitismus. Das steckt ja in diesem antiamerikanischen Strom mit drin. Diese Ablehnung des Kapitalismus, aber von rechts. Das ist eigentlich ein reaktionärer Antikapitalismus.« »Ein Künstler sollte und muss sich nicht – das Privileg genießt er als Künstler – zum Erfüllungsgehilfen irgendwelcher nationaler Kollektivphantasien machen«, bemerkt auch Jochen Distelmeyer.

Diese in den Neunzigern begonnene Debatte ragte, wie Myriam Brüger ausführt, durch »Viva, MTV und aber auch durch die Politik, durch Typen wie Dieter Gorny – das war ja die Schröder-Zeit –, durch dieses ›Wir machen jetzt hier Deutschland zur Pop-Nation‹« bis ins neue Jahrtausend, wo sie im Vorfeld, während und im Nachklang der Fußball-WM 2006 noch einmal eine neue Dimension annahm. Ebba Durstewitz: »Ich weiß noch, wie das genervt hat, diese ganze Diskussion um eine Quote, was deutschsprachige Sachen im Radio betrifft. Aber irgendwann hatte ich das Gefühl, das ist abgeflaut. Es wurde weniger, aber es war nie ganz weg. Und dann kam es irgendwann ganz selbstverständlich wieder, in den Nullerjahren, als aus Berlin mehr Sachen kamen, so was wie Wir sind Helden oder Silbermond. Und heute, wenn man Radio hört, scheint es ziemlich normal, dass Deutsch gesungen wird.« Dass an dieser Selbstverständlichkeit deutscher Texte die Hamburger Schule nicht unschuldig ist, sieht auch Chris von Rautenkranz so: »In jedem Genre wird heutzutage Deutsch gesungen und das ist selbstverständlich. Und ich glaube, dass die Hamburger Schule da auch ein großes Stück zu beigetragen hat.«

2004 sah sich die Zeitschrift Spex angesichts der neu aufgekommenen Debatte genötigt, eine Ausgabe diesem Themenschwerpunkt zu widmen, in der der damalige Redakteur Markus Hablizel das Problem auf den Punkt bringt: »Deutschsprachige Musik ist nicht per se cool. Pop ist nicht national. Wenn Pop national ist, dann haben wir verloren.« Ganz ähnlich hat es Peter Thiessen im Gespräch formuliert: »Ich habe immer gefunden, dass es weder eine deutsche noch eine deutschsprachige Popmusik gibt. Deutsche Popmusik, das ist ein Widerspruch in sich. Es gibt nur internationale Popmusik, ansonsten hat man nicht verstanden, worum es bei Popmusik geht.« Und damit sind wir wieder am Anfang: Bei den »deutschen Texten« der Hamburger Schule in Anführungszeichen, dem Deutsch als Fremdsprache, das den Anspruch der Songschreiber nach neuen Formen des Sprechens im Song zumindest für eine Weile geprägt hat.

»Fickt das System«
HipHop-Einflüsse

I killed nature with a groove
Als ich mich gestern aus ihr sprengte
BLUMFELD: L'ÉTAT ET MOI (MEIN VORGEHEN IN 4, 5 SÄTZEN), 1994

Zeitgleich mit der Hamburger Gitarren-Schule entwickelte sich eine Hamburger HipHop-Schule, für die das ursprünglich als Punk-Label gegründete Buback nicht unwichtig war. Aber nicht nur das Label war eine Schnittstelle der Szenen, auch Orte wie die Rote Flora waren Anlaufstelle für viele unterschiedliche Subkulturen. Und bei den Touren der Wohlfahrtsausschüsse waren neben Cpt. Kirk &. und den Goldenen Zitronen auch die Absoluten Beginner mit am Start. »Es verbinden uns die Texte und die Grundaussagen«, so Jan Eißfeldt über die eher losen Verbindungen seiner HipHop-Crew zur Gitarren-Szene. »Wir kommen ja auch prima mit denen aus und mögen auch teilweise deren Musik und die unsere.« Umgekehrt haben sich auch zahlreiche Musiker der Hamburger Schule vom HipHop beeinflussen lassen.

TOBIAS LEVIN: Kristof hat ewig und drei Tage den Satz gesagt: Wenn Indiebands Probleme mit Rap haben, dann ist das ganz schlecht für sie. Aber eigentlich war das nur ein Symbol, ich glaube, er meinte damit: Wenn Rap schon ein Problem für eine Rockband darstellt, verbirgt sich dahinter ästhetischer Protektionismus. Und wie gesagt, »gut auszusehen zu wollen« war für Kristof ein Indikator für den Versuch, mit etwas durchzukommen, für das man sich nicht krumm machen musste. Manchmal auch ein Indikator für Musik als Selbstlob ohne Pointe.

HANS NIESWANDT: Tatsächlich habe ich auch sehr gerne HipHop aufgelegt. Die ganze Golden Era in den Achtzigern, als parallel die Hamburger Schule losging. Da gab es Public Enemy und Beastie Boys, das fand ich schon ein bisschen interessanter und geiler.

FRANK SPILKER: Die Hamburger Schule ist stark von HipHop beeinflusst.

MENSE REENTS: Wenn man sich anguckt, was Frank und Jochen gemacht haben, Ende der Achtziger, und was sie dann paar Jahre später gemacht haben, wie dieser Textprozess sich gewandelt hat in wenigen Jahren. Wie man dann seinen eigenen Stil gefunden hat, geprägt von HipHop, im HipHop-Rhythmus.

FRANK SPILKER: Fickt das System ist das HipHop-Update von »Macht kaputt, was euch kaputtmacht«.

TOBIAS LEVIN: Blumfeld ganz klar Rap, Jochen, volle Granate, meisterliche Textformen, dann die Textmengen und das Atemlose, da steckt er mit HipHop zusammen drin und nicht nur mit Bob Dylan oder so.

PETER THIESSEN: Das ist sicher nicht für alle Bands aus Hamburg so gewesen, aber ich würde schon sagen, dass das für die Texte von Jochen gilt auf den ersten drei Platten. Wo unglaublich tolle Querverbindungen und sehr viele Zitate drin sind, das ist ja fast wie ein HipHop-artiges Sampling, aber auf der Textebene, was er da gemacht hat.

HipHop auf Buback: Der Sampler »Kill the Nation With a Groove«, 1992, und Absolute Beginner: »Gotting«, 1993

JOCHEN DISTELMEYER: »Ich-Maschine« und »L'Etat et Moi«, das habe ich damals ja auch öfter gesagt, waren für mich eher HipHop-inspirierte Platten. Für »Old Nobody« wollte ich knapper werden, genauer. Mich hat der Schritt von einer fast chorischen Mehrstimmigkeit zu eher Blues-artigen Texten interessiert. Von Gospel zu Blues.

PETER THIESSEN: Ich habe Musik immer wahrgenommen als etwas, was aus Querverbindungen und Geflechten, was aus Referenzialität sehr viel mehr besteht als aus: Irgendein Genie sitzt irgendwo und hatte einen unglaublichen Geistesblitz.

FRANK SPILKER: Für mich war das nach der Fast-Weltweit-Erfahrung, wo man sich auf irgendetwas geeinigt hatte, auch sowas wie ein Neuanfang, weil ich gemerkt habe, so klug Sachen aus den Sixties sind, auf die wir uns bezogen haben, so gut die Texte auch waren, Geschichten sind immer Geschichten und wenn man sie ins Deutsche übersetzt, klingen sie immer nach Schlager. Das heißt, wir brauchten eine andere Form. Da hat man viel beim HipHop geguckt, bei diesen Dada-Sachen, Kristof Schreuf und hat das alles zusammengemixt und dann mit so einer zitathaften Musikform, die wir damals hatten, die ja fast schon Crossover war, dafür gesorgt, dass so ein ganz neuer Mix in der Luft lag. Und das war »Fickt das System«. So haben wir angefangen.

PASCAL FUHLBRÜGGE: Ich finde, Mense verkörpert das, was gut war an der Hamburger Schule, so eine gewisse Offenheit. Die Suppenwürfel sind schon zur ersten Platte mit HipHop-DJs getourt, also extrem früh, und haben dann wirklich überall irgendwie Diskussionen bekommen. Wie denn eine Gitarrenband, so etwas, was als Nicht-Musik empfunden wurde, mitnehmen konnte auf Tour und so? Da war schon so eine Offenheit drin. Und das hat es für mich auch ausgemacht.

CAROL VON RAUTENKRANZ: Wir haben ja uns sowohl in dem House-Kontext wohl gefühlt als auch im deutschen HipHop-Kontext. Wir haben auch gemeinsame Veranstaltungen gemacht. Es gab selbstverwaltete Jugendzentren, wo wir das gemacht haben. Wir haben selbst eine Band gehabt, Mastino, wo Indie und deutscher Rap und Beats zusammenkamen.

TOBIAS LEVIN: Nach Hoyerswerda nahmen die Zitronen HipHop auf, um musikalisch zu assoziieren, dass es um Bündnisse ging.

MENSE REENTS: Es gab von der linken Musikszene die ganze Zeit ein Schauen nach Hiphop, und die Goldenen Zitronen hatten eben »18 Millionen Hooligans«. Das war neu damals, wurde aber auch ein bisschen belächelt von der Musikpresse , weil es halt nicht amtlich war. Im nachhinein klingt es ziemlich spröde und offensiv – und gut, finde ich.

»Du magst also auch Musik, was?«
Hamburg als sozialer Raum

Hamburg
Jesus liebt dich
Wo am Hafen
Die Schiffe und die Fische schlafen
Skianzüge
Am Hans-Albers-Platz
Frühstückstyrannen
Und auch Sorgenbrecher
Du altes Hamburg
Unsere Schatzstadt

LASSIE SINGERS: HAMBURG, 1992

»Die Klassenzimmer sind angenehm dunkel, es gibt Bier als Pausenbrot«, haben Tocotronic 1994 in »Ich bin neu in der Hamburger Schule« einen der zentralen Orte der Szene besungen: die Kneipe. »Die meisten Jahre in der Zeit war ich blau, Saufen hat schon eine Hauptrolle gespielt«, erklärt Carsten Friedrichs und sein Superpunk-Bandkollege Tim Jürgens ergänzt: »Wenn ich Hamburger Schule denke, dann denke ich immer an Tresen.« An diesen Tresen fand alles statt, von Bandgründungen über politische Debatten bis zu Partyabstürzen. »1993 war das Jahr, in dem ich mich blutig schlug, weil ich vom Tresen flog«, erinnert sich Dirk von Lowtzow 30 Jahre später auf dem Tocotronic-Album »Die Unendlichkeit« an diese frühen Jahre der Hamburger Schule zurück – und an ein reales Erlebnis: »Alle haben getanzt und sind immer von der Bühne gesprungen. Bernd Kroschewski hat auch alle sehr gut aufgefangen, ein sehr vertrauensvoller Fänger, man konnte sich da schon sehr gehen lassen«, erinnert sich Arne Zank an den Unfall. »Irgendwann ist Dirk vom Tresen runtergesprungen, im Vertrauen, dass Bernd ihn auffängt, aber der war durch irgendeinen Umstand gerade abgelenkt und dann ist er auf den Boden gefallen und war kurze Zeit ohnmächtig. Dann standen alle drumrum, die Musik war aus, alle haben einen sehr großen Schreck gekriegt und waren schlagartig nüchtern. Aber dann ist er langsam wieder aufgewacht.«

Das soziale Leben fand damals vor allem in den Kneipen und Clubs statt, im öffentlichen Raum. Dieses St. Pauli als Ort, der diese Möglichkeit

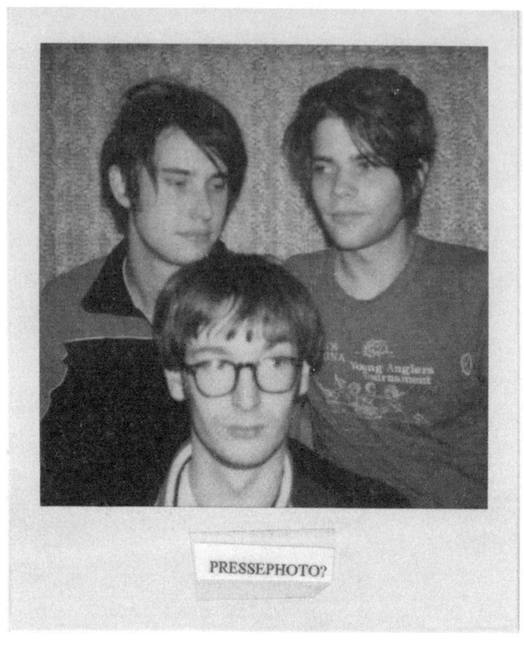

des sozialen Austauschs bot, war noch jung. »Die Musik war das Medium und der Antriebsmotor – der Rahmen, in dem sich alles bewegte«, so der Journalist Dirk Knipphals. »St. Pauli ist ja in der zweiten Hälfte der achtziger Jahre noch einmal neu erobert und in gewisser Weise auch neu erfunden worden – ein Prozess, den man auf breiter Front erst später als erste Phase der Gentrifizierung zu verstehen lernte.« »Hamburg war eine Stadt, wo man damals ganz anders leben konnte, als man jetzt in Hamburg leben kann«, erzählt auch Jan Müller. »Es gab günstige Mieten in diesen Stadtteilen, wo sich das abgespielt hat, und es gab Orte, wo man aufeinandertreffen konnte. Es gab eine ganze Infrastruktur, um das zu tun, was da getan wurde.«

»Wir waren alles Typen, die nachts immer unterwegs waren. Das war alles eine große, hedonistische Blase, in der wir uns da bewegt haben. Wir haben uns nie in unseren Wohnungen besucht, sondern sind wirklich gnadenlos jeden Tag ausgegangen. In die Kneipe Sorgenbrecher, das war die, in der wir damals am meisten waren, in Casper's Ballroom«, erinnert sich Tilman Rossmy. »Ja, die sind wahnsinnig wichtig gewesen, und es waren ausreichend viele, obwohl die Stadt natürlich im Vergleich zu Berlin total klein ist, aber vielleicht lagen die Räume hier konzentrierter beieinander? Vielleicht hat das zu mehr Begegnungen geführt, auch zur Gelegenheit zum Umgang, auch höflicher zu sein? Man begegnete sich definitiv mehr als einmal, aber oft in leicht unterschiedlichen Szenen. Vielleicht ist Hamburg deswegen relativ vielgestaltig gewesen«, ergänzt Tobias Levin zur Kneipenstruktur der Stadt. Mense Reents: »Es gab einen Pool von 100, 200 Leuten, die viermal in der Woche ausgegangen sind. Auf jeden Fall von 1990 bis 98 gab es ein Nachtleben, eine Ausgehkultur, die das Ganze befruchtet hat, die auch Spaß gemacht hat.« Und Rocko Schamoni ist sich sicher: »Das, was man als Hamburger Schule bezeichnet – ob man dieses Klischee nun mag oder nicht –, das hat da angefangen, dass wir uns jeden Abend getroffen haben.«

»Wir standen spät auf und hatten ein schönes Leben«, beschreibt Charlotte Goltermann dieses Leben in Kneipen und Clubs und das damit verbundene Gefühl von Freiheit. »Wie immer, wenn man sich mit Kunst beschäftigt. Aber was es in anderen Städten so nicht gab, war, dass wirklich alle Musiker von Die Sterne, Tocotronic, Milch, Die Regierung, Huah! und Blumfeld bis Saal II und so weiter abends alle in derselben Kneipe, dem Sorgenbrecher, abhingen, genau wie die Journalisten, mit denen man sich dann herumstritt. Alles, was man tagsüber beim Label an Promo, Katalog, Marketing oder A&R oder was auch immer bearbeitete, saß in dieser Seemanns- und Alkoholiker-Kneipe. Der Laden war vielleicht gerade mal ein bisschen größer als Myriam Brügers und mein Büro. Daraus ergab sich schon ein Austausch und ein Gemeinschaftsgefühl.« Auch für Rocko Schamoni war der Sorgenbrecher, den auch die Lassie Singers in ihrem »Hamburg«-Song zu einem Sehnsuchtsort stilisieren, ein zentraler Bezugsort. »Das war der Hauptschmelztiegel dieser Gemengelage«, erinnert er sich. »Da waren einfach 50 oder 80 Leute, haben nächtelang getrunken und sich über Texte oder Politik unterhalten, über freie Liebe und Klamotten. Daraus sind alle diese Bands entstanden. Der Funke kam von allen zu allen.« Sönke Jahn hat dem noch immer geöffneten Sorgenbrecher im Jahr 2000 in der taz einen Artikel gewidmet: »Ein schmaler Laden, in dem sofort an der langen Theke landet, wer einen Schritt durch die Tür getan hat. Und wer hier vorn keinen Platz mehr ergattert, muss sich – um nicht draußen zu bleiben – rechts entlang zwischen Tresenhockern und Zigarettenautomat hindurchquetschen und landet dann im hinteren Teil der Kneipe. Wie eine Reling ziehen sich dort in Ellbogenhöhe rundherum um den wenige Schritte langen und noch weniger Schritte breiten Raum Bretter, auf die man Flaschen und Gläser abstellen kann. Hier muss stehen, wer nicht einen der raren Hocker ergattern konnte.« Der Sorgenbrecher ist nur eine der vielen Kneipen, die als Treffpunkt, Wohn- und Debattierzimmer gedient haben. Für Luka Rothmann war es Der Eimer, der ihr den Weg in die Hamburger Szene geebnet hat: »Meine erste Begegnung mit der Hamburger Subkultur war Der Eimer, auf dem Weg nach Blankenese, am Anfang der Elbchaussee war eine Kneipe, die hat Wolf von Waldenfels gemacht, der später die Weltbühne und dann den

Bei Punk gibt es nicht unbedingt dieses utopische Gegenmodell. Es zählt, was man wirklich vor Augen hat. Die Community von Leuten, mit denen man zusammenarbeitet. Der Pudel Club und der Raum, den man hier so einnimmt in Hamburg mit den verschiedenen Leuten.

Mense Reents

Bunker an der Feldstraße gemacht hat. Da hat er angefangen. Er hat in einem Hinterzimmer einer völlig normalen Kneipe einen Raum gemietet und dort super wilde Partys gefeiert und Mitternachtssuppe ausgegeben. Das war echt wild! Das muss so 1988 rum gewesen sein und da habe ich das erste Mal überhaupt in Hamburg etwas mit der Subkultur zu tun gehabt.« An diesen Orten kamen alle zusammen, nicht nur die Musiker der Hamburger Schule. »Das gemeinsame Ausgehen war die Klammer, nicht irgendein Musikstil. Wir waren froh, dass da eine Szene war. Ich war froh davon, ein Teil einer Szene sein, ein Teil von etwas, das am Entstehen war, einem Vibe«, sagt Tilman Rossmy. Es ging darum, Räume zu besetzen, in Räumen zusammenzukommen und aus diesem Zusammentreffen den Gedanken einer Szene zu entwerfen. Mense Reents: »Es zählt, was man wirklich vor Augen hat. Die Community von Leuten, mit denen man zusammenarbeitet. Der Pudel Club und der Raum, den man hier so einnimmt in Hamburg mit den verschiedenen Leuten.« Für Carol von Rautenkranz ist dies die Essenz der Hamburger Schule: »Hier sind interessante, gute Orte und da kommen interessante, gute Menschen zusammen und trinken alkoholische Getränke und führen dabei auch interessante Gespräche über interessante Projekte. Und das ist das, was für mich die Hamburger Schule ausgemacht hat.«

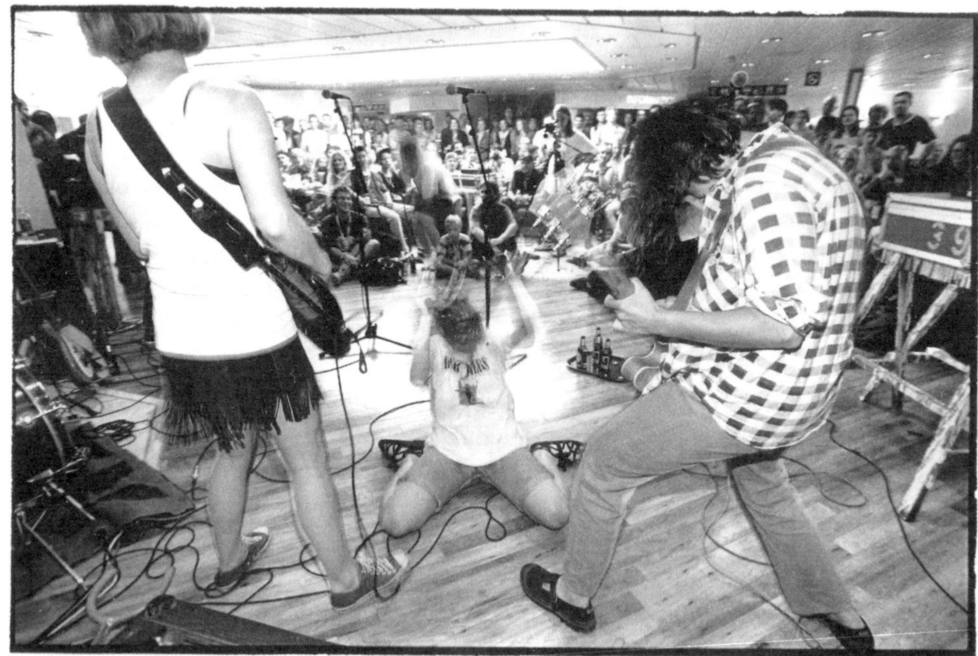

Die Braut haut ins Auge, live 1995

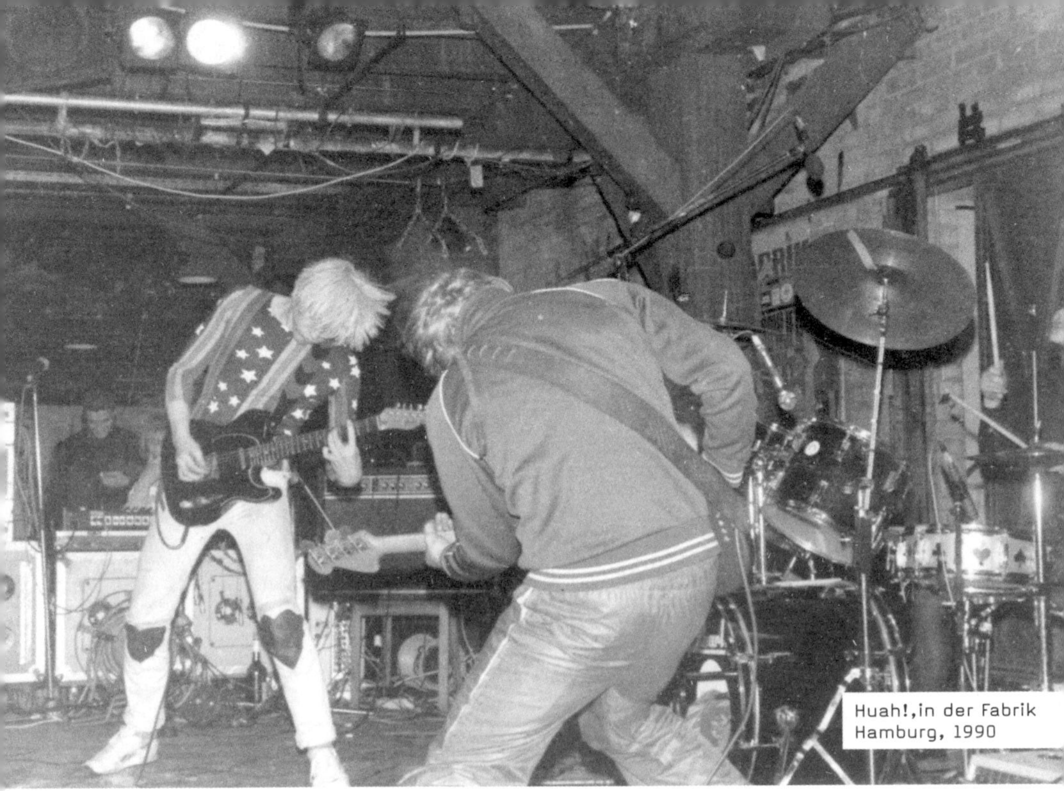
Huah!,in der Fabrik Hamburg, 1990

»Die konkrete Architektur der Räume hatte wiederum auch Einfluss auf das Sozialverhalten. Der Sorgenbrecher zum Beispiel war wie ein langer Schlauch, eine Art Sackgasse, in der nur eine Vor- und Zurückbewegung möglich war«, analysiert Bianca Gabriel das Verhältnis von konkretem Ort und sozialer Dynamik. »Man musste sich am Tresen entlang hangeln, hatte also permanenten Körperkontakt, was die unterschiedlichsten Energien befeuerte. Für mich war die Architektur des Karmers entspannter. Die beiden Eingänge zu dem großen Raum waren durch einen Gang verbunden, dadurch konnte man im Kreis laufen. Daraus resultierte eine andere Dynamik. Und wenn der Laden voll war, wurden der Platz davor und manchmal auch die an der Ampel wartenden LKW mit einbezogen. Im Pudel gab es wieder ganz andere Bewegungen: vor und zurück, alles auf einmal, einerseits Witze und Spaß, andererseits erbitterte Diskussionen, beides gleichzeitig. Äußerst streng auf der einen und auf der anderen Seite total aufgedreht und überzogen. Mit anderen Worten: Die Szene stellte sich mir insgesamt als sehr ambivalent dar. Spaßalarm, der zwischendurch gern mal ins Diffamierende kippte, um Hierarchien klar zu machen.«

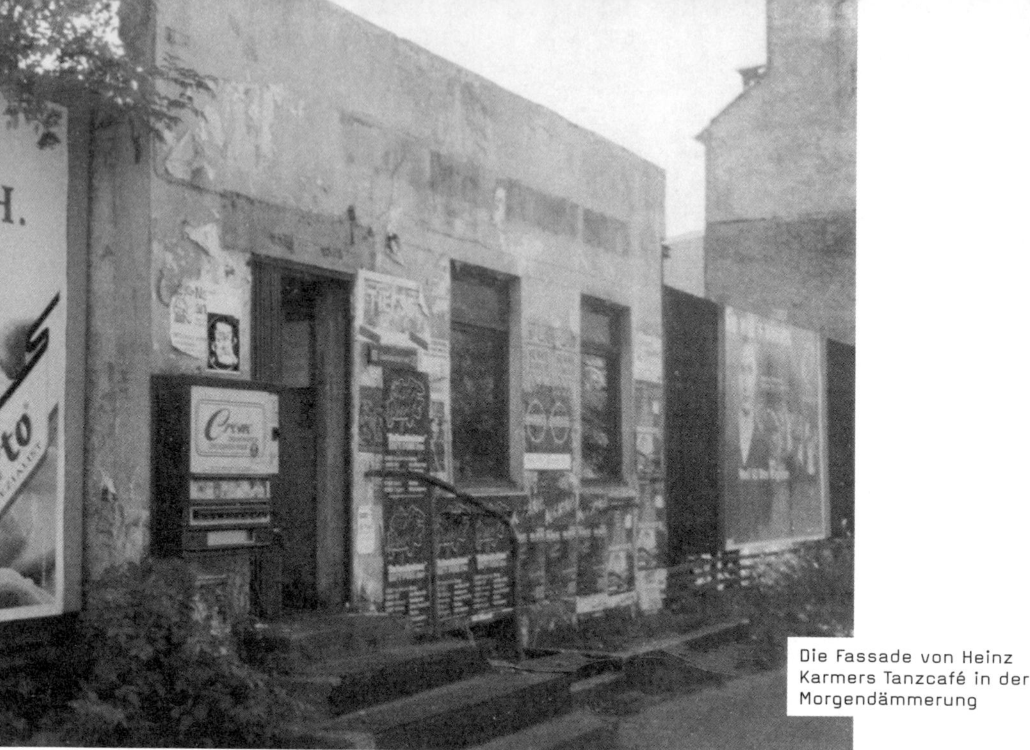

Die Fassade von Heinz Karmers Tanzcafé in der Morgendämmerung

Möglich war das Experimentieren mit Orten auch durch die damals noch verhältnismäßig günstigen Mieten. Oliver Hörr erinnert sich: »1989 haben wir angefangen, unseren ersten Laden zu machen in der Talstraße, der Caspar's Ballroom, denn ich bin nach Hamburg gezogen und habe irgendwie nichts gefunden, was mir musikalisch 100 Prozent gefallen hätte, und dann haben wir halt einfach einen Laden aufgemacht, was damals ja auch noch ein bisschen leichter ging, weil es einfach viele Räume gab, für Mieten, wo es nicht direkt darauf ankam, dass man auch Geld verdienen musste.« Nachdem Caspar's Ballroom 1994 schließen musste, eröffnete Hörr in der Budapester Straße Heinz Karmers Tanzcafé, das für viele der Protagonisten der Hamburger Schule bis heute als einer der zentralen Orte ihrer Szenesozialisation beschrieben wird.

OLIVER HÖRR: Den Laden hatte ich lange im Auge und irgendwann stand der in der Zeitung für eine minimale Mietzeit von drei Monaten. Dann habe ich ein paar Bands gefragt, die auf Tour waren, wo ich wusste, dass die einen Offday haben. Das war einfach so ein Fan-Ding. Du gehst hin und sagst, hier pass auf, ich hab gesehen, ihr habt doch einen Tag frei. Wir haben einen kleinen Laden, zahlen euch das Taxi, ihr könnt trinken, was ihr wollt, und dann schaust du, ob die Bock haben. Wir hatten halt Glück, dass die ersten zwei drei dann sofort gesagt haben, ja, machen wir, und dann spricht sich das halt rum.

LUKA ROTHMANN: Weil Hamburg diese überschauliche Qualität hat, war es eigentlich schon eine Szene und alle haben sich tatsächlich im Heinz Karmers Tanzcafé getroffen haben. Das war wirklich für zwei Jahre der zentrale Treffpunkt in Hamburg, wo alle waren.

OLIVER HÖRR: So ein Laden wie das Karmers hat natürlich eine Strahlkraft, die die Leute dann auch an die Kultur in der Stadt bindet.

JULIA LUBCKE: Das ist die Kneipe, in der ich damals gearbeitet habe. Dieser Ort war ganz wichtig, weil sich dort auch immer ganz viele Leute getroffen haben und außerdem gab es dort Musik, auch Livemusik. Es wurde dann auch über Musik geredet. Das war ein wichtiger Laden.

PETER THIESSEN: Für mich war das Heinz Karmers Tanzcafé mein Laden. Da war ich ein paar Jahre einfach so gut wie jeden Abend, man hat da wahnsinnig viele Leute kennengelernt. Und man hat wahnsinnig viel gequatscht und Blödsinn gemacht.

LUKA ROTHMANN: Ich habe mit Pascal Fuhlbrügge den Garten vom Heinz Karmers Tanzcafé urbar gemacht. Wir haben uns da hingestellt mit Sensen, und haben diesen Garten abgesenst, damit man da Partys machen kann. Und mit jemand anderem, der im Pudel aufgelegt hat, habe ich eine DJ-Kanzel gebaut, damit nichts nass wird, und dann haben wir draußen Partys gemacht. Eine Band hat mal oben auf dem Dach vom Heinz Karmers Tanzcafé gespielt. Man konnte von unten hoch gucken auf das Dach und hat diese Band gesehen, und im Hintergrund war der Dom mit dem Riesenrad und diesen ganzen bunten Lichtern. Das war hochgradig romantisch, was wir da gemacht haben, schon während der Zeit, nicht nur im Rückblick.

TIM JÜRGENS: Das Gute am Karmers war, dass es im Grunde ein rechteckiger Raum mit 'nem Tresen an einer Seite war. Und du konntest dadurch, dass der Raum so abgeschieden vom Kiez war, zu jeder Tages- und Nachtzeit auftreten. Wir sind morgens um vier mit Boy Division von irgendeinem Gartenkonzert in Schleswig-Holstein gekommen, haben uns einfach auf die Bühne gestellt und haben gespielt, bis der Laden leer war. Das kannst du ja nirgendwo anders machen, da muss man ja immer irgendwelche Lautstärke-Fragen beachten.

OLIVER HÖRR: Wir haben super viele Konzerte gehabt, die Bands sind immer größer geworden, die haben öfters dann gespielt oder wenn sie einfach so in der Stadt waren für Pressesachen und es ist einfach toll, wenn du sowas hast, ein paar Bands, die auf so was Lust haben. Das merkst du ja so einem Laden auch einfach an, ob da Leute sind mit Soul oder die einfach eine Veranstaltung abziehen wollen, weil es halt mal wieder erledigt werden muss, und ich glaube, das ganze Umfeld so vom Karmers war einfach auch so, dass alle Lust hatten, einfach Sachen möglich zu machen.

BERND KROSCHEWSKI: Es war einfach ein nettes miteinander rumhängen in immer den gleichen Läden. Und dann wurden Bands gegründet und es wurde geprobt und dann sind Sachen entstanden. Dann kamen Leute teilweise mit Kassetten abends in die Kneipe, man hat die Kassette gekriegt und hat sich das angehört und dachte, das ist geil. Im Karmers haben wir dann Boy Division irgendwann gegründet, irgendwie.

Boy Division sind nicht die einzige Band, die an einem Hamburger Tresen gegründet wurde, auch Kolossale Jugend fanden sich in einer Kneipe, wie Pascal Fuhlbrügge sich erinnert: »Im Subito wurden auch Sachen abgemacht, Bands gegründet. Kristof Schreuf zum Beispiel haben wir da kennengelernt. Für sowas war das Subito gut, um auch mal etwas Cliquenübergreifendes zu tun. Wenn man dann ein bisschen betrunken ist, geht das ja auch einfacher.« Bernd Begemann erzählt: »Man redete mit jemandem im Sorgenbrecher, die Musik im Laden war 'ne Mischung aus Manfred Krug und Sly Stone und die Person, mit der du gesprochen hast, hatte in der nächsten Woche eine Band und die Woche darauf in irgendeinem Laden einen Auftritt.« Stella-Sängerin Elena Lange betont ebenfalls, wie wichtig es war, niedrigschwellig am Tresen mit Menschen ins Gespräch zu kommen: »Ich habe auch Leute angesprochen, wenn ich die super fand und mit ihnen was machen wollte. Ich meine, das hat nicht immer geklappt. Aber einfach seinen kleinen Kreis zu erweitern, weil die ganze Hamburger-Schule-Musikszene war wenig rockistisch. Sie war solidarisch. Ich meine, ich hatte da auch Fights mit Leuten, aber trotzdem hat das irgendwie nichts daran geändert, dass man sich gegenseitig respektiert hat. Man hat da mit allen Leuten mal was zu tun gehabt. Sei es mit Tobias Levin oder mit Ted Gaier, den unterschiedlichsten Musikertypen, die ich in Hamburg kennengelernt habe.« Und noch etwas haben die Kneipen erreicht: Hierarchien wurden eingerissen zwischen Musikern und Konsumenten. Myriam Brüger fasst zusammen: »Es hat wirklich mit den Orten zu tun, die da waren und die den Raum gegeben haben, dass man überhaupt frei war von irgendwelchen Vorbildern.« An diesen Orten, frei von Vorbildern und frei von Druck, ergaben sich Begegnungen, aus denen dann Bands hervorgingen.

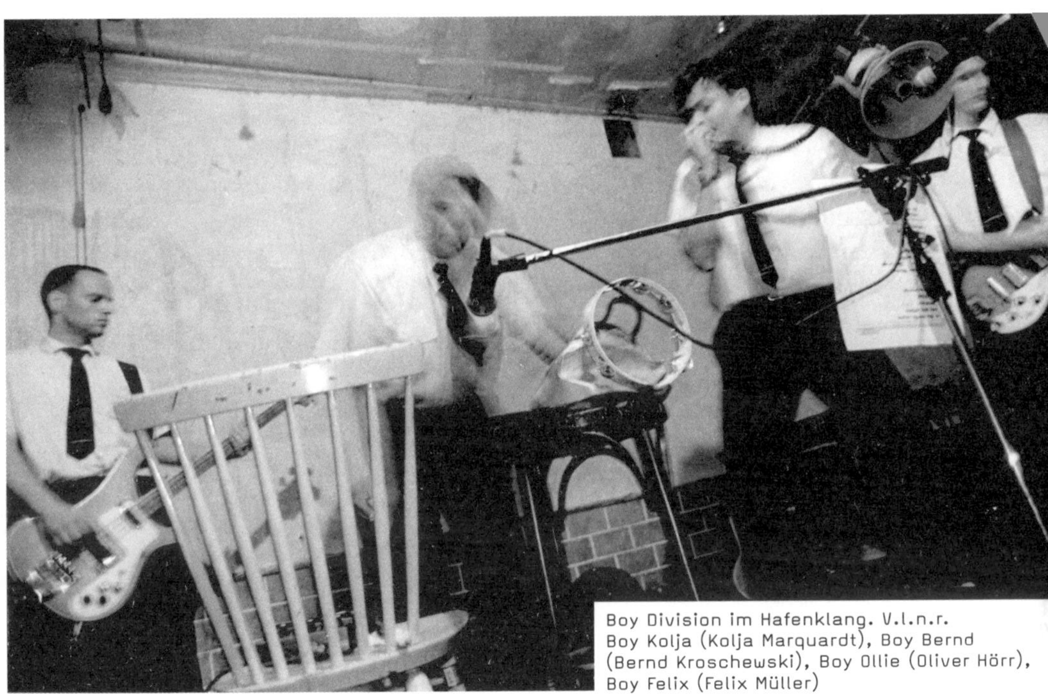

Boy Division im Hafenklang. V.l.n.r. Boy Kolja (Kolja Marquardt), Boy Bernd (Bernd Kroschewski), Boy Ollie (Oliver Hörr), Boy Felix (Felix Müller)

BERND BEGEMANN: Wenn ich solche Geschichten höre, wie dass sich Tocotronic zum ersten Mal zu dritt bei einem Konzert von mir in der Zinnschmelze in Barmbek getroffen hat, wärmt das mein Herz.

DIRK VON LOWTZOW: Jan hat gesagt, da wäre ein Konzert mit Bernd Begemann in einem Club mit dem Namen Zinnschmelze. Da haben drei Bands gespielt, das waren Lawnmower, die so Shoegaze-Sound gemacht haben auf Englisch, und Automatic, die Hüsker-Dü-artigen oder Sugar-artigen Punkrock-/Post-Hardcore-Sound gemacht. Das war mir dann sehr nahe, das war ungefähr so die Musik, die ich selber zu dem Zeitpunkt auch gemacht hatte oder mochte, und dann trat Bernd Begemann auf, und das war für mich total fremdartig, aber auch eine

Offenbarung. Weil er auf Deutsch gesungen hat, und sich an politischen Songwritern orientiert hat, an Billy Bragg oder Style Council oder Elvis Costello und dann hatte er diese deutschen Texte mit diesen sehr pointierten Alltagsbeobachtungen. An dem Abend habe ich dann auch Arne kennengelernt und war auch in ihn total verknallt und dachte, wow, was für ein super Typ, und weiß noch, dass ich dann nach Hause gelaufen bin, ein bisschen angetrunken, und gedacht habe, ich muss alles, was ich bisher geschrieben habe, meine Songs auf Englisch, in die Tonne treten.

JAN MÜLLER: Ich wusste gar nichts über Die Antwort und Begemanns Geschichte, den habe ich da zum ersten Mal gesehen. Und das hat extrem was ausgelöst in mir. Die Art, wie er das gemacht hat. Man konnte ihn nicht so genau einordnen. Was ist denn das jetzt? Ist das schlageresk oder ist das doch Punk? Das fand ich super.

DIRK VON LOWTZOW: Wir haben dann jedenfalls gesagt, wir können uns ja mal treffen zu dritt, Arne und Jan hatten einen Proberaum, und ich hatte schon ein paar Songs.

JAN MÜLLER: Das Begemann-Konzert war vielleicht '92 und dann haben wir auch relativ schnell Tocotronic gegründet und ich glaube, dann bin ich wirklich sehr eingetaucht zusammen mit meiner Band in diese Welt, wir waren viel in den Bars, die es damals so gab.

Wenn Tocotronic jetzt ganz berühmt werden, verkaufen wir dann sicherlich auch noch mehr Hefte, denn Dirk ist schließlich unser Praktikant. Tocotronic sind die beste Fix-und-Foxi-Band dieser Stadt.

Bernd Kroschewski in Heft #14

Statt Konkurrenz stand ein Miteinander im Vordergrund, ein Austausch und ein Interesse aneinander. »Was ich vor allem von der Hamburger Schule gelernt habe, war auf der Bühne zu stehen. Da waren ein paar Typen, die hatten das raus. Zum Beispiel Kristof Schreuf, der stand auf der Bühne wie Bon Scott. Bernd Begemann, der hat das ja auch raus. Dadurch habe ich aber auch meinen eigenen Weg gefunden«, sagt Tilman Rossmy. »Als ich das dann selber auch konnte, habe ich gemerkt, dass das gar nicht meins ist. Es ist total gut, wenn man Leute um sich hat, die das können. Dann kann man gar nicht anders als seinen Weg zu finden, sonst würde man ja auch untergehen.«

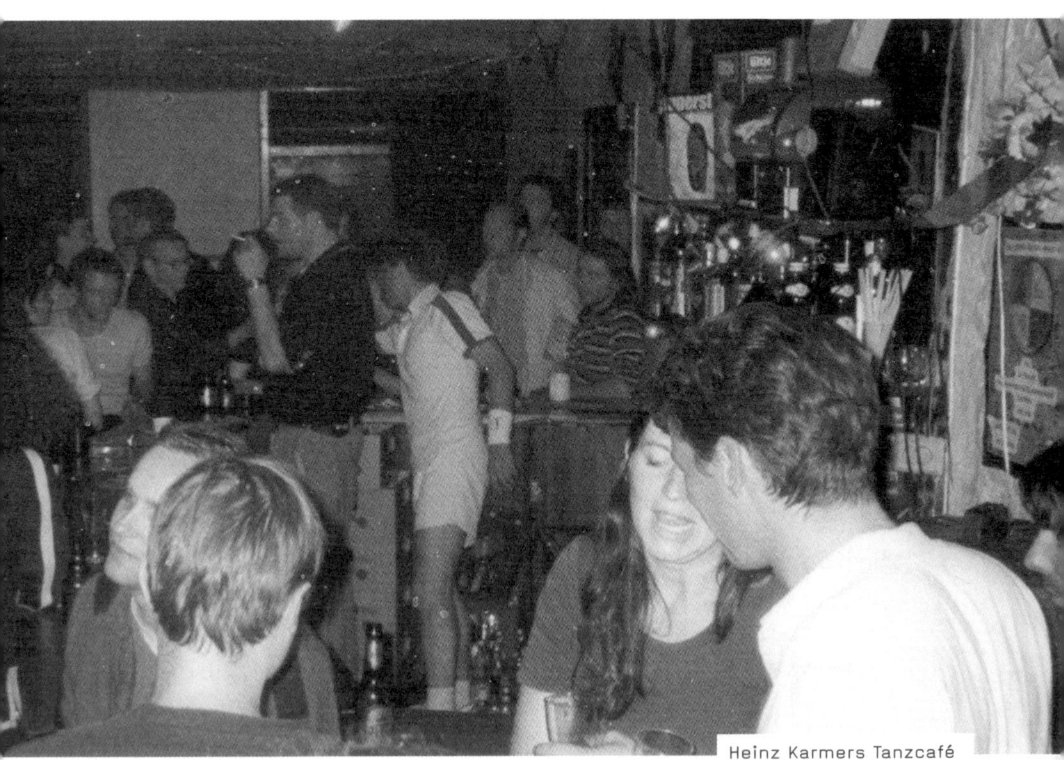
Heinz Karmers Tanzcafé

Auch Ebba Durstewitz betont den gemeinschaftsstiftenden Charakter der Clubs: »Die Hamburger Szene macht dann tatsächlich aus, dass es diese Art der Vernetzung gab, weil man in dieselben Clubs ging, weil man eine Vorliebe für eine bestimmte Art des Nachtlebens oder Clubs teilte und auch, wie man sich geholfen hat, wie man Übungsräume geteilt und sich Instrumente ausgeliehen hat und auch überhaupt völlig über die Genres hinweg.« »In Hamburg war es einfach so, dass alle, die Musik gemacht haben, auch irgendeinen Kreativjob gemacht haben, Tobias Levin muss man im Tonstudio nichts erklären«, ergänzt Knarf Rellöm. »Der weiß, dass man nicht klingen will wie die Rolling Stones. Man muss dem nicht viel erklären. Grafiker, die die Platten machen konnten, die die Cover machen. Leute, die Plakate kleben. Leute, die Konzerte veranstalten. Die ganze Infrastruktur war hier und die war vor allem von Freunden und Freundinnen gemacht.«

So ist es im Rückblick für die meisten gerade diese Form des Sozialen, die den Charakter dessen definiert, was als Hamburger Schule bekannt geworden ist. Carsten Friedrichs etwa sagt: »Das war das Tolle an Hamburg, da Musik zu machen, dass man da so tolle, talentierte Leute hatte, ohne irgendwelche großen Allüren. Und die haben dann noch weitergeholfen, haben das völlig spitzenmäßig gemacht. Damals gab es ja auch noch nicht diesen Begriff der Hamburger Schule.« Mit diesem Begriff, so Frank Spilker, habe man versucht, das Zusammenspiel von sozialer Interaktion und Musik in einem Schlagwort zu bündeln: »Den Begriff hat jemand erfunden, um zu beschreiben, was damals los war. Das war ein Versuch, etwas Besonderes zu benennen.« War also die Hamburger Schule vielmehr ein soziales als ein musikalisches Phänomen? André Rattay von Blumfeld unterstützt diese Lesart: »Der Begriff Hamburger Schule war die Klammer von außen. Aber entstanden ist das schlicht und ergreifend, indem Leute miteinander gesprochen und einander geholfen haben.« Und auch Thorsten »Taucher« Wessels, Gründungsmitglied von Ostzonensuppenwürfelmachenkrebs, sieht es ähnlich: »Wenn man Hamburger Schule als ein soziales Phänomen versteht oder als eine Beschreibung dieser Hamburg-Szene, die da entstanden war, dann waren wir natürlich Teil davon. Ich glaube auch, dass wir gar nicht mal so ein kleiner oder unwichtiger Teil davon waren, weil wir relativ lange in gleicher Besetzung da mitgemacht haben.«

SCHORSCH KAMERUN: Dass uns die »Hamburger Schule« auf die Nerven geht, stimmt aber nicht. Der Begriff ist ein Journalistenbegriff, der existiert so nicht für uns. Wenn man aber die Leute und ihren Austausch untereinander meint, der sich nie nur auf Hamburg beschränkt hat – der findet nach wie vor statt und nervt auch nicht.

FRANK SPILKER: Hamburg ist nun mal nicht so groß wie Berlin oder London oder New York. Da läuft man sich zwangsläufig über den Weg. Und wenn man schlau ist, dann nutzt man das aus und redet miteinander.

EIKE BOHLEN: Aus den Achtzigern und der Punk-Szene war ich es gewohnt, dass man sich kritisch beäugt hat. Neid spielte eine Rolle. Aber in den Neunzigern gab es gemeinsame Auftritte, Diskussionen darüber, was es bedeutet, Platten aufzunehmen, Interviews zu geben und so weiter. Was das mit einem macht.

Was im Rückblick wie das Ideal einer Szene wirkt, hatte in der Realität allerdings auch Dellen. Nicht alle kamen miteinander aus, auch im Hamburg der Neunziger gab es Ausschlüsse, Konkurrenzdenken und Konflikte. »Im Sorgenbrecher hat mir mal jemand ein Glas Wasser umgekippt und ich hatte kein Geld mehr. Da habe ich den Barkeeper gefragt, ob er es mir noch mal gibt«, erinnert sich etwa Bernadette La Hengst. »Der wusste, dass ich Straßenmusik mache und fand mich total asozial und ekelhaft. Ich habe ihm ein anderes Glas, was da stand, ins Gesicht geschüttet. Ich weiß, das war nicht sehr nett. Aber er hat mir daraufhin einen riesengroßen Sektkübel in die Fresse geworfen. Da habe ich fast meinen Zahn verloren, habe geblutet, bin rausgerannt – und niemand hat mir geholfen! Da war nichts an Solidarität, das war einfach nur ein beschissener Szene-Laden, wo man sich wichtig vorkam.« Die fehlende Solidarität wirft in diesem Fall ein anderes Licht auf die Nachtkultur und die Szenegemeinschaft als die Beteuerungen der gegenseitigen Hilfe innerhalb der Feiercommunity.

BERNADETTE LA HENGST: Es gab tatsächlich ein Netzwerk, in dem viele Leute waren, mit denen man sich befreundet hat. Es hatte viel mit Freundschaft zu tun, aber wir waren natürlich nicht alle miteinander befreundet.

MENSE REENTS: Wir haben uns nicht verabredet, außer zum Musik machen und abends zum Ausgehen. Es wurden keine großen privaten Beziehungen gepflegt außerhalb dessen.

BERNADETTE LA HENGST: Es gab auch sehr viel Konkurrenz untereinander und es gab auch ganz viel Überwachung. Soziale Überwachung, würde ich mal sagen. Der Grund, warum ich aus Bad Salzuflen damals weggegangen bin, ist dann sozusagen in der Hamburger Schule zurückgekommen.

NIXE: Das war ja schon eine recht homogene Gruppe, die sich auch hauptsächlich füreinander interessiert hat. Es war das Größte, die ganze Nacht zu diskutieren, einfach nur um des Diskutierens willen.

JAN MÜLLER: Die Szene war sehr klein und der Raum war sehr eng. Und das hat man natürlich auch gemerkt. Ich habe da auch immer sehr viel Testosteron gespürt. Durch die Protagonisten. Das war nie so mein Ding, das männliche Kämpfen miteinander, das hat mich nie so interessiert.

BERNADETTE LA HENGST: Für mich war es eine homogene Fortführung einer Gesprächskultur über Pop, Politik, Literatur und Utopien.

NIXE: Für Außenstehende war es vielleicht auch manchmal schwierig, da mitzumachen, es war eine gewachsene Struktur, jedes Gespräch war auch die Fortsetzung der vorherigen. Und alles war immer brandheiß, brandwichtig. Und vor allem war es wichtig, zu einfach allem auch eine brandheiße Meinung zu haben. Deshalb haben mich persönlich diese Diskussionen auch nicht so interessiert, weil mir ehrlich gesagt die meisten Sachen nicht so furchtbar wichtig sind. In den Sorgenbrecher gingen ja auch eine Menge Musikjournalisten, Veranstalter, Leute von Musiklabels – alle, die irgendwie mit Musik zu tun hatten, das vermischte sich da alles.

TOBIAS LEVIN: Aber man geht höflich miteinander um, weil man gleichzeitig voneinander weiß, dass die Menschen an ähnliche Sachen glauben und sie es auch für notwendig halten, sich gegenseitig an sie zu erinnern. Ich glaube schon, dass das total wichtig war, es ist noch Prä-Internet, und es gibt schon ein Oben und Unten, es gibt Leute, die sich beschweren, dass wir die Musikpolizei gewesen seien.

JAN MÜLLER: Das waren wirklich eigentlich immer die Männer, die sich so benommen haben, würde ich mal sagen. Und das hat mich damals natürlich, wenn ich ehrlich bin, auch eingeschüchtert und die waren alle ein paar Jahre älter. Heute denke ich, die waren alle auch noch im erweiterten Sinne Jugendliche. Dieses Sendungsbewusstsein hatte ich nie und ich glaube, das habe ich auch bis heute nicht. Aber es ist ja auch gut so, ich glaube sonst, ohne diese Schärfe, wäre es auch nicht das gewesen, was es ist.

TOBIAS LEVIN: Wenn ein Mensch in einem Gefüge mitspielt, dann denke ich natürlich, es ist einfach wahnsinnig toll, wenn Leute ihre Stimme erheben und ein Gespräch entsteht, ganz einfach. Wenn das nicht passiert, ist das überhaupt nicht gut, dann ist man einsam und bleibt in Pinneberg und einigt sich auf irgendeinem Level mit allen, dass so gelebt wird, und das war's. Und das hat sich in Hamburg ganz stark unterschieden, und der Versuch, das weiter fortzuführen, nämlich mit den Menschen zu reden, mit denen man was macht, heißt nicht, dass man immer auf Gegenliebe stößt, sondern manchmal stört es, was gesagt wird, okay, einverstanden, alles klar, Widerrede, fertig.

PASCAL FUHLBRÜGGE: Mir persönlich ging es da viel mehr um so eine Haltung, auch so einen Austausch, eben so ein DIY-Gedanke. Auch dieses Ablehnen dieses Musikgeschäftes, so wie es war.

TED GAIER: Es geht um ein »Soziales Zusammen«, dazu gehören auch Künstlerinnen, Filmemacherinnen, Kunsthistoriker oder meinetwegen Dachdeckerinnen. Das ist keine Schule und auch keine Künstlergang. »Schule« im musikalischen Sinne heißt »Sound of …«, also »Sound of Hamburg«, die Methode von Hamburg.

CARSTEN HELLBERG: Letzten Endes ist das eher ein soziales Phänomen, dass zu einer gewissen Zeit Bands da waren, die Sachen gemacht haben. Das ist natürlich eine Voraussetzung. Es gab eine Infrastruktur, die das wiedergegeben hat, also Veranstaltungen, erste Sampler, ein Label, verschiedene Label und sonst was. Und Orte, an denen das stattfand, natürlich auch.

NIXE: Es gab Clubs, in denen man spielen konnte, und Leute, die da hingekommen sind. Und Labels, die die Musik veröffentlicht haben.

CARSTEN HELLBERG: Dazu gehören auch Kneipen, in denen man sich getroffen hat. Und da konnte dann eine Szene sich in ihrer Diversität entwickeln. Das ist für mich eigentlich das, was die Hamburger Schule ausmacht und was mir wichtig ist.

EIKE BOHLKEN: Das wirklich Neue daran war, dass wir verschiedene Musikrichtungen zusammengebracht haben. Bandintern und übergreifend, was vor allem durch die ganzen persönlichen Verflechtungen zustande kam.

EBBA DURSTEWITZ: Vielleicht ist das das, was am besten war an dieser ganzen sogenannten Hamburger Schule oder Hamburger Szene. Das zeigt sich an so einer Plattenfirma wie Buback ganz gut, wie selbstverständlich da Sachen, bei denen jeder sagen würde, das passt jetzt nicht zu unserem Profil oder das ist doch »wirtschaftlicher Wahnsinn«, erschienen sind. Dass das völlig selbstverständlich war, einfach weil man dieselben Werte teilt, egal aus welchem Genre man kommt.

TOBIAS LEVIN: Sozialer Raum reicht nicht. Die Frage ist ja eher, ob es ein funktionierender sozialer Raum war und ob es in unterschiedlichen Räumen ein paar gute Argumente gibt für das Abgrenzen.

LUKA ROTHMANN: Das war die totale Anarchie, im besten Sinne. Wir haben einfach alles gemacht, was wir machen wollten, weil die Gegebenheiten so simpel waren.

TOBIAS LEVIN: Ich würde sagen, es hat schon versucht, eine Gesellschaftsform zu denken, unausgesprochen war der Wunsch da, ohne Auftrag einer Autorität.

ELENA LANGE: Damals war das einfach eine schöne Community. In der ich anfangs eine Exotin war, weil ich viel jünger war als die anderen, zum Beispiel als Schorsch Kamerun. Aber gleichzeitig haben wir wirklich viele Sachen zusammen gemacht. Es ging einfach, jeder hat in drei oder vier Bands gespielt. Da war unglaublich viel Austausch, es wurde viel diskutiert, es wurde auch viel gestritten.

TED GAIER: Meine Freundschaft mit Jochen kam zustande, weil wir uns über Sachen wie die Wohlfahrtsausschüsse angefreundet haben, weil wir beide eine politische Notwendigkeit empfanden und Teil von den Leuten waren, die da etwas machen wollten. Bevor ich ihn kannte, fand ich Blumfeld grauenhaft. Okay, mittlerweile habe ich dieses Universum begriffen, aber das ist nicht der Punkt, in dem man uns assoziieren könnte, sondern weil wir als politisch denkende Menschen und Teil einer ähnlichen Idee von Sozialem operiert haben und nicht als der Sänger von Blumfeld und der Gitarrist von den Zitronen.«

TOBIAS LEVIN: Das Wahrnehmen und auch das Wissen, dass die Zutaten, um zusammenzuleben, sich schon aus dem ständigen gegenseitigen Interesse speisen, und dass dieses gegenseitige Interesse auch damit zu tun hat, dass jemand anderes etwas kann, was ich nicht kann, und dazu gehört auch, belesen zu sein oder besser musizieren zu können oder besser produzieren zu können oder irgendwie sowas, und das heißt nicht, genauso gut sein zu wollen, sondern das nicht nur zu respektieren, sondern das nutzen zu wollen, also zu sehen, dass man daraus was machen kann.

»80.000.000 Hooligans«
Wohlfahrtsausschüsse

Das Radio als Rauchzeichenmelder
Polizisten im Safarilook
Kollektive Ängste und kollektive Krämpfe
Vereinten Konsum und den Zweifel daran
Die Gewissheit-Träger von Geheimnissen zu sein
In unentschlossenen Outfits, in ärmellosen T-Shirts
Dem Anderen begegnend in Beton-Architektur
Dem Dauergewählten, dem Erbsensuppengrünen

DIE GOLDENEN ZITRONEN: DAS WAR UNSERE BRD

»Wer die Wiedervereinigung nicht toll findet, wird wahlweise für dumm, gestrig, kleingeistig oder hochnäsig gehalten. Wenn so einer noch zusätzlich in einer Band spielt, dann umgibt ihn ein Hauch von Vogelfreiheit. 1990 wird deshalb das erste Jahr, in dem aus der Defensive gerockt werden muß. Die Kolossale Jugend macht das gereizt.« Gereizt und aus der Defensive auf die politischen Verhältnisse nach der Wiedervereinigung zu reagieren beschreibt Kristof Schreuf hier als Grundimpuls der Kolossalen Jugend und auch der Hamburger Musikszene dieser Umbruchjahre nach dem Mauerfall und der Wiedervereinigung. Auch Luka Rothmann, die gemeinsam mit Kristof Schreuf bei Brüllen gespielt hat, erinnert sich an Diskussionen, in denen Sorgen vor einem wiedervereinigten Deutschland, dem Ende der »kollektiven Ängste und kollektiven Krämpfe« der BRD-Gesellschaft, formuliert wurden: »Eine meiner ersten Wahrnehmungen von Kristof ist, dass er mir aus der Seele gesprochen hat, wie das mit dieser Wiedervereinigung vonstattengegangen ist und was da falsch gelaufen ist. Es gab so viele unterschiedliche Meinungen und so viele unterschiedliche Herangehensweisen und Arten und Weisen, damit umzugehen. Und Kristof hat die ganze Zeit den Nagel auf den Kopf getroffen.« Das Gereizte und Defensive ist auf »Leopard II« der Kolossalen Jugend von 1990 in jedem Song zu spüren – »Den Vorhang reißt auf / es singt das Land / es liegt der Hund begraben« – und greift damit die alarmierte Vorahnung innerhalb der westdeutschen Linken auf, die sich kurz darauf in den rechten Pogromen vor allem in Ostdeutschland, aber auch im Westen bewahrheiten sollte. »Der Vorläufer der Wohlfahrtsausschüsse war eine Kleinstbewegung«, erinnert sich Ale Dumbsky, »die, verkürzt gesagt, nach außen hin vertreten hat: Das wird kein gutes Ende nehmen. Das war vor Rostock, vor diesem ganzen Wahnsinn, den Pogromen.« Im September 1991 wurden Unterkünfte von Geflüchteten in Hoyerswerda angegriffen, 1992 tobte der deutsche Mob in Rostock-Lichtenhagen, im gleichen Jahr starben zwei Mädchen und ihre Großmutter bei einem Brandanschlag in Mölln, fünf Frauen und Mädchen im Mai 1993 bei einem Brandanschlag in Solingen. 1.483 rechte Gewalttaten hat das BKA für das Jahr 1991 registriert, 2.584 für 1992.

»Unsere Politisierung begann nicht mit Rostock oder Hoyerswerda. Die hatte viel früher begonnen, bereits Mitte der Achtziger bei den Häuserkämpfen in der Hafenstraße in Hamburg«, erinnert sich Ted Gaier, doch mit der rechten Pogromstimmung erhöhte sich die Dringlichkeit, auf die politischen Verhältnisse zu reagieren. Die Goldenen Zitronen bekamen die aufgeladene Stimmung am eigenen Leib zu spüren, als ihr Tourbus 1991 bei einem Konzert in Hoyerswerda angegriffen wurde. »Als den Zitronen das in Hoyerswerda passierte, war das wie ein Warnsignal an alle Bands« beschreibt Rocko Schamoni die Stimmung in Hamburg nach dem Übergriff. »Passt auf, wenn ihr in den Osten fahrt, haltet nicht in irgendwelchen Dörfern, denn da kann alles passieren.« Mense Reents, zu diesem Zeitpunkt noch kein Bandmitglied, fasst die Episode zusammen: »Es wurde der Bus angegriffen, massiv, mit durchschossenen Windschutzscheiben. Sie hatten Todesangst. Es gab zwei Jugendzentren, ein linkes und ein rechtes. Sie haben versehentlich das rechte angesteuert, sind auf den Hof gefahren und wurden dann gleich von einer Gruppe von Skins angegriffen. Ich glaube in kürzester Zeit war die Windschutzscheibe durchschossen. Soweit ich weiß, sind sie rückwärts aus der Hofausfahrt. Der Wagen war Schrott. Das war ganz traumatisch. Die Dorfpolizei vor Ort hat sich teilnahmslos und ignorant verhalten, die meinten nur: ›Selber schuld.‹« »Der Bürger wehrt sich doch nur – selber schuld« heißt es auch im Song »Die Bürger von Hoyerswerda und anderswo«, den Die Goldenen Zitronen 1992 in Zusammenarbeit mit Easy Business und Eric »IQ« Gray als Reaktion auf dieses Erlebnis und die Pogrome veröffentlicht haben, und der zufällig einen Tag vor Beginn der Ausschreitungen in Rostock-Lichtenhagen erschien: »Eine Angstkarawane zog zum Städele hinaus, ein Stein fliegt, Blut fließt, ›Treffer‹, Applaus.« Der Maxi-Single lag eine Broschüre mit Texten von Günther Jacob über die Auseinandersetzung

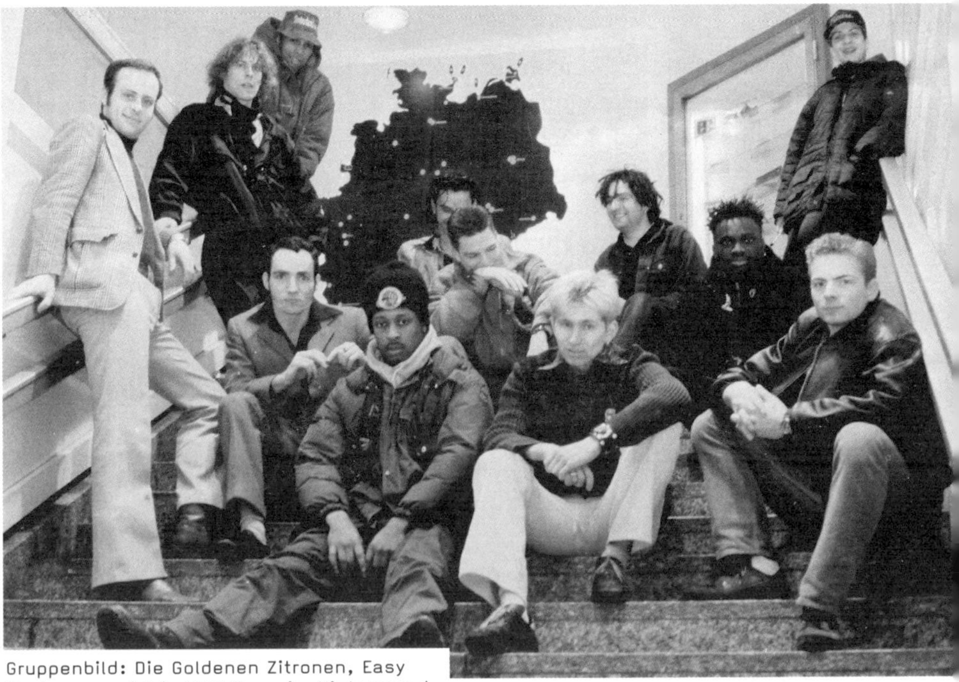

Gruppenbild: Die Goldenen Zitronen, Easy Business und Eric »IQ« Gray, im Hintergrund ein düsteres Deutschland

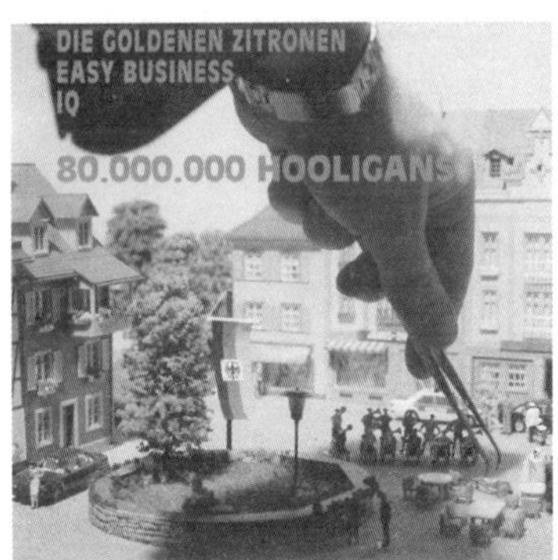

Die Goldenen Zitronen, Easy Business, Eric »IQ« Gray: »80.000.000 Hooligans«, Maxi 1992

mit Rassismus im HipHop sowie vom Juristen Oliver Tolmein zur Debatte um das neue Asylverfahrensgesetz bei, das 1993 mit großer Mehrheit im Bundestag verabschiedet wurde. »Mischt euch ein! Geht zu den Flüchtlingen in die Lager. Solidarisiert euch. Brecht die Isolierung. Gegen die herrschende Ordnung der Welt. Bleiberecht für alle«, appelliert das Beiheft am Ende. Zu lesen ist diese Veröffentlichung, die Theorie und Praxis, politische Agitation und Musik zusammenbringt, im Kontext des bereits von Ale Dumbsky erwähnten Wohlfahrtsausschusses, der sich Ende 1992 als Reaktion auf die rassistische Stimmung im Land in Hamburg zusammengefunden hat.

Im Dezember 1992 fand im »Mekka« auf St. Pauli die erste öffentliche Diskussionsveranstaltung des Hamburger Wohlfahrtsausschusses statt, bei der unter anderem Diedrich Diederichsen, Andreas Fanizadeh und Günther Jacob über die rechte Bedrohung und die Möglichkeiten, als Poplinke dieser Tendenz etwas entgegenzusetzen, diskutierten. Eine Linke also, die unter Pop mehr verstand als Eskapismus oder einen universitären Forschungsgegenstand, die vielmehr einen zentralen Ausschnitt der sozialen Wirklichkeit, nämlich das kulturelle Feld »Pop«, politisierte und gleichzeitig die Widersprüche, die sich daraus ergaben, hinzunehmen bereit war. Jakobus Durstewitz war bei einem der ersten Treffen vor Ort: »Ich war da einmal dabei, da wurde sich getroffen. Ted Gaier, Jochen Distelmeyer, die ganze politische Fraktion war da. Es wurde sehr viel über Sozialwissenschaften geredet und sowas.« Diederichsen plädierte dafür, den Pop in den Mittelpunkt zu stellen und erklärte: »Wenn sich aus diesen Wohlfahrtsausschüssen etwas entwickelt, dem man den komischen Namen ›Bewegung‹ besser nicht gibt, dann wird man diesen Leuten das Tanzen wahrscheinlich als einziges nicht mehr beibringen müssen. Ich halte es aber für entscheidend, daß sich niemand seines Hedonismus schämt und sich der hysterischen Repolitisierung und Remoralisierung unterwirft, die auch allenthalben zu beobachten ist (nicht nur bei Lichterketten) und natürlich als Politik nicht zu gebrauchen ist.« Dagegen betonte Fanizadeh, dass es darum gehen müsse, sich auf die gesellschaftlichen Verhältnisse zu beziehen und eine konkrete politische Praxis zu entwickeln. Diese Praxis manifestierte sich nach vielen Diskussionen, Soli-Konzerten und Vorträgen darin, geschlossen in Richtung Osten aufzubrechen. »Ein halbes Jahr später setzte sich ein Troß von etwa 250 Musikern, Intellektuellen und Antifas in Bewegung. Von den alten in die neuen Bundesländer ging es, um in Zusammenarbeit mit örtlichen linken Gruppen in Rostock, Dresden und Leipzig die Rechten herauszufordern und ihnen öffentlich den Raum streitig zu machen«, fasst Fanizadeh im 1994 erschienenen Buch »Etwas Besseres als die Nation« den Impuls zusammen.

Es kam ganz plötzlich über Nacht
Was daraus wurde, hatte keiner gedacht
Sie erfanden ein Spiel, es hieß Mordversuch
Es wurde zur Festwoche, damit nicht genug:
Der Bürger, dem mal wieder nach Volksfest war,
wurde mit einfachen Mitteln Fernsehstar …
Zum Grande Finale gabs ne Siegerparade,
ein Spießrutenlauf – viel Spaß, keine Gnade.
Eine Angstkarawane zog zum Städele hinaus,
ein Stein fliegt, Blut fließt, ›Treffer‹, Applaus.
So siegte der Bürger auf heroische Art.
Diese Stadt ist nun frei von artfremder Saat.

Die Goldenen Zitronen/Easy Business/IQ:
Die Bürger von Hoyerswerda und anderswo

»Neben Empörung oder Wut halte ich Trauer für einen legitimen Beweggrund, politisch aktiv zu werden. Unter anderem stellt die Art der ›Andock-Verfahren‹, der Umgang mit diesen Empfindungen, für mich einen Unterschied zwischen Linken und Rechten dar«, erinnert sich

Jochen Distelmeyer in einem Interview mit der Zeitschrift Die Beute an diese Jahre zurück. »Das war einer der Ausgangspunkte, weswegen mich der Wohlfahrtsausschuss und die Schnauze Deutschland-Aktion interessiert hat; eine Akzeptanz, daß unsere Stimme, unsere Art und Weise, sich zu äußern, genauso Bestandteil des politischen Diskurses sein darf wie halt ein Artikel in der Spex, der konkret, der Beute oder irgendein politisches Flugblatt.« Neben Distelmeyer waren zahlreiche Musiker der Hamburger Schule an den Diskussionen beteiligt, um Strukturen zu schaffen, dem bürgerlichen Protest gegen die rechten Pogrome einen aktivistischen – und eben nicht nur kulturellen – Protest zur Seite zu stellen. »Der Hamburger Wohlfahrtsausschuss will nicht eine musikalische Variante der Lichterketten auf den Weg bringen. Wir gehen davon aus, dass die Rechte nicht nur durch systematischen Terror Straßen, Plätze und Kneipen erobern und dominieren möchte, dass sie nicht nur mit Baseballschlägern und Brandbomben agiert, sondern auch bemüht ist, den ›ideologischen Raum‹ zu besetzen«, heißt es in einem der Texte der Gruppe.

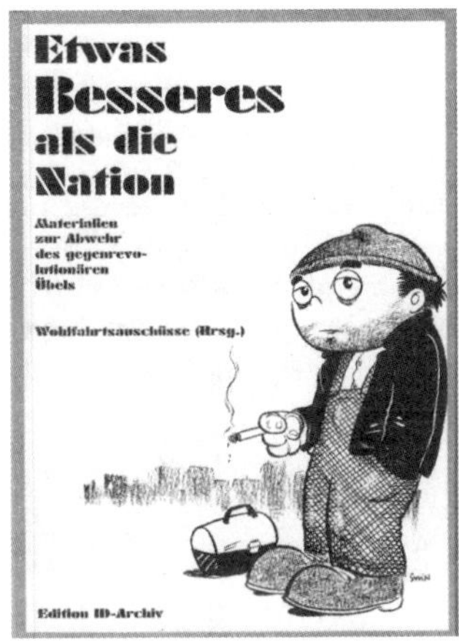

Das Buch zur Debatte: »Etwas Besseres als die Nation«, herausgegeben vom Wohlfahrtsausschuss, 1994

Die Wohlfahrtsausschüsse hatten das Ziel, den sowohl kulturellen als auch aktivistischen Widerstand gegen den zunehmenden Rassismus in Deutschland zu bündeln und dafür schien zunächst eine breite Basis gefunden. Im Einladungsflugblatt zur ersten Diskussionsveranstaltung formulierte der Wohlfahrtsausschuss Hamburg: »Indem die rechte Gewalt zunehmend den öffentlichen Raum kontrolliert, zwingt sie ihre Gegner, sich unsichtbar zu machen – und alle, die nur ihre Ruhe haben wollen, werden zu Mitläufern. Auch viele Leute mit einem linken/alternativen/subkulturellen Selbstverständnis bewegen sich in einem selbstgeschaffenen Raum jenseits politischer Einflußnahme. Diese Haltung ist angesichts der gravierenden Veränderungen im politischen Klima fragwürdig geworden. Wir halten es für dringend notwendig, Handlungsmöglichkeiten für eine neue antirassistische Praxis zu erarbeiten, welche die alten Probleme der Zusammenarbeit antifaschistischer Gruppen hinter sich läßt.« An die Diskussion anschließend wurde ein Konzert unter anderem mit Advanced Chemistry, Absolute Beginner und King Size Terror angekündigt, politischer, migrantisch geprägter HipHop, der sich deutlich gegen den in Deutschland grassierenden Rassismus positionierte. Die 1993 stattfindende Tour der Wohlfahrtsausschüsse durch Ostdeutschland war allerdings dominiert von Bands, deren Mitglieder sich nicht mit Fragen des Alltagsrassismus herumschlagen mussten: Die Sterne, Die Goldenen Zitronen, Blumfeld, Kastrierte Philosophen, Cpt. Kirk. Und jenseits der Tour gab es nur wenig Vernetzung zwischen den Hamburger Musikern unterschiedlicher Szenen. Denyo von den Beginnern sagte 1993 in einem Interview über sein Verhältnis zu den Bands der Hamburger Schule: »Wir hängen absolut nicht mit denen rum zu Hause. Rumhängen tun wir eigentlich mit unseren Freunden, HipHops.« 1991 hatten »Frankfurter MigrantInnen« in ihrem Redebeitrag bei einer Podiumsdiskussion an der Uni Frankfurt zum Thema Rassismus ebenfalls ihre Kritik an der Entwicklung der linken Szene formuliert: »Linksradikale Zusammenhänge sind ein Spiegelbild gesellschaftlicher Verhältnisse; Frauen werden aus gemischten Zusammenhängen rausgedrängt, Frauen und Männer aus anderen Ländern gibt es kaum, und die wenigen werden in ihrer Existenz geleugnet.« Es zeigte sich der gravierende Unterschied zwischen dem theoretischen antirassistischen Anspruch radikaler nichtmigrantischer Linker und dem Alltag nicht als deutsch gelesener Menschen: »Für uns ist die Auseinandersetzung mit Rassismus ein existenzielles Problem, und zwar nicht nur mit dem militanten, blutigen Rassismus auf der Straße. Spätestens durch die ›Zusammenstöße‹ der letzten Monate, ist klar geworden, daß für uns die Bedingungen in der Szene unhaltbar sind. Der anti-rassistische Anspruch ist von vorne bis hinten hohl.«

»Kommt zusammen« zeigt die Volker
zu Gast in Europa und satt
Ohne Geld trifft hier die leergebeutete
Welt auf reiches Gewissen.
Und zeigt als allerletzten Wert
ein versöhnliches Gesicht her.

Cpt. Kirk &.: »Kommt alle zugleich nach D«

Zu dieser Kritik von migrantischer Seite kam eine Kritik aus feministischer Perspektive, Myriam Brüger spricht von den Wohlfahrtsausschüssen als einem »Schlauberger-Männer-Zirkel« und Bianca Gabriel fasst die Unsichtbarkeit von Frauen in den politischen Strukturen so zusammen: »Im Grunde war die einzige Form, in der eine Frau im Kontext des Wohlfahrtsausschusses sichtbar wurde, eine Plakataktion mit Daniel Richter. Er pinselte mir eine Konzertankündigung für die Rote Flora auf den Rücken und Marily Stroux hat es dann fotografiert.« Auch auf persönlicher Ebene wurde Kritik an dem Dogmatismus geäußert, den die Ausschüsse ausgestrahlt hätten, Rocko Schamoni hat in einem Interview gesagt: »Bei den Wohlfahrtsausschüssen wurde nur angefragt, wer eh dazugehörte. Allein schon der Begriff kommt ja von einem Aspekt der Französischen Revolution, mit dem ich im Wiedervereinigungszusammenhang nichts zu tun haben wollte: Da war es letztlich darum gegangen zu bestimmen, wer 'nen Kopf kürzer gemacht wird. Mit so einem Begriff in den Osten zu fahren und zu sagen: ›Wir sind der Wohlfahrtsausschuss, wir zeigen jetzt mal, worum's hier geht‹, das war noch mal das Aufglühen dieser kalten Flamme der frühen Achtziger. Als ich damals nach Hamburg gekommen war, gab es ein wahnsinnig hartes, kühles politisches Benehmen. Man musste die richtigen Sachen in Diskussionen sagen. Wenn man das Falsche sagte, wurde man zusammengefaltet.« Auch Tilman Rossmy formulierte in einem Interview in den Neunzigern: »Ich sehe schon die Gefahr, in Esoterik abzugleiten und in irgendwelchen Wohnzimmern vor sich hinzuleben. Ich fürchte auch, daß es einen Rechtsruck in Deutschland gibt und würde gerne was unternehmen, aber gerade in dem Moment, wo ich erkannt habe, daß man sich nicht in ein politisches rechts-links-Spektrum einordnen muß, kommen die halt mit einem für mich völlig dogmatischen Linkssein an und da bin ich an und für sich nicht so dabei.«

Zuletzt wurde der überhebliche Gestus kritisiert, mit dem die Westlinke in den Osten gefahren ist, um die dortigen linken Strukturen über Handlungsmöglichkeiten gegen Nazis aufzuklären. »Da wollten sie eben die Leute im Osten belehren und es gab eher noch aufs Maul bzw. verständlicherweise ist das auch so eine Übernahmementalität gewesen zu sagen: ›So, und jetzt erklären wir euch mal, wie das alles hier geht‹«, fasst Linus Volkmann diese Kritik zusammen. »Das hat die Leute nicht so abgeholt. Deshalb war ja auch lange Zeit die Hamburger Schule ein Wessi-Thema, obwohl sie ja ihre Blüte im wiedervereinigten Deutschland hatte.« Knarf Rellöm ergänzt: »Na klar, das Klischee von ›der Besserwessi will dem Ossi erklären, wie es geht‹, das hing die ganze Zeit in der Luft«, er ist aber dennoch grundsätzlich der Ansicht: »Das ist schon ein politisches Anliegen, das ich gut finde.« Auch Jochen Distelmeyer sieht trotz aller Ausschlüsse das Projekt als gelungen an: »Eines der Hauptprobleme besteht gerade darin, die Offenheit zu gewährleisten, das Offene zu organisieren. Dabei waren wir von Anfang an mit dem Vorwurf konfrontiert, der Wohlfahrtsausschuss sei ja bloß ein geschlossener Hipsterzirkel,

In den Straßen legt der Staat
uns in Feuer und Flamme.
Und ich will noch mehr Ruhe
und will vorbei und kleines Hotel
Cpt. Kirk &.: Hotel Ruhe

der sich durch politisches Engagement nur profilieren wolle. Das habe ich immer als Unterstellung von Leuten verstanden, die sich politisches Engagement nur als Möglichkeit zur Selbstdarstellung erklären können. Andere Gründe können die sich gar nicht vorstellen, aktiv zu werden, und unterstellen einem dann ihre Motive.«

Diese ganze Wohlfahrtsausschuss-Geschichte wurde ja später erst aufgearbeitet. Am Anfang wollte lieber niemand drüber reden, erst ein paar Jahre später. Mir ist noch wichtig, dass Kristof als Einziger ein echtes Interesse daran hatte, die Verhältnisse zum Tanzen zu bringen. Der hat provoziert, der hat die Leute angestochen und hat versucht, was rauszukitzeln. Der hatte echt Bock, an dem System was zu verändern.

Luka Rothmann

Das größte und ganz praktische Problem benennt Andreas Fanizadeh im Vorwort zum Buch »Etwas Besseres als die Nation«: Im Osten interessierte sich niemand für den Trupp aus Hamburg. »Die Aktion war in jeder Hinsicht gut vorbereitet. An Schlagkraft hätte der Zug auch eine glatzköpfige Hundertschaft nicht zu fürchten gehabt. Zu erwartende Repressalien der Polizei wären ein gefundenes Fressen für die mitreisenden JournalistInnen gewesen. Aber, kein Nazi ließ sich blicken, kein Staatsschützer versperrte den Weg. Provinzpolitiker und Lokaljournalisten waren wie vom Erdboden verschluckt. Theoriediskussionen in Zentren östlicher Subkultur? Die linke Szene hatte, mit Ausnahme in Leipzig, kein Interesse.«

Ob also das selbst gesteckte Minimalziel, »Handlungsmöglichkeiten für eine neue antirassistische Praxis zu erarbeiten, welche die alten Probleme der Zusammenarbeit antifaschistischer Gruppen hinter sich lässt«, und die »symbolische Verteidigung des öffentlichen und privaten Raumes gegen den wachsenden Einfluss neofaschistischer Gruppierungen« geglückt ist, darüber lässt sich streiten. Ale Dumbsky zieht eine positive Bilanz: »Ich würde sagen, es war nicht lustig, gesamtpolitisch gesehen, dass da was rangärt, was jetzt aufgegangen ist. Und es gab nicht viele Initiativen, die versucht haben, das zu bremsen oder zu kommentieren, insofern denke ich nach wie vor, dass es richtig war.« Ted Gaier stieß im Nachhinein vor allem auf, dass »Politik zur Mode gemacht wurde, die irgendwann nicht mehr aktuell ist. Das ist eine Erkenntnis, die sich durch unsere Arbeit zieht.« Seine Kritik jedoch will er als konstruktive Kritik verstanden wissen, »sonst würde ich sie nicht so zum Gegenstand der Öffentlichkeit machen.« Bandkollege Schorsch Kamerun ergänzt: »Die Leute haben sich wieder individualisiert und zurückgezogen.« Die allgemeine Euphorie, die Einigkeit darüber, dass sich nun etwas ändern werde, habe nur kurz gehalten, »sich bald verlaufen, Kontakte sind abgebrochen. Es war nur ein kurzer Aufbruch und ein kurzes Anzeichen von Solidarität, doch nun haben sich alle wieder in die Kneipen zurückgezogen. Auch die Beschäftigung mit Pop hat sich wieder ästhetisiert und findet kaum mehr auf politischer Ebene statt.«

Doch trotz aller Kritik und Selbstkritik sind nicht zuletzt durch die Wohlfahrtsausschüsse politische Debatten und das Bewusstsein, auf gesellschaftliche Verhältnisse reagieren zu müssen, für die Musiker der Hamburger Schule zentraler Bestandteil ihrer Selbstverständnisse als Kunstschaffende, wie auch Tobias Levin betont: »Ich würde denken, die politischen Positionen haben für Gemeinsamkeiten gesorgt, und das fand ich toll, und auch einen Ort, an dem ich mich eindeutig politisch ... oder ich mag lieber sagen: die Umgebung, das Leben, die Gesellschaft, das Zusammensein in Hamburg war einfacher und auch nicht so einsam wie vor den Toren von Hamburg, weil es viel mehr Menschen gab, die ein gesellschaftliches Einverständnis gesucht und auch gefunden haben.« Aus diesem Selbstverständnis konnte, wie Schorsch Kamerun erklärt, die spezifische Hamburger Spielart des Diskurspop entstehen: »›Diskurspop‹ nannte man das unter anderem deshalb, weil die Platten, die damals erschienen, also ›Heile heile boches‹ von Kolossale Jugend, ›Ich-Maschine‹ von Blumfeld, ›Reformhölle‹ von Cpt. Kirk &., und nicht zu vergessen Die Sterne, F.S.K., Mutter und etwas später auch Tocotronic, sich in einem bestimmten politischen Zeitrahmen aufeinander bezogen, also tatsächlich einen inhaltlichen Diskurs begannen.«

»Autobiographie einer Heizung«
Das Private ist politisch

Ich erinnere mich, dass mir alles so egal war
Dass ich mich nicht mehr mit meinem Alten über Banalitäten streiten wollte
Sein Jähzorn steigerte sich, da ich nicht widersprach, ins Unermessliche
Ich war erstaunt über meine Macht und machte reichlich Gebrauch von ihr
Und ich erinnere mich an Kurzmanns Mutter, die war so verletzt
Dass sie uns etwas erzählte, das wir nicht wissen durften
Sie sagte: Ich wünschte, ich wäre so dumm, wie alle anderen Frauen
Die werden von ihren Männern geschlagen und lieben sie trotzdem
Wenn ich dümmer wäre, müsste ich weniger leiden
Ich erinnere mich an einen Wind, der immer von vorn kam
An Kälte, an blasse Farben, an Apfelgärten
Ich erinnere mich daran, dass ich mich nicht erinnere

LADIES LOVE KNARF RELLÖM: AUTOBIOGRAPHIE EINER HEIZUNG

»Mit Dir / in ein anderes Blau / wir teilen einen Traum« singt Jochen Distelmeyer 1999 im Blumfeld-Song »Tausend Tränen tief«. 25 Jahre zuvor hatte der von Distelmeyer geschätzte Kölner Autor Rolf Dieter Brinkmann in einem Gedicht geschrieben: »Wer hat gesagt, daß sowas Leben / ist? Ich gehe in ein / anderes Blau.« Das »andere Blau«, das Distelmeyer hier zitiert, ist ein Raum jenseits der Enge des Alltags, der Zwänge und Erwartungen, die Schnittstelle zwischen privaten und gesellschaftlichen Utopien. Ebenso wie der Blumfeld-Sänger hat Brinkmann für seine Literatur in Anspruch genommen, in der Beschreibung des Privaten auf größere gesellschaftliche Zusammenhänge zu verweisen. »Das Geld macht weiter, und die Zusammenbrüche, wie die Songs weitermachen«, schrieb er ein Jahr vor seinem frühen Tod 1975 im Vorwort zu seiner letzten Gedichtsammlung »Westwärts I & II«. »Leider kann ich nicht Gitarre spielen, ich kann nur Schreibmaschine schreiben, dazu nur stotternd, mit zwei Fingern. Vielleicht ist mir aber manchmal gelungen, die Gedichte einfach genug zu machen, wie Songs, wie eine Tür aufzumachen, aus der Sprache und den Festlegungen raus.« Ein zentrales Moment der Befreiung aus den Festlegungen lag für Brinkmann in der Auseinandersetzung mit dem Privatesten: mit Beziehungen, Liebe und Sexualität. So schreibt er im Nachwort der von ihm herausgegebenen Anthologie neuer amerikanischer Lyrik »Acid« davon, dass sich in der Auflösung starrer literarischer Gattungseinteilungen auch das starre sexuelle Rollenverhalten spiegele: »Dennoch ist das Klischee immer noch stark genug anwesend in unserem kulturellen Selbstverständnis, das eben überwiegend bedingt wird durch literarische Muster.« Es geht Brinkmann darum, eine neue literarische Sprache zu entwickeln, die bei der Befreiung aus Klischees und Machtverhältnissen helfen kann.

»Was im Spex-Kontext sehr positiv aufgenommen wurde, ist dass alles eindeutig politisch war«, erklärt Hans Nieswandt in einem ähnlichen Verständnis die ersten Jahre der Hamburger Schule. »Nicht unbedingt im Agitprop-Sinne. Aber es war ja alles deutsch getextet und es ging sehr viel um Sprache, es ging sehr viel darum, andere Worte zu finden, andere Texte zu machen.« Auch hierbei war ein wichtiger Aspekt: Andere Worte, eine andere Sprache für Sexualität zu finden – was bereits in der Spex anlässlich des Debüts von Blumfeld von Sebastian Zabel so festgehalten wurde: »Sie glauben, daß das Private das Politische ist, und daß die Revolution von innen kommen muss. Sie wollen über alles reden: Gefühle, Sex und Adorno.«

Schon in Bad Salzuflen sei es in Diskussionen darum gegangen, solche Zusammenhänge herzustellen, erklärt Frank Spilker: »Dass in diesen Kreisen über die Zusammenhänge von Musik, Sex, Politik und Gesellschaft diskutiert wurde, ist wahrscheinlich nichts Besonderes in kulturell interessierten Jugendlichen-Cliquen. Dazu kam aber auch, dass sich konkret mit Vorbildern befasst wurde und mit deren Inhalten und Techniken. Und irgendwie ist durch diese jahrelange Diskutiererei in uns allen ein Schatz an Techniken und Möglichkeiten gereift, den man später nicht mehr hergeben oder einfach verfallen lassen wollte. Das jedenfalls ist meine Theorie, warum aus diesem Haufen so viele immer noch künstlerisch aktiv sind.«

»Über Sex kann man nur auf Englisch singen / Allzu leicht kann's im Deutschen peinlich klingen / Und doch gibt's ein Verlangen zu beschreiben / Den Teufel mit dem Beelzebub vertreiben«, haben Tocotronic 1995 gesungen, andere Musiker aus Hamburg hatten allerdings bereits den Versuch unternommen, genau dies zu tun: Auf Deutsch über Sex zu singen und ihn dabei politisch neu zu denken. Sex etwa aus einer feministischen Perspektive einzufordern, wie Die Braut haut ins Auge dies im Song »Mein Bett stinkt« 1991 auf ihrer Debütsingle getan haben:

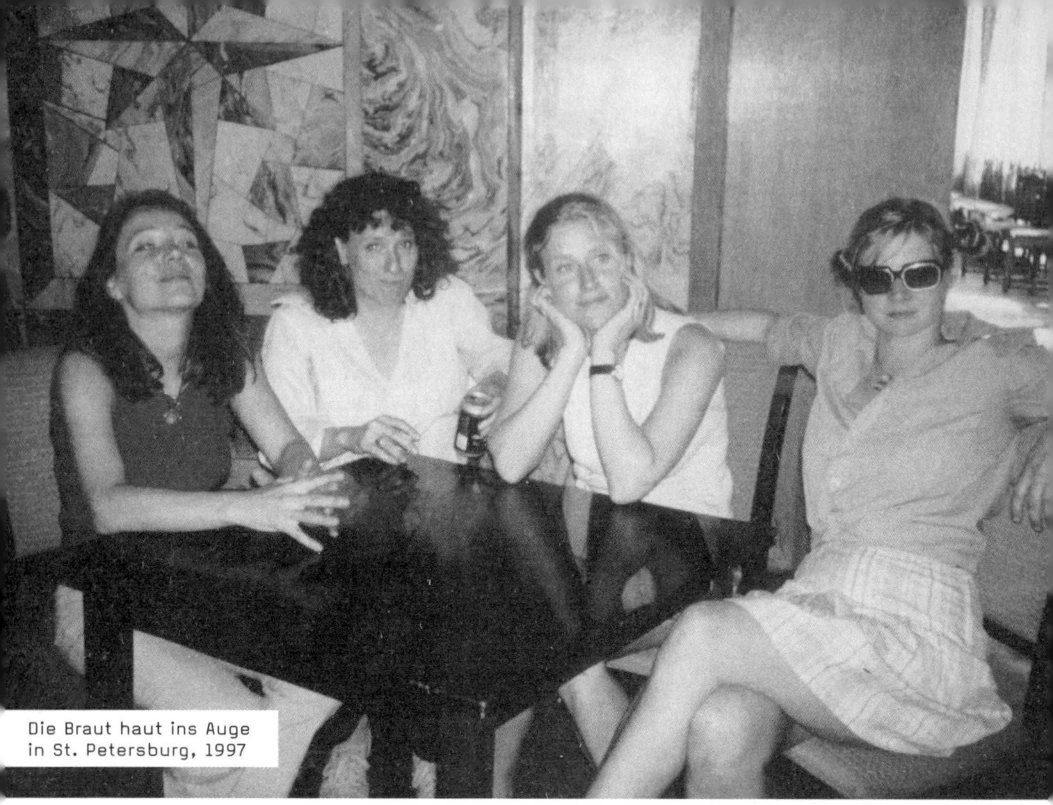

Die Braut haut ins Auge
in St. Petersburg, 1997

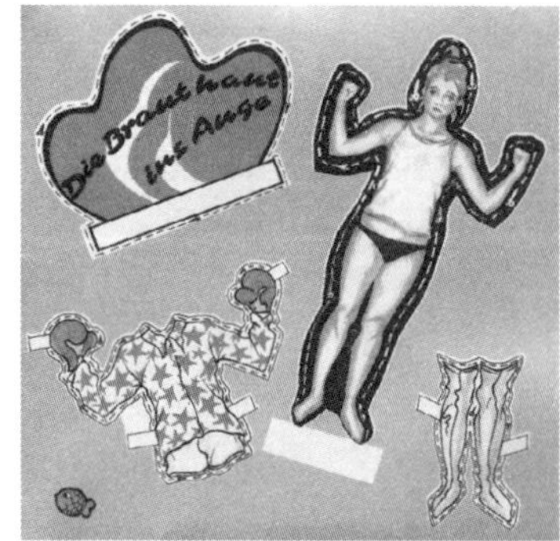

Die selbstverlegte Debüt-Doppel-Single von Die Braut haut ins Auge, erschienen 1991

»Wenn du es verträgst / wie Menschen sind / und dass mein Bett stinkt / dann komm zu mir / mit deinem Schmutz / reib dich an mir mein Schatz«. Die Goldenen Zitronen haben auf ihrem Album »Das bißchen Totschlag« einen vergleichbaren programmatischen Song, in dem Gastsängerin Calamity Jane selbstbewusst fordert: »Aufgepasst, Fickschlitzer / Standard ist nicht mein Standard / und was ich will, ist zum Beispiel / Schubkarre, Klinikum oder wenigstens Bockstorchen / Komm her / ich kann's dir beibringen / es dir erklären / du kannst es lernen«. Dieser Appell an eine erfüllte weibliche Sexualität ist umso stärker politisch konnotiert, als dass der Song sich auf dem Album der Band befindet, das wohl am stärksten für eine politische Neuorientierung der Goldenen Zitronen steht. Zwei Jahre zuvor war bereits »Ich-Maschine« von Blumfeld erschienen, wo Sexualität als Machtverhältnis thematisiert worden ist. »Lass uns nicht von

Sex reden / Du siehst ja, ich weiß gar nicht, wie das geht / Ich liebe dich, am liebsten nackt / Aber wie soll ich dir nah sein / Wenn ich nicht weit genug von mir selbst entfernt sein kann / Schließlich war ich im Fußballverein, Kick'n'Rush / Wann hört Macht auf? / Hier fängt Macht an / Lass uns nicht von Sex reden«, formuliert Jochen Distelmeyer in »Lass uns nicht von Sex reden«. Der Song ist in seiner Thematisierung von Machtverhältnissen ein explizit politisches Lied, das Politik in ein Verhältnis zum Privaten setzt. Allerdings wird hier Sex anders als bei Brinkmann oder den Goldenen Zitronen in einem Metadiskurs verhandelt, die Thematisierung von Machtverhältnissen dient als Ausgangspunkt, eine neue Songsprache für das klassische Popthema der Liebe zu finden. Und es fällt auf, dass das Ich im Zentrum steht, das Du stärker als eine Projektionsfläche des lyrischen Ich fungiert und eben nicht aktiver Teilnehmer des Diskurses über Liebe und Sexualität ist.

Das Thema Liebe im Pop hat Distelmeyer auf dem Nachfolgealbum »Old Nobody« ausführlich von verschiedenen Seiten beleuchtet, vom klassischen Liebeslied bis hin zur subtilen Verhandlung des Verhältnisses von Politik und Liebe in »The Lord of Song«: »Ich bin das Wort / ich erfülle die Schrift / verbinde die Welten / mit Gesetzen, die gelten / und folge drängend dem Drift / so wie das Meer / denk' ich an Dich / verlass' das Papier / und gehe mit dir / in ein anderes Licht«. Wieder wird ein anderer Ort betreten, diesmal kein »anderes Blau«, sondern ein »anderes Licht«, doch die Utopie eines ganz anderen schwingt auch hier wieder mit. Peter Thiessen, der bei »Old Nobody« bereits Teil von Blumfeld war, sagt über seine eigenen Songtexte bei Kante, dass er diese, um nicht in die Gefahr zu geraten, dass sich die Politisierung des Songs in »Distinktionsgewinn erschöpft«, als »nicht politisch« versteht. »Oder man könnte es auch anders sagen: Jean-Luc Godard hat mal gesagt, es gehe nicht darum, politische Filme zu machen, sondern politisch Filme zu machen. Und da finde ich, ist viel, viel Wahres dran.«

Roger Behrens sieht allein schon in der stadthistorischen Struktur der Hamburger Szeneviertel wie St. Pauli und Schanze spezifische Möglichkeiten einer Politisierung der Alltagskultur: »Wenn man den Komplex ›Hamburger Schule‹ geografisch abstecken würde, sieht man, dass es ein total kleiner Bereich ist, in dem alles liegt, was für diesen Lebensstil oder für diese – um es etwas pathetisch zu sagen – ›Formen des gelebten Widerstandes‹ benötigt wird. Das war immer die Idee: mit kulturellen Mitteln quasi die Parole, dass das Politische das Private sowie eben auch das Private das Politische sei, zu verwirklichen.« »Das Private ist politisch«, diese Parole der zweiten Frauenbewegung wurde von den Vertretern der Hamburger Schule immer wieder angeführt, um das Verhältnis des Ich zur Gesellschaft zu umschreiben und wie sich dieses in der Musik spiegelt. Auch von den Musikern selbst, wenn etwa Tilman Rossmy sagt: »Mit aller Vorsicht: Ich denke, dass alle meine Leider politisch sind, die Liebeslieder sind auch politische Lieder, und ich denke, dass es wichtig ist, dass sich die Leute die Liebe wieder zurückholen aus den Bildern, die uns ins Hirn gesetzt werden, durch die Werbung und so weiter. Ich will das ja nicht trennen in politische Lieder und private Lieder. Denn wenn man sich an die Öffentlichkeit wendet, dann ist das Politik, ob man das mit einem Liebeslied macht oder mit einem explizit politischen Lied, man schaltet sich ja in die Kultur ein und das ist auch Politik, denke ich.« Auch der Germanist Till Huber liest in seiner Dissertation über Blumfeld als gemeinsames Merkmal der Hamburger Bands ein »vom lyrischen Ich thematisiertes Verhältnis zur (sozialen) Umwelt« heraus. Blumfeld insbesondere haben auf ihren Alben immer wieder die Verbindung des Privaten und des Politischen ins Zentrum gerückt. »Sind zwei zuviel, um frei zu sein? / Oder brauch' ich dich, um ich zu sein?«, fragt Distelmeyer etwa in »Von der Unmöglichkeit ›Nein‹ zu sagen, ohne sich umzubringen« und verknüpft die Sehnsucht nach Freiheit mit der Suche nach dem privaten Glück, wenn auch stets als Frage formuliert. Auch Knarf Rellöm sieht diese enge Verbindung von Privatheit und politischer Sphäre in den Lyrics von Huah! gegeben: »Genau dafür sind Künstlerinnen da, dass sie davon berichten, was gerade passiert. Du kannst ja nicht den Mauerfall und das Erstarken eines Großdeutschlands ignorieren. Na ja, kannst du schon, aber wenn du mit dem Musikmachen irgendwas mit deiner Zeit zu tun haben willst, dann geht das nicht. Bei Huah! habe ich aus den Liebestexten daraus gemacht, dass ganz viele Trabis auf der Straße sind. Wir haben darauf Bezug genommen.«

Dieses Verhältnis wurde unterschiedlich stark in Anspruch genommen, Bernd Begemann etwa interpretierte das Private als reine Beschreibung von Alltag. »Man musste über interessante Sachen sprechen, den Alltag, die Umgebung in etwas Betrachtenswertes verwandeln. Wenn man das Radio einschaltete, kam sowas wie ›New York, Rio, Tokyo‹, man schaute Musikfernsehen und sah Duran Duran, wie sie besoffen von einer Yacht in den Pazifischen Ozean fielen. Dann guckte ich aus dem Fenster und das, was ich sah, war so anders«, so Begemann im Gespräch. »Ich finde, es war wichtig, dass man einen Blick nach draußen, einen allgemeinen Blick, verbindet mit privaten Einblicken. Vielleicht sogar in einem Satz.

Obwohl alle immer abstreiten, dass es sowas gibt, ist es das, was meiner Meinung nach Hamburger Schule ist: Dass Außen- und Innenwelt zusammengebracht werden. Die Musik schubst einen dazu zu sehen, wie alles zusammenhängt.« Aus diesem Erkennen von Zusammenhängen ergeben sich für ihn erst Handlungsmöglichkeiten: »Alle haben sich darum bemüht, ein akkurates Bild von der Umgebung, von der Vorstellung der Möglichkeiten zu zeigen, um dann gegebenenfalls die erfahrene Machtlosigkeit zu beklagen. Wie leben wir wirklich? Was wollen wir wirklich? Was können wir tun? Das ist auch die einzige Frage, die ich interessant finde: Was kann ich jetzt tun, um die Situation zu verbessern?« Dieser Anspruch spiegelt sich in Begemann-Songs wie »Hitler – menschlich gesehen«, in dem das lyrische Ich mediale Eindrücke, mit denen es konfrontiert ist, in Verbindung miteinander und zu sich selbst zu bringen versucht. »Denn die Quoten sind im Keller / es ist längst nicht mehr schön / und ›Der Stern‹ gibt uns: / ›Hitler – menschlich gesehen‹ / Nazis überall und Nazis hier im Haus – / darf noch irgendjemand bleiben / wenn sie rufen ›Nazis raus‹?«

Mit vehementem Pochen auf die Fähigkeiten ihres Zeichenparks konnten sie Köpfe verdrehen, vor die Köpfe stoßen, von jeder letzten Pflicht und Schuldigkeit ablenken und jede neue fordern. Eine logische Willkür in Form eines künstlerischen Immunsystems, dem die Musik als ein Problem von vielen rangiert und man mit links zu abschließenden Ergebnissen kommt.

Tobias Levin über Kolossale Jugend

Bands wie Tocotronic setzen das Verhältnis von Ich und Umwelt anders, hier dominieren das Ich und sein Alltag, Beobachtungen und Reflexionen über Zugehörigkeiten: Die Kritik, das Politische äußert sich über das Nicht-Dazugehören bzw. das Nicht-Dazugehören-Wollen: »Mein Hass auf all die Deppen / Ist nach wie vor sehr groß / Auf den Gipfeln der Verzweiflung / Ist immer noch was los / Ich werd' mich nie verändern / Ich werd' immer derselbe sein / Ich werd' mich nie verändern / Und vielleicht werd' ich's mal bereuen / Doch jetzt noch nicht, nicht, nicht, nicht« (Tocotronic: Ich werde mich nie verändern, 1996). Jan Müller beschreibt die politische Komponente seiner Band als Versuch, sich nicht durch eindeutige politische Aussagen in den Songtexten vereinnahmen zu lassen: »Was die Bands wirklich alle geeint hat, war, dass sie alle politisch waren. Die Frage ist: Inwieweit trägt man diese politische Haltung? Bringt man die direkt in den Texten ein oder auf andere Art? Wir haben als Band einfach diese Probleme mit Vereinnahmung, von welcher Seite auch immer.« Peter Thiessen stellt grundsätzliche Fragen an die Rolle von Songtexten und beantwortet sie für sich mit einer Absage an politische Songs im Agitprop-Sinne: »Erstens habe ich Zweifel, ob, wenn das Ziel ist, politisch etwas zu bewirken, ein Songtext das Mittel der Wahl ist und ob es nicht viel sinnvollere Mittel gibt, um zu erreichen, was man möchte. Zweitens war Musikmachen und auch Texte schreiben für mich immer viel spielerischer. Das habe ich gemacht, weil mir das Bock gemacht hat. Da hatte ich nicht das Gefühl, das irgendwie legitimieren zu müssen, dadurch, dass ich irgendwem erzähle, das würde jetzt einen politischen Zweck erfüllen, das habe ich für mich selber nicht ehrlich gefunden.« Dennoch versteht sich Thiessen, wie im oben zitierten Verweis auf Godards Anspruch »politisch Filme« machen zu wollen, als politischer Musiker.

Diesen Aspekt hebt auch Linus Volkmann hervor, wenn er davon spricht, dass die Hamburger Schule, »selbst wenn nicht jeder Song politisch ist«, sich »als politische Bewegung oder als zumindest politisch engagiertes Umfeld« begreift. »Und das würde ich sagen, ist das, was die Hamburger Schule ausgemacht hat und auch abgegrenzt hat von Bands wie Samba, Cucumber Men oder Selig.« Wenn allerdings das politische Umfeld die Bedingung dafür ist, die eigenen Lyrics als politischen Kommentar zu verstehen, der über die konkrete Verhandlung von Alltag und Persönlichem hinausweist, so ergibt sich ein Problem, wenn sich das Umfeld zunehmend weniger als politischer Zusammenhang versteht. Ted Gaier hat im Kontext des programmatisch betitelten Albums »Dead School Hamburg (Give me a Vollzeitarbeit)« von 1998 formuliert: »Das sprach Bände in Bezug auf die in Sachen Koalitionen bedürftige Hamburger Schule und den Verbleib vieler ihrer Vertreter, mir inklusive, in Angelegenheiten und ›Vollzeitjobs‹, die man als etwas anderes bezeichnen kann. Es verdeutlichte aber auch ein politkünstlerisches Selbstverständnis, in dem Kunst, Politik und Glück der Akteure von Bündnis und Mitarbeit abhängig ist.« Wenn also musikalische Akteure sich tatsächlich immer stärker ins Private zurückziehen, so implodiert auch der Anspruch, im Texten über das Private spiegele sich das Politische, eine Kritik, die etwa Knarf Rellöm formuliert, wenn er von »Schaumschlägerei« spricht bei der permanenten Betonung von »politisch ist das Private, das Private ist das Politische«. »Bei aller Kritik an Diskurs-Rock und Diskurs überhaupt: Welches Gespräch soll denn von dieser Position aus überhaupt noch geführt werden? Das Leben ist wirklich nicht besser geworden, und in dieser Situation besinnen sich dann Bands auf sich«, hat Kristof Schreuf schon 1997 in einem Interview die Entwicklung vieler Bands der Hamburger Schule kritisiert. »Wenn ich jetzt grob wäre, würde ich sagen, die interessieren sich für das da draußen nicht. Ich weiß es nicht genau. Auf jeden Fall kann ich von deren Songs nicht darauf schließen, was die mir zu dem sagen, was läuft. Die kann man dann auch gar nicht mehr fragen, inwiefern das politisch ist, was sie machen.« Damit verweist Schreuf auf den schmalen Grat zwischen dem politischen Anspruch und dem Rückzug ins Private, den er aus Texten von Bands wie Die Sterne oder Tocotronic herausliest.

Ein weiterer schmaler Grat, an dem die Widersprüche der Hamburger Schule deutlich werden, ist die auffällige Abwesenheit von Frauen auf der Bühne. Hinter den Kulissen wirkten Frauen wie Myriam Brüger, Charlotte Goltermann oder Bianca Gabriel, nach Musikerinnen muss man jedoch suchen. »Ich war das einzige Mädchen bei Fast Weltweit«, fasst eine der wenigen aktiven Musikerinnen der Hamburger Schule, Bernadette La Hengst, zusammen. »Die Jungs haben mich zwar irgendwie auch bewundert, weil ich das einzige Mädchen war, aber blieben doch sehr unter sich. Sie hatten ihre eigene Sprache, ihre eigene Art von Wissen beziehungsweise Fachwissen und Platten angehäuft, so nerdmäßig. So war es ja Anfang der Neunziger immer noch meistens: die Jungs hatten die riesige Plattensammlung, die Mädchen ließen sich die Kassetten aufnehmen. Das hat sich dann aber geändert, denn z.B. Barbara Hass und Karen Dennig von Die Braut haut ins Auge arbeiteten beide im Plattenladen und hatten größere Plattensammlungen als die meisten der Jungs, die ich kannte. Und Peta Devlin von der Braut war ab Mitte der Neunziger Tontechnikerin im Soundgarden Studio und produzierte viele der Hamburger-Schule-Bands.«

KATHA SCHULTE: Das Kerngeschäft von dem, was Hamburger Schule genannt wird und als solche inzwischen in die Geschichtsschreibung eingegangen ist, diese bestimmte Art des Machens von und Redens über Musik, war, mit vielleicht der einzigen Ausnahme von Bernadette Hengst, ein Männergeschäft.

BERNADETTE LA HENGST: Die Hamburger-Schule-Musiker würden sich ja selber auch als Feministinnen oder als Feministen bezeichnen, die sich auf der Seite der Frauen sehen. Aber das stimmt so nicht. Ich würde sagen, bei den Goldenen Zitronen ist es ein bisschen so, dass die immer drauf geachtet haben, Frauen miteinzubeziehen in die Band, die hatten zumindest immer Gastsängerinnen auf den Platten. Bei Huah!, also der Band von Knarf Rellöm, spielte eine Schlagzeugerin, ich hab dort zeitweise auch Bass gespielt, aber bei allen anderen sind Frauen auf

Platten oder live irgendwie nicht dabei gewesen. Bands wie Tocotronic, das sind natürlich irgendwie weibliche Typen, und ich mag deren Lieder auch, aber trotzdem kommt in deren Welt keine Frau vor, wird nicht zugelassen, gibt es einfach nicht.

KNARF RELLÖM: Das stimmt. Kolossale Jugend, vier Jungs. Die nächste Band, die mir einfällt, ist Blumfeld, drei Jungs, die nächste Band, die mir einfällt, ist Tocotronic, drei Jungs, die nächste Band ist Sterne, vier Jungs. Nur Jungs.

SANDRA GRETHER: Ich fand es immer traurig, dass aus so einem tollen Umfeld wie der Hamburger Schule, wo ja auch politisch gedacht und gehandelt wurde, trotzdem so wenige weibliche Bands und Musikerinnen hervorgegangen sind.

Wenn ich mich so umsehe
da gibt's nur Bands mit Jungs
Wann gibt es eine Veränderung?
Leute, die mir immer
das Gleiche erzählen
werden mir ab heute
keine Zeit mehr stehlen

Huah!: Ohne Titel 1992

DJ PATEX: Man bekam als Frau in Hamburg schon vermittelt, dass man gar nicht so auf dem Zettel steht. Dass erst mal jemand anderes gefragt wird, bis jemand auf die Idee kommt: »Ach stimmt, die könnte das ja auch machen. Ja, dann nehmen wir die dann auch noch dazu.«

BIANCA GABRIEL: Warum wurden Frauen, wenn sie Ambitionen zeigten, Musik zu machen, entweder nicht ernst genommen oder hundertmal strenger bewertet als Männer? Und das übrigens auch von anderen Frauen.

EBBA DURSTEWITZ: Du musstest dich schon auf den Tisch stellen können, rausbrüllen und schreien. Denn erstens hört dich sonst keiner und zweitens kannst du dich sonst nicht durchsetzen.

DJ PATEX: Es gab eine Art von Männernetzwerk, das relativ gut funktioniert und in das man nur schwierig reinkommt, wenn man keinen Fürsprecher hat.

LUKA ROTHMANN: Auf der einen Seite hat man es wirklich schwer gehabt, auf der anderen Seite war man aber auch ein bunter Hund, wenn man als Frau Musik gemacht hat, man ist nicht unbemerkt geblieben.

NIXE: Es gab eigentlich unheimlich viele Frauen. Natürlich nicht ganz so viele wie Männer. Aber wenn man gewollt hätte, hätte man mit Frauen

Musik machen können, das wäre gar kein Problem gewesen, wir kannten die alle. Warum sind sie nicht so bekannt geworden? Ich habe mich gefragt, ob es da vielleicht in der Vermarktung ein Problem gab. Ich hatte als Frau nie das Gefühl, ich habe ein Problem, Musik zu machen. Da war keiner, der mich nicht hat mitmachen lassen oder der mir das Gefühl gegeben hat, »Halt deinen Mund, du bist ja eine Frau« oder »Du darfst nicht mitreden!« – im Gegenteil. In diesem Umfeld die Männer, die haben mich total unterstützt oder mich sogar dazu angeregt, Sachen zu machen, auf die ich von selber nicht gekommen wäre.

SANDRA GRETHER: Lustigerweise haben uns die Jungs aus den angeblichen »Jungsbands« musikalisch sehr viel ernster genommen als so manche engagierte Journalistin.

BERNADETTE LA HENGST: Ich bin keine Kunstfigur, ich kann mich nicht von mir trennen. Das heißt, ich kann mich nicht trennen von mir als einziger Songschreiberin Anfang der Neunziger weit und breit in Hamburg. Eine solche Erkenntnis führt natürlich zu feministischen Positionen.

MYRIAM BRÜGER: Über Frauen in der Hamburger Schule zu sprechen, finde ich übrigens schwierig. Weil das unterscheidet sich nicht wirklich von anderen Bereichen. Benachteiligung von Frauen gibt's überall. Dass es auch in der Hamburger Subkultur Männer gibt, die eher mit Männern reden als mit Frauen, ist keine besondere Sache.

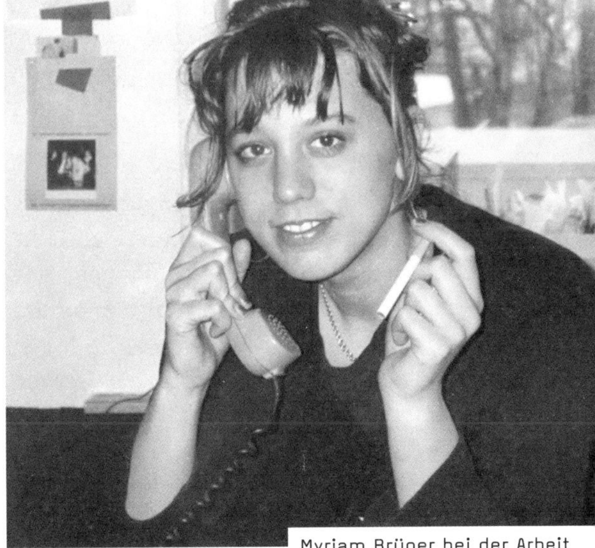
Myriam Brüger bei der Arbeit im Lado-Büro

EBBA DURSTEWITZ: Das Ganze, was man so als Independent/Alternative bezeichnete, ist unglaublich männerdominiert und machomäßig. Gerade die, die sich auf die Fahnen schreiben »Toleranz« und »links« und so weiter. Aber das sind wirklich alles Erkenntnisse, die man nicht damals hatte, sondern erst später gewonnen hat.

BIANCA GABRIEL: Hierzu fällt mir ein, wie Sandra Grether, sinngemäß, dazu mal meinte, es wäre eine Illusion, immer davon auszugehen, dass Männer aus dem linken politischen Spektrum automatisch ein Bewusstsein für Gleichberechtigung hätten.

DJ PATEX: Gleichzeitig war man sich dieser ganzen Unterdrückungsmechanismen gar nicht so bewusst – ich hab mich mit 20 nicht in dem Sinne unterdrückt gefühlt. Ich hatte das Gefühl, eine emanzipierte Frau zu sein, die an diesem Ort doch machen kann, was sie will. Es hat relativ lange gedauert, bis ich verstanden habe, wie das eigentlich funktioniert und dass diese Ausschlussmechanismen nicht mehr so offensichtlich sind, aber trotzdem immer noch greifen. Das war auch ein Lernprozess.

KATHA SCHULTE: Bestimmte Rollenmuster habe ich auch beim Schreiben thematisiert, eher subtile Auffälligkeiten auf sprachlicher Ebene. Zum Beispiel, wenn die Männer als Künstler und die Frauen als Freundinnen auftauchen. Einige Leute werden über das bezeichnet, was sie machen, andere darüber, neben wem sie in der Kneipe herumstehen. Das ist die Freundin von ... In der faktischen Welt waren die Zuständigkeiten nicht so eindeutig erkennbar. Die Frauen haben ja nicht nichts gemacht. Außerdem waren sie durchweg als Einzelpersonen erkennbar. Es gab da sehr viele sehr tolle Frauen. Die dann hinter dem Tresen standen oder in der Plattenfirma gearbeitet haben.

EBBA DURSTEWITZ: Es gibt doch diese feministische Kritik – mir ist grad der Terminus technicus entfallen –, dass sich, so ganz allgemein, Künstler an Frauen dranhängen, die auch Kunst machen, und die Kunst der Frauen findet sich dann in der Kunst der Männer wieder und findet dort ihre Beachtung. So was findet man ja selbst bei Leuten, die solche Mechanismen durchschauen. Da werden, wahrscheinlich unbewusst, Dinge übernommen, die wieder auf so einem alten Frauenbild aufbauen. Ich glaube nicht, dass das bewusst passiert, aber es passiert: Frauen innerhalb einer Künstlerszene auszusaugen. Das hört sich jetzt sehr hart an und geht vielleicht auch einen Tick zu weit, aber es kam und kommt halt vor.

KATHA SCHULTE: Übrigens war die Hamburger Szene, von der wir hier sprechen, hundertprozentig hetero, darüber könnte man auch mal eine Untersuchung anstellen! Das ist ja schon fragwürdig.

»Themenläden«
Das Private im Politischen

Nur kein Pathos, ratlos, harmlos
Keinen Pathos – Tote werfen keine Schatten
Keine Parolen, keine blöden wie die:
Fickt das System
DIE STERNE: FICKT DAS SYSTEM, 1992

Obwohl der Schwerpunkt der Texte auf dem Verhältnis des Privaten zum Politischen liegt, auf dem Blick des Individuums auf Gesellschaft, existieren ebenfalls Lyrics zu Themen über den Alltag und das Private hinaus, wobei die Grenzen fließend sind. Denn auch in Texten voller Kapitalismuskritik wird die eigene Verstrickung in den kulturindustriellen Komplex mit reflektiert wie auch in der Thematisierung der Geschlechterverhältnisse und von Männlichkeitsbildern die Reproduktion solcher Klischees in der Hamburger Schule mitgedacht werden. Dennoch soll an diesen beiden Beispielen ein Schlaglicht auf das Politische jenseits des Privaten in den Songs der Hamburger Schule geworfen werden. Es ließen sich auch weitere Themen herauskristallisieren, von Krieg (Huah!: »Der Krieg-Song«, 1992; Die Braut haut ins Auge: »Was nehm ich mit?«, 1995) über die deutsche Asylpolitik und Rassismus (siehe das Kapitel zu den Wohlfahrtsausschüssen) bis zu Arbeitsverhältnissen (Die Goldenen Zitronen: »L'Avance Du Millénaire«, 1998, und andere), doch bleiben diese Songs eher politische Momentaufnahmen als ein roter Faden durch die Jahre und Bandprojekte der Hamburger Schule.

»Mach doch mal den Kulturkack aus« – Kulturindustrie und kapitalistischer Realismus

»Sie suchen einen seriösen Werbeträger für Ihr Produkt im Bereich Pop/Unterhaltung/Lifestyle?«, fragt Rocko Schamoni im Booklet seines Albums »Showtime«. »Tätowieren Sie Ihr Logo direkt auf den Star/Werbeträger. Auf dieser Seite sehen Sie unser Startmodell ›Rocko Schamoni‹«

»Body.Com« nennt Schamoni seinen ironischen Kommentar zu einer Kultur, die zunehmend einen Warencharakter angenommen hat. Doch nicht nur auf die Thesen zur Kulturindustrie von Adorno und Horkheimer verweist Schamoni, er kommentiert mit seinem 1999 erschienenen Album auch damals aktuelle Entwicklungen der Musikindustrie: Ein Wettbewerbsdenken hat in den Neunzigern die Kultur überrannt, die von Luc Boltanski und Ève Chiapello aufgestellte These, dass im Neoliberalismus »der Wert jedes Einzelnen in hohem Maße variabel ist und man sich jeden Tag auf das Neue bewähren muss«, hat auch hier Einzug gehalten. Das einst geschützte Biotop »Kultur« wurde einem strukturellen Wandel unterworfen: Die Neunziger waren geprägt von Börsengängen großer Labels, von Monopolisierung und gravierenden medienpolitischen Veränderungen. Wenige Jahre vor der Krise der Musikindustrie durch den Zusammenbruch des Tonträgermarktes in den Nullerjahren hat Schamoni bereits darauf aufmerksam gemacht, dass künstlerische Produkte zunehmend in den Hintergrund gedrängt werden, wohingegen die Marke eines Künstlers, das Brand »Schamoni« in den Mittelpunkt rückt: »Steigen Sie ein bei Body.Com und sichern Sie sich eine zuverlässige Werbefläche für ein ganzes Leben! Brandings gegen Aufpreis!«

Nicht nur Schamoni hat sich auf diese Weise als Künstler mit den eigenen Produktionsbedingungen auseinandergesetzt, auch andere Künstler der Hamburger Schule haben das Thema aufgegriffen. Allen voran die frühen Blumfeld, über deren Versuche, aus dem »Kreislauf des Immergleichen« auszubrechen und das eigene Gefangensein darin mit zu thematisieren. Till Huber schreibt: »Die Ambivalenz von ›Ghettowelt‹ – und dem Album ›Ich-Maschine‹ allgemein – besteht in seinem Status als ›professionellem‹ Pop-Produkt *und* Attacke gegen Pop.« »Mach doch mal einer den Kulturkack aus! / Ach geht ja nicht, lass bloß an, bin ja selber drin«, heißt es beispielsweise im Song »Dosis«. Auch das von Huber erwähnte »Ghettowelt«, das für Diedrich Diederichsen »das Prinzip des Popsongs an sich« anzweifelt, reflektiert die Möglichkeiten und Unmöglichkeiten, Musik außerhalb von Verwertungszusammenhängen zu produzieren: »Ein Lied mehr, das dich festhält / Und nicht dahin lässt, wo du hinwillst / Weg von hier / Das wiegt schwer, wie mein neues T-Shirt / Auf dem was draufsteht«. Roger Behrens setzt den Song in ein Verhältnis zu den Thesen von Theodor W. Adorno und schreibt: »Es geht, nach Adorno, darum, sich von der Macht der anderen und der eigenen Ohnmacht nicht dumm machen zu lassen. Blumfeld hatten versucht, dies als Maßgabe einer Politisierung der Kunst umzusetzen. ›Ein Lied mehr ist eine Tür / Ich frag mich bloß wofür/Denn das, was dahinter liegt/scheint keinen Deut besser/Als das hier‹, heißt es in ›Ghettowelt‹: Es gibt kein richtiges Leben im falschen.«

»In vielerlei Hinsicht steht die Musikkultur paradigmatisch für das Schicksal der Kultur im postfordistischen Kapitalismus. Auf der Ebene der Form dominieren Pastiche und Wiederholung«, schreibt Mark Fisher in seinem Buch »Kapitalistischer Realismus ohne Alternative?«, einer Analyse der Auswirkungen der Thatcherjahre und des Neoliberalismus auf die Gesellschaft wie auch die Kultur. Ironisch haben Blumfeld diese Form des Pastiches und der Wiederholung aufgegriffen und sich in Zitaten auf Produkte der Kulturindustrie bezogen, etwa in »L'etat et Moi (Mein Vorgehen in 4, 5 Sätzen)« auf »Ich will Spaß« von Markus – »Deutschland, Deutschland spürst du mich/heute Nacht da komm ich über dich« oder in »Viel zu früh und immer wieder; Liebeslieder« auf den Song »Ich hab geträumt von dir« von Matthias Reim. »Spaß ist kein Spaß« heißt es in »Apropos Tyrannenmord«, was Till Huber als Bezug auf »Fun ist ein Stahlbad« aus den Kulturindustrie-Thesen der »Dialektik der Aufklärung« von Theodor W. Adorno und Max Horkheimer interpretiert. Man selbst ist tief verstrickt in den »Kulturkack«, den man kritisiert, in die kulturindustrielle Verwertbarkeit von Musik. Diese Widersprüche auszusprechen und auszuhalten, ist das große Verdienst des Frühwerks von Blumfeld.

Die erste Zeile von »Ich-Maschine«, »Ein Lied mehr, das dich festhält« im Song »Ghettowelt«, wurde drei Jahre später wiederum ironisch von Tocotronic aufgegriffen, wenn sie den Song »Michael Ende, du hast mein Leben zerstört« mit den Zeilen »Ein Lied mehr zur Lage der Nation/Und zur Degeneration meiner Generation/Zur Unentschlossenheit der Jugend/Zur Verdrossenheit der Tugend/Zu meiner aussichtslosen Lage/Und zur Klärung der Schuldfrage« beginnen lassen. Blumfeld zitieren wiederum Tocotronic auf »L'Etat et Moi«, wenn es in »Sing Sing« heißt: »Weil du nicht sagen kannst, dass du's nicht wüsstest/Aber irgendetwas dir befiehlt, dass du das müsstest/Sagst du: ›Ich möchte Teil einer Jugendbewegung sein‹/Und denkst, dass du die Angst so überlistest/Und nicht daran, was du von Anfang an vermisstest«. Die Zeile wird von Dirk von Lowtzow als Gast selbst vorgetragen. Daneben finden sich in »Sing Sing« auch Anspielungen auf Andreas Dorau (»das ist soziale Marktwirtschaft/langweilig wird sie nie«) oder Kolossale Jugend (»Jedes Bild ist wie ein Messer ein Gebrauchsgegenstand«). »Man lebt mit dem, was einem gut getan hat, man trägt es immer mit sich«, so Distelmeyer in einem Interview. »Filme, Platten, Gespräche, Bücher, Bilder, Spaziergänge. Ich habe kein Zettelkastenarchiv aufgehoben, sondern all diese ganzen Sachen bin halt ich, sie lassen einen zu dem Menschen werden, der man ist. Und dann nimmt man eben eine Verbindung auf zu diesen Teilen von einem selber. Es ist aber immer die Frage, wie man zu einem eigenen Sprechen gelangt, was das ist und ob das geht.«

Zur Perfektion hat dieses Arbeiten mit Zitaten und Wiederholungen in musikalischer wie auch textlicher Hinsicht Knarf Rellöm getrieben, der in diesem Spiel einen Weg gefunden hat, im Pop, einem »grundsätzlich kapitalistischen Segment«, wie er es im Buch »Alles Pop?« formuliert hat, einen Ort zu schaffen, an dem »sozusagen der Kapitalismus ganz selten mal (aber dann mit großer Freude) mit den eigenen Waffen geschlagen werden kann«. »Knarf kriegt ja wirklich alles mit und stellt stets offensiv aus, wen er gut findet«, befindet auch Hans Nieswandt. »Sich so eine Sun-Ra-Kopfbedeckung aufzusetzen und dieses Spiel mit den Zitaten und den Referenzen, wo er sich verortet und was da alles dazugehört. Das ist natürlich auch klassische Popschulung der frühen Achtziger, eklektisch sein und cooles Wissen haben und das ausstellen und kuratieren, neu zusammenstellen.« »Gegen jegliches Milieu, das musikalische Qualität an Authentizität festmacht, setzt Knarf Rellöm auf die uneigentlichen, inszenierten Sprechweisen des Pop, wohl wissend, dass Uneigentlichkeit und musikalische wie inhaltliche Unverbindlichkeit nichts miteinander zu tun haben. Es ist im Gegenteil möglich, gerade dadurch als Musiker verbindlich zu wirken, indem man den ganzen Ballast, die Zweifel und die ständige Suche, kenntlich macht«, heißt es in einem Pressetext von Rellöm.

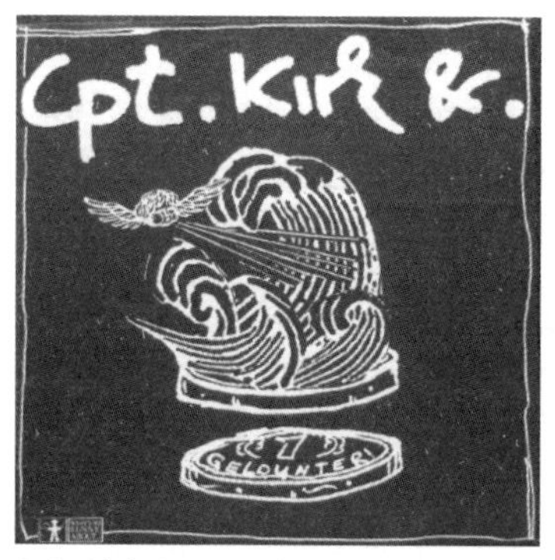

Cpt. Kirk &.: »Geldunter!«, Single 1991

Weniger verspielt haben Cpt. Kirk &. den kapitalistischen Realismus thematisiert, in »Geldunter« singt Tobias Levin: »Wer hier wohnt / kämpft im Rhythmus und dann / Wer Muskeln nutzt, erfindet Geld / Der macht aus Gegenstand Geld / die ganze Erde wird blank. Geldunter«. Christof Meueler erinnern Zeilen wie diese an Adornos »Minima Moralia«, aber auch ohne den Verweis auf einen solchen theoretischen Überbau stellen Levins Songtexte eine dichte Beschreibung der kapitalistischen Lebensrealität dar: »Dieser Winter friert nicht gleichmäßig / jede Mark bringt bei Kälte Temperatur. / Sicher friert der arme Mensch da, / der sich Währung formuliert: / Sein Wörterschatz hat das Zeug zum / Systemstar«.

Etwas narrativer gehen Die Sterne in »Risikobiografie« vor: »Was soll das heißen hier, ich krieg nichts mehr / Ich bin bankrott – na und / Und ihr? / Keine Lust, mich überhaupt darum zu kümmern / Diese Scheiße mit dem Geld und ihr Verlauf / Reibt dich nur auf / Ich esse eure Suppe nicht / Nein, eure Suppe esse ich nicht / Schon lieber mache ich haufenweise Miese / Und fahr die neu gekaufte Karre auf die Wiese«. Über ein Ton-Steine-Scherben-Zitat wird schließlich zur Mobilisierung gegen die Verhältnisse aufgerufen: »Allein, allein, allein / Machen sie dich ein«.

Was viele Bands auch geeint hat, ist ein gewisser Humor. Bei Jochen, da ist wahnsinnig viel Quatsch drin: »Ich gehe raus kiecke und wer steht draußen icke«, in »Verstärker« ist das glaube ich. Das ist etwas, was leider oft total hinten runterfällt.

Jan Müller

Sometimes I think this band sounds like the last possibility of making rock music in a serious, non-ironic way.

Jochen Distelmeyer

Auch »Universal Tellerwäscher« vom Album »In Echt« thematisiert die Lebensrealität unter den Bedingungen des Kapitalismus und changiert dabei zwischen der Außen- und der Innenperspektive: »Er hat immer Hunger / Er muss immer essen / Er muss wohnen und schlafen / Und vergessen / Dass gestern wie heute wird / Heute wie morgen / Und dass in diesem Laden herzlich wenig passiert«; später heißt es »Ich hatte Haben / ich hatte Geld gespart / Ich lief durch die Phasen / War im Apparat«. Spilker beschreibt das Anliegen des Songs in einer Anmerkung zu den Lyrics wie folgt: »›Universal Tellerwäscher‹ ist formal und inhaltlich ein Folksong. Es ist sowohl die Form als auch die Perspektive des ausgebeuteten Arbeiters, die Woody Guthrie so oft in der Gewerkschaftsbewegung kurz vor dem Zweiten Weltkrieg in seinen Songs zum Ausdruck gebracht hat.« Wobei die Songs von Woody Guthrie zwar Geschichten aus der Perspektive von Arbeitern erzählen, in ihrem Gestus jedoch näher am klassischen Agitprop sind als die meisten Songs der Hamburger Schule, die dem direkten Aufruf zu politischem Handeln eher misstrauen; daher schreibt Spilker weiter über »Universal Tellerwäscher«: »Er ist überhaupt nur deshalb gerade noch so ein Hamburger-Schule-Song, weil der Tellerwäscher abstrakt ist. Er ist eher ein soziologisches Beispiel als eine konkrete Person.«

»Kristof ist AC/DC-Fan, ich bin AC/DC-Fan, wir kommen aus dem Dorf, das sind Energiesachen, die wir gesehen haben in irgendeinem Alter, als uns nicht mal interessiert hat, was die da singen«, erzählt Tobias Levin. »Wir haben unser Leben lang ausgeblendet, was die singen, obwohl wir es wussten. Aber wenn wir es uns dann vorgelesen haben, später, haben wir immer nur die Augen kurz zusammengekniffen und haben gesagt, dass das jetzt zu spät für uns ist, es steckt schon so tief drin, die Rhythmen, die Power, was da auf der Bühne passiert und so weiter.« Diese Erinnerung von Levin an Kristof Schreuf zeigt, dass in der Idee von Rockmusik für beide Musiker auch ein Treibstoff zu finden war, allen Rockismusvorwürfen zum Trotz, ein Treibstoff für eine Haltung, immer weiter zu machen. Auch die frühen Alben von Tocotronic, die in schneller Abfolge produzierten Songs – drei Alben in zwei Jahren – zeugen von einer inneren Unruhe und dem vitalistischen Drang, möglichst schnell möglichst viel zu sagen. »Wir haben uns auch schon als Rockband bezeichnet, und das wurde in dieser Szene natürlich extrem skeptisch beäugt, wegen Rockismus und so«, erzählt Jan Müller. »Deshalb habe ich vorhin eine Band wie Mutter genannt, die immer gesagt hat: Wir sind eine Rockband!, und wo man trotzdem den Machismo nicht gespürt hat. Wie bei uns.«

Gepaart war diese Haltung mit einem Stilbewusstsein – »Jungens in Adidas-Jacken, Cordhosen, coolen T-Shirts, mal melancholisch, mal schlau, immer aber liebenswürdig, eigenweltlich und unverstanden dreinblickend«, so Martin Büsser im Fanzine Zap über die Band – , das nicht nur Tocotronic ausgezeichnet hat: Auch Knarf Rellöm oder Jochen Distelmeyer waren sich in den Musikvideos und bei Liveauftritten sehr bewusst, welche Gesten auf welche Weise Wirkung erzeugten, welche Haartolle welchen Effekt hatte, welche Kleidung wie funktionierte. Diese Facette der Hamburger Schule wird häufig ausgeblendet, zu schnell lauern bei AC/DC oder Modefragen die antirockistischen Reflexe hinter der nächsten Ecke. In der Hamburger Schule findet sich trotzdem all dies, wenn auch gebrochen, ironisiert, hinterfragt. »Ich weiß noch, keiner wollte ihn haben / Diesen Rockbandscheiß / Ich kann mich gut genug daran erinnern / Ich weiß es noch, als wär es erst gestern gewesen / Wir hatten Lieder dagegen / Und argumentative Gesten«, heißt es etwa in »Tourtagebuch« von Die Sterne. Und im Hörstück »Eine Rockband fällt über eine Kleinstadt her« von Huah! werden die Klischees des Rock'n'Roll aufgerufen, gepaart mit einer

Musik, die antirockistisch funktioniert und immer kurz vorm Ausbruch wieder zurückgenommen wird: »One, Two. Soundcheck! One, Two. Brüllt Faust, ich will Weiber! Ahab und er lachen hysterisch. Der Laden hat 'ne scheiß Akustik und der Mixer hat keine Ahnung und ich will verdammt noch mal meinen Fun.« Diese Ambivalenz, ständig zwischen Klischee, Style, Rockgesten und der Kritik daran zu changieren, sollte bei der Auseinandersetzung mit der Hamburger Schule nicht unterschlagen werden, ebenso wenig wie eine feministische Kritik an der Repräsentation von Frauen in der Szene.

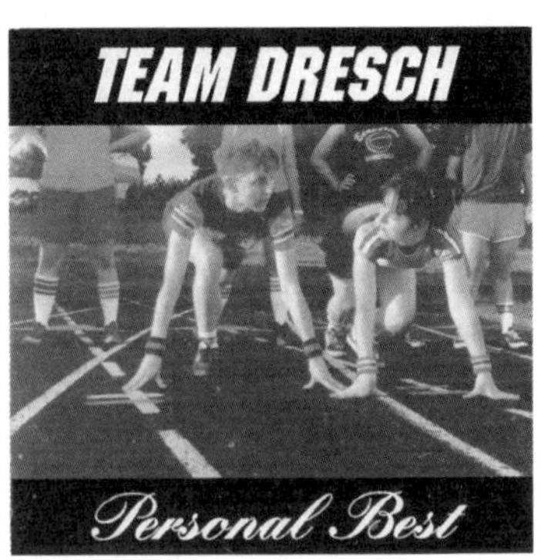

»Diese Team-Dresch-Platte«: »Personal Best«, erschienen 1995 auf dem Queercore-Label Chainsaw

Es hat mich lange schon nichts so sehr
Berührt wie diese Team-Dresch-Platte
Und ich weiß sie singen nicht für mich
Und ich weiß doch trotzdem glaube ich
Dass ich sie verstehen kann
Obwohl ich bin ein Mann
Und trotzdem finde ich sie super.

Tocotronic: »Die Sache mit der Team Dresch Platte«

Auch wenn weibliche Perspektiven in der Hamburger Schule eher unterrepräsentiert waren, gab es bei einigen männlichen Protagonisten zumindest eine kritische Auseinandersetzung mit dieser Realität. »Wir sind anfangs ziemlich verschüchtert durch die Gegend gelaufen, die anderen waren meist älter: Wir die Jungs, die anderen die Männer«, erinnert sich Schorsch Kamerun. »Schon auf dem Dorf war das so, und auch als Band fanden wir das Männlich-Breitbeinige, dieses bierernste Rock'n'Roll-hafte immer öde.« Und so haben Die Goldenen Zitronen schon früh begonnen, weibliche Perspektiven auf ihre Alben zu integrieren, ebenso wie Knarf Rellöm in seinen Bandprojekten. »Für mich ist Huah! sehr entscheidend, weil das so undogmatische Musik war. Das war energiegeladen, intelligent und irgendwie komisch und hatte immer viele Schichten und Ebenen«, erzählt etwa Bernadette La Hengst. »Aber es war sehr viel Spaß dabei und Knarf hat auch Frauen immer mit einbezogen. Das war nicht so geschlechtertypisch wie bei den Jungs, die sich sagen, wir machen jetzt Indie-Rock und lassen uns die Haare ins Gesicht hängen und rocken hier ab.« In den ersten Jahren ist Rellöm bei den Mobylettes in Frauenkleidern aufgetreten, um der männlichen Dominanz der Szene etwas entgegenzusetzen. »Knarf hat ja nicht umsonst auch diese Mobylettes-Geschichte gemacht, wo er sich dann auch Frauenkleider angezogen hat«, erinnert sich Jakobus Durstewitz. »Als Statement, weil man sich mehr Frauen gewünscht hat. Es war ein Grundgefühl da, dass man von diesem Männerscheiß, diesem Rockscheiß weg will.«

Weg vom »Männerscheiß« wollten auch Cpt. Kirk &., die im Song »Puscher« vom Album »Reformhölle« singen: »Männlich kommt von weiblich und verändert sich. / Kurz nach meiner Geburt / ging ich und vergaß ich dich. / Männlich kommt von weiblich und verändert sich. / Alle Menschen sind Menschen, / sind Menschen alle, nur nicht gleich und nur / zu Unrecht gleichbehandelt«. Im Gespräch hat Tobias Levin zu diesem Thema weiter ausgeführt: »Ich bin mir sicher, dass eine Frau erlebt hat, sich von mir ausgeschlossen zu fühlen. Da bin ich mir sicher, dass das passiert ist, und das ist furchtbar und nicht gut. Aber was ich viel mehr weiß, ist, dass wir gemerkt haben, dass wir alleine das Leben nicht meistern können. Also wir halten das nicht durch, ökonomisch nicht. Und wir sind ständig in hilfesuchende Positionen geraten, ohne dass wir das wahrhaben wollten, weil wir Furcht vor einer Gesellschaft hatten, in der wir alleine sind und ihr nichts anbieten können. Wir können nichts anbieten, und dabei entwickelten sich für uns aus Beziehungen problematische Beziehungen; man hat einfach keine wirklich gleichberechtigten Beziehungen geführt, weil man sich nicht gleichberechtigt um Probleme gekümmert hat.«

Trotz aller Schieflagen in den realen Geschlechterverhältnissen auf den Bühnen gab es dennoch einen Reflexionsraum für die Problematik; das mag nicht viel sein, ist aber im Vergleich zu anderen Musikszenen auch nicht nichts.

»From: Disco To: Disco«
Ladomat 2000

Man muss immer weiter
durchbrechen

EGOEXPRESS: WEITER

»Ich kann mich noch an eine Party in Heinz Karmers Tanzcafé erinnern, da waren Leute wie Tobias Levin und Jochen Distelmeyer da. Ich habe Musik gemacht, und die standen alle auf den Tischen und waren völlig am Durchdrehen. Diese ganzen coolen Typen, die sonst die ganze Zeit so drauf waren, die Musik neu erfinden und tiefgreifende Texte schreiben zu müssen und die plötzlich zu House getanzt haben und einfach Spaß hatten«, erinnert sich Luka Rothmann an eine Nacht Anfang der Neunziger, als die Hamburger Szene angefangen hat, sich immer stärker für elektronische Musik zu interessieren. Tobias Levin und Jochen Distelmeyer waren zwar nicht unter ihnen, aber einige andere Musiker wurden von House-Konsumenten zu -Produzenten, allen voran Mense Reents, für den sich der Übergang vom Bandmusiker zum Elektroniker sehr fließend angefühlt hat: »Ich habe Bass gespielt, aber ich war kein Songwriter, nicht bei Huah! und auch nicht bei Das neue Brot. Irgendwann hatte ich keine Lust mehr, in so vielen Bands zu spielen und wollte meine eigenen Sachen machen. Dann haben Jimi und ich Egoexpress gegründet, und ich habe mich immer mehr für elektronische Musik interessiert. 1994 war ich dann noch mit der Regierung als Gitarrist auf Tour. Gleichzeitig habe ich Breakbeat- und House-Platten gekauft. Ich erinnere mich, als wir unser Album ›Unten‹ im Studio aufgenommen haben, hatte ich in den Wartephasen oft einen Kopfhörer auf und habe einen Roland-808-Drumcomputer programmiert. 1994 war eine Übergangsphase für mich, wo ich gedacht habe, ich möchte meine eigene Band machen oder mein eigenes Projekt.« Unterstützung auf dem Weg zu diesem eigenen Projekt hatte er von Carol von Rautenkranz bekommen: »Mense hat seinen ersten Track in 24 Stunden auf einem Acht-Spur-Tape mit der Hand eingespielt. Den ersten Elektro-Track. Und es war wirklich faszinierend, welche Fähigkeiten er da gezeigt hat, welches Talent. Wahnsinn! Dann habe ich Mense einen

Atari-Computer gekauft, wir haben ihn mit Techno-Produzenten zusammengebracht, mit Tommi Eckart in Berlin, wo er dann die ersten Sachen gelernt hat. Wir haben versucht, das zu fördern. Und Charlotte war ja in der Musik schon drin. Ich habe auch immer schon elektronische Musik gehört, aber sie hat mich dann in diesen House-Kontext wirklich eingeführt.« Tommi Eckart hatte in den Achtzigern begonnen, mit Andreas Dorau Alben zu produzieren, in den Neunzigern Trance und andere Spielarten der elektronischen Musik durchprobiert, bevor er dann in den Nullerjahren als Teil von Zweiraumwohnung bekannt wurde. »Wir haben plötzlich gemerkt: Mit einem Atari, mit einem Sampler braucht man ja gar kein Studio mehr«, erinnert sich Mense Reents an die Anfänge seiner Experimente mit elektronischer Musik. »Wir hatten einen kleinen Raum und haben da zu dritt unsere Sachen gemacht. Wir hatten das Glück, dass unsere Plattenfirma L'Age d'Or gut für uns gesorgt hat. Die war immer ein bisschen wie eine Bank. Wir haben nie wirklich Geld von den Plattenverkäufen bekommen, aber tatsächlich konnten wir immer zu L'Age d'Or gehen und sagen: Wir brauchen Geld.«

Charlotte Goltermann wiederum, die Carol von Rautenkranz ebenfalls erwähnt, war kurz zuvor aus München nach Hamburg gekommen, zunächst um die Promoabteilung von L'Age d'Or zu unterstützen: »Bei mir war das totaler Zufall. Ich war mit den Münchnern – Upstart und den Leuten von Sub Up und Disko B – auf der Popkomm in Köln und dort haben wir uns einen Stand mit den Lado-Leuten geteilt. Die konnten mehr trinken und waren abends länger wach. So habe ich das jedenfalls in Erinnerung. Ich weiß nicht mehr genau, aber ich muss so etwas gesagt haben, wie: ›Ich könnte doch bei euch irgendwas machen.‹ Ich dachte an einen Austausch: ich ein halbes Jahr nach Hamburg, und die schicken dafür den Pascal Fuhlbrügge nach München. Das stellte ich mir ganz lustig vor. Dann riefen die aber an und sagten: ›Hey, du kannst bei uns arbeiten.‹« Charlotte Goltermann war also zunächst zuständig für die PR von Bands wie Die Sterne oder Tocotronic, »sie liebte auch diese handgemachte Musik«, so Carol von Rautenkranz. »Und sie hatte aber in München schon mal bei einem ähnlichen Label gearbeitet, nämlich bei Disco B ... Auch

Das Plattenfach »deutschsprachige Musik« ist langweilig. Zum großen Teil ist da eigentlich nur Müll drin. Mich ärgert, dass ich da leider manchmal drinstehe. Manchmal stehe ich auch unter »Techno«. Das finde ich dann super.

Knarf Rellöm

dort hat sie elektronische Musik nach vorne getrieben. Hat diese Transformation schon einmal mitgemacht und hat das nach Hamburg gebracht und hat bei uns tatsächlich einen absolut frischen Wind reingebracht.«

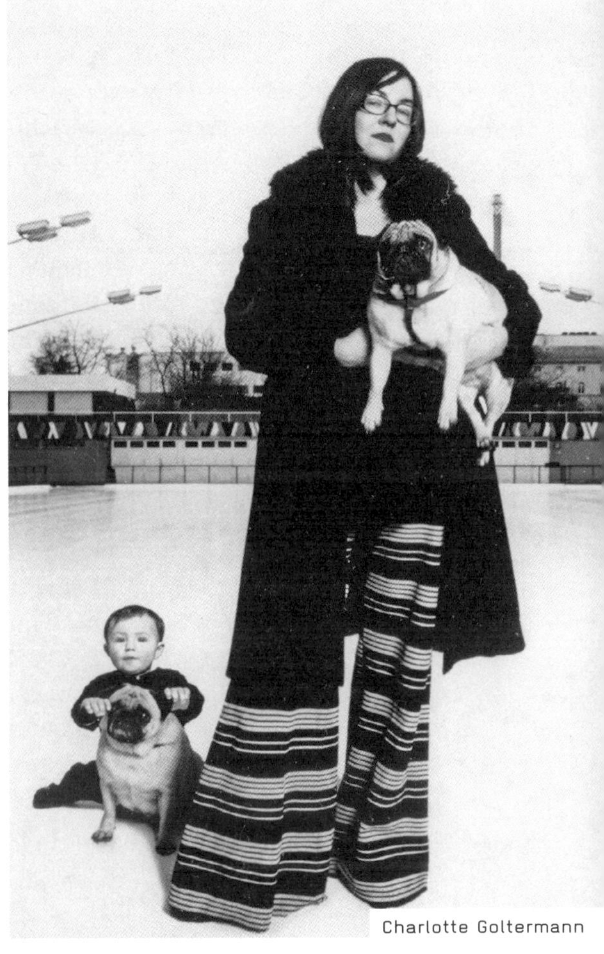
Charlotte Goltermann

Goltermann hatte Kunst studiert und in München neben ihrer Arbeit bei Disco B auch Partys organisiert: »Wir fanden, dass es in München zu wenige Möglichkeiten für Konzerte, Nachtleben, Club, Tanzen, Auflegen gab. Und wir liebten House und Techno, das kam aus England und Amerika in Form von 12"-Maxis und DJs, die diese Platten auflegten und mixten. Wir besetzten also ein leerstehendes Krankenhaus und gründeten dort das Ultraschall, den Club, wo dann all die Partys stattfanden. Man kann sich das heute nicht mehr vorstellen – wie das alles ohne Handy und Internet ging ... Damals war alles neu. Man lud DJs von überall ein, die Platten auflegten, die es vielleicht nur 50-mal gab und alle tanzten das ganze Wochenende dazu. Das änderte sich natürlich im Laufe der Zeit, die DJs wurden teils sehr berühmt und manche Platte ikonisch. Letztendlich entstand eine große Club- und Party-Gesellschaft weltweit. Das Ultraschall war in der Spex bestimmt 10 Jahre lang auf Platz eins der besten deutschen Clubs.« Zentral für ihre Entscheidung, bei L'Age d'Or einzusteigen, war wieder einmal die Kolossale Jugend: »Das waren die Leute, die Kolossale Jugend herausbrachten. Das war Musik, die wirklich viel verändert hat. Klar, es gab die Einstürzenden Neubauten (oder Ton Steine Scherben), aber dass man einen so starken gesellschaftlichen Ansatz findet und Texte, die auf eine Weise so unverständlich, aber doch so klar sind ... Mich hat das erste

Hören wirklich erschüttert, das war ein richtiges Erlebnis.« Die Kolossale Jugend hat sie nach Hamburg gezogen, was sie dort zunächst vorfand, war jedoch alles andere als »ein richtiges Erlebnis«: »Irgendwie war Lado damals perspektivenlos. Die hatten zwar Die Sterne und sie hatten auch so einen alten Deal mit Tim Renner von der Polygram, aber das rentierte sich alles gar nicht mehr, soweit ich mich erinnere. Jedenfalls suchte man nach neuen Perspektiven. Die ganze Firma, aber auch so einzelne Musiker, die jungen, wie Mense Reents und Jimi Siebels.« Und so hat Goltermann angesichts der Perspektivlosigkeit begonnen, Remixe für die Band Milch anzufragen, die sie quasi aus München mit zu L'Age d'Or gebracht hatte. »Dann entdeckten die Leute bei der Polygram die Milch-Remixe und meinten daraufhin, sie würden den Deal mit Lado weitermachen wollen – und gaben uns neues Geld«, so Goltermann. »Die Milch-Remixe waren meine Idee gewesen, und so gründete ich das Label Ladomat.« Aus München hatte sie die Idee der Waschmaschine als Logo mitgebracht, das das Markenzeichen der 12"-Cover von Ladomat 2000 war: »Ich wollte gerne eine Art Symbol-Bild und ein Einheitscover haben. Da lag die Waschmaschine nah. Ich dachte, das passt gut zu der Label-Idee, elektronische Musik ohne weitere Festlegung zu machen. Da passte alles rein, es änderten sich jeweils nur die Farben. Und das passte zu dem 12"-Format, einfach schon, weil in der Mitte das Loch war – wie bei einer Waschmaschine. Eine Art Fenster, aber eben auch eine Vermischung der Sachen, die drinnen sind. Und die zweite Idee war: Technik! Maschinen! Zuletzt ging es noch darum, damit zu spielen, dass es als von Frauen bedientes Gerät galt. Ein Haus-Frau-Gerät. Aus Haus wurde H-O-U-S-E. Das war alles mit drin. Und 2000 war weit weg, aber nicht zu weit. Eine verheißungsvolle Zukunft. «

hello we are ladomat 2000: the label for all music lovers, disco-verers, glamour boys and girls, pop friends, experimentees and people who have cd players and turntables. get in touch with germany's hottest friendly minimalism, radical rock disco, wicked analogue dreams, accidism, disco voodoo, neo electro acoustics, glam-kraut, disco adventures ...

Ladomat 2000 Werbeflyer

»Angeschwemmt wurde das Holz aus dem chicago-house oder dem soliden Detroit. Ursprünge verwischen und treiben seltsame Blüten« (Sensorama: Nagelbrett) – »Liebevoll hausgemachter Acid für fremde Gestade« (Drunken Sailor: EP for Charlotte) – »Wir haben ein altes Schlagzeug aus Koffern u.s.f gesamplet: das sollte die Grundlage sein« (Subtle Tease: Overlooking is) – »134 bpm bei bohrenden Klängen mit leichtem

Nieseln« (One In A Billion: Soulfood) – »Bei Ladomat zuständig für die Schnittmuster bislang noch nicht abgesteckter elektroakustischer Popmusik« (Turner: Imschwung): studiert man die Promozettel von Ladomat, wird das Konzept, dass in der Waschmaschine alles Mögliche stecken kann, bereits deutlich. In einem Interview aus der Frühphase des Labels für das Magazin testcard geht Charlotte Goltermann auf ihre persönliche Idee hinter Ladomat 2000 ein: »House ist einfach der Oberbegriff für eine bestimmte Form von Gefühl. Das kann Elektro sein, oder Techno, oder TripHop – es geht einfach darum, dass es ein merkwürdiger, interessanter Sound ist. Die Platten sind alle relativ fordernd und egoistisch: Die wollen schon sehr viel Aufmerksamkeit haben, das ist auch der typische L'Age d'Or-Pop-Gedanke: Da ist jemand, und der gibt dir etwas, aber der verlangt auch etwas von dir – du bist nicht so ein stumpfer Hörer, sondern du musst dich natürlich auch ein Stück weit darauf einlassen – das ist die Grundidee. Es geht um die Liebe zur Musik, und deswegen muss die Musik auch einen gewissen Inhalt transportieren, und das zu beweisen ist unser Ehrgeiz: Dass man auch bei so einem Club-Elektro-Techno-House-Label genauso einen Hintergrund hören und haben kann wie mit einer Pop-Platte.«

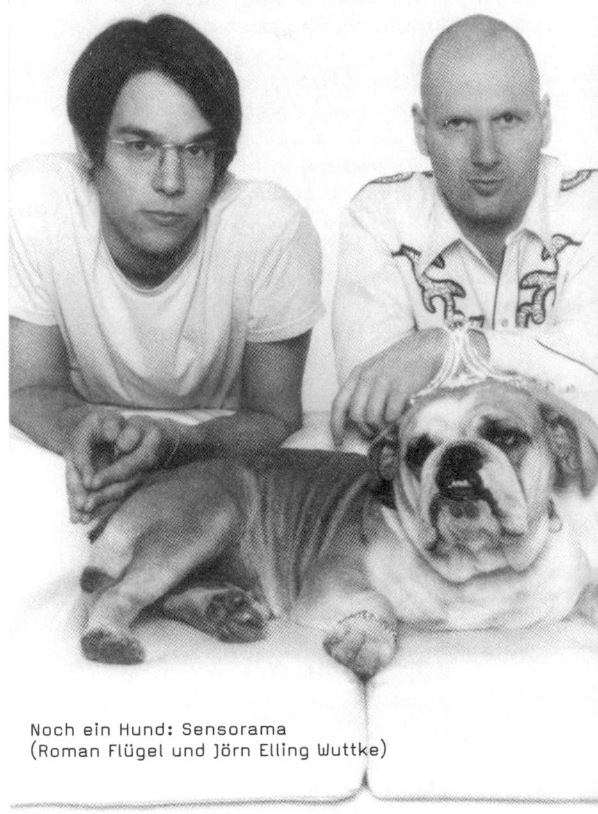
Noch ein Hund: Sensorama
(Roman Flügel und Jörn Elling Wuttke)

Dieser Anspruch, mit elektronischer Musik »einen gewissen Inhalt« zu transportieren, passt zum politischen Selbstverständnis des Mutterlabels L'Age d'Or, dessen Bands sich auch in einem linken politischen Koordinatensystem verortet haben, selbst wenn sie keine politischen Agit-Prop-Texte vor sich hergetragen haben. »Diese Musik«, hat dagegen Martin Büsser über House geschrieben, »ist nicht besonders intelligent, sie hat keine Message, sie ist weder eindeutig Underground noch eindeutig rebellisch, sie hat wirklich nichts, absolut rein gar nichts, um sich zu legitimieren, außer sich selbst. Sie ist ein Adrenalinstoß, ein kurzer, heftiger Rausch, der den ganzen Körper durchzuckt, während der Kopf nicht mal die Zeit hat zu fragen, wie so etwas passieren kann.« Vielleicht war es gerade dieser Hedonismus, das Ausschalten des Kopfes, was House für die Hamburger Szene ab Mitte der Neunziger nach den ernüchternden Erfahrungen der Wohlfahrtsausschüsse zu einem Fluchtpunkt gemacht hat. Als erste Veröffentlichung mit der Katalognummer 2001 erschien 1994 eine Maxi von Bungalow, dem ersten Elektronik-Projekt von Mense Reents, der in den Credits als Sinus Albino firmiert. In seiner Erinnerung war Bungalow ein »Übergangsprojekt«: »Das war die erste Maxi bei Ladomat und ist ein bisschen untergegangen. Das war Sprechgesang über 150 bpm, englische Breakbeats, Acid, sprechen, rufen, singen, eigentlich Stereo MCs mit frühen Prodigy. Das habe ich versucht mit deutschsprachigen Stream-of-Consciousness-Texten. Aber wir sind daran gescheitert, weil es technisch ein bisschen zu schwierig für uns war, wir waren noch nicht so weit. Die EP habe ich noch alleine gemacht, produktionstechnisch im Studio hat mir Tommi Eckart geholfen, und dann kam Jimi dazu. Wir haben Bungalow irgendwann aufgegeben und gemerkt, lass uns vielleicht mal was Instrumentales probieren, den Gesang komplett weglassen. Ich war auch mit meinem Text nicht zufrieden und dachte, vielleicht ist es besser, radikaler, abstrakter ranzugehen und zu versuchen, mit ganz wenig auszukommen. Das haben wir dann ja auch mit Egoexpress gemacht.« Egoexpress, das 1995 gegründete Projekt von Mense Reents und Jimi Siebels, dessen letzte Veröffentlichung 2005 erschien, war nach den Milch-Remixen eine der ersten Veröffentlichungen des neuen Labels. Auch die Debüt-Maxis und -Alben von Whirlpool Productions und Sensorama, zwei der erfolgreichsten Ladomat-Acts,

Die Idee war immer, Musik mit einer klaren Haltung zu machen. Keine Musik für privilegierte Auskenner, sondern Musik für die Massen – jeder konnte mitmachen. Aber eben: gute Musik. Immer mit dieser trashigen, punkigen Attitüde, wo man sagt: »Scheiß drauf, ob das jetzt richtig klingt oder nett ist, oder ob das völlig aus dem Ruder läuft, sich selber überholt und durchdreht.« Das war so die Idee davon: Es gibt keine Regeln und man findet eben diesen punkigen Ansatz in der House- und Techno-Musik wieder. Also nichts für Ästheten oder Minimalisten. Ich wollte keine House-Klassiker. Unsere Leute waren immer auch Rocker, die irgendwas Bizarres machten.

Charlotte Goltermann

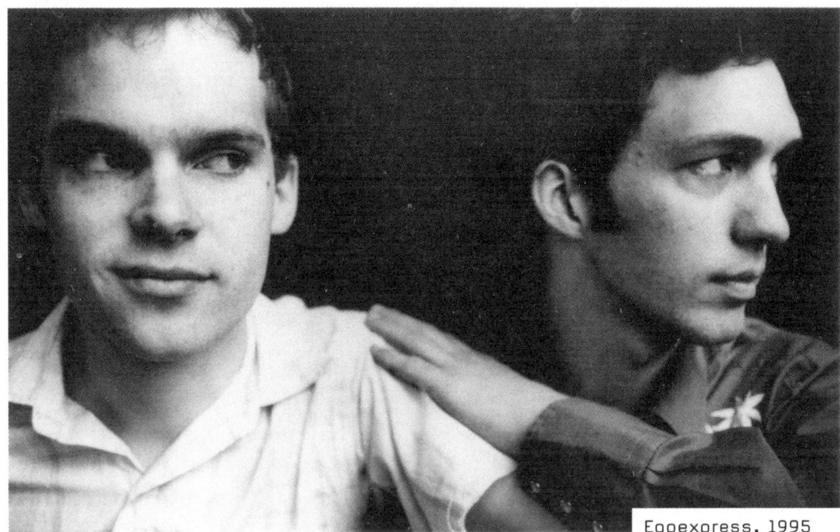
Egoexpress, 1995

sind in den ersten zwei Jahren nach Labelgründung erschienen. Das aus Eric D. Clark, Justus Köhncke und Hans Nieswandt bestehende House-Projekt Whirlpool Productions kam aus Köln, Sensorama um Jörn Elling Wuttke und Roman Flügel stammte aus Darmstadt bzw. Frankfurt, was zeigt, dass die Hamburg-Fixierung, die beim Mutterlabel in dieser Zeit noch gepflegt wurde, bei Ladomat keine große Rolle gespielt hat. Goltermann: »Ich war zum Feiern mit 4000 (ein Hamburger Maler) oft in Frankfurt und hatte dort Playhouse entdeckt. Das waren Roman Flügel und Jörn Elling Wuttke von Alter Ego und Heiko MSO und Ata Macias aus dem Delirium Frankfurt. Oder später die Kölner um das Kompakt, Mike Ink, Forever Sweet. Wir arbeiteten gerne zusammen. Es sollte nicht ausschließlich Hamburg sein, sondern es ging um die beteiligten Künstlerinnen und darum, dass man aus seinem superkleinen Umfeld einfach auch mal rausschaut, was sonst noch so passiert. Würzburg, Köln, Darmstadt, Zürich oder London – ich bekam auf einmal von überall Demos –, es spielte für uns keine Rolle, woher. Ich kam aus München und London und wollte eh nicht nur Hamburg sein. Es waren Leute mit einem ähnlichen kulturellen Hintergrund, eher Studenten oder Künstlerinnen, weniger Automechaniker. Wir arbeiteten tagsüber im Büro und brachten Platten raus und gingen abends in Clubs, um neue Musik zu entdecken.«

Für Myriam Brüger haben sich die beiden Labels – Ladomat 2000 existierte bis 2006, als auch das Mutterlabel seine Aktivität einstellte – gegenseitig befruchten und neue Türen öffnen können: »Das hat wahnsinnig Spaß gemacht, im Kontakt mit Fanzines wie Zap Hardcore- oder

Punk-Leute zu unserem House-Sound zu bewegen. Das haben wir auch innerhalb Hamburgs in der Form von Club-Reihen gemacht. Wo dann die Leute erst mal nur rumstanden, anstatt zu tanzen. Aber spätestens eben mit dem Egoexpress-Album ›Foxy‹ ist das dann anders gewesen. In Hamburg war ja House eigentlich eher mit dem Front, dem Grünspan oder dem Tempelhof verbunden. Und das war einfach eine komplett andere Welt als die kleine Indie-, Hamburger-Schule-Welt. Da gab's dann eine wunderbare Vermischung. Also, das hat einfach super funktioniert. Das hat Spaß gemacht und, ich glaube, ein paar Sachen sind aufgegangen dadurch.«

10 Ladomat-Veröffentlichungen

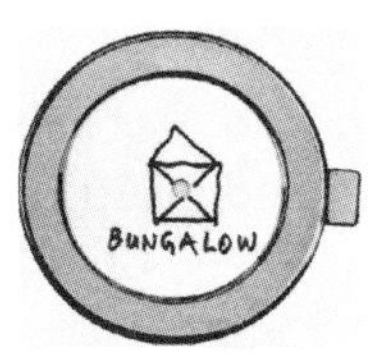

1994: Bungalow Feat. Das neue Brot: Bungalow/ Elektrisch

Deutsche Stream-of-Conciousness-Texte mit House und englischen Breakbeats von Mense Reents.

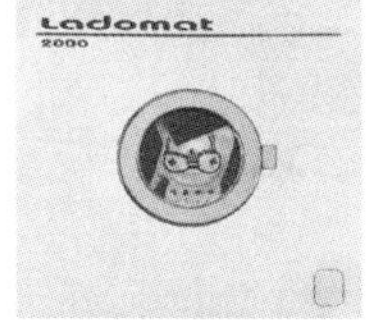

1994: Milch: Bügelbretter

»Milch hätten Weltstars sein können. Aus meiner Sicht. Ich konnte nicht glauben, dass das nicht funktioniert hat.« (Myriam Brüger)

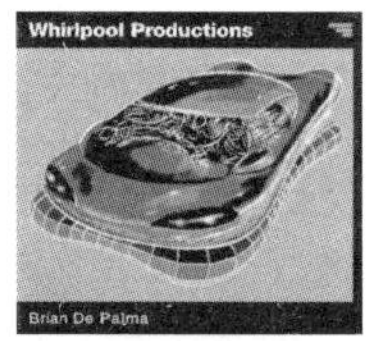

1995: Whirlpool Productions: Brian de Palma

Chicago-House mit Soul- und Disco-Anleihen vor dem großen Durchbruch.

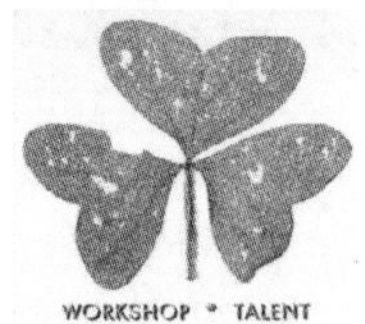

1995: Workshop: Talent

»Das Programm war eigentlich, dass es kein Programm gibt. Die ganze Platte ist nur aus Zufallsintuitionen entstanden.« (Kai Althoff)

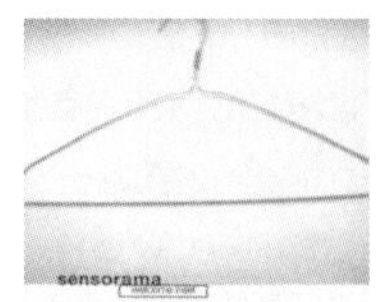

1995: Sensorama: Welcome Insel

»Allen unseren Projekten liegt eigentlich der Ansatz zugrunde, Techno musikalisch aus den Begrenzungen der Tanzfläche zu befreien.« – Jörn Wuttke und Roman Flügel

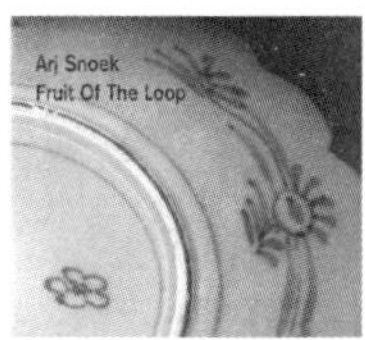

1997: Arj Snoek: Fruit of the Loop
17-jähriges House-Wunderkind im eierkarton-gedämpften Heimstudio.

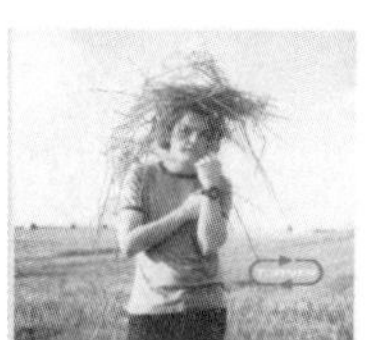

1998: Turner: Lukin Orgel
Poppiger House mit rumpeligen Beats des WG-Mitbewohners von Jan Müller.

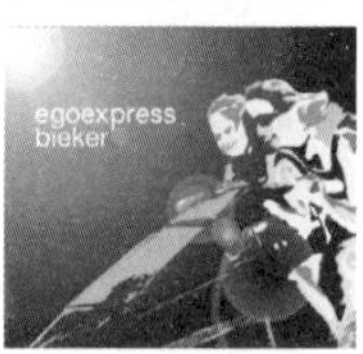

1999: Egoexpress: Bieker
Querflötensample, Dirk-von-Lowtzow-Gastgesang, »Discohouse-Technorock-Partypop« (Spex) von Mense Reents und Jimi Orgl.

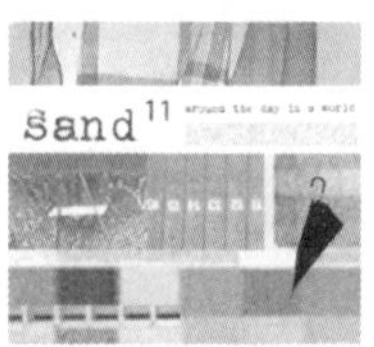

1999: Sand 11: Around The Day In A World
Ein Album voll Samples, Klangzitaten, elektronischem Diebstahl, Collagen und Montagen.

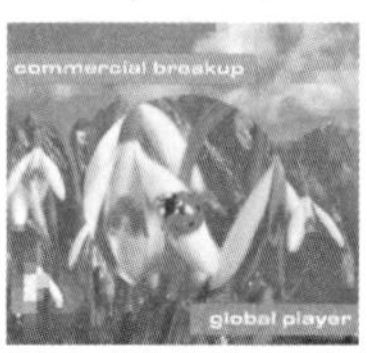

2000: Commercial Breakup: Global Player
»Die bestimmt poppigste Platte auf Ladomat« (Pressetext) von Vredeber Albrecht und Elke Brauweiler.

»Hinter dem Hügel wachsen uns Flügel«
Erfolg, Enden und Erbe

Ihr habt mir viel zu oft
Auf die Schulter geklopft
Und ich glaub' nicht daran
Dass ich ohne das Klopfen noch kann
Ich bin viel zu lange
Mit euch mitgegangen
Und ich glaub' nicht daran
Dass ich jetzt noch mal umkehren kann

TOCOTRONIC: ICH BIN VIEL ZU LANGE MIT EUCH MITGEGANGEN, 1996

»Ich muss da immer an Tom Liwa denken, der diesen total bescheuerten Satz hat«, erzählt Linus Volkmann über ein Symptom des Erfolges und gleichzeitig des Endes der Hamburger Schule. »Im Song ›Titelstory gegen ganzseitige Anzeige‹ heißt es: ›Fünf Jahre nach mir und drei Jahre nach Blumfeld kaufen sie alles ein, was Deutsch singt und nur laut genug lügen kann.‹ Wo wir schon damals immer dachten: Nein, nur nach Blumfeld, nicht nach dir.« In der Tat dürfte die Wirkung von Blumfeld, den Sternen und Tocotronic die von Liwa und seinen Flowerpornoes um einiges überstrahlen, doch kritisiert hier Liwa schon 1993 eine Problemstellung, die sich im Verlauf der Neunziger noch verschärfen sollte: Die Musikindustrie hatte festgestellt, dass mit deutschsprachiger Musik wieder Geld zu verdienen war. »Auf jeden Fall wurden da Türen aufgemacht, die man nicht mehr schließen konnte«, erzählt Myriam Brüger. »Von Die Sterne zu Sportfreunde Stiller oder zu Samba ist es ein im Nachhinein kurzer Weg.«

Sportfreunde Stiller haben sich 1995 in München gegründet, Samba 1994 in Münster und haben wie zahlreiche andere Bands von dem Weg profitiert, den die Hamburger Bands bereitet hatten, der aber politisch und sozial nichts mehr mit dem Anspruch zu tun hatte, den sich die Hamburger zumindest für eine bestimmte Phase gegeben hatten. »Als sozialer Vollzug war die Hamburger Schule ein (Über-)Lebensraum, der Jobs (bei den Labels oder in Kneipen wie dem Golden Pudel Club), offene

Bandgrenzen und gegenseitige Hilfe zur Verfügung stellte, die natürlich stets brüchig, prekär und abhängig von den aktuellen Umständen blieben«, schreibt Frank Apunkt Schneider über die Zeit kurz vor dem großen Durchbruch der Szene. »Bis Mitte der 1990er hielt er dem ökonomischen Außendruck stand, bis sich die allgemeine und die besondere Krise der Musikindustrie so weit verschärften, dass die Szenestrukturen weitgehend zusammenbrachen.« Dieser retrospektive Eindruck von außen deckt sich weitestgehend mit den Erzählungen der Protagonisten aus Hamburg. »Anfang der Neunziger gab es keinen Konkurrenzdruck, das kam später«, meint etwa Myriam Brüger. »Eher so sich gegenseitig hoch pushen, und zu der Zeit ist man noch als Package-Tour unterwegs gewesen. Drei Bands sind zusammen auf Tour, ohne dass jemand Vorprogramm von einem größeren Act war. Alles tatsächlich sehr inspirierend und kollegial und freundschaftlich.«

DIRK VON LOWTZOW: Wir hätten nie gedacht, als wir angefangen und die erste Single und das erste Album gemacht haben, davon mal zu leben. Ich war einfach wahnsinnig stolz, dass ich ein Album auf Lado hab machen können, und dass man dann Rezensionen bekommt in Spex. Das war unglaublich weit entfernt von dem, was ich überhaupt nur zu träumen gewagt habe, als ich in Offenburg und in Hamburg saß und mir immer so Bandkonzepte ausgedacht oder Songs geschrieben habe.

BERND KROSCHEWSKI: Ich weiß gar nicht, wie man damals überhaupt Erfolg definiert hat. Ich glaube, für die meisten ist es schon ein Erfolg gewesen, überhaupt in so ein Studio zu gehen und einen richtigen Tonträger zu haben. Das ist ja schon ein Erfolg. Es geht ja gar nicht nur um Kohle und größere Hallen und viele Leute oder so.

JAN MÜLLER: Ich fands ganz wundervoll. Ich kann aber da eigentlich nur für meine Band sprechen. Hat mich natürlich auch gefreut, dass die Sterne erfolgreich wurden und Blumfeld es schon waren, weil ich dachte: Super, dass solche Musik jetzt irgendwie einen Stellenwert haben kann.

»Immer diese Widersprüche / Und dann noch die Zweifel, aber vor allem diese Widersprüche«, haben Die Goldenen Zitronen 2001 gesungen und so eine Problematik zusammengefasst, die für viele linke Projekte stehen kann: Strukturen, die entstehen und sich etablieren, werden einverleibt und entziehen sich der Kontrolle. Sei es im Großen, dass die Musikindustrie deutschsprachige Bands auf den Markt wirft, die nur noch als Parodie etwas mit dem politischen Anspruch der Hamburger Schule zu tun haben, oder sei es im Kleinen, dass die Etablierung von sozialen Orten zum Ausgehen, Feiern und Diskutieren zu einer Veränderung der städtischen Strukturen beiträgt. »Der Laborcharakter informeller Räume hat sich tief in das popkulturelle Kollektivgedächtnis eingebrannt«, fasst Christoph Twickel die Funktionsweise von Gentrifizierungsprozessen zusammen. »HipHop oder Acid House, Vogueing oder Grunge, Drum & Bass und Hardcore – immer waren es die toten Winkel, die vom Immobilienmarkt zeitweilig für abseitig erklärten Ecken der Stadt, in denen neue, andere Sounds, Moden, Tänze, Drogen und Sexualitäten ausprobiert werden. Eben das macht sie auch attraktiv für Markenstrategen.« Hamburg hat eine lange Geschichte der Kämpfe um Räume und gegen Gentrifizierung und die Privatisierung des öffentlichen Raumes von der Besetzung der Hafenstraße 1981 über das 1989 besetzte autonome Stadtteilzentrum Rote Flora bis zu den Protesten gegen die Räumung des Bauwagenplatzes Bambule 2002 – um im Zeitraum zu bleiben, der hier im Buch verhandelt wird. Und auch die Musiker der Hamburger Schule haben sich in unterschiedlichen Kontexten gegen die Prozesse der Gentrifizierung positioniert, aufzuhalten waren sie jedoch nicht: »Als das Heinz Karmers geschlossen war, war eigentlich auch die Hamburger Schule zu«, so Carol von Rautenkranz. »Im Ausschöpfen wirtschaftlicher Potenziale innenstädtischer Wohnbereiche, ohne Rücksicht auf altvordere Milieus, Traditionen und Werte, zeigt sich vielmehr die exakte Handschrift des neoliberalen Projekts, das spätestens seit der Hartz-IV-Gesetzgebung die Gesellschaft konsequent fit und schlank, beweglich, wettbewerbsfähig und leistungsorientiert machen will und dem sich kaum ein Individuum und kaum eine Gruppe entziehen kann«, schreibt Sarah Khan über die Gentrifizierung ihres langjährigen Kiezes St. Pauli. »Diese Orte haben sich verändert«, erzählt auch Carol von Rautenkranz. »Der Pudel Club zum Beispiel hat sich total verändert. Die Leute gingen nach Berlin, auch schon ab 97, 98 ja schon vermehrt.« Die Orte haben sich verändert, aber auch die Szene hat sich durch den enormen Erfolg einiger Bands in ihrer Struktur verändert. »Für mich war immer klar, dass das niemals irgendwie ein Broterwerb über einen längeren Zeitraum für mehr als zwei, drei Bands aus diesem Umfeld werden kann«, erklärt Bernd Kroschewski.

»Irgendwann ist die Zeit einfach vorbei«, so Jan Müller. »Es ist eher umgekehrt interessant, wie lange diese Verbindung bestehen blieb. Aus ganz banalen Gründen hat sich das aufgelöst. Hamburg wurde irgendwie vielen Leuten zu klein. Vielen Leuten wurde es auch zu teuer. Es gibt Gründe, warum Hamburg als Musikstadt nicht mehr die Bedeutung hat, die es mal hatte.« Ob sich die Gründe für alle so banal angefühlt haben, ist anderswo zu diskutieren, aber tatsächlich setzte ab der zweiten Hälfte der Neunziger ein Auflösungsprozess ein. »Eigentlich ist jetzt alles ausdiskutiert und die Hamburger Schule somit als Ort des Diskurses schon wieder am Ende«, schreibt etwa Frank Spilker über die Entstehungszeit des Sterne-Erfolgsalbums »Posen«. »Alle wissen, wo wer steht, und in der Konsequenz geht es jetzt noch mehr als früher um Abgrenzung und Geländegewinn. Wer kann höher, schneller, weiter hinaus in die Welt.« Während also die einen, vor allem Die Sterne und Tocotronic – Blumfeld machten bis 1999 zunächst Pause –, höher, schneller, weiter hinaus in die Welt wollten, waren andere mit ihrer Rolle als Pioniere, die aber nicht mehr profitieren konnten vom Erfolg deutschsprachiger Musik in der zweiten Hälfte der Neunziger, eher unzufrieden. »Wir waren zu früh, wie vielleicht auch Cpt. Kirk &.«, meint etwa Pascal Fuhlbrügge, »um von diesem Begriff Hamburger Schule und von diesem Hype durch den Erfolg dieser Sterne-Platte und von Tocotronic zu profitieren. Wir haben nichts mehr abbekommen.« »Ich glaube als Künstler ist es einem das Wichtigste, dass man mit dem, was man macht, gesehen wird«, ergänzt Frank Spilker. »In dem Moment, wo man erschlagen wird von so einem Begriff, ist das ein Problem. Wir hatten das Glück – es wurden ja immer drei Bands bei diesem Begriff genannt –, eine dieser Bands gewesen zu sein. Ich glaube viel schlimmer war es für all die anderen Leute, die ja auch in unserem Umfeld waren, nicht wahrgenommen zu werden als Hamburger Schule und so nicht das Glück hatten ein größeres Publikum zu finden.« Diese Perspektive teilt auch Knarf Rellöm als einer derjenigen, die durch das Raster gefallen sind, oder auch fallen wollten: »Ich habe irgendwann gemerkt, so richtig toll ist das nicht. Das ist so ein Label. Und dann sagen die Leute: Ja, es reicht. Wenn ich eine Platte von

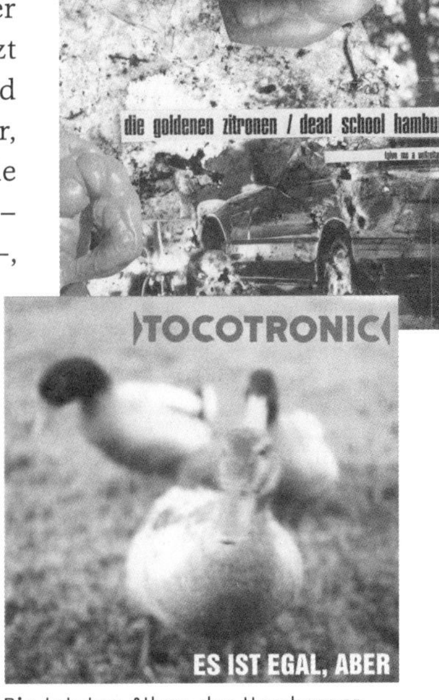

Die letzten Alben der Hamburger Schule? Die Goldenen Zitronen: »Dead School Hamburg (Give me a Vollzeitarbeit)«, 1998 und Tocotronic: »Es ist egal, aber«, 1997

Tocotronic und Blumfeld und den Sternen habe, dann reicht das, um den Musikbereich abzudecken.« Andere Bands nahmen sich den Raum, den die Hamburger Schule geöffnet hatte. »Als es losging mit Kettcar oder Tomte, die ja soundmäßig schon sehr anders als die Suppenwürfel sind, haben dann die irgendwie die Früchte geerntet von dem, was als Etikett ›Hamburger Schule‹ dastand und gar nicht mehr gefüllt wurde«, so Bernd Kroschewski.

Auf der anderen Seite haben die Bands sich verändert, Blumfeld haben 1999 mit »Old Nobody« ein Album vorgelegt, das ihnen den Vorwurf einer Annäherung an den Schlager einbrachte, während Tocotronic im gleichen Jahr ebenfalls ihren Sound änderten, wenn auch in eine gänzlich andere Richtung. »Irgendwann setzte ein Wandel ein, vielleicht mit dem Album ›Es ist egal, aber‹«, erinnert sich Jan Müller. »Wir dachten: Jetzt müssen wir mal was anders machen.« »Ich finde, es ist tatsächlich ein eher situativer Begriff, Hamburger Schule. Ich würde alles jenseits der Zweitausender sowieso nicht mehr darunter rechnen und auch schon ›K.O.O.K.‹ nicht mehr. Das war kein Album mehr, das noch in dem Diskurs selber stattfand. ›Es ist egal, aber‹ ist für mich eins der letzten Hamburger-Schule-Alben gewesen«, so Linus Volkmann über das von Müller erwähnte Album des Wandels.

Aber es gab auch außermusikalische Gründe für das Ende der Hamburger Schule: »Ich glaube, es ging bei L'Age d'Or in dem Moment bergab, wo kein Geld mehr von oben, also von den Major-Labels, kam«, meint Charlotte Goltermann. »Das sagt natürlich keiner so und es ist auch nicht die ganze Wahrheit, denn es gab darüber hinaus noch sehr viele künstlerische und inhaltliche Aspekte. Aber du kannst das Gute nicht mehr so konsequent und ellbogenmäßig verteidigen, wenn du finanziell ums Überleben kämpfen musst.« »Es ist ja letztendlich so, ein Label muss sich ja immer weiterentwickeln. Und vielleicht ist eine Reaktion, dass man nicht nur so auf Hamburg reduziert werden möchte. Aber wir haben hier in Hamburg auch nicht mehr die Bands gefunden, weil es diese Szene aus den Neunzigern für uns so gar nicht mehr gab oder es nicht mehr so interessant war«, beschreibt Carol von Rautenkranz die letzten Jahre seines Labels – zum 31.12.2006 stellte es seine Veröffentlichungen ein. »Wir wollten zum damaligen Zeitpunkt L'Age d'Or als internationales Alternative-Label etablieren. Aber weil in den Nullerjahren das Business insgesamt immer schwieriger wurde, die Umsätze immer weiter zurückgegangen sind und die Vertriebe reihenweise dicht gemacht haben, haben wir das nicht mehr geschafft, da ist uns der Atem ausgegangen.«

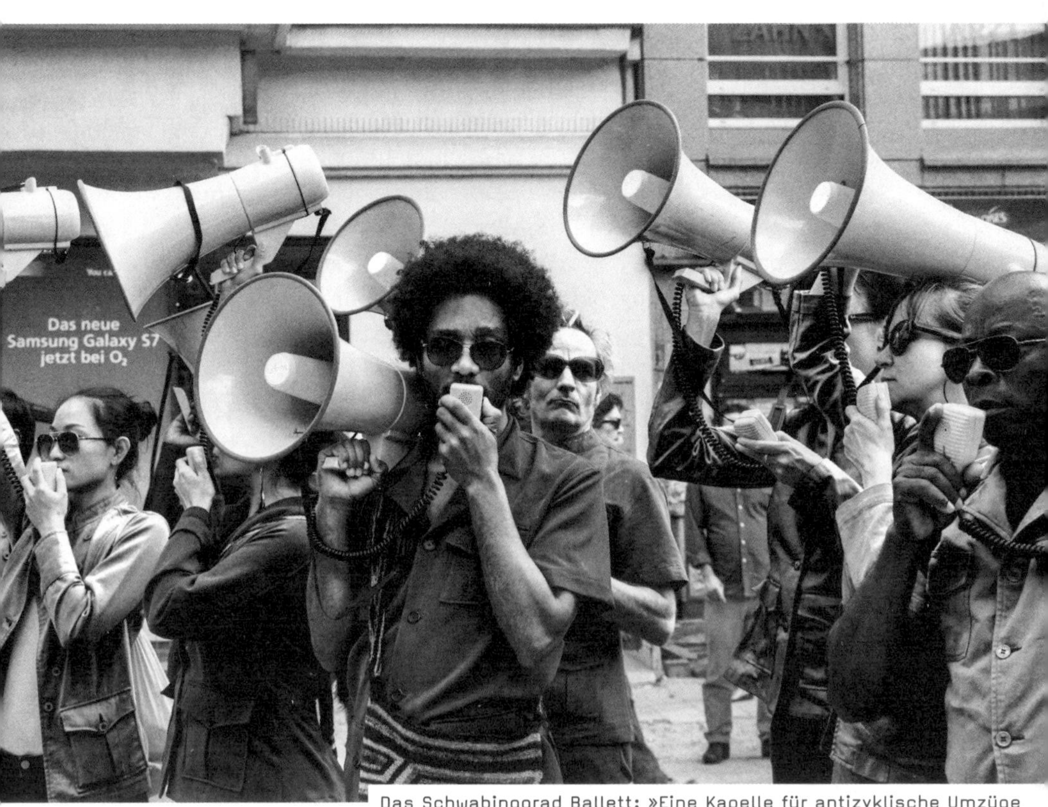

Das Schwabinggrad Ballett: »Eine Kapelle für antizyklische Umzüge zur Unterstützung umstürzlerischer Aktivitäten.«

»Geblieben ist ein Haufen interessanter Platten, schöne Musik, die versucht, einen Ansatz zu verfolgen und darüber hinaus eine gewisse Haltung«, erzählt Jan Müller. »Es wurde eine gewisse Haltung etabliert in der Musikbranche, dass man eben nicht den Erfolg über alles stellt.« Im Blick zurück wird eine Zeit lebendig, die mehr war als eine Musikepoche, sondern eine »Haltungsfrage«, wie auch Charlotte Goltermann betont: »Das war diese verquere Haltung zur Welt, das Zweifeln am System, auch dieses musikalisch Anspruchsvollere und der deutsche Indie-Gedanke. Eine Philosophie, so haben Myriam und ich es empfunden. Uns war die Philosophie wichtig; die Haltung der Musik der Welt gegenüber, was sich sowohl auf Sound als auch auf Texte bezog.« Und diese Haltung haben viele der ehemaligen Hamburger Schülerinnen und Schüler weiter entwickelt und weiter getragen. »Nach der Auflösung von Die Braut haut ins Auge 2000 ging noch mal ein ganz neues Leben in Hamburg los«, beschreibt Bernadette La Hengst. »Es ist ja oft so: Man schließt etwas ab und ganz viele Türen gehen auf. Ich habe dann angefangen, solo Musik zu machen. Ich bin zu Trikont gegangen, das war eine wichtige Entscheidung, nicht zu versuchen, bei einem Major-Label unterzukommen, sondern die Dinge selbst in die Hand zu nehmen, bis hin zum Produzieren meiner Musik, mich aber auch in politischen Zusammenhängen zu organisieren mit anderen, sowohl in feministischen Netzwerken als auch bei den sogenannten No-Border-Camps, um gegen Eurozentrismus oder die deutsche Flüchtlingspolitik etwas zu unternehmen, nicht nur zu diskutieren, sondern auch praktisch etwas umzusetzen. Dann war ich Teil des Schwabinggrad Ballett, ein Kollektiv aus Aktivistinnen, Künstlerinnen und Musikerinnen. Das ist ja auch Teil der sogenannten Hamburger Szene oder Schule, dass das aufgeweicht wurde, dass nicht die einen politische Events organisieren und die anderen in Bands spielen, die für irgendwelche Benefizkonzerte angefragt werden, sondern dass das uns alle angeht und dass man sich als Künstlerin oder Musikerin politisch artikulieren muss.«

17 Alben der Hamburger Schule

Von Benjamin Moldenhauer

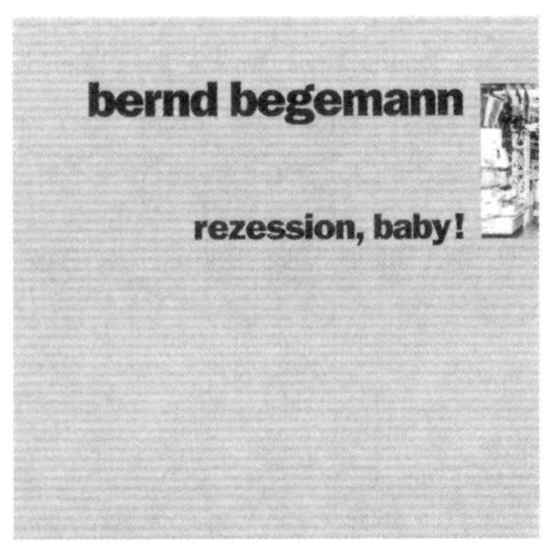

Bernd Begemann: »Rezession, Baby« (1993)

Bernd Begemann hat es aus dem Thermal-Heilbad Bad Salzuflen im nordrhein-westfälischen Kreis Lippe, einem der pophistorisch wichtigsten deutschen Orte, bis nach Hamburg St. Pauli geschafft. Dort spielte er drei Alben seiner Band Die Antwort ein, die das Positive in oft beschwingten Liedern besang oder das Traurige in heiterer Weise darbot (»Das Frühstücksei ist zerbrochen und außerdem zu weich/Und dieser Kontoauszug kam herein heute morgen/Du bist eher arm als reich/Auf kurze oder lange Sicht wird dir niemand etwas schenken/Langsam wird es Zeit, an Gott zu denken«). Die Antwort nahm in gewisser Weise viel von der dritten Blumfeld-Phase (ab »Jenseits von jedem«) vorweg. Nicht so sehr im Sound, sondern der Angstfreiheit: keine Angst vor Schlager, keine Angst vor Prefab Sprout oder, im Falle dieser Band, vor den großen Soul-Vorbildern. Und auch in der hierzulande ja eher raren Fähigkeit, auf der Bühne nicht allein als Musiker, sondern vor allem als Entertainer zu agieren. Wie überhaupt Bernd Begemann in vielem eine der prägendsten Hamburger Figuren war. Oder ist. Auf seinem ersten Soloalbum »Rezession, Baby!« dengelte er 1993 in seiner Küche simple Elektronik und schöne Akustikgitarren zusammen und trat als eine Art singender Chronist des Landes (»Hitler, menschlich gesehen«), seiner Geschichte (»Joseph Bachmann erzählt seine Geschichte und erteilt Rudi Dutschke eine bittere Lektion«) und seiner öden Orte (»Deutsche Hymne ohne Refrain«) auf. »Expeditionen ins Bekannte« nennt Bernd Begemann seine Stücke. Dutzende weitere Alben sollten folgen, solo und mit der Band Die Befreiung. 2008 erzählte Bernd Begemann der taz, dass er sich beim Hören der Nationalhymne »beruhigt, aufgehoben« fühlen würde und sich mit Ted Gaier von den Goldenen Zitronen überworfen hätte, weil er die faschistische Kontinuität nicht mehr zu sehen vermag. »Wenn ich mir bewusst mache, dass meine Lieder Volkslieder sein könnten, aber es nicht sind, das ärgert mich. Ein bisschen.«

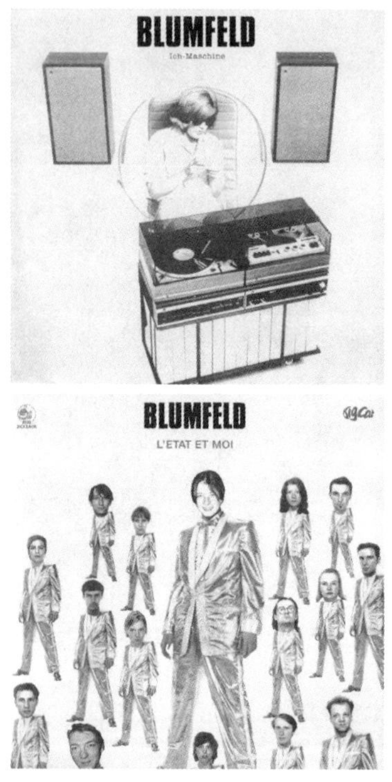

Blumfeld: »Ich-Maschine« (1992) / »L'Etat et Moi« (1994)

Es wird nur wenige Alben geben, auf denen der Sänger so oft »Ich« singt oder sagt, wie die ersten beiden Blumfeld-Alben. Da ist natürlich, gerade heute, wo man beziehungsratgebergeschult den Narzissmus hinter jeder Ecke erspäht, Misstrauen angezeigt. Aber, Entwarnung: Die Textmassen mit hoher Ich-Dichte, die Jochen Distelmeyer auf dem ersten Album »Ich-Maschine« und auf dem zweiten, »L'Etat et Moi«, von sich gab, handelten unter anderem davon, wie das Gesellschaftliche durch das Ich hindurchfließt und es damit überhaupt erst erschafft. Aus »L'État, c'est moi«, »Der Staat bin ich«, wird »Der Staat und ich« oder, auch möglich, »Der Zustand und ich«. Heißt: Es gibt keine autonomen Subjekte in diesen Songs, sondern Ich-Maschinen, die versuchen, Eigensinn und Widerstand und ein Ende der Einsamkeit zu finden beziehungsweise in diesen Liedern zu beschwören, analytisch. »Und der Staat ist kein Traum / ist sogar in meinen Küssen«. Auf dem Titelstück, das das Debütalbum abschließt, markiert der Text die Differenz zu den Kämpfen der Vorgängergeneration. Bob Dylan sah sich noch als revoltierendes Individuum, das der Gewalt klar abgegrenzt gegenüberstand: »And if my thought-dreams could be seen / They'd probably put my head in a guillotine«. In dem Denken, dass Jochen Distelmeyer auf den ersten beiden Blumfeld-Alben »Ich-Maschine« und, noch mal ein zwei Ideen konsequenter, »L'Etat et Moi« entfaltete, ist es komplizierter: »And if my thought-dreams could be seen / They'd probably put my head in a Ich-machine«. Danach war alles erst mal raus und ausgesprochen, und der bis dahin am Indierock der Achtziger entlang gebaute Sound weich. Jochen Distelmeyer verwies in Interviews auf die Münchener Freiheit und auf Prefab Sprout. Die negative Verzahntheit der Umstände mit den Körpern, Affekten und dem Denken der Subjekte wurde versuchsweise aufgelöst im Positiven, Schwärmerischen. In der Vermischung der Menschen in der Liebe: »Mit dir / In ein anderes Blau / Wir teilen einen Traum / Ein Bild aus anderen Zeiten / So wie du ein Teil von mir / Bin ich ein Teil von dir / Ich kann es spüren / Wenn wir uns berühren«. Das gab natürlich Gemecker, Schlagervorwurf und so weiter. Rückblickend kann man sagen, dass Blumfeld in ihrem Schaffen einfach mindestens zwei Formen von Schönheit entwickelt haben, die sich zumindest oberflächlich voneinander sehr unterscheiden, weil sie einmal aus der Analyse dessen, was ist, kommen, und einmal aus dem Besingen dessen, was sein könnte.

Die Braut haut ins Auge: »Was nehm ich mit?« (1995)

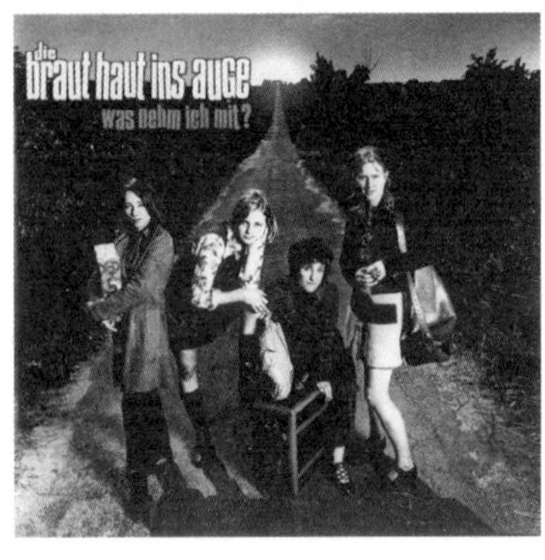

Wenn man die Alben von Die Braut haut ins Auge nach vielen Jahren wieder hört, fällt auf, wie irre eigentlich ist, was damals irgendwie (und idiotischerweise) selbstverständlich schien. Nämlich wie wenig Musikerinnen in den Hamburger Bands präsent waren. Das wirkt im Vergleich zum Beispiel zu dem, was in dieser Hinsicht in New York und London gängig war, schon sehr trist und verpimmelt. Nun ist es aber auch nicht so clever, eine Band vor allem darüber zu beschreiben und deswegen zu feiern, weil da jetzt mal ausnahmsweise keine Künstlertypen auf der Bühne stehen, sondern eben Frauen. Also lassen wir es bei dem Hinweis, dass sich im Glanze dieser Band die Hamburger Tristesse, was Geschlechterparität angeht, noch einmal in besonderer Schärfe zeigt. Und kommen zur Musik. Die ist ganz hervorragend und entzog sich sowohl so Diskursrock-Maßstäben wie auch eventuellen Vermarktungsideen Richtung Girlgroup. Stattdessen hat die Band, die Chansons, Pop und Rumpelpunk gleichermaßen hörbar schätzt, auf ihrem Album »Was nehm ich mit?« einige der schönsten Beziehungssongs (und nicht unbedingt: Liebeslieder) der Neunzigerjahre hinterlassen. »Nichts ist für immer«, »Wenn es dann vorbei ist« und »Das war mein Leben« erzählen auf eine abgeklärte und trotzdem nicht kühle Weise davon, wie Dinge auch mal enden. Die Musik von Die Braut haut ins Auge macht geschlechterübergreifend Mut. Ein Song wie »Mann mit Hang zur Depression« beispielsweise (zu finden allerdings nicht auf diesem, sondern auf dem ebenso tollen dritten und dann auch leider letzten Album »Pop ist tot«) half allen durch den Tag: Menschen, die einen Mann mit Depression lieben, und Männern (und vielleicht auch Frauen und Non-Binären) mit Depression, denen nebenbei noch einmal das Gefühl gegeben wurde, dass sie trotz Seelenqual liebenswert sind. Und wenn sie sich von der Braut eins aufs Auge verdienen, dann nicht wegen der Depression, sondern wegen tausend anderer Gründe. Zum Beispiel weil sie vor dem Gig fragen, ob die Gitarristin denn auch weiß, wie sie ihr Instrument jetzt genau mit dem Verstärker verbinden sollte.

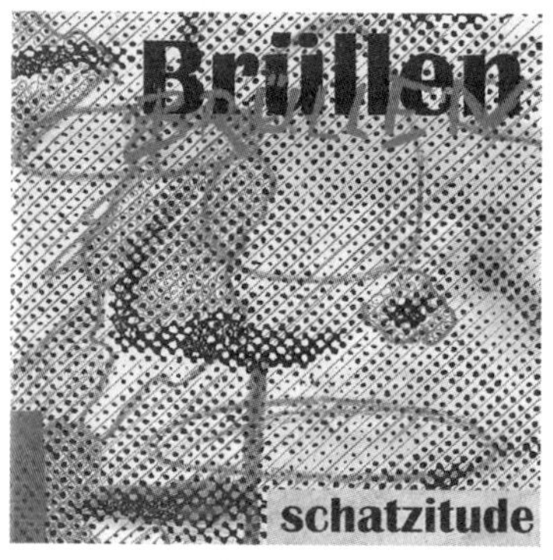

Brüllen: »Schatzitude« (1997)

»Rockende Rockmusik« einsetzen, aber »ohne die dazugehörigen hässlich machenden Haltungen«. Was Kristof Schreuf Mitte der Neunziger in seiner Funktion als Musikkritiker in der taz der Band Ostzonensuppenwürfelmachenkrebs attestierte, trifft auch auf sein eigenes, schmal gebliebenes Gesamtwerk zu. Auf die Kolossale Jugend folgte Brüllen, ein Trio mit Luka Skywalker am Bass und Martin Buck am Schlagzeug. Die Wahrnehmung der Musik der Hamburger Schule läuft meist über die Texte, die stehen im Zentrum der Aufmerksamkeit, und daran hatten Kristof Schreuf und die Kolossale Jugend großen Anteil: »Der Text ist meine Party«. Bei Brüllen auch, wieder programmatisch: »Was ich noch zu sagen hätte, dauert eine Zigarettenfabrik«. Aus dem Blick gerät die Musik selbst, die oft hinterm Gesungenen verschwindet. Auf Brüllens Album »Schatzitude« fällt es besonders auf. Wie sich hier sehr komplex rollernde, aber weltumarmende Basslinien mit einem aufgekratzten Schlagzeug zusammentun, das klingt schon sehr, sehr schön. Dazu spielt Kristof Schreuf auf der Gitarre nicht abzusehende Sachen und singt über Dinge, unter anderem über die eigene Musik: »Ich will keine harten Sounds / die sehen nicht gut aus / Will keine schweren Sounds / die klauen die Farben, und das wird mir zu schwer«. Auf der Debütsingle »Laufe Blau« zerlegten Brüllen »We Will Rock You« so, dass nichts mehr bis auf die Titelzeile übrigblieb. Dazu spielten die drei Instrumente improvisierend durcheinander und Kristof Schreuf klang mit einem Mal, also dann, wenn es um Rockmusik geht, wie ein romantischer Überzeugungstäter: »Für meine Musik würd ich / über Landschaften gehen«. »Schatzitude« ist eines der wenigen Alben aus Hamburg, dass nicht nur über den Text, sondern auch und vor allem über

Melodie und Rhythmus versucht, an neue Orte zu kommen. Irgendwie ist das, andeutungsweise, auch Abschiedsmusik. »Ich war immer gut darin so zu fühlen / als ginge grad etwas zu Ende«, heißt es in »Ab und zu reiss' ich 'was raus (Woher kommt die Müdigkeit?)«. Und bis zum nächsten Album von Kristof Schreuf sollte es dann auch dreizehn Jahre dauern.

Cpt. Kirk &.: »Reformhölle« (1992)

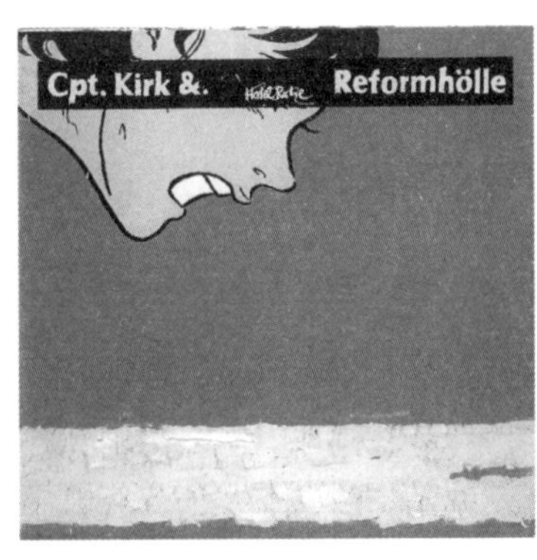

Jazz ist nicht sehr präsent in den Hamburger Zusammenhängen. »Reformhölle«, das zweite und fast letzte Album von Cpt. Kirk &. (es folgte noch eine Split-LP mit der österreichischen Band These Extended Versions, auf der beide Bands nicht nur, aber vor allem Songs von Robert Wyatt spielen), ist, auch, ein Jazz-Album. Nicht so sehr im Sinne von Adorno oder Joachim Ernst Berendt, sondern in einem umfassenderen. Also von der Haltung zum Material her. Einerseits ist »Reformhölle« eine Art Grundsteinlegung. Gitarrist und Sänger Tobias Levin wurde später Produzent von u. a. Tocotronic, Kante und Kristof Schreuf. Dann klingt »Reformhölle« aber, andererseits, so wie nichts sonst im Hamburg der Neunzigerjahre. Am schönsten beschrieben hat es der Kulturwissenschaftler und Musiker Andi Schoon: »Levins hohe Stimme nimmt den Wechsel im Gleitflug, sie verwischt die Struktur und dehnt die Metren. Dazu spielt der Bass weite Bögen, und das Schlagzeug treibt sein eigenes, entfesseltes Spiel. Alles fließt.« Und »alles fließt« ist schon mal eine andere Bewegungsform als im Rock und Indierock. In den Produktionen von Levin tauchte das Fließende später oft wieder auf, in den Arrangements von Kantes »Zweilicht« oder in den weichen Sounds des weißen Albums von Tocotronic. Bei Cpt. Kirk &. aber stellt es sich her, wie gesagt, durch Jazz. Andi Schoon: »Vom Jazz ist die emanzipierte Rhythmusgruppe entliehen, im Gesang tauchen HipHop-Phrasierungen auf, manche Klavierpassage erinnert an die Minimal Music, dazu rauscht ein romantisches Melodienmeer.« Die Texte erscheinen, beim ersten Hören, ähnlich fragmentiert und sprunghaft wie auf dem drei Jahre zuvor erschienenen »Heile Heile Boches«-Album von Kolossale Jugend. Liest man sie, ohne die Musik zu hören, wirkt das alles intellektualisiert und etwas angestrengt, auch weil irgendwie alle damaligen Diskurs-Highlights reihum angetippt werden: »Wir können uns das Foto leisten, auf dem Afrika ruhig bleibt«; »Männlich kommt von weiblich und verändert sich / Bald nach meiner Geburt ging ich / und vergaß ich dich«; »Schau, in allem was sich ändert, hat ein Kaufmann investiert«. So was halt. Außerdem ein politisches Lied über die »Tradition beweisloser Suche nach / Klarheit im politischen Lied«. Hört man dann die Musik, merkt man, dass Cpt. Kirk &. von woanders aus losgehen und woanders ankommen. In dem Fluss, den die Band erzeugt, wird das Gesagte und Gesungene bei aller Unverständlichkeit Teil der Musik, wie ein weiteres Instrument, das Bedeutung produziert, aber vor allem erst einmal eine Klangfarbe mehr bedeutet. Das Cover von »Reformhölle« ist sechsfach, immer Übermalungen anderer Alben, unter anderem von Big Blacks »Songs About Fucking«, »Blue Lines« von Massive Attack und »Out of Time« von R.E.M. Musik, die klingt wie nichts anderes, in Hamburg und auch sonst. »Reformhölle« ist das musikalisch schönste, vielschichtigste und unerschöpflichste Album.

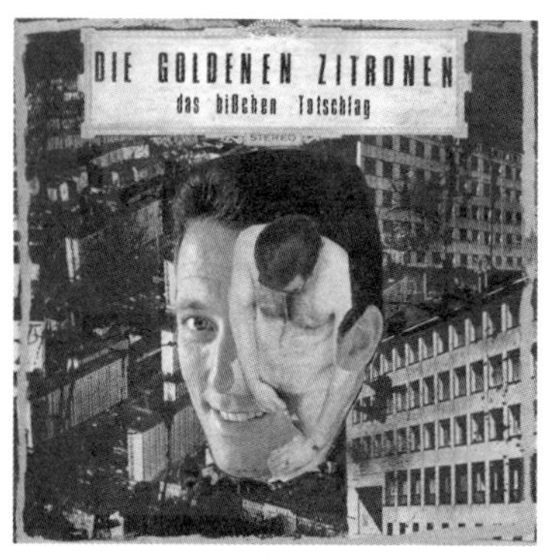

Die Goldenen Zitronen: »Das bisschen Totschlag« (1994)

»Das bisschen Totschlag« war, nach der Single »80.000.000 Hooligans«, der zweite Schritt der Goldenen Zitronen vom ironisch-selbstironischen Funpunk ins Offene. HipHop, Franz-Josef Degenhardt, zackige NDW und Krautrock fanden Eingang in die Musik, und die Stücke bilden zusammengenommen einen allerdings nicht sonderlich wehmütigen Abgesang auf die alte Bundesrepublik. Das Bild, das hier gezeichnet wird, ist kein schönes. Pogrome (»Die Bürger von Rostock, Mannheim etc.«), Terrorismus-Hysterie (»6 gegen 60 Millionen«), Kleinbürgerterror (»Diese Menschen sind ehrlich«) und Postmoderne (»Die Postmoderne«). Die Idee, US-HipHop sei das CNN der Schwarzen, wird auf hiesige Verhältnisse übertragen, mit Schweineorgel und stolperndem Rhythmus. Das Titelstück ist eine sarkastische Textkaskade als Chronik der laufenden Ereignisse, also des Anfang der Neunzigerjahre aufflammenden Rassismus und der staatstragenden Demonstrationen dagegen: »Ja, und dann, wie gesagt, sie hatten nachgezählt / Ging ein Ruck durch die deutsche Mannschaft / Muss ja / Das Gerede wurde lauter und lauter / Außerhalb des deutschen Planeten / Also nichts wie ›Pack die Lichterkette ein, nimm' dein kleines Schwesterlein‹ / Schweigen gegen den Hass / in der schönen Weihnachtszeit / Ein Zeichen setzen / Nein, hier wurde niemand ausgegrenzt/Im Wettbewerb der Leuchten«. »Das bisschen Totschlag« wirkt im Jahr 2024, kurz vor den absehbaren Wahlerfolgen der AfD, gut gealtert, wie man so sagt. Zwei Jahre später packten Die Goldenen Zitronen dann das Ornette Coleman Trio in die Cover-Collage ihres nächsten Albums und spielten mit »Economy Class« das neben »Reformhölle« zweite Jazz-Album der Hamburger Schule ein. Die Zielobjekte von Schorsch Kameruns formvollendetem Gezeter standen nun auch in der eigenen Szene rum (»In meiner kleinen Welt geht es logisch zu/So viel Rüben wie ich gebe, krieg ich auch zurück«), die Musik drehte frei. Gelöster von den überlieferten Rock-und-Pop-Standards klang die musikalisch ja oft doch sehr wertkonservative Hamburger Schule danach dann nicht mehr.

Huah!: »Scheiß Kapitalismus« (1992)

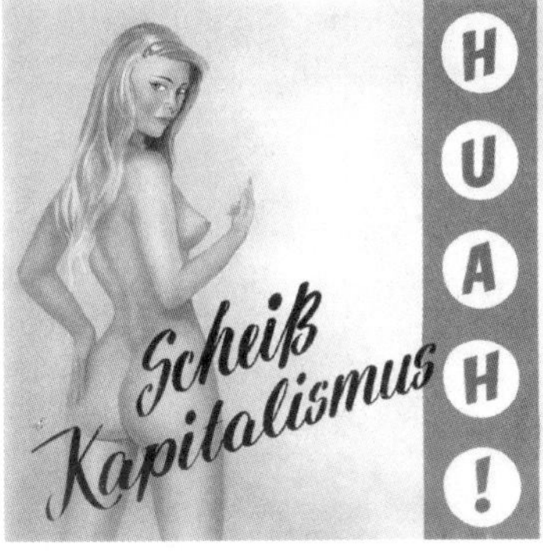

Knarf Rellöm erinnerte sich auf seinem ersten Solo-Album »Bitte vor R.E.M. einordnen« in dem, der Titel deutet es an, autobiografischen Stück »Autobiographie einer Heizung« an seine vielleicht erste Konfrontation mit einem Musikkritiker: »Ich erinnere mich an meinen Alten, der meinte, ›Deine Musik hört sich an wie eine Mülltonne, die den Meiereiberg herunterollt‹«. Ob das auf seine Band Huah! gemünzt war, man weiß es nicht. Jedenfalls war das, was die Musik Knarf Rellöms bis heute ausmacht, schon hier enthalten: eine unüberhörbare Freude an Sounds und an eigentlich allen Genres, die nicht tranig sind (»Indierock, please, leave my house/right now/I hate you so much«, schrie Rellöm dann 2006 im Song »LCD is playing at my house«). Und eine dementsprechende Freude an der Vermischung von allem möglichen. Die Band Huah!, in der neben Rellöm noch Bernadette La Hengst und Mense Reents spielten, brachten es in der kurzen Zeit, in der es sie gab, auf gerade einmal zwei Alben. Das zweite und letzte, »Scheiß Kapitalismus«, ist beseelt von Sixties-Schardengel und dem damals den Musiker:innen vielleicht gar nicht wirklich bewussten Herzenswunsch, so wie die B-52's zu sein. Obwohl man in der norddeutschen Tiefebene leben muss. Die Perspektive ist die der stilsicheren, ironisch-überlegenen und ein eigenes Paralleluniversum bewohnenden Jugend. In »Ohne Titel«, einem der drei ewigen Hits auf »Scheiß Kapitalismus«, deklamiert Rellöm: »Jemand erzählt mir, dass der Mensch nun mal so ist/Und der Sozialismus daran gescheitert ist/Sieh dir doch mal an, was in der Welt so passiert / Wer sagt, dass die Welt mich interessiert«. Auch in ihrer Reimtechnik (»ist/ist«, »passiert/interessiert«) waren Huah! furchtlos. Dabei ist das Musik, die an der Welt mehr Interesse zeigt als der notorisch erwachsene Durchschnittsmensch. Auch wenn die, sagen wir mal, stilistische Breite hier im Vergleich zu später noch überschaubar ist, kann man in der Rückschau schon hören, dass es von »Scheiß Kapitalismus« aus überall hingehen konnte und dann ja auch überall hin ging. Mense Reents landete bei den Goldenen Zitronen und machte schratigen House mit Egoexpress und Pop mit Stella und vieles andere mehr. Bernadette La Hengst spielte Sixties-lastigen Gitarrenpop mit Die Braut haut ins Auge und fabriziert heute elektronische Popmusik mit Knalleffekt. Und Knarf Rellöm schließlich schoss sich nach einer kurzen Singer-Songwriter-Solo-Phase mit Nachdruck selbst ins All. Bei Huah! ist alles das im Kern schon angelegt.

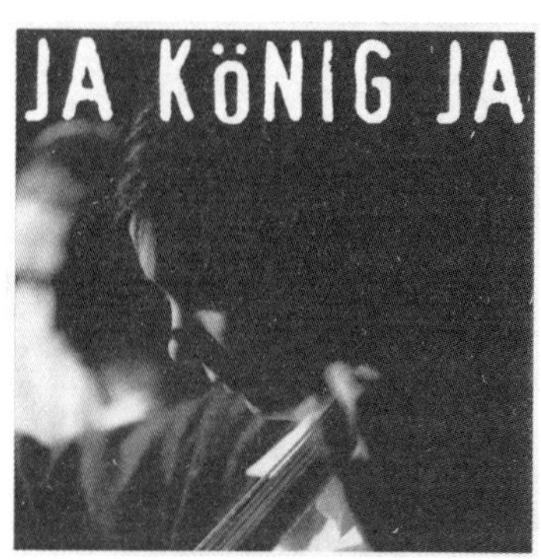

JaKönigJa: »s/t« (1995)

JaKönigJa sind in dem ganzen Hamburger Zusammenhang ein Unikat geblieben. Vor allem die ersten beiden, selbstbetitelten Alben stechen sehr hervor, beziehungsweise neigen sie etwas zum Verschwinden. Streamen kann man beide, soweit ich sehe, bis heute nicht. Und JaKönigJa sind eigentlich alles andere als vergessen. Am Anfang waren sie eine Zeitlang so etwas wie die Hausband des Pudel Clubs, 2018 spielte JaKönigJa dann in der Hamburger Elbphilharmonie, als ich glaube einzige Band neben Kante, die in diesem Buch auftaucht. Trotzdem sind gerade die frühen Platten nicht wirklich Teil des Kanons und werden immer wieder als Musikkritikermusik ein- und wegsortiert. Die Namen der zwei Musiker:innen jedenfalls sind schon mal toll: Ebba Durstewitz und ihr damaliger Freund, heute Ehemann, Jakobus Durstewitz spielen Gitarre, Klavier und Glockenspiel. Blumfeld-Schlagzeuger Andre Rattay schaut vorbei und haut auf ein paar Becken. Ansonsten ist das hier Musik für zwei, oder, wie der Spiegel und danach eigentlich alle immer wieder schrieben, Kammerpop. Und zwar ein nach Innen gekehrter, der die Welt dann, aus der Versenkung und aus einem verschroben-entrückten Privatuniversum kommend, in Songs wie »Die Treue im Kleiderschrank«, »Die Stadt im Sommer« oder »Der Fisch« auf eine sehr, sehr eigene Weise beschreibt; »eigenartig attraktiv« (wieder

Spiegel). Später wurde aus dem Duo eine Band mit mehr als zwei Leuten, und spätestens 2008 ging es dann mit »Die Seilschaft der Verflixten« Richtung Opulenz. Aber auch eher nur und vor allem, um sich neue Formen von Seltsamkeit zu erschließen.

Kante: »Zweilicht« (2001)

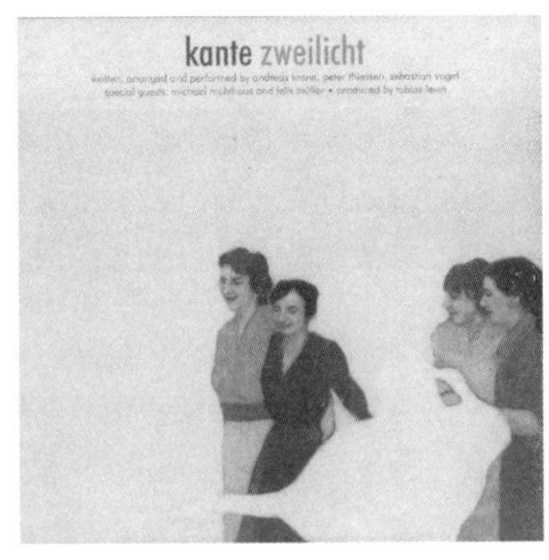

Romantik, transportiert durch aufwallende Streicher, sind nicht häufig in der Hamburger Schule. Bei Blumfeld auf »Old Nobody« halt, also zu der Phase, in der Kante-Gitarrist und -Sänger Peter Thiessen in Jochen Distelmeyers Band Bass spielte. Auf dem zwei Jahre nach »Old Nobody« erschienenen Kante-Doppelalbum »Zweilicht« schöpft das lyrische Ich dann aber auch aus den Vollen: »Manchmal redest du im Schlaf / Von noch nie betretenen Orten / Mit noch unverwandten Worten / In mir unbekannten Sprachen / Wenn wir bei Tageslicht aufwachen / Und bevor wir ganz aufstehn / Redest du manchmal von Sachen / Von denen ich nicht viel versteh' / Nur ein stiller Schmerz bleibt / Zurück in meinem Herz«. Dazu die erwähnten – wie sagt man? – wogenden Streicher, die einen so weichklopfen, dass auch der den Refrain abschließende Herz-auf-Schmerz-Reim nur gut und folgerichtig wirkt: »Nur ein stiller Schmerz / bleibt zurück in meinem Herz«. Die sieben teils über zehnminütigen Stücke auf »Zweilicht« sind alle sehr unterschiedlich. Auf das Liebeslied »Im ersten Licht« folgt mit »Die Summe der einzelnen Teile« eine Meta-Indie-Rock-Hymne und dann mit »Ituri« etwas ganz Seltsames, aber unmittelbar Schönes. Die beiden sehr langen Stücke auf der zweiten und dritten Seite gehören zum musikalisch und konzeptuell klarsten, was aus Hamburg in den Neunzigerjahren in die Welt entlassen wurde. Das lange Instrumental »Best of Both Worlds« verbindet das bei Kante eh schon sehr offene Gitarrenuniversum durch Samples und Bassklarinette mit Jazz und überhaupt der afroamerikanischen Musiktradition. Das Titelstück wiederum ist das zweite große Liebeslied des Albums, das ganz einfache Zeilen (»Zweilicht fällt / auf dein Gesicht / Ich schau dich an / und denk daran / wie schön du bist«) mittels Orchester zu etwas werden lässt, das einem unmittelbar einleuchtet. Es folgen noch eine heiter gestimmte Hommage an Knarf Rellöm (»Du bist schon überall gewesen / Du hast die Berge und das Meer gesehn«) und ein leises Stück Postrock zum Ausklang: »My Love is Still Untold«.

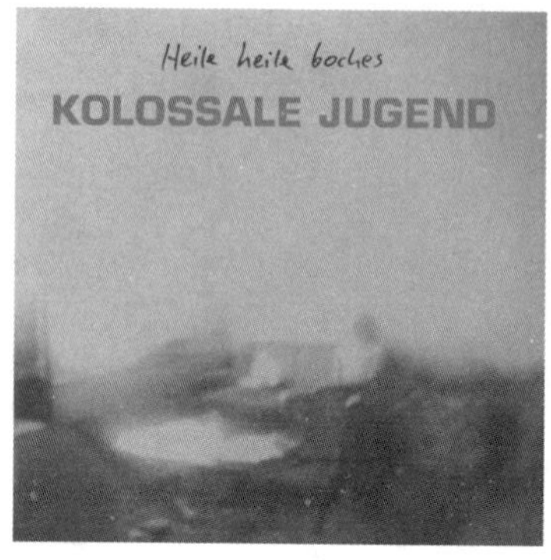

Kolossale Jugend:
»Heile Heile Boches« (1989)

Wenn man, zum Beispiel wegen Postfaschismus generell und Neuer Deutscher Welle akut, Ende der Achtzigerjahre keinen Bock auf deutsche Texte hatte, aber aus verschiedenen Gründen nicht auf Englisch singen wollte, blieb nur der bestenfalls radikale Schlenker über die Metaebene. Dekonstruktion, in der einen oder anderen Form. Am Anfang von all dem aber stand das erste Album der Kolossalen Jugend, »Heile Heile Boches«, 1989. Kristof Schreuf zerhackte mit seinen Texten Sätze so, dass etwas Neues, erst einmal Unverständliches entstand: »Leerblatt / Bohrt, brütet / Weichschlaf entdeckt nichts«. So was hat, damals wie heute, ansonsten niemand gemacht. Die Sprache flog in der Musik der Kolossalen Jugend kaputtfragmentiert aus dem Fenster. Die Hörer:innen durften das Zeug dann einsammeln. Destruktivität, die nicht scheiße ist, lässt was Neues entstehen. Kristof Schreufs Stimme macht einen Unterschied. Die klingt anstrengend, fordernd, nach Beschwerde und gerechtem Zorn. Ein Ton, der sich ins Ohr fräst. Auch die Musik der Kolossalen Jugend ist sehr gut, das Schlagzeug und die Gitarre nerven unterschwellig, aber beharrlich, der Bass wumpert. Das ist schon vor allem eine Bühne für den ja gleichfalls bewusst nervigen Sänger. Aber eben eine passgenau ausstaffierte, die man sich auch so gerne anschaut, auch wenn niemand auf ihr steht und krakeelt. Und schon die so nie wieder gehörte Mischung aus maximaler Dringlichkeit (Tonalität) und Rätselhaftigkeit (Semantik) ist ungebrochen überzeugend und bezaubernd. Wenn sie wirkt, ist ihre Wirkung von Dauer, man kriegt diese Lieder nicht mehr aus dem Kopf. Ohrwürmer, die man nicht versteht. Damit es aber auch die ganz Doofen noch begreifen, hat die Kolossale Jugend Anfang der Neunziger, als Geschenk zur Wiedervereinigung, ein T-Shirt in einfacher Sprache drucken lassen: »Halt's Maul, Deutschland«.

Ostzonensuppenwürfelmachenkrebs:
»Leichte Teile – kleiner Rock« (1998)

»Spielfreude ist«, schrieb Kolossale-Jugend-Sänger und Gitarrist Kristof Schreuf 1996 zur ersten Veröffentlichung der EP »Leichte Teile« von Ostzonensuppenwürfelmachenkrebs in der taz, »wenn man sich seiner Sache so sicher sein kann, dass man sich im Arrangement oder beim musikalischen Albern etwas herausnimmt, um festzustellen, dass aus dem Albern beim Spielen etwas Morgenröteschönes entsteht«. Zwei Jahre später legten Ostzonensuppenwürfelmachenkrebs nach und veröffentlichten die EP »Kleiner Rock«. Beide erschienen ebenfalls 1998 zusammengefasst als Album. Die Spielfreude, von der Kristof Schreuf sprach, kriegt man unmittelbar mit, zum Beispiel in dem einzigen Instrumental »Andere Baustelle, ähnlicher Auftrag«. Wie da eine Tuba (?) auftaucht und das rhythmisch vertrackte Postrock-Gefrickel freundlich Richtung Katharsis auflöst. Davon ab aber äußert Freude auf »Leichte Teile, Kleiner Rock« sich, anders als auf den Vorgängern »Absolut nicht frei« und »Keinseier«, nicht im Vertrackten, sondern im direkt Drauflosgeschraddelten. Das Vertrackte ist in die Songtexte von Suppenwürfel-Sänger Carsten Hellberg gerutscht, in denen, erstmals in der Bandgeschichte durchgängig auf Deutsch, laut über das Ende einer Beziehung nachgedacht wird. »Und ich denke manchmal / dass wir auseinandergehen / liegt doch auch daran / dass wir uns so gut verstehen«. Auf »Leichte Teile, Kleiner Rock« werden die Gefühle und Verhältnisse gewendet und reflektiert. Text und Musik treiben immer wieder buchstäblich nach vorne (»Einmal vorne sein / einmal nur sich selbst überholen / Schauen, wer dann kommt«), aber das geht nie ohne Widerspruch, schon weil man sich beim Nachvornegehen ja immer selbst mitnimmt. »Wir sind so gestört wie verlässlich / Und Misstrauen macht uns so hässlich«. Das Lied »Respekt vor dem eigenen Hau« gehört zu den Songs auf »Leichte Teile, Kleiner Rock«, in denen sich zart leiernde Schraddelgitarren, Boller-Schlagzeug und warmer Bass besonders schön ineinanderdrehen. Die Gleichzeitigkeit von Aufwühlung und Reflexivität ist auch für die damaligen Hamburger Verhältnisse sehr besonders.

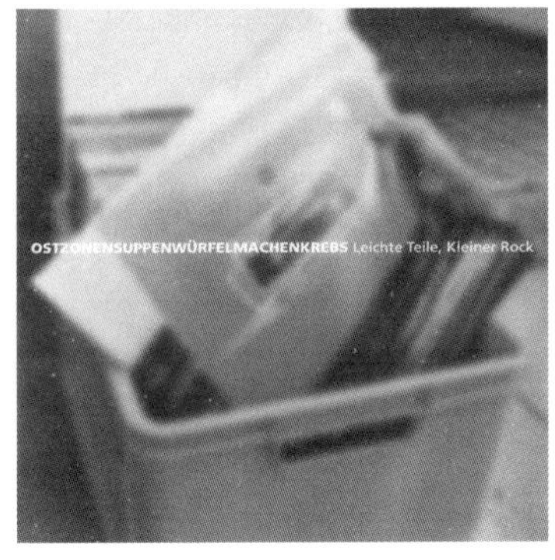

Die Regierung: »Unten« (1994)

Eine Platte, auf der ein Mann im Wesentlichen und fast ausschließlich über Frauen singt, das kann ganz schlimm schiefgehen. Ein paar der Frauen haben es auf dem fünften Album der Regierung, der Band um den Sänger und Gitarristen Tilman Rossmy, bis in die Songtitel geschafft: »Natalie sagt«, »Charlotte«, »Corinna« und »Nicole«, die alle exklusiv im Verhältnis zum Sänger-Ich auftauchen und beschrieben werden. Natalie kommt am schlechtesten weg (»Natalie fragt: ›Warum hast du mich dann eigentlich geküsst?‹/Und Natalie fragt, was ich nicht an ihr mag«), Charlotte sieht aus »wie ein Engel heute Nacht«, Corinna bleibt am Ungreifbarsten (»Und du leuchtest wie ein Diamant/Und du weißt, sie wollen dich besitzen«), und mit Nicole bahnt sich vielleicht was an (»Du kommst so nah und dann redest du mit mir/Als hättst du was zu verkaufen/Und ich bin so misstrauisch/Aber ich kann was gebrauchen«). Durch die Nennung der Namen entsteht Distanzlosigkeit, zur Stimme zum einen, als würde hier einer Tagebucheinträge vorlesen, die eigentlich nicht für ein Publikum gedacht sind. Distanzlos aber auch gegenüber den Ange- und Besungenen, durch die Nennung des Namens suggerieren Die Regierung, dass einem hier etwas über echte Menschen verraten wird. Und nicht, wie sonst in Liebesliedern, über ausgedachte Personen oder Phantasien von Personen. Kann real natürlich trotzdem sein, aber es geht im Pop schließlich um Suggestionen, und diese Stücke suggerieren auch dreißig Jahre nach ihrer Entstehung noch recht effektiv, dass sie einfach von den Männer-/Frauengeschichten vom Vorabend in Heinz Karmers Tanzcafé erzählen. »Unten« war halbwegs erfolgreich, bis dahin und danach galten Die Regierung als das, was man gemeinhin »Kritikerlieblinge« nennt. Es ertönt recht knorziger Indie-Folk-Rock, und Rossmys Stimme klingt in ihrer näselnden Nuscheligkeit ein bisschen wie die eines jungen, ausnahmsweise mal nüchternen Udo Lindenberg. Was auch anders ist als sonst, wenn Männer über Frauen singen: Letztere werden hier zitiert und dürfen, paraphrasiert vom Sänger, auch mal was sagen. Im Song »Professioneller Fan« zum Beispiel berichtet eine (namenlos bleibende) vom Leben als Frau in einer Szene, in der nahezu ausschließlich Männer über Anerkennung und über die Verteilung des kulturellen und symbolischen Kapitals entscheiden: »Es ist nicht so einfach hier, wenn du 'ne Frau bist/Die einen wollen viel zu viel von dir/Die anderen wollen überhaupt nichts«. Das alles, Frauennamen, Sätze von Frauen, Sätze von Männern über Frauen, fließt in die skizzenhaften Songs auf »Unten« rein und bleibt irgendwie hängen. »Aber was es ist, kann ich nicht sagen/Es hat keinen Namen«, singt Tilman Rossmy. Klaus Theweleit hätte seine Freude gehabt.

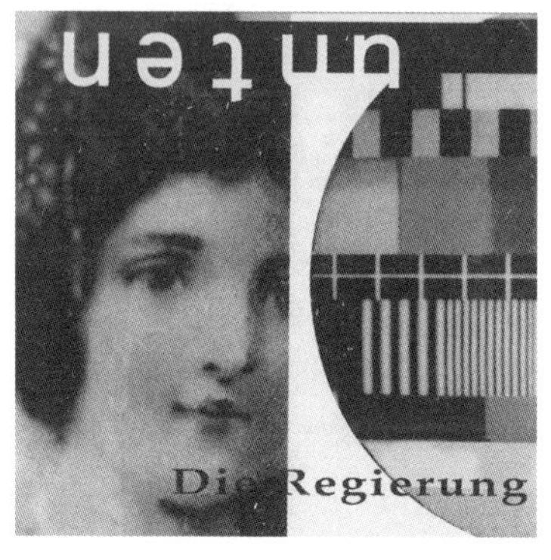

Rocko Schamoni: »Showtime« (1999)

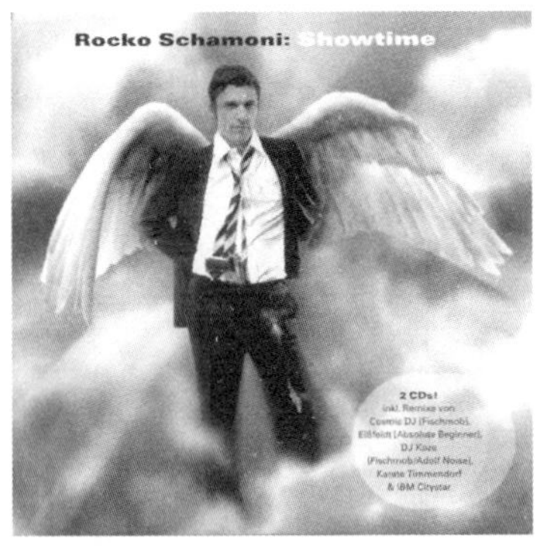

Mit »Showtime« kam 1999 der Soul nach Hamburg. Er blieb nicht lange, aber hinterließ Eindruck. Wie auch im Falle von Superpunk ging das nur in einer schön staksigen Übersetzung ins Deutsche. »Building a Bridge to Your Heart«, der Achtzigerjahre-Hit der New-Wave-Band Wax, wurde bei Schamoni zu »Wehr dich gegen den Staat«. Mit Bläsern, die eine Fanfare andeuten, und »Ohohohohoho« im Refrain. Und einem tollen Text: »Mach was Verrücktes / Und gib allen eine Runde aus / Nacktbaden gehen / Und um die Wette rennen / Du fühlst dich eingeengt / Von dem System / Das für dich denkt / Du sprengst die Fesseln auf / Und du nimmst Dir frei / Für deine Hobbys und die Familie«. Und dann eben der Refrain: »Hör auf meinen Rat und sei gegen den Staat«. Diese Gegenüberstellung aus kleinbürgerlicher Enge (bei »um die Wette rennen« muss ich immer wieder lachen, leider) und dem Versprechen auf Revolte mit »Ohohohohoho«-Sirenengesängen ist jedenfalls auf eine sehr seltsame Art sehr berührend. Schamonis früheres Schaffen als Schlagerparodist klingt hier noch durch. Aber auf »Showtime« passiert dann noch einmal mehr. Es ist nie so ganz klar, wo die Ironie anfängt und wo sie aufhört. In »Der Mond« bewirken ein Damenchor und wieder Bläser, dass man den Weltuntergang gerne hinnimmt (»Und die Sonne geht auf / und die Erde geht unter«. In »Neue Generation« drohen die Jungen den Alten mit dem Untergang. Es kämpft die neue Opposition gegen die alte. Der Wunsch: »Ich will nicht immer nur tun / was die Erwachsenen sagen / Ich will selber so sein / und was zu sagen haben«. In dem Song besteht die Revolution jedenfalls darin, dass man das haben will, was die anderen schon haben: die Galerien, die Museen, die Villen, von denen aus man auf die Alster sehen kann. Letzten Endes aber beschwört »Showtime«, in meinen Ohren zumindest, eine Phantasie des Revolutionsgeistes der Sechziger und Siebziger, aber mehrfach gebrochen, wie wir damals gerne gesagt haben. »Wenn man wie ich vor der Zeit flieht, dann erwischt sie einen nicht«, sagt Rocko Schamoni.

Superpunk: »A bisserl was geht immer« (1998)

Die zweite Soul-Platte aus Hamburg neben Rocko Schamonnis »Showtime« haben 1998 Superpunk aufgenommen. »A bisserl was geht immer« verband Hamburger Humor mit Northern Soul. Ein sehr schönes Kapitel

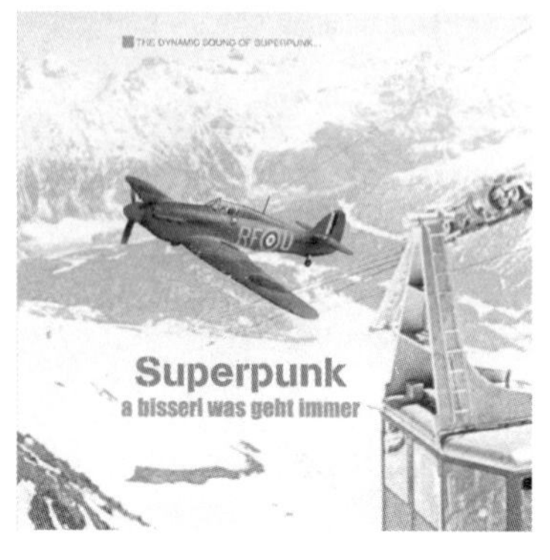

in der hier vielleicht eher intuitiven Auseinandersetzung mit der damals noch omnipräsenten Verkrampfheit im deutschen Pop, die notwendig und produktiv war, u.a. weil die Nazis abgewürgt hatten, was eine Popkultur wie in Großbritannien oder den USA hätte vorbereiten können. Außerdem war die Sprache in deutschsprachigen Popsongs vor dem Wirken der Hamburger Schule komplett popfern, also in gewisser Hinsicht kaum zu gebrauchen und schlicht im Arsch. Kolossale Jugend haben ihre eigene, unwiederholbare Antwort in dieser Situation gefunden, Cpt. Kirk &. auch, Die Sterne ebenfalls. Superpunk wählten einen einfacheren Weg und schrieben Texte, die klangen, als seien sie etwas unbeholfene Übersetzungen von Northern-Soul-Klassikern ins Deutsche; was in Teilen dann auch so war. »Es ergibt sich so, wir hören halt gerne Soulmusik, sind aber nicht in der Lage, diese Feinheiten nachzuspielen, deshalb braten wir da so drüber«, hat Superpunk-Sänger Carsten Friedrichs später erklärt und auf »A bisserl was geht immer« die schöne Zeile »Es kann nicht ganz schlecht sein« gesungen. Das Selbstbewusstsein, das Superpunk auf ihren Alben kommunizieren und beschwören, ist das Selbstbewusstsein der etwas schief in die Welt gestellten Underdogs. Die Musik kam auf dem Debütalbum auch noch eher staksig daher, das wurde später, mit dem zweiten Album »Wasser marsch« dann anders. »A bisserl was geht immer« trägt die Zurückhaltung und vielleicht auch die Bewunderung der großen Vorbilder schon im Titel. Weil man weiß, dass man da eh nicht hinkommen wird, kann man auch einfach gelöst (wenn schon nicht befreit) losspielen.

Die Sterne: »Wichtig« (1993)

»Ich habe den Eindruck, dass gerade in Deutschland und Japan, in den Verlierernationen des Zweiten Weltkriegs, die Flut ausländischer Musik und eben auch ausländischen Schunds besonders widerstandslos geschluckt wird«, hat Heinz-Rudolf Kunze in den Neunzigerjahren einem Journalisten seinen Eindruck mitgeteilt. Und in der Folge auf die neuen, jungen, »deutschen« Bands aus Hamburg hingewiesen, die mit der deutschen Sprache so interessante Sachen anstellen würden. Überhaupt bräuchte es eine Quote und so weiter und so fort. Die-Sterne-Sänger Frank Spilker galt damals als einer der Künstler, die die deutsche Sprache von irgendwelchen – allerdings leider eingebildeten – Fesseln befreien würden. Spilker selbst jedenfalls hat auf deutsche Texte, so heißt ein Sterne-Song und der Titel einer Songtextsammlung von ihm, erklärtermaßen immer eher geschissen. »Es gibt ja auch keine deutschen Gedanken«, hat er im radioeins-Interview erklärt. »Und wenn ein Gedanke richtig ist, kann man ihn in den meisten Sprachen ausdrücken, es sei denn es gibt dort keinen Begriff für ›blau‹, ›Schnee‹ oder ›Fernweh‹. Die Texte sind also mehr oder weniger zufällig in einer bestimmten Sprache verfasst.« Hört man nach vielen Jahren »Wichtig« wieder, das Debüt der Sterne, hat man allerdings doch den Gedanken oder (zummindest den Eindruck), dass der spezifische Ausdruck, den Spilker mit seiner Band entwickelt, doch sehr spezifisch verbunden ist mit der deutschen Grammatik und den vielen lustigen Redewendungen, die die deutsche Sprache auch im Postfaschismus noch beherbergte. »Fickt das System«, das Titelstück der ersten Sterne-EP, ließe sich noch ohne Weiteres ins Englische (rück)übersetzen. Mit »Mach die Tür zu, es zieht« ist es schon schwieriger, auch weil das Konzept des Stoßlüftens in anderen Ländern nicht so libidinös besetzt ist wie hierzulande. Aber auch Zeilen wie »Der Wagen wirbelt Scheiße / In die schmutzige Gegend / Einer glotzt blöd aus dem Fenster / Und ein anderer sitzt daneben« würden viel von ihrer Eleganz verlieren, da Frank Spilker seine Texte irgendwie rythmisch zu denken scheint, und nicht melodiös. Also eher wie im HipHop, und der lässt sich ja auch kaum übersetzen, ohne dass es bekloppt klingt. Der auf »Wichtig« noch etwas staksige Funk groovte schon so sehr, dass die Musik auch ein Floskelsperrfeuer wie »Idiotensport« leicht und sommerlich klingen ließ: »Mal wieder richtig gute Witze reißen / Schnaps ist Schnaps und Kegelbahn bleibt Kegelbahn / Schuster bleibt bei seinem Leisten bis viertel nach Acht / Ziemlich gute Leistung hätt ich nicht geschafft«. Frank Spilker wurde auf »Wichtig« schon um einiges konkreter als Kristof Schreuf in seinen Texten für die Kolossale Jugend (deren Schlagzeuger Christoph Leich auch bei den Sternen spielte): »Alles außen, Freunde, Feinde / Alle außen, alles Schweine / Ich, Ich und mein kleiner Trick / Es ist außen, wo ich nicht bin / Wo ich bin, ist außen nicht / Und innen nur / Wo ich nicht kann«. Das Kryptische bei Schreuf war Teil der Dekonstruktion. In den Texten auf »Wichtig« war es dann schon so nah an nachvollziehbaren

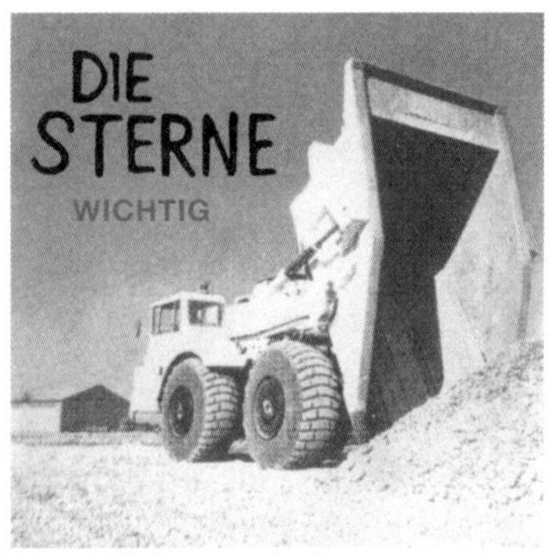

Beschreibungen von Erfahrungen, dass man sich nicht unbedingt vor den Kopf gestoßen fühlen musste. Und sich stattdessen als mitgemeint angesprochen fühlen durfte.

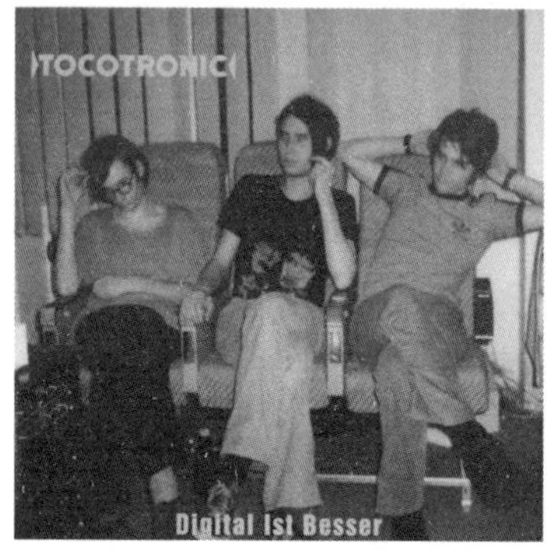

Tocotronic: »Digital ist besser« (1995)

Man kann den Beitrag, den Tocotronic zur (natürlich nur partiellen) Entgiftung der gängigen Männlichkeit geleistet haben, kaum überschätzen. »Digital ist besser« kam damals aus dem Nichts, so etwas gab es bis dahin noch nicht. Und es war derart erleichternd, coole junge Männer zu sehen, die nicht aggro und sonstwie scheiße waren, sondern ostentativ freundlich und mit einem Mut zur Peinlichkeit gesegnet, der die Last der eigenen *awkwardness* verringerte. »Und ich sing es ihr am Telefon« (ein Lied nämlich) »und es sagt / ich liebe dich / Kurz bevor ich auflege / schäme ich mich«. Das Ganze dann im rumpeligen LoFi-Sound, der aber trotzdem, wie später dann ja auch, sehr sorgfältig zusammenarrangiert war. Die späten Tocotronic sind gleichfalls toll, aber so überschießend wie auf dem Debüt klang die Band dann nie mehr. Drei von vielen: »Drüben auf dem Hügel« ist eins der schönsten Liebeslieder, die in deutscher Sprache verfasst worden sind. »Freiburg« ist die formvollendedste Stadtschmähung. Und »Ich möchte Teil einer Jugendbewegung sein« das schönste Dokument adoleszenter, diffuser Sehnsucht. Das alles, wie gesagt, ohne dass Habitus und Gesten etwas anderes wären als freundlich, der Welt zugewandt und von den Dingen angemessener Verzweiflung bestimmt. Dass die Trennung in die »authentische« und die »artifizielle« Phase nicht aufgeht, wird beim Wiederhören dann auch klar. Das Slackertum auf »Digital ist besser« ist in gewisser Weise genauso künstlerisch-künstlich gebaut wie die der Welt entrückten, elegischen Songs des, na ja, Spätwerks. Wirkt halt echter, weil unmittelbarer. Ist aber auch tatsächlich nie Eins-zu-eins gewesen, wahrscheinlich. Und trotzdem hatte das alles ganz reale Effekte: Mit Tocotronic im Ohr fällt es einem doch wesentlich schwerer sich wie ein Arsch aufzuführen.

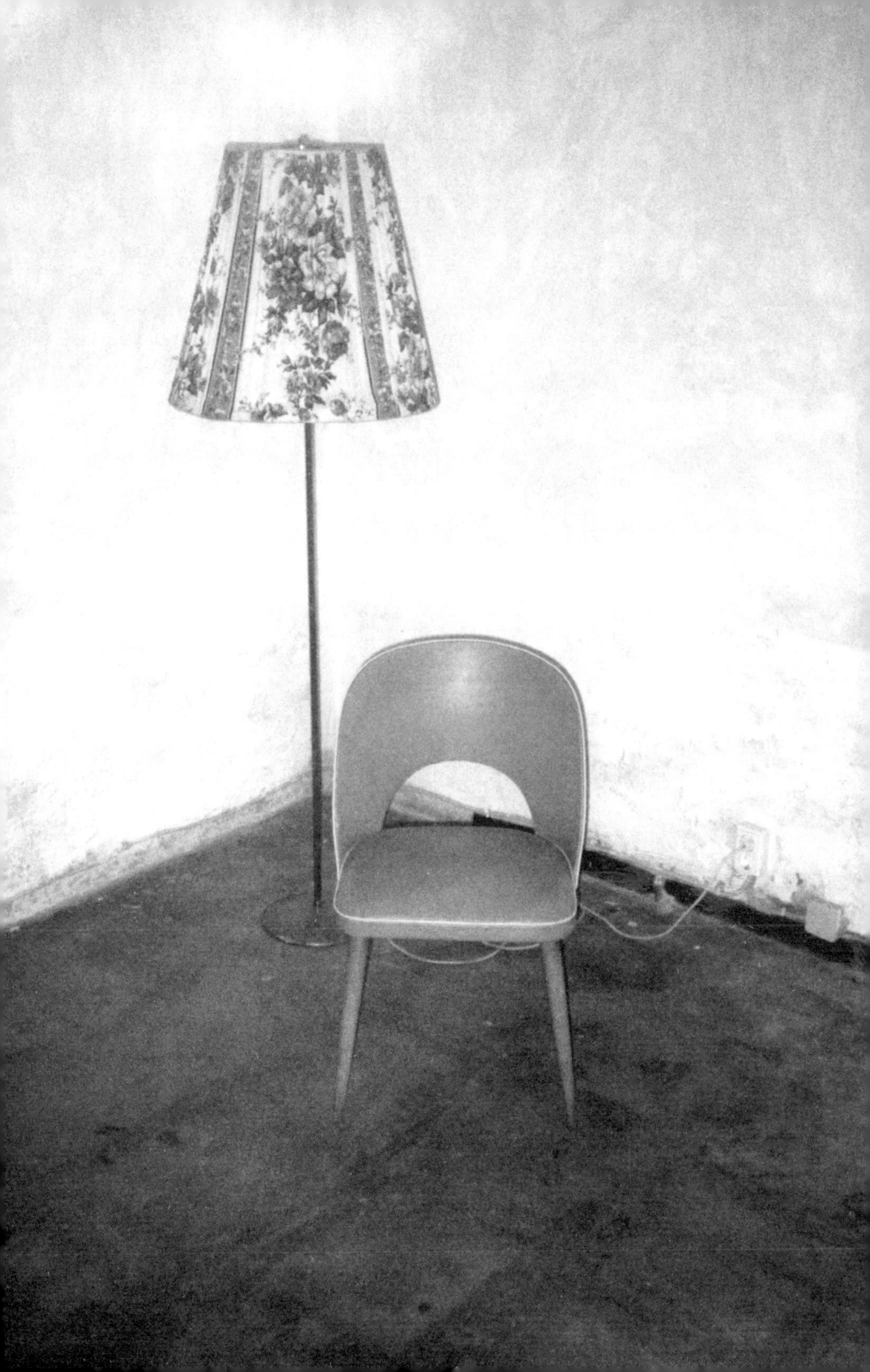

Quellenverzeichnis

Für das Buch wurden Bernd Begemann, Roger Behrens, Myriam Brüger, Ale Dumbsky, Ebba Durstewitz, Jakobus Durstewitz, Carsten Friedrichs, Pascal Fuhlbrügge, Michael Girke, Charlotte Goltermann, Carsten Hellberg, Tim Jürgens, Bernd Kroschewski, Bernadette La Hengst, Tobias Levin, Jan Müller, Hans Nieswandt, Nixe (Rebecca Walsh), Mense Reents, Knarf Rellöm, Tilman Rossmy, Luka Rothmann, Frank Spilker, Peter Thiessen, Linus Volkmann, Dirk von Lowtzow, Carol von Rautenkranz, Chris von Rautenkranz, Frank Werner und Thorsten »Taucher« Wessel interviewt, die meisten Gespräche hat Kevin Goonewardena geführt, einige Jonas Engelmann. Daneben wurden folgende weitere Quellen verwendet.

Vorwort

Interview mit Dirk von Lowtzow

Alf Burchardt / Bernd Jonkmanns: *Hamburg Calling. Punk, Underground & Avantgarde 1977–1985.* Hamburg: *Junius-Verlag* 2020.

Astrid Vits: *Du und viele von deinen Freunden. 34 deutsche Bands und Solo-Künstler im Interview.* Berlin: *Schwarzkopf und Schwarzkopf* 2004.

Paranoia in der Straßenbahn

Interviews mit Ale Dumbsky, Pascal Fuhlbrügge, Bernadette La Hengst, Tobias Levin, Jan Müller, Nixe, Frank Spilker

Alf Burchardt / Bernd Jonkmanns: *Hamburg Calling.*

Triebi Instabil: »Zielscheibe für die Gesellschaft. Targets«, in: *OX* #151/2020.

Christof Meueler: *Das ZickZack-Prinzip: Alfred Hilsberg – ein Leben für den Underground.* München: *Wilhelm Heyne* 2016.

Rocko Schamoni: *Dorfpunks.* Reinbek bei Hamburg: *Rowohlt* 2009.

Frank Apunkt Schneider: *Als die Welt noch unterging. Von Punk zu NDW.* Mainz: *Ventil* 2007.

Jürgen Teipel: *Alfred Hilsberg. Interview*, in: *OX* #46/2002.

Peter Thiessen / Hartwig Vens: »Lieber zuviel als zuwenig. Interview mit Alfred Hilsberg über Punk, New Wave und Independent-Organisierung in den 80ern«, in: *Die Beute. Neue Folge* 2 (1998), S. 24–38.

Christoph Twickel: *Läden, Schuppen, Kaschemmen. Eine Hamburger Popkulturgeschichte.* Hamburg: *Edition Nautilus* 2003.

Astrid Vits: *Du und viele von deinen Freunden.*

Hias Wrba: »Schorsch Kamerun. Vom Punk abgeholt«, in: *Spex* XXV/2006.

Wo ist hier?

Interviews mit Bernd Begemann, Myriam Brüger, Ebba Durstewitz, Pascal Fuhlbrügge, Michael Girke, Carsten Hellberg, Tim Jürgens, Bernd Kroschewski, Berndadette La Hengst, Tobias Levin, Jan Müller, Hans Nieswandt, Mense Reents, Knarf Rellöm, Tilman Rossmy, Luka Rothmann, Frank Spilker, Dirk von Lowtzow, Carol von Rautenkranz

Moritz Baßler / Walter Gödden / Jochen Grywatsch / Christina Riesenweber (Hg.): *Stadt, Land, Pop. Popmusik*

zwischen westfälischer Provinz und Hamburger Schule. Bielefeld *Aisthesis-Verlag* 2008.
Jochen Bonz / Juliane Rytz / Johannes Springer (Hg.): *Lass uns von der Hamburger Schule reden. Eine Kulturgeschichte aus der Sicht beteiligter Frauen.* Mainz: *Ventil* 2011.
Alf Burchardt / Bernd Jonkmanns: *Hamburg Calling.*
Michael Büsselberg / Jonas Engelmann (Hg.): *Sie wollen uns erzählen. Zehn Tocotronic Songcomics.* Mainz: *Ventil* 2020.
Ted Gaier: *Argumentepanzer.* Berlin: *Verbrecher Verlag* 2020.
Christoph Koch: »die regierung. Interview mit Tilman Rossmy«, in: *Headspin* #9/1994.
Christoph Koch: »Blumfeld (Superstarfighter auf dem Weg zu sich selbst). Interview mit Jochen Distelmeyer«, in: *Headspin* #13/1995.
Christina Mohr: »Bernadette La Hengst, Knarf Rellöm und GUZ sind DIE ZUKUNFT!«, in: *satt.org. www.satt.org/musik/10_05_zukunft.html*
Wolfgang Müller: *Subkultur Westberlin 1979–1989.* Hamburg *Philo Fine Arts* 2013.
Knarf Rellöm: *Wir müssen die Vergangenheit endlich Hitler uns lassen. Texte, Biografien, Porträts, Manifeste, Außerirdische.* Mainz: *Ventil* 2019.
Rocko Schamoni: *Dorfpunks.*
Frank Spilker: *Ich scheiß auf deutsche Texte. Ausgewählte Songtexte.* Mainz: *Ventil* 2023.
Christoph Twickel: *Läden, Schuppen, Kaschemmen.*
Christoph Twickel: »Urbanes Molekül. Ein Nachruf auf die Hamburger Indiemusikerin Patricia Wedler alias DJ Patex«, in: *Zeit Online. www.zeit.de/hamburg/2023-06/dj-patex-golden-pudel-club-hamburg-pop-musik*
Johannes Ullmaier / Frank Apunkt Schneider / Jonas Engelmann: »›Ich muss dann mal los, Geld verdienen …‹: Roundtable Klangbad«, in: *testcard* #21/2011, S. 120–127.

Es kann alles passieren

Interviews mit Bernd Begemann, Michael Girke, Bernadette La Hengst, Frank Spilker, Frank Werner

Theodor W. Adorno: »Erziehung nach Auschwitz«. In: ders.: *Gesammelte Schriften Band 10.2. Kulturkritik und Gesellschaft II.* Frankfurt am Main: *Suhrkamp* 1997, S. 674–690.
Moritz Baßler / Walter Gödden / Jochen Grywatsch / Christina Riesenweber (Hg.): *Stadt, Land, Pop.*
Christoph Koch: »Die Braut haut ins Auge. Interview mit Bernadette La Hengst«, in: *Headspin* #13/1995.
Christoph Koch: »Blumfeld (Superstarfighter auf dem Weg zu sich selbst)«.

Vom Eisbrecher über das W3 zu L'Age d'Or

Interviews mit Myriam Brüger, Ale Dumbsky, Ebba Durstewitz, Carsten Friedrichs, Pascal Fuhlbrügge, Charlotte Goltermann, Carsten Hellberg, Bernd Kroschewski, Knarf Rellöm, Peter Thiessen, Carol von Rautenkranz, Chris von Rautenkranz, Thorsten »Taucher« Wessel

Moritz Baßler / Walter Gödden / Jochen Grywatsch / Christina Riesenweber (Hg.): *Stadt, Land, Pop.*
Jochen Bonz / Juliane Rytz / Johannes Springer (Hg.): *Lass uns von der Hamburger Schule reden.*
Martin Büsser: »Nichts mitnehmen«, in: *junge Welt* vom 08.10.2007.
Christine Käppeler: »Ich bin kein Mäzen«, in: *der Freitag* #22/2018.
Robert Matthies: »Man muss ein dickes Fell haben«, in: *taz* vom 01.09.2022.
Christof Meueler: *Das ZickZack-Prinzip.*
Jurek Skrobala / Stefanie Heiß: »Das bisschen Geburtstag«, in: *SZ Jetzt. www.jetzt.de/redaktionsblog/das-bisschen-geburtstag-519161*
www.buback.de/geschichte
www.fidel-bastro.de
https://fuhlbruegge.wordpress.com/category/lage-dor/

Weil die Welt so bescheuert ist, wie ihr Fernsehprogramm

Interviews mit Myriam Brüger, Ale Dumbsky, Jakobus Durstewitz, Muck Giovanett, Charlotte Goltermann, Bernd Kroschewski, Tobias Levin, Jan Müller, Hans Nieswandt, Knarf Rellöm, Tilman Rossmy, Linus Volkmann, Dirk von Lowtzow, Frank Werner

Jochen Bonz / Juliane Rytz / Johannes Springer (Hg.): *Lass uns von der Hamburger Schule reden.*

Martin Büsser: »Musikmagazine und Fanzines in Deutschland«, in: *testcard* #2/1996, S. 175–189.

Marvin Chlada / Gerd Dambowski / Deniz Ünlü (Hg.): *Alles Pop? Kapitalismus & Subversion.* Aschaffenburg: *Alibri* 2003.

Diedrich Diederichsen: *2000 Schallplatten: 1979–1999.* Höfen: *Hannibal* 2000.

Clara Drechsler: »1 Jahr SPEX«, in: *Spex* #9/1981.

Michel Foucault: *Dispositive der Macht. Über Sexualität, Wissen und Wahrheit.* Berlin: *Merve* 1978.

Christoph Gurk: »Aus lauter Liebe«, in: *Szene Hamburg* #8/1992.

Christoph Koch: »Blumfeld (Superstarfighter auf dem Weg zu sich selbst)«.

René Martens: »Sampeln ohne Sampler«, in: *Szene Hamburg* #3/1993.

Christof Meueler: »Diedrich Diederichsen: ›Freiheit macht arm‹« (Rezension), in: *Zap* #80 (1/1994)

Tobias Thomas: »Tocotronic. Keine Zeit für Selbstmitleid«, in: *Spex* #8/1997.

Christoph Twickel: *Läden, Schuppen, Kaschemmen.*

»Neustart für Die Sterne«, in: *t-online. www.t-online.de/unterhaltung/musik/id_87421882/hamburger-schule-neustart-fuer-die-sterne.html*

Zap #80 (1/1994)

Spex #202, S. 31

»Hamburger Schule« oder Hamburger Schule?

Interviews mit Ale Dumbsky, Bernd Begemann, Ebba Durstewitz, Carsten Friedrichs, Pascal Fuhlbrügge, Charlotte Goltermann, Carsten Hellberg, Bernd Kroschewski, Tobias Levin, Carol von Rautenkranz, Knarf Rellöm, Tilman Rossmy, Frank Spilker, Peter Thiessen, Linus Volkmann, Dirk von Lowtzow

Roger Behrens: »Blumfeld mit Kante. Postrock und Diskurspop in der sogenannten Hamburger Schule«, in: Helmut Rösing / Albrecht Schneider / Martin Pfleiderer (Hg.): *Musikwissenschaft und populäre Musik. Versuch einer Bestandsaufnahme.* Frankfurt am Main: *Peter Lang* 2003, S. 245–261.

Jochen Bonz / Juliane Rytz / Johannes Springer (Hg.): *Lass uns von der Hamburger Schule reden.*

Torsten Groß: »Blumfeld. Der Apfelmann ist wieder da«, in: *Spex* #355/2014.

Thomas Gross: »Scheibengericht. Sonic Youth/ Hannes Wader/ Halleluja Ding Dong Happa Happy / Baby you know / The Schramms/ Galliano«, in: *taz* vom 03.08.1992.

Till Huber: *Blumfeld und die Hamburger Schule: Sekundarität – Intertextualität – Diskurspop.* Göttingen: *V & R Unipress* 2016.

Christoph Koch: »die regierung. Interview mit Tilman Rossmy«.

Frank Apunkt Schneider: *Deutschpop halt's Maul! Für eine Ästhetik der Verkrampfung.* Mainz: *Ventil* 2015.

Christoph Twickel: *Läden, Schuppen, Kaschemmen.*

Wer wie was?

Interviews mit Ebba Durstewitz, Jakobus Durstewitz, Pascal Fuhlbrügge, Bernd Kroschewski, Bernadette La Hengst, Tobias Levin, Hans Nieswandt, Mense Reents, Tilman Rossmy, Luka Rothmann, Frank Spilker, Peter Thiessen, Dirk von Lowtzow

Bernd Begemann: *Gib mir eine zwölfte Chance. Ausgewählte Songtexte.* Mainz: *Ventil* 2022.

Jochen Bonz / Juliane Rytz / Johannes Springer (Hg.): *Lass uns von der Hamburger Schule reden.*

Andreas Borchelte / Dennis Pohl: »Wollkraut gegen den Weltschmerz«, in: *Spiegel Kultur. www.spiegel.de/kultur/musik/dreezy-jakoenigja-jamila-woods-neue-alben-a-1104728.html*
Max Dax: »Auf der Suche nach einer eigenen Kunstsprache – Teil 4. Ted Gaier«, in: *Spex* #312/2008.
Diedrich Diederichsen: *2000 Schallplatten.*
Fabian Elsäßer: »Wie Bernd Begemann 28 Lieder auf einmal schrieb«, in: *Deutschlandfunk. www.deutschlandfunk.de/hamburger-schule-wie-bernd-begemann-28-lieder-auf-einmal-100.html*
Ted Gaier: *Argumentepanzer.*
Luca Glenzer: »Songwriting entsteht ja im besten Falle immer aus einem Gefühl der Dringlichkeit«, in: *Jungle World* #46/2023.
Franz Kafka: »Blumfeld, ein älterer Junggeselle«. In: ders: *Beschreibung eines Kampfes. Novellen, Skizzen, Aphorismen aus dem Nachlaß*. Frankfurt am Main: *Fischer* 1983, S. 109–131.
Schorsch Kamerun: »Aus dem Kabuff der Könige«, in: *taz* vom 26.04.2011.
Franco Kroschewski: »We Smile: Für die Anderen« (Rezension), in: *Heft* #8/1992
Tobias Levin: »Die Goldenen Zitronen. Verwende Deinen Punk«, in: *Spex* #259/2002.
Anna Meier / Caroline Ingold: »NS-Vergleiche und skurrile Tweets«, in: *Zürcher Studierendenzeitung. www.zsonline.ch/2022/04/04/ns-vergleiche-und-skurrile-tweets*
Christof Meueler: *Das ZickZack-Prinzip.*
Christof Meueler: »Der Penis guckt raus«, in: *Neues Deutschland* vom 16.09.2022.
Jan Müller: »Warum keine Band den unvermeidlichen Verfall so treffend besungen hat wie Superpunk«, in: *Musikexpress* #12/2021.
Jan Paersch: »›O Gott, die meinen das ernst‹. Die Band JaKönigJa über ihr neues Album«, in: *taz* vom 31.07.2016.
Knarf Rellöm: *Wir müssen die Vergangenheit endlich Hitler uns lassen.*
Frank Apunkt Schneider: »Das Nichteinverständnis mit dem eigenen Einverstandensein«, in: *Skug* #80/2009.
Andi Schoon: »Und dann ein tabuloses Gitarrensolo«, in: *Zeit Online. www.blog.zeit.de/tontraeger/2006/09/01/und-dann-ein-tabuloses-gitarrensolo_151*
Andi Schoon: »Unentspannte Musik für unentspannte Typen«, in: *Zeit Online. www.blog.zeit.de/tontraeger/2006/08/14/unentspannte-musik-fur-unentspannte-typen_139*
Kristof Schreuf: »Soundcheck. Plattenkritik. We Smile«, in: *taz* vom 22.09.1992.
Kristof Schreuf: »Etwas Besseres als Swatch«, in: *Szene Hamburg* 3 (1995), S. 34.
Kristof Schreuf: »Hoch die lokale Solidarität!«, in: *Spex* #2/1998.
Florian Sievers: »Die Elbphilharmonie der Herzen. Studio Braun«, in: *Spex* #355/2015.
Benjamin von Stuckrad-Barre: »Apotheose der Bedeutungslosigkeit«, in: *Rolling Stone* #4/1996.
Jörg Sundermeier: »Blaue Blume. Die Hamburger Band Blumfeld«, in: *Freitag* #5/1999.
Carsten la Tendresse: »Kante. Zwischen den Orten«, in: *Visions. www.visions.de/review/kante-zwischen-den-orten/*
Christoph Twickel: *Läden, Schuppen, Kaschemmen.*
Johannes Ullmaier / Frank Apunkt Schneider / Jonas Engelmann: »›Ich muss dann mal los, Geld verdienen …‹: Roundtable Klangbad«.
Astrid Vits: *Du und viele von deinen Freunden.*
Linus Volkmann: »die 5 freunde«, in: *Spielhölle* #11/1995.
Julian Weber: »Der Text war seine Party«, in: *taz* vom 11.11.2022.
Marc Wilde: »›Wenn man das falsche Hemd anhatte, war man schon draußen‹ – Tilman Rossmy im Gespräch«, in: *kaput magazin. www.kaput-mag.com/stories-de/tilman-rossmy/*
Thomas Winkler: »Der Ernst in der Revolte«, in: *taz* vom 23.02.2001.
Jenni Zylka: »Keine Zeit zum Mattenschwingen. Hamburger Band Sport«, in: *taz* vom 24.07.2008.

»Pop. Die deutsche Antwort«, in: *Spiegel Kultur* #12/1991.
»Stella. kommunizieren, sprechen, versprechen – etwas wagen«, in: *Intro* #77/2000.
www.bernd-begemann.de

Scheiß auf deutsche Texte

Interviews mit Bernd Begemann, Myriam Brüger, Ebba Durstewitz, Jakobus Durstewitz, Carsten Friedrichs, Pascal Fuhlbrügge, Michael Girke, Carsten Hellberg, Tobias Levin, Hans Nieswandt, Knarf Rellöm, Tilman Rossmy, Frank Spilker, Peter Thiessen, Linus Volkmann, Dirk von Lowtzow, Carol von Rautenkranz

Jochen Bonz / Juliane Rytz / Johannes Springer (Hg.): *Lass uns von der Hamburger Schule reden.*
Martin Büsser: »Den Popstandort Deutschland erzwingen«, in: *Jungle World* #4/2003.
Martin Büsser: *Music is my Boyfriend. Texte 1990–2010.* Mainz: *Ventil* 2011.
Max Dax: »›Mir geht es nicht um Natur‹. Jochen Distelmeyer im Interview«, in: *taz* vom 28.4.2006.
Max Dax: »Auf der Suche nach einer eigenen Kunstsprache – Teil 1. Dirk von Lowtzow«, in: *Spex* #308/2007.
Max Dax: »Auf der Suche nach einer eigenen Kunstsprache – Teil 1. Kristof Schreuf«, in: *Spex* #308/2007.
Max Dax / Corinna Koch: »Bernadette La Hengst«, in: *Spex* #313/2008.
Max Dax: »Auf der Suche nach einer eigenen Kunstsprache – Teil 4. Ted Gaier«
Max Dax: »Alfred Hilsberg. ›Es ist immer etwas Unzerstörbares entstanden‹«, in: *Spex* #368/2016.
Gilles Deleuze / Félix Guattari: *Kafka. Für eine kleine Literatur.* Frankfurt am Main: *Suhrkamp* 1976.
Diedrich Diederichsen: *2000 Schallplatten.*
Wiglaf Droste: »Viva Tocotronic!«, in: *WOM Journal* #11/1996.
Andreas Fanizadeh: »Äußert Euch mal! Jochen Distelmeyer, Ted Gaier und Schorsch Kamerun im Gespräch mit Andreas Fanizadeh über Deutschrockquote und Musikjournalismus«, in: *Die Beute. Politik und Verbrechen* #12/1996, S. 17–30.
Ulrich Gutmair: »Joy Denalane vs. Frank Spilker. ›Selbst wenn du nur einen Ton singst‹«, in: *Spex* #373/2017.
Till Huber: *Blumfeld und die Hamburger Schule.*
Carsten Klook: »Welt oder Leben«, in: *Szene Hamburg* #10/1994.
Christoph Koch: »die regierung. Interview mit Tilman Rossmy«.
Aram Lintzel: »Jochen Distelmeyer: ›Bei Costello habe ich ein Scorsese-Problem‹«, in: *Spex* #367 (2016).
Thomas Meinecke: *Mode & Verzweiflung.* Frankfurt am Main: *Suhrkamp* 1998.
Thomas Meinecke: *Lob der Kybernetik.* Frankfurt am Main: *Suhrkamp* 2007.
Christina Mohr: »Wir sind sicherlich die einzige Band, die sich nicht umzieht, bevor sie auf die Bühne geht«, in: *Jungle World* #11/2022.
Markus Hablizel: »Die Hamburger Tafelrunde«, in: *Spex* #282/2004.
Frank Apunkt Schneider: *Als die Welt noch unterging.*
Frank Apunkt Schneider: *Deutschpop halt's Maul!*
Christoph Twickel: »Eine Band weniger«, in: *Spex* #307/2007.
»Austritt aus der Nato«, in: *Der Spiegel* #25/1996.

Fickt das System

Interviews mit Pascal Fuhlbrügge, Tobias Levin, Hans Nieswandt, Mense Reents, Frank Spilker, Peter Thiessen, Carol von Rautenkranz

Gonzo / SPoKK Mind Squad: »Die absolute Wahrheit über HipHop und Gottings«, in: *Zap* #79/1993.
Torsten Groß: »Blumfeld«.
Tobias Levin: »Die Goldenen Zitronen«.

Du magst also auch Musik, was?
Interviews mit Bernd Begemann, Myriam Brüger, Ebba Durstewitz, Carsten Friedrichs, Pascal Fuhlbrügge, Charlotte Goltermann, Carsten Hellberg, Oliver Hörr, Tim Jürgens, Bernd Kroschewski, Bernadette La Hengst, Tobias Levin, Jan Müller, Nixe, Mense Reents, Knarf Rellöm, Tilman Rossmy, Luka Rothmann, Peter Thiessen, Dirk von Lowtzow, Carol von Rautenkranz, Torsten »Taucher« Wessels

Jochen Bonz / Juliane Rytz / Johannes Springer (Hg.): *Lass uns von der Hamburger Schule reden.*
Wolfgang Frömberg: »Die Goldenen Zitronen. Transsylvanische Dörfer, trojanischer Humor«, in: *Spex* #247/2001.
Torsten Groß: »Blumfeld«.
Dirk Knipphals: »Wir waren Loser, Baby«, in: George Lindt / Ingolf Rech: *Wir werden immer weiter gehen. Eine Dokumentation über eine Dekade alternativer Musikszene in Berlin und Hamburg.* Berlin: *Lieblingsbuch* 2012, S. 16–23.
Philipp Krohn / Ole Löding: *Sound of the Cities. Eine popmusikalische Entdeckungsreise.* Berlin: *Rogner & Bernhard* 2015.
Bernd Kroschewski: »Tocotronic«, in: *Heft* #14/1994.
Tobias Thomas: »Hamburg und die Abseitsfalle«, in: *Spex* #8/1998.
Christoph Twickel: *Läden, Schuppen, Kaschemmen.*
Astrid Vits: *Du und viele von deinen Freunden.*

80.000.000 Millionen Hooligans
Interviews mit Myriam Brüger, Ale Dumbsky, Jakobus Durstewitz, Tobias Levin, Mense Reents, Knarf Rellöm, Tilman Rossmy, Luka Rothmann, Linus Volkmann

Jochen Bonz / Juliane Rytz / Johannes Springer (Hg.): *Lass uns von der Hamburger Schule reden.*
Martin Büsser: »Erst überwintern, dann zuschlagen. Nicht zu schlagen: Die Goldenen Zitronen«, in: *Zap* #140/1996.
Max Dax: »Status Quo Vadis? Jochen Distelmeyer. Die Goldenen Zitronen. Ja, Panik«, in: *Spex* #322/2009.
Andreas Fanizadeh: »Äußert Euch mal!«
Frankfurter MigrantInnen: »Deutschland im Herbst 1991. Rassismus als Norm«, in: autonome l.u.p.u.s. gruppe: *Geschichte, Rassismus und das Boot. Wessen Kampf gegen welche Verhältnisse.* Berlin: *Edition ID-Archiv* 1992, S. 123–138.
Gonzo / SPoKK Mind Squad: »Die absolute Wahrheit über HipHop und Gottings«.
Christoph Koch: »die regierung. Interview mit Tilman Rossmy«.
Christof Meueler: *Das ZickZack-Prinzip*
Kristof Schreuf: in: Hamburgbuch
Tobias Thomas: »Hamburg und die Abseitsfalle«.
Wohlfahrtsausschüsse (Hg.): *Etwas Besseres als die Nation. Materialien zur Abwehr des gegenrevolutionären Übels.* Berlin: *Ed. ID-Archiv* 1994.

Autobiographie einer Heizung
Interviews mit Bernd Begemann, Roger Behrens, Myriam Brüger, Ebba Durstewitz, Bernadette La Hengst, Jan Müller, Hans Nieswandt, Nixe, Knarf Rellöm, Tilman Rossmy, Luka Rothmann, Frank Spilker, Peter Thiessen, Linus Volkmann

Moritz Baßler / Walter Gödden / Jochen Grywatsch / Christina Riesenweber (Hg.): *Stadt, Land, Pop.*
Rolf Dieter Brinkmann / Ralf-Rainer Rygulla (Hg.): *Acid. Neue amerikanische Szene.* Reinbek bei Hamburg: *Rowohlt* 1983.
Rolf Dieter Brinkmann: *Westwärts 1 & 2. Erweiterte Neuausgabe.* Reinbek bei Hamburg: *Rowohlt* 2005.
Jochen Bonz / Juliane Rytz / Johannes Springer (Hg.): *Lass uns von der Hamburger Schule reden.*
Max Dax / Corinna Koch: »Bernadette La Hengst«.
Wolfgang Frömberg: »Die Goldenen Zitronen«.

Till Huber: *Blumfeld und die Hamburger Schule.*
Christoph Koch: »die regierung. Interview mit Tilman Rossmy«.
Tobias Levin: »Kolossale Jugend. Aus freier Hand mit Worten zeichnen«, in: *Spex* #11/2004.
Katja Peglow / Jonas Engelmann (Hg.): *Riot Grrrl Revisited. Geschichte und Gegenwart einer feministischen Bewegung.* Mainz: *Ventil* 2011.
Sven von Reden: »Brüllen. Am Nabel der Kritik«, in: *Spex* #9/1997.
Sebastian Zabel: »Im Bett mit Blumfeld«, in: *Spex* #2/1992.

Themenläden

Interviews mit Jakobus Durstewitz, Bernadette La Hengst, Tobias Levin, Jan Müller, Hans Nieswandt, Tilman Rossmy

Roger Behrens: »Die Welt dreht sich weiter«, in: *Jungle World* 29/2002.
Luc Boltanski / Ève Chiapello: Der neue Geist des Kapitalismus. Konstanz: *UVK* 2003.
Jochen Bonz / Juliane Rytz / Johannes Springer (Hg.): *Lass uns von der Hamburger Schule reden.*
Alf Burchardt / Bernd Jonkmanns: *Hamburg Calling.*
Martin Büsser: »Die Take That für's Indie-Zimmer. Tocotronic«. In: ders.: *Für immer in Pop. Texte, Artikel und Rezensionen aus zwei Jahrzehnten.* Mainz: *Ventil* 2018.
Marvin Chlada / Gerd Dambowski / Deniz Ünlü (Hg.): *Alles Pop?*
Mark Fisher: *Kapitalistischer Realismus ohne Alternative? Eine Flugschrift.* Hamburg: *VS.* 2013.
Eric Gladstone: »Strangers in a Strange Land. Can a Trio of Germans Teach American Indie Rockers Something New?«, in: *Alternative Press Magazine* #9/1995.
Sascha Seiler: *»Das einfache wahre Abschreiben der Welt«. Pop-Diskurse in der deutschen Literatur nach 1960.* Göttingen: *Vandenhoeck & Ruprecht* 2006.
Frank Spilker: *Ich scheiß auf deutsche Texte.*
www.treibhaus.at/kuenstler/168/knarf-relloem?c=K

From: Disco To: Disco

Interviews mit Myriam Brüger, Charlotte Goltermann, Mense Reents, Luka Rothmann, Carol von Rautenkranz

Jochen Bonz / Juliane Rytz / Johannes Springer (Hg.): *Lass uns von der Hamburger Schule reden.*
Martin Büsser: *Lazy Confessions. Artikel, Interviews und Bekenntnisse aus zwei Jahrzehnten.* Mainz: *Ventil* 2020.
DJK: »Ladomat 2000: unser House Deutschland?, in: *testcard* #2/1996, S. 81–91.
Johannes Ullmaier / Frank Apunkt Schneider / Jonas Engelmann: »›Ich muss dann mal los, Geld verdienen …‹: Roundtable Klangbad«.
Astrid Vits: *Du und viele von deinen Freunden.*

Hinter dem Hügel wachsen uns Flügel

Interviews mit Myriam Brüger, Pascal Fuhlbrügge, Charlotte Goltermann, Bernadette La Hensgt, Bernd Kroschewski, Jan Müller, Knarf Rellöm, Frank Spilker, Linus Volkmann, Dirk von Lowtzow, Carol von Rautenkranz

Sarah Khan: »Hipster's Paradise«, in: *taz* vom 05.08.2012.
Frank Apunkt Schneider: *Deutschpop halt's Maul!*
Frank Spilker: *Ich scheiß auf deutsche Texte.*
Christoph Twickel: *Gentrifidingsbums oder eine Stadt für alle.* Hamburg: *Edition Nautilus* 2010.

Bildquellen

Cover/Backcover, S. 160, 165, 231: Oliver Hörr
S. 2, 64, 66, 156: Archiv Myriam Brüger
S. 8: Archiv Lado, Archiv Tapete Records
S. 12: Archiv Martin Giese
S. 15, 16, 18, 73, 77: Archiv Jonas Engelmann
S. 25: Andrea Brehme
S. 29: Thomas Fehlmann
S. 30: Stephen Jagenburg
S. 33: Bernd Bodtländer
S. 38: Achim Borchers
S. 41, 141, 159: Archiv Knarf Rellöm
S. 45: Renate Kirbach
S. 46: Archiv Frank Werner
S. 51: Johannes Meyer
S. 54, 65, 189: Archiv Carol von Rautenkranz
S. 57: W. Paustian
S. 81, 147: Myriam Brüger
S. 87: Dorle Bahlburg
S. 93: Archiv Lado
S. 95: Wiebke Linneweber
S. 96: Carol von Rautenkranz
S. 100, 173: Archiv Die Goldenen Zitronen
S. 103: Archiv Bernd Begemann
S. 105: Archiv Mobylettes
S. 108: John Bird
S. 111: Denise Grabbe
S. 115 oben: Archiv Die fünf Freunde
S. 115 unten: Jan Rincklake Van Endert
S. 118: Markus Unger from Vienna, Austria (https://commons.wikimedia.org/wiki/File:Distelmeyer_Blumfeld_2006.jpg), »Distelmeyer Blumfeld 2006«, https://creativecommons.org/licenses/by/2.0/legalcode
S. 120, 158, 182: Archiv Die Braut haut ins Auge
S. 124: Sebastian Mayer
S. 126: Jutta Yoo
S. 130: Alexander Rischer
S. 133: Thomas Müller
S. 137: Thomas Hinz
S. 143: Archiv Die Sterne
S. 163: Stephan Pflug
S. 201: Tina Winkhaus
S. 203: Claudia Wegworth
S. 205: Oliver Schultz-Berndt
S. 213: Buback

INDEX

I

J

K

L

M